LA RÉPUBLIQUE DE PLATON

Les ouvrages déjà publiés par Alain Badiou sont cités p. 597.

Alain Badiou

La République de Platon

Dialogue en un prologue, seize chapitres et un épilogue

Fayard

Ouvrage publié sous la direction
d'Alain Badiou et Barbara Cassin.

Couverture : Création graphique © Atelier Didier Thimonier
Illustrations, de gauche à droite : © marbre, Auguste Rodin 1889,
LEEMAGE ; © « Rythme de lignes noires », Piet Mondrian, LEEMAGE ;
© Suicide de Socrate, condamné à boire la ciguë, LEEMAGE ;
© Document de l'auteur ; © Affiches de
Mao lors d'un défilé sur la place Tien An Men, 1968, LEEMAGE.

PRÉFACE

Comment j'ai écrit cet incertain livre

Cela a duré six ans.

Mais pourquoi ? Pourquoi ce travail presque maniaque à partir de Platon ? C'est que c'est de lui que nous avons prioritairement besoin aujourd'hui, pour une raison précise : il a donné l'envoi à la conviction que nous gouverner dans le monde suppose que quelque accès à l'absolu nous soit ouvert. Non parce qu'un Dieu vérace nous surplombe (Descartes), ni parce que nous sommes nous-mêmes des figures historiales du devenir-sujet de cet Absolu (Hegel comme Heidegger), mais parce que le sensible qui nous tisse participe, au-delà de la corporéité individuelle et de la rhétorique collective, de la construction des vérités éternelles.

Ce motif de la participation, dont on sait qu'il fait énigme, nous permet d'aller au-delà des contraintes de ce que j'ai nommé le « matérialisme démocratique ». Soit l'affirmation qu'il n'existe que des individus et des communautés, avec, entre elles, la négociation de quelques contrats dont tout ce que les « philosophes » d'aujourd'hui prétendent nous faire espérer est qu'ils puissent être équitables. Cette « équité » n'offrant en réalité au philosophe que l'intérêt de constater qu'elle se réalise dans le monde, et, de plus en plus, sous la forme d'une intolérable injustice, il faut bien en venir à affirmer qu'outre les corps et les langages il y a des vérités éternelles. Il faut parvenir à penser que corps et langages participent dans le temps à l'élaboration combattante de cette éternité. Ce que Platon n'a cessé de tenter de faire entendre aux sourds.

Je me suis donc tourné vers *La République*, œuvre centrale du Maître, précisément consacrée au problème de la justice, pour en faire briller la puissance contemporaine. Je suis parti du texte grec tel que restitué par Émile Chambry dans mon vieil exemplaire de la collection bilingue Budé (Les Belles Lettres, 1949), sur lequel je travaillais déjà avec ardeur il y a cinquante-quatre ans, et qui, par voie de conséquence, est recouvert de considérables strates d'annotations venues d'époques diverses. Je me suis en effet inspiré de *La République* tout au long de mes aventures philosophiques.

Ce texte grec, j'en ai toujours trouvé aberrant le découpage en dix livres, découpage qui n'avait de sens que pour les grammairiens d'Alexandrie. Je le redécoupe donc selon ce que je pense être son vrai rythme, en un prologue, quelques chapitres et un épilogue. Le nombre des chapitres aura varié pendant le travail, il sera passé de neuf à seize, pour des raisons de cohérence interne. Finalement, je « traite » dix-huit segments.

D'emblée, je ne les traite pas dans l'ordre. Pas du tout. Je commence (en 2005) par le prologue, je continue par ce qui est devenu le chapitre 16, puis je vagabonde, tantôt plus près de la fin, tantôt plus près du début, jusqu'à ce que, vers l'hiver 2010-2011, il ne me reste plus à réduire qu'une sorte de centre composé des chapitres 7 et 8, qui ne sont pas les plus faciles ni les plus drôles. J'ai gardé mon pain noir pour la fin.

Que veut dire « traiter » le texte?

Je commence par tenter de le comprendre, totalement, dans sa langue. Je suis armé de mes chères études classiques, y compris mes lectures antérieures de maints passages, du dictionnaire Bailly (Hachette, seizième édition, 1950), de la grammaire d'Allard et Feuillâtre (Hachette, édition de 1972) et des trois traductions en français aisément disponibles : celle d'Émile Chambry que j'ai mentionnée plus haut, celle de Léon Robin (« La Pléiade », 1950) et celle de Robert Baccou, chez Garnier-Flammarion (1966). Je m'acharne, je ne laisse rien passer, je veux que chaque phrase (et Platon écrit parfois des phrases d'une longueur et d'une complication mémorables) fasse sens pour moi. Cet effort premier est un face à face entre moi et le texte. Je n'écris rien, je veux seulement que le texte me parle sans garder dans ses recoins quelque ironique secret.

Ensuite, j'écris ce que délivre en moi de pensées et de phrases la compréhension acquise du morceau de texte grec dont j'estime être venu à bout. Le résultat, bien qu'il ne soit jamais un oubli du texte original, pas même de ses détails, n'est cependant presque jamais une « traduction » au sens usuel. Platon est alors omniprésent, bien que peut-être pas une seule de ses phrases ne soit exactement restituée. J'écris cette toute première version sur la page de droite d'un grand cahier de dessin de chez Canson (j'utiliserai 57 de ces cahiers). C'est un brouillon extraordinairement raturé. Puis, généralement le lendemain, je révise ce premier jet, aussi calmement que possible, et je transcris cette révision sur la page de gauche du cahier qui fait face au brouillon. Souvent, je m'éloigne d'un cran de plus de la lettre du texte original, mais je soutiens que cet éloignement relève d'une fidélité philosophique supérieure. Ce deuxième état manuscrit est transmis à Isabelle Vodoz, qui en fait un fichier informatique. Elle note en rouge dans le corps de la frappe ce qui lui semble rester obscur ou maladroit. Quand le fichier m'est transmis, je le corrige, à la fois en fonction des remarques d'Isabelle Vodoz et de mes propres observations. Ce qui donne un troisième état, qu'on peut dire final, réserve faite de l'inévitable révision terminale visant à unifier l'ensemble.

Il m'est arrivé, rarement, de capituler. De-ci, de-là, quelques phrases grecques ne m'ont pas inspiré. Les érudits les repéreront, nourrissant ainsi le dossier de mon procès en apostasie. C'est dans le chapitre 8 que se trouve la plus grave de ces capitulations : tout un passage est purement et simplement remplacé par une improvisation de Socrate qui est de mon cru.

Peu à peu, dans le mouvement même de ce traitement, des procédures plus générales apparaissent, qui seront appliquées et variées dans la suite du travail. Quelques exemples. Introduction d'un personnage féminin : Adimante devient Amantha. Complète liberté des références : si une thèse est mieux soutenue par une citation de Freud que par une allusion à Hippocrate, on choisira Freud, qu'on supposera connu de Socrate, ce qui est la moindre des choses. Modernisation scientifique : ce que Platon dit de très judicieux à partir de la théorie des nombres irrationnels se révélera tout aussi judicieux si l'on parle de topologie algébrique. Modernisation des images : la Caverne du fameux mythe ressemble tant à un immense cinéma qu'il n'y a qu'à nous le décrire, ce cinéma, et que les prisonniers de Platon deviennent des spectateurs-prisonniers du médiatique contemporain, ce sera la même chose en mieux. Survol de l'Histoire : pourquoi en rester aux guerres, révolutions et tyrannies du monde grec, si sont encore plus convaincantes la guerre de 14-18, la Commune de Paris ou Staline ? Tenue constante d'un vrai dialogue, fortement théâtralisé : à quoi servait de garder les interminables fausses questions de Socrate, auxquelles les jeunes gens, pendant des pages, ne répondent que « oui » ou « bien sûr » ou « évidemment » ? Mieux vaut, soit accepter un long discours démonstratif sans interruption, soit confier une partie du développement aux interlocuteurs. Mieux vaut aussi que, parfois, les auditeurs de Socrate soient rétifs. La thèse anti-poétique de Socrate est si raide que même lui, on le sent bien, souhaiterait qu'elle soit fausse. Qu'alors un des jeunes tienne bon, qu'il se déclare de bout en bout non convaincu, et la division intime qu'induit la poésie dans la philosophie, division dont Platon a eu le pressentiment, sera clairement restituée.

Le lecteur découvrira sans mal d'autres procédures de ce genre.

Évidemment, ma propre pensée et plus généralement le contexte philosophique contemporain s'infiltrent dans le traitement du texte de Platon, et sans doute d'autant plus quand je n'en suis pas conscient. C'est en toute conscience, cependant, que j'ai introduit, pour ainsi dire axiomatiquement, des changements notoires dans la « traduction » de certains concepts fondamentaux. Je cite deux de ces décisions dont la portée est considérable. J'ai changé la fameuse « Idée du Bien » en « Idée du Vrai », voire tout simplement en « Vérité ». J'ai également changé « âme » en « Sujet ». C'est ainsi que l'on parlera dans mon texte de « l'incorporation d'un Sujet à une Vérité » plutôt que de « l'ascension de l'âme vers le Bien », et des « trois instances du Sujet » plutôt que de « la tripartition de l'âme ». Au demeurant, ces fameuses trois parties, souvent nommées « concupiscence », « cœur » et « raison », seront reprises, en tant qu'instances, comme « Désir », « Affect » et « Pensée ». Je me suis aussi permis de traduire « Dieu » par « grand Autre », et même parfois par « Autre » tout court.

Il m'arrive de proposer délibérément plusieurs mots français en résonance avec un seul mot grec. Ainsi du terrible « Politeia » qui donne son titre traditionnel au livre de Platon. La traduction par « République » n'a aucun sens aujourd'hui, si même elle en a jamais eu un. Dans mon texte, j'emploie au moins cinq mots, selon le contexte, dans les différents passages où je bute sur « politeia » : pays, État, société, cité, politique. Pour qualifier l'entreprise même de Platon, la « Cité idéale » qu'il propose, j'utilise trois expressions : politique vraie, communisme et cinquième politique. D'autres fois, j'introduis explicitement une discussion, une hésitation, sur le mot adéquat. C'est ainsi que, dans le long passage sur la tyrannie et l'homme tyrannique, Socrate emploie spontanément les mots venus du texte grec (tyrannie, tyran), tandis qu'Amantha suggère avec obstination de parler de fascisme et de fasciste. J'espère ainsi être parvenu à combiner la proximité constante avec le texte original et un éloignement radical, mais auquel le texte, tel qu'il peut fonctionner aujourd'hui, confère généreusement sa légitimité.

C'est cela, après tout, l'éternité d'un texte.

PERSONNAGES

SOCRATE
AMANTHA, sœur de Platon
GLAUQUE, frère de Platon
CÉPHALE, riche vieillard du Pirée
POLÉMARQUE, citoyen athénien
THRASYMAQUE, sophiste réputé
CLITOPHON, admirateur de Thrasymaque

PROLOGUE

Conversation dans la villa du port

(327a-336b)

Le jour où toute cette immense affaire commença, Socrate revenait du quartier du port, flanqué du plus jeune frère de Platon, un nommé Glauque. Ils avaient fait la bise à la déesse des Gens du Nord, ces marins avinés, et n'avaient rien manqué de la fête en son honneur, une grande première! Ç'avait de la gueule, du reste, le défilé des natifs du port. Et les chars des Gens du Nord, surchargés de dames très découvertes, n'étaient pas mal non plus.

Parmi les innombrables types nommés Polémarque, celui qui est le fils de Céphale les vit de loin, et lança un gamin à leurs trousses. « Attendez-nous! » vociféra le jeune gars en tirant sur la veste de Socrate. « Où donc as-tu laissé ton patron? » demanda celui-ci. « Il court derrière, attendez-le! » – « C'est bon! » consentit le nommé Glauque, le jeune frère de Platon. Et qui donc arrive quelques minutes plus tard? Toute une bande! Polémarque, bien sûr, celui qui est le fils de Céphale, mais aussi Niciroi, celui qui est le fils de Nicias, et des tas d'autres qui sont les fils de tas d'autres, sans compter qui? Je vous le donne en mille! La sœur de Platon, la belle Amantha. Tous ces gens, comme Socrate et Glauque, venaient de la fête.

Polémarque, celui qui, etc., fit alors savoir à Socrate que tout seul contre toute une bande il ne faisait pas le poids, même supporté par le nommé Glauque, si frère de Platon qu'il puisse être. Il devait donc accepter la pressante invitation que tous venaient lui communiquer, d'avoir à se rendre pour dîner dans la superbe villa sur le port où vivait papa Céphale. Socrate objecta qu'il pouvait aussi, plutôt que de déclencher une bagarre sans espoir, dialoguer posément et convaincre toute la troupe qu'il avait de bonnes raisons de rentrer chez lui. Polémarque répliqua qu'ils allaient tous se boucher les oreilles et ne rien entendre de ses arguments mielleux.

C'est à ce moment critique qu'intervint, mielleuse pour deux, la fringante sœur de Platon, la susnommée Amantha : « Vous ne savez peut-être pas que ce soir, en rallonge des fêtes pour la louche déesse des Gens du Nord, les armateurs du port organisent une course aux flambeaux à cheval ? Hein ! Que dites-vous de ça ? » – « Tonnerre ! dit Socrate, visiblement charmé par l'allant de la demoiselle, une course de relais à cheval ? C'est en se passant les torches que les équipes vont courir et gagner ? » – « Exactement ! dit Polémarque-le-fils-de, fonçant dans la brèche des défenses de Socrate. Et, à la fin de la course, la municipalité offre un grand bal nocturne. On ira après dîner, il y aura foule ! D'innombrables jeunes beautés, toutes les amies d'Amantha, avec qui nous causerons jusqu'à l'aube. Allez ! Laissez-vous faire ! »

Le jeune frère de Platon, le nommé Glauque, capitula sans plus attendre, et Socrate fut secrètement ravi d'avoir à le suivre, surtout dans un cortège où la jeune Amantha, littéralement, rayonnait. C'est ainsi que toute la bande débarqua chez papa Céphale. Des masses de gens traînaient déjà dans la villa du port. Il y avait Lysias, Euthydème, les sœurs d'Euthydème accompagnées de Thrasymaque, celui qui est né à Chalcédoine, Charmantide, celui qui est né à Pæanée, et aussi celui des Clitophon qui est fils d'Aristonyme. Et bien sûr le vieux papa Céphale, bien abîmé, avachi sur des coussins, une couronne de travers sur la tête, car il venait d'égorger un poulet dans la cour en guise de sacrifice à la déesse suspecte des Gens du Nord.

On fit respectueusement cercle autour de ce sympathique débris. Et le voici qui admoneste Socrate :

— Cher Socrate, on ne peut pas dire que vous descendiez souvent dans cette banlieue portuaire pour me rendre visite! Ce serait pourtant « sympa », comme disent les jeunes qui vous suivent partout. Si j'avais encore la force de monter facilement jusqu'au centre-ville, ce ne serait pas la peine que vous veniez jusqu'ici, c'est moi qui irais chez vous. Mais, vu l'état de mes jambes, il faut que vous veniez plus fréquemment. Je dois vous avouer que si, peu à peu, je sens que dépérissent les plaisirs qu'on peut tirer du corps, je sens dans le même temps s'augmenter ceux qu'on tire de la conversation. Ne vous serait-il pas possible, sans avoir pour autant à quitter cette charmante jeunesse, de venir ici souvent, comme un ami, comme un hôte familier de cette villa?

Socrate répond élégamment du tac au tac :

— Cher Céphale, bien sûr que je le peux! En vérité, je le désire. C'est toujours un plaisir de dialoguer avec de vénérables vieillards comme vous; il me semble en effet qu'il faut s'enquérir auprès d'eux de la nature exacte de cette ultime portion du chemin de la vie sur laquelle ils nous précèdent, et que nous devrons à notre tour emprunter. Est-il rocailleux et hostile, ce chemin? Ou facile et amical? Je vous demanderais volontiers votre avis, puisque vous êtes parvenu au moment même dont les poètes parlent, celui qu'ils nomment

21

« le seuil du grand âge ». Est-ce une passe pénible de la vie ? Sinon, comment la voyez-vous ?

— Vous savez, cher Socrate, je vais souvent à des réunions du Cercle des personnes âgées, une belle bâtisse que la municipalité a construite au sud du port. Évidemment, on évoque le bon vieux temps. Presque tous ceux de mon âge se lamentent, corrodés qu'ils sont par le souvenir des plaisirs de la jeunesse : le sexe, l'alcool, les banquets, tout ça. Ils s'irritent contre le temps qui passe comme s'ils avaient perdu des fortunes. Et je te dis qu'avant c'était la bonne vie, et je te répète qu'aujourd'hui ce n'est même pas une vie digne de ce nom... Il y en a qui ressassent les avanies qu'ils subissent à la maison : les jeunes de leur famille profitent de leur grand âge, ce ne sont que moqueries et insolences. Suite à quoi tous rabâchent les maux dont, selon eux, la vieillesse est cause. Mais je pense quant à moi qu'ils ne mettent pas en cause la vraie cause. Car si c'était la vieillesse, j'en subirais moi aussi les effets, et avec moi tous ceux, sans exception, qui sont arrivés au même âge. Or, j'ai personnellement rencontré des vieux dans une disposition toute différente. Un bon exemple est l'immense poète Sophocle. J'étais dans les parages quand un journaliste venu l'interviewer lui demanda, de façon je dois dire assez grossière : « Alors, Sophocle, où en êtes-vous, côté sexe ? Êtes-vous encore en état de coucher avec une femme ? » Le poète lui cloua le bec de façon superbe : « Tu parles d'or, citoyen ! lui répondit-il. C'est merveille pour moi d'être soustrait au désir sexuel, enfin libéré des griffes d'un maître enragé et sauvage ! » J'eus le vif sentiment, alors, de la beauté de cette réponse, et aujourd'hui encore son effet sur moi n'a aucunement diminué. Quand vient le grand âge, toutes ces histoires de sexe sont recouvertes par une sorte

de liberté pacifiante. Les désirs s'apaisent, ou même disparaissent, et la sentence de Sophocle se réalise tout à fait : on
est effectivement libéré d'une masse de maîtres aussi fous
qu'exigeants. Finalement, toutes ces plaintes des vieux quant
à leurs tribulations domestiques n'ont qu'une seule cause,
qui n'est pas la vieillesse, mais les mœurs des hommes. Pour
ceux qui sont à la fois disciplinés et ouverts, la vieillesse
n'est pas vraiment pénible. Pour ceux qui ne sont ni l'un
ni l'autre, c'est jeunesse et vieillesse qui sont identiquement
déplorables.

La politesse exigeant qu'on approuve ce genre de tirade, et
même qu'on en redemande, c'est dans l'unique but de redon-
ner la parole au vieux que Socrate y va d'une platitude :

— Quand vous dites ces choses sages et magnifiques,
mon cher Céphale, j'imagine que vos interlocuteurs ne sont
pas d'accord. Ils pensent qu'il est moins dur de vieillir quand
on est assis sur un tas d'or, et c'est à vos consolantes richesses
qu'ils attribuent votre sérénité, plutôt qu'à votre grandeur
d'âme. N'ai-je pas raison ?

Céphale saisit la perche et repart pour un tour :

— Bien sûr, ils ne me croient pas. Je ne prétends du reste
pas que leur critique ne vaut rien, mais elle est moins décisive qu'ils ne l'imaginent. Je pense à la merveilleuse histoire
qu'on raconte à propos du Grand Amiral de la Flotte. Un
jour, il se fait agonir d'injures par un quidam venu d'un bled
perdu du Nord, de Sériposse, je crois. « Vous n'avez aucun
mérite propre, hurle le type, un républicain furieux, réduit
à vous-même, vous n'êtes qu'un avorton ! Vous devez tout à
la puissance d'Athènes et au dévouement de ses citoyens ! »
Le Grand Amiral de la Flotte, très calme, dit alors à l'éner-
gumène : « D'accord, monsieur, si j'étais de Sériposse, per-

sonne ne connaîtrait mon nom. Mais même si vous étiez d'Athènes, personne ne connaîtrait le vôtre. » On pourrait s'inspirer du Grand Amiral pour répondre aux gens peu fortunés qui supportent mal de vieillir : « Certes, il se peut qu'un homme rempli de sagesse parvienne difficilement à vieillir dans une parfaite sérénité s'il est en plus démuni de toutes ressources ; mais il est certain qu'un homme démuni de toute sagesse aura beau être cousu d'or, sa vieillesse n'en sera pas moins morose. »

Socrate veut formaliser cette histoire de l'humeur des riches :

— Dites-moi, cher Céphale, vous êtes un héritier ou un self-made-man ?

— Ni l'un ni l'autre. Mon grand-père, un Céphale lui aussi, était un self-made-man typique. Il a hérité d'une fortune comparable à la mienne, qu'il a multipliée par cinq. Mon père, Lysanias, était un héritier pur sucre : en un rien de temps il a divisé par sept ce qui lui venait de mon grand-père, si bien que, quand il est mort, il y avait un peu moins d'argent que ce que je possède actuellement. Comme vous voyez, j'ai un peu remonté la pente, mais pas tellement. N'étant ni mon grand-père ni mon père, je me contente de laisser à mes enfants ni beaucoup plus que ce que j'ai moi-même hérité de mon père, ni moins. « Un peu plus », telle est en toutes choses ma devise.

— Ma question, reprend Socrate, vient de ce que je n'ai pas l'impression que vous adoriez l'argent. Or, c'est souvent le cas de ceux qui, plutôt héritiers que self-made-men, n'ont pas eu personnellement à faire fortune. Les self-made-men sont deux fois plus attachés à l'argent que les héritiers. Comme les poètes qui adorent leurs vers, ou les pères, leurs enfants, les affairistes prennent très au sérieux les affaires, parce qu'elles sont leur œuvre propre, outre que, comme n'importe qui, ils apprécient l'aisance qu'elles procurent. De là que ces gens sont pénibles en société : ils n'ont que l'argent à la bouche.

— Ça, dit Céphale, c'est malheureusement la pure vérité.

Socrate saute sur l'occasion qu'il a suscitée :

— Mais si ceux qui parlent toujours d'argent sont si pénibles, que dire alors de l'argent lui-même ? N'est-ce pas lui, en réalité, qui est insupportable ? D'après vous, Céphale, quel est ce bien supérieur à tout autre que l'opinion commune discerne dans la possession d'une énorme fortune ?

Je dois être presque le seul à l'apprécier ! Situons-nous au moment où quelqu'un commence à penser sérieusement qu'il va mourir. Il est alors la proie de soucis et de craintes concernant des choses dont auparavant il n'avait cure. Il se souvient des histoires qu'on raconte à propos de l'Enfer, notamment que justice est faite là-bas de toutes les injustices d'ici. Autrefois, en tant que bon vivant, il se moquait de ces fables. Maintenant, en tant que Sujet, il se demande si elles sont vraies. Finalement, notre homme, affaibli par le grand âge, et s'imaginant au seuil de l'au-delà, écoute avec une attention aiguë tous ces récits fabuleux. Hanté par la méfiance et l'effroi, il passe en revue les injustices qu'il a pu commettre durant sa vie. S'il en trouve des quantités, alors, la nuit, il se réveille brusquement, terrorisé comme un enfant visité par un cauchemar, et les jours ne sont plus pour lui qu'une attente empoisonnée. Si son examen de conscience ne révèle rien d'injuste, il est alors gagné par une agréable espérance, celle que le poète appelle la « nourrice de la vieillesse ». Vous devez vous souvenir, cher Socrate, de ces vers où Pindare décrit celui dont l'existence ne fut que justice et piété :

> Nourrice du grand âge,
> Elle est sa vraie compagne et lui chauffe le cœur
> La suave espérance, la seule qui soulage
> Le trop mortel penseur.

Pindare est ici d'une force et d'une exactitude saisissantes! C'est avec ces vers en tête que je réponds sans hésitation à la question que vous me posez : la richesse du propriétaire est très avantageuse, non pas en général, mais pour l'homme qui sait s'en servir dans le but de faire preuve d'équité. « Équité » veut ici dire : ne jamais user du mensonge ou du semblant, même involontairement, n'avoir aucune dette envers qui que ce soit, qu'il s'agisse d'un homme à qui on devrait de l'argent ou d'un dieu à qui on devrait un sacrifice. Bref, n'avoir aucune raison d'appréhender le départ vers l'au-delà. Il est évidemment plus facile d'être équitable quand on est un riche propriétaire, et c'est là un avantage énorme. La richesse en a bien d'autres, nous le savons; mais si je les examine un à un, je n'en vois aucun qui, pour un homme pleinement capable de penser, soit plus important.

— Quel beau discours! s'exclame Socrate. Mais cette vertu de justice, dont vous soulignez l'importance, dirons-nous qu'on en a fait le tour avec les deux propriétés que vous lui reconnaissez : dans les paroles, la vérité, et dans la vie pratique, la restitution de ce qu'on vous a prêté? La difficulté, il me semble, c'est qu'une action conforme à ces deux propriétés peut être tantôt juste, tantôt injuste. Je prends un exemple : quelqu'un a emprunté des armes à un ami plein de bon sens, or cet ami devient fou furieux et lui réclame ses

26

armes. Qui va prétendre qu'il est juste de les lui restituer, ou même de vouloir à tout prix dire toute la vérité, et rien que la vérité, à ce malade mental ?

— En tout cas pas moi ! dit Céphale.

— Vous voyez bien que « dire la vérité » et « rendre ce qu'on vous a prêté », ça ne fait pas une définition de la justice.

Polémarque, qui n'avait pas encore soufflé mot, sort brusquement de sa réserve :

— S'il faut faire confiance à l'immense poète qu'est Simonide, c'est au contraire une excellente définition.

— Je vois que nous ne sommes pas tirés d'affaire, reprend le vieux Céphale. Je vous abandonne la suite de la discussion. Je dois encore organiser le sacrifice d'un bouc noir.

— En somme, plaisante Socrate, Polémarque hérite de votre conversation fortunée !

— Voilà ! sourit Céphale.

Et il disparaît pour toujours du débat qui nous occupe et qui durera – les protagonistes ne s'en doutent nullement – plus de vingt heures !

— Eh bien, reprend Socrate, tourné vers Polémarque, vous, l'héritier des répliques, dites-nous donc un peu pourquoi vous tenez en si vive estime les propos sur la justice de Simonide, le poète.

— Quand Simonide déclare qu'il est juste de rendre à chacun son dû, je me dis : il a bien parlé.

— Ah ! ce Simonide ! Sage, inspiré ! Comment ne pas le suivre ? Cela dit, quel peut bien être le sens de ce qu'il raconte sur la justice ? Vous le savez, Polémarque ? Moi, en tout cas, je n'en ai pas la moindre idée. Il est clair qu'il ne prétend quand même pas – c'est notre contre-exemple de tout à l'heure – qu'il faut rendre, à un type complètement fou qui le réclame, le pistolet qu'il a confié à quelqu'un. Pourtant, c'est bien une chose qu'on lui doit. Non ?

— Si.

— Nous étions d'accord que si on vous l'a confié, ce pistolet, ce n'est pas parce que son propriétaire, devenu fou à lier, vous le réclame qu'il faut le lui rendre. Simonide, le sage poète, veut donc dire autre chose que ce qu'il dit quand il énonce qu'il est juste de rendre ce qu'on doit.

— C'est évident qu'il a autre chose en tête. « Rendre » veut dire qu'on doit rendre aux amis les preuves d'amitié qu'ils nous donnent. Aux amis on fait du bien, et aucun mal.

— Tout s'éclaire, ma parole ! Un emprunteur qui restitue à un prêteur l'argent qu'il lui a emprunté ne rend pas vraiment au prêteur ce qui lui est dû, si cette restitution par l'emprunteur, comme son acceptation par le prêteur, sont nuisibles au dit prêteur, et qu'en outre prêteur et emprunteur sont liés par l'amitié. Ouf ! C'est bien ça, d'après vous, le sens de la phrase de Simonide ?

— Exactement.

— Et aux ennemis eux-mêmes, faut-il rendre ce que, par un malin hasard, on se trouve leur devoir ?

— Et comment ! Ce qu'on leur doit, on le leur rend ! Et ce qu'on doit à un ennemi, en tant que ça convient à un ennemi, c'est : du mal !

— C'est en vrai poète, à ce qu'on dirait, que Simonide a changé en une obscure énigme la définition de la justice. Il prétend, si je vous suis, qu'il serait juste de restituer à chacun ce qui lui convient et qu'il a bizarrement nommé « ce qui lui est dû ».

— Et alors, s'irrite Polémarque, où est le problème ?

— À ce degré de profondeur poétique, seul le grand Autre peut le savoir. Supposons qu'il lui demande, le grand Autre, au poète : « Simonide ! Le savoir-faire qu'on appelle "médecine", à qui restitue-t-il ce qui lui convient, ou, dans ton jargon, ce qui lui est dû ? » Que répondrait notre poète ?

— Simple comme bonjour ! Il répondrait que la médecine restitue aux corps les remèdes, la nourriture et la boisson.

— Et le cuisinier ?

— Le cuisinier ? Quel cuisinier ? dit Polémarque, affolé.

— À qui donne-t-il ce qui lui convient, ou son « dû », si vous préférez, et en quoi consiste ce don ?

— Le cuisinier fait don à ce qui cuit des épices appropriées.

Là, Polémarque est content de lui. Du reste, Socrate le félicite :

— Excellent ! Et le savoir-faire appelé « justice », alors, il donne quoi, et à qui ?

— Si nous alignons la justice sur la cuisine et la médecine, et si nous sommes fidèles à Simonide, nous dirons : la justice, selon qu'elle concerne des amis ou des ennemis, leur fait don d'avantages ou de calamités.

— Nous y sommes ! C'est clair comme de l'eau de roche : Simonide dit que la justice, c'est de faire du bien aux amis et du mal aux ennemis. Parfait, parfait... Mais dites-moi : des amis sont mal en point, des ennemis aussi. Qui est le plus capable, s'agissant du couple santé-maladie, de faire du bien aux uns et du mal aux autres ?

— C'est trivial : le médecin !

— Et si amis et ennemis s'embarquent pour une longue traversée, qui peut, dans la tempête, les sauver ou les noyer ?

— Pas de souci : le pilote du navire.

— Et le juste ? Dans quelles circonstances pratiques et à partir de quel travail est-il le plus apte à servir les amis et à nuire aux ennemis ?

— C'est facile : à la guerre. On défend les uns, on attaque les autres.

— Très cher Polémarque ! Si on se porte comme un charme, le médecin est inutile ; si on marche sur la terre ferme, on ne va pas s'encombrer d'un capitaine de corvette. Alors, si je vous comprends bien, « justice » et « juste » n'ont aucun sens pour ceux qui ne sont pas en guerre.

— Mais non ! C'est une conclusion absurde !

— Donc, la justice est utile en temps de paix ?

— Évidemment.

— Le sont aussi l'agriculture, pour avoir de bons fruits, ou le cordonnier, pour avoir des chaussures. La justice en temps de paix, alors, quelle est son utilité ? Que permet-elle d'acquérir ?

— Elle permet de gager, d'assurer, de consolider des relations symboliques.

— Vous voulez dire des conventions passées avec quelqu'un d'autre ?

— Oui, des pactes qui ont des règles dont la justice assure le respect.

— Voyons ça de près. Si vous jouez aux échecs, vous placez les pièces sur le plateau dans un certain ordre. C'est une convention symbolique, comme vous dites. L'expert, pour ce placement, c'est l'homme juste ou le joueur professionnel ? Encore un exemple : vous construisez une maison. Pour disposer comme il faut, selon la règle, briques et pierres, qui est le plus utile, qui est le meilleur : l'homme juste ou le maçon? Tenez, encore un autre : le musicien est sûrement meilleur que le juste pour gratter les cordes d'une guitare selon la convention qui régit les accords. Alors, pour quelles affaires où est en jeu une règle symbolique le juste est-il un meilleur partenaire que le joueur, le maçon ou le guitariste?

— Je crois que c'est dans les affaires d'argent.

— Quelles affaires d'argent? Si on se sert de l'argent, par exemple pour acheter un cheval, le bon conseiller, l'homme des symboles efficaces, sera le fin cavalier; et si on vend un bateau, mieux vaut être associé à un marin qu'à un juste qui n'y connaît rien. Je vous le redemande donc avec insistance : dans quelles affaires où il faut toucher ou dépenser de l'argent le juste sera-t-il plus utile que les autres?

— Je pense que c'est quand on veut récupérer sans perte l'argent qu'on a déposé ou prêté.

— En somme, c'est quand on n'a pas l'intention de se servir de l'argent et qu'on le laisse dormir? Voilà qui est bien intéressant! La justice sert dans la mesure même où l'argent ne sert à rien…

— J'en ai bien peur.

— Poursuivons dans cette voie prometteuse. Si l'on veut laisser moisir un ordinateur dans son placard, la justice est utile; si l'on veut s'en servir, c'est l'informaticien; s'il faut garder dans un coin du grenier un violon poussiéreux ou un fusil rouillé, c'est là que la justice est indispensable! Parce que si l'on veut jouer un concerto ou tuer un faisan, mieux vaut un violoniste ou un chasseur.

— Je ne vois pas trop où vous voulez en venir.

— À ceci : si l'on suit le poète Simonide, quelle que soit la pratique envisagée, la justice est inutile dans l'action et utile dans l'inaction.

31

— Étrange conclusion! Qu'en penses-tu, l'ami Polémarque? persifle Amantha.

Socrate enfonce le clou.

— En somme, pour Simonide et pour vous, la justice n'a guère d'importance. Que vaut une chose qui n'est utile qu'autant qu'elle est inutile? Mais il y a pis! Vous admettez, je suppose, qu'un boxeur professionnel dont la frappe est redoutable sait aussi parer les coups de l'adversaire? Ou encore : celui qui sait se protéger d'une infection sexuelle transmissible est aussi celui qui sait contaminer son ou sa partenaire sans qu'il ou elle en ait le moindre soupçon.

— Ami Socrate! se plaint Polémarque. Vous battez la campagne! Qu'est-ce que syphilis ou sida viennent faire ici?

— Passez-moi un dernier exemple. Celui qui se montre l'impeccable défenseur d'une armée en campagne, et celui qui sait dérober à l'ennemi ses projets et ses plans d'action, ne sont-ils pas un seul et même homme?

— Oui, oui, bien sûr! Vos exemples ne font que répéter la même idée…

— … idée que voici : si quelqu'un est doué pour le gardiennage, il est aussi doué pour le vol.

— N'est-ce pas, au fond, une platitude?

— Peut-être, peut-être… Mais alors, si le juste est doué pour garder l'argent qu'on lui a remis, il est également doué pour le voler.

— C'est à ça que voulait en venir le célèbre Socrate?

Le duel Socrate-Polémarque prend alors un tour serré. Glauque et Amantha comptent les points :

— Eh oui! riposte Socrate. Le juste, tel que vous l'avez défini, nous apparaît soudain comme une espèce de voleur. Et je crois que vous avez appris cette étrange doctrine chez

Homère. Notre poète national adore en effet le papy d'Ulysse, le dénommé Autolycos, dont il raconte avec gourmandise que, pour ce qui est du vol et du parjure, il n'avait peur de personne. J'en déduis que pour Homère, pour Simonide et pour vous, cher Polémarque, la justice est l'art du voleur…

— Mais non! Mais pas du tout! l'interrompt Polémarque.

— … à condition, continue imperturbablement Socrate, que cet art serve aux amis et nuise aux ennemis. Voler ses ennemis pour donner à ses amis, n'est-ce pas votre définition de la justice? Ou ai-je mal compris?

— Vous me prenez la tête, je ne sais même plus ce que je voulais dire. Mais je tiens ferme sur un point : la justice, c'est servir ses amis et nuire à ses ennemis.

— Qu'appelez-vous un ami? Celui qui vous *semble* être un chic type, ou celui qui *est* vraiment une belle âme, même s'il n'en a pas l'apparence? Et je vous pose la même question pour l'ennemi.

— Il est convenable d'aimer ceux qu'on juge être de belles âmes, et de détester les canailles.

— Mais il nous arrive, vous le savez bien, de nous tromper : nous voyons parfois de belles âmes là où il n'y a que des canailles, et des canailles là où tout le monde est honnête. Dans ce cas, ce sont les bons qui sont nos ennemis, et les mauvais, nos amis.

— Hélas, ça arrive, c'est un fait, concède Polémarque.

— Toujours dans cette hypothèse, on voit – si nous acceptons la définition d'Homère, de Simonide et de vous – qu'il est juste de rendre service aux canailles et de nuire aux belles âmes. Comme les belles âmes sont justes et jamais ne commettent d'injustice, nous devons conclure que, d'après vous, il est juste de nuire à ceux qui jamais ne sont injustes.

— Mais qu'est-ce que vous racontez? Seule une canaille peut penser comme ça!

— Donc, c'est aux injustes qu'il est juste de nuire, et c'est les justes qu'il serait injuste de ne pas servir?

— Ah! voilà qui est bien mieux!

— Mais alors, dès que quelqu'un s'est trompé sur la vraie nature des gens, il se peut qu'il soit juste, pour ce qui le concerne, de nuire à ses amis qui se trouvent être des canailles, et juste de servir ses ennemis qui sont de belles âmes. Ce qui est exactement le contraire du discours que nous prêtons à Simonide.

Socrate, content, se retourne vers les jeunes : il a marqué un point, non? Mais Polémarque ne se laisse pas faire :

— Ce beau raisonnement ne prouve qu'une seule chose, Socrate, c'est que notre définition des amis et des ennemis n'est pas correcte. Nous avons dit que l'ami est celui qui nous *semble* être une belle âme. Il faut dire : l'ami est celui qui à la fois *semble* et *est* une belle âme. Celui qui semble en être une sans l'être n'est pas un ami, il n'en est que le semblant. On conjoindra de la même façon l'être et l'apparaître dans le cas de l'ennemi.

— Magnifique! La belle âme est alors l'ami, et la canaille, l'ennemi. Nous devons en conséquence transformer la définition de la justice. C'était : il est juste de faire du bien à un ami, et du mal à un ennemi. Il faut en réalité dire : il est juste de faire du bien à un ami qui est une belle âme, et de faire du mal à un ennemi qui est une canaille.

— Je crois, dit Polémarque, soulagé par cet accord apparent, que nous avons trouvé la solution du problème.

Mais Socrate, avec un sourire en coin :

— Pas si vite! Encore une petite question. La nature d'un homme juste l'autorise-t-elle à nuire à son prochain, quel qu'il soit?

— Bien sûr! Vous venez de le dire : il faut nuire à toutes celles des canailles qui de surcroît sont nos ennemies.

— À propos des chevaux, on dit…

— Les chevaux? sursaute Polémarque, pourquoi les chevaux? Aucun cheval n'a jamais été la canaille ennemie de quelqu'un!

— …. on dit, s'obstine Socrate, que si on les maltraite, ils ne s'améliorent pas.

— C'est archiconnu! Maltraiter un cheval, c'est en faire une rosse.

— Et à propos des chiens…

— Les chiens, maintenant! Ma parole, nous cherchons la justice dans un zoo!

— Non, mais je constate, j'examine, je compare. Si on maltraite les chevaux, ils empirent, relativement à ce qu'est la vertu propre du cheval, qui est de galoper tout droit en portant allégrement son cavalier, la cuirasse de son cavalier, ses jambières, sa lance et son paquetage. Bien entendu, la vertu propre du cheval n'est pas celle du chien, pas du tout. Pas question, pour le chien, de porter le cuirassé et ses jambières. Ce qui reste vrai, c'est que si on maltraite un chien, il devient soit craintif, soit féroce, mais, dans tous les cas, très mauvais relativement à sa vertu propre de chien domestique, qui n'est pas, je le redis, celle du cheval. Donc, c'est vrai pour les chiens et les chevaux.

— Qu'est-ce qui est vrai, Socrate? Vous nous faites tourner en bourrique.

— La vérité est que si on les maltraite, on dénature leur vertu propre. Du cheval et du chien à l'homme, la conséquence est-elle bonne? Si on maltraite l'espèce humaine, ne devient-elle pas pire, relativement à sa vertu propre?

— J'ai compris! Vous introduisez l'homme par le chien! La conclusion me paraît excellente. Encore faut-il déterminer ce qu'est la vertu propre de l'homme. Ce n'est pas comme galoper ou aboyer!

— Mais c'est ce dont nous parlons depuis le début de la soirée! Nous affirmons que *la vertu propre de l'espèce humaine, c'est la justice!* Il résulte alors de notre comparaison que, si on maltraite les hommes, on les rend plus injustes qu'ils n'étaient. Il est donc impossible qu'un juste maltraite qui que ce soit.

— Attendez! Il me manque quelque chose, là, je ne vois pas la logique du raisonnement.

— Un musicien ne peut, par le seul effet de sa musique, créer un analphabète musical, pas plus qu'un cavalier, par son art équestre seul, un total ignorant du cheval. Et nous soutiendrions qu'un juste peut, par le seul effet de sa justice, rendre quelqu'un plus injuste qu'il n'est? Ou, pour faire court, que la vertu des bons est ce qui engendre les canailles? C'est absurde, tout autant que de soutenir que l'effet de la chaleur est de refroidir, ou celui de la sécheresse, de mouiller. Non, il ne peut être dans la nature d'une belle âme de nuire à qui que ce soit. Et comme le juste est une belle âme, il n'est pas dans sa nature de nuire à son ami, fût-il une canaille, ni du reste de nuire à qui que ce soit. C'est là une propriété de l'injuste qui, lui, est une canaille.

Étourdi, Polémarque capitule :

— Je dois me rendre, je le crains. Vous êtes trop fort pour moi.

Socrate achève l'interlocuteur :

— Si quelqu'un, même Simonide, même Homère, prétend que la justice revient à rendre à chacun ce qu'on lui doit, et si sa pensée sous-jacente est que l'homme juste doit nuire à ses ennemis et servir ses amis, nous soutiendrons hardiment que ces propos sont indignes d'un sage. Parce que, tout simplement, ce n'est pas vrai. La vérité – elle nous est apparue dans tout son éclat au fil du dialogue –, c'est qu'il n'est jamais juste de nuire. Que, de Simonide à Nietzsche en passant par Sade et bien d'autres, on ait soutenu le contraire ne nous impressionnera plus, vous et moi. Du reste, bien plutôt qu'aux poètes ou aux penseurs, la maxime « il est juste de nuire à ses ennemis et de servir ses amis » me semble appropriée aux Xerxès, Alexandre, Hannibal, Napoléon ou Hitler, à tous ceux chez qui l'étendue de leur pouvoir a, un temps, provoqué une sorte d'ivresse.

Et Polémarque, conquis :

— C'est à toute une vision du monde que vous nous ralliez ! Je suis prêt à livrer bataille à vos côtés.

— Alors, commençons par le commencement. Si la justice n'est pas ce que les poètes et les tyrans prétendent qu'elle est, que peut-elle bien être ?

CHAPITRE 1

Réduire le sophiste au silence
(336b-357a)

La question de Socrate était tombée dans un silence pesant. Alors Thrasymaque sentit que son heure était venue. Bien des fois, pendant la discussion, le violent désir de s'en mêler l'avait tourmenté. Mais ses voisins l'en avaient empêché, parce qu'ils voulaient saisir l'enchaînement des répliques. Cette fois, profitant du désarroi qui suivit le retour – il est vrai singulièrement brutal – à la forme initiale de la question, s'évadant enfin du calme qu'on lui avait imposé, bandant tous ses muscles, ramassé sur lui-même comme un fauve qui va sortir ses énormes griffes, Thrasymaque s'avança vers Socrate pour le déchiqueter et le dévorer tout cru. Socrate et Polémarque, terrifiés, firent un bond en arrière. Parvenu au centre de la pièce, le monstre fusilla du regard toute l'assistance et se mit à parler d'une voix à laquelle le haut plafond de la salle, les baies vitrées, la nuit couchée sur les voiles, le monde entier semblaient conférer la puissance du tonnerre :

— Quel minable bavardage nous inflige ce Socrate depuis des heures ! Qu'est-ce que c'est que ces courbettes que vous vous faites en nous arrosant tour à tour de vos idioties ? Si tu veux savoir ce que c'est que la justice, cesse de poser des questions dans le vide et de te frotter les mains quand tu as réfuté ce que bafouille un obscur comparse. Les questions, c'est facile ; les réponses, ça l'est moins. Dis-nous une bonne fois comment, toi, tu définis la justice. Et ne viens pas nous chanter que la justice est tout sauf la justice, que c'est le devoir, l'utile, l'avantageux, le profit, l'intérêt et ainsi de suite. Dis-nous avec précision et clarté ce que tu as à dire. Parce que moi, je ne ferai pas comme tous les figurants de ton cirque, je ne supporterai pas ton verbiage !

À ces mots, Socrate, qui joue – ou éprouve ? – une stupéfaction craintive, fixe un instant Thrasymaque comme on fait quand on rencontre, un soir de neige, un loup qui risque de braquer sur vous ses yeux cruels, et alors – disent les vieilles femmes de la campagne – on deviendrait muet. Puis il enchaîne d'une voix un peu tremblante :

— Heureusement que ce soir, c'est moi qui t'ai vu le premier, féroce rhéteur ! Je risquais fort de perdre la voix ! Là, je pense quand même tenter d'amadouer le loup qui a sauté sur notre conversation comme sur une brebis pantelante... Cher Thrasymaque ! Ne te fâche pas contre nous ! Si nous nous sommes complètement trompés, Polémarque et moi, dans l'examen du problème, tu sais bien que c'est involontaire. Suppose que nous soyons des chercheurs d'or, comme dans un western, avec de grands chapeaux et tout ça. Tu ne vas quand même pas croire que, les pieds dans l'eau et la passoire à la main, nous allons nous perdre en courbettes et en « Passez d'abord, cher confrère ! », au risque de ne rien trouver du tout ? Or, nous cherchons la justice, qui est bien plus importante qu'un tas de pépites, et tu nous croirais capables de nous faire des politesses infinies au lieu de mettre le plus grand sérieux, lui et moi, à en faire apparaître l'Idée ? Non ! C'est impossible. L'hypothèse la meilleure est que, tout simplement, nous sommes incapables de trouver ce que nous cherchons. Auquel cas, je te le dis, à toi et à tous les habiles dans ton genre : plutôt que de nous enfoncer, ayez pitié de nous!

À la fin de cette tirade, Thrasymaque éclate d'un rire sardonique qui fait frissonner l'assistance :

— J'avais bien raison, nom d'un pétard! La voilà bien, la fameuse ironie socratique! Je l'avais dit, je l'avais prédit à mes voisins : jamais Socrate n'acceptera de répondre. Il ironisera dans tous les sens et il fera des pieds et des mains pour ne pas répondre à une question précise. Par Héraclès! Je vous l'avais bien dit!

— C'est, ponctue Socrate, que tu es un grand sage. Tu organises tes prédictions avec le plus grand soin. Si tu demandes à quelqu'un comment on peut, dans un calcul, trouver le nombre douze, tel que je te connais, tu vas ajouter : « Surtout, l'ami, ne viens pas prétendre que c'est deux fois six, ni trois fois quatre, ni vingt-quatre divisé par deux. Encore moins que c'est onze plus un, ou huit plus quatre, ou, comme l'écrit ce pauvre Kant, sept plus cinq. Ne me sers aucune niaiserie de ce genre. » Tu sais bien, toi, en tout cas, qu'avec ce genre d'interdits personne ne va pouvoir répondre à ta question. Mais ton interlocuteur peut quand même t'en poser à son tour, des questions. Par exemple : « Quel est exactement ton but, ô très subtil Thrasymaque? Que je ne te fasse aucune des réponses que tu m'interdis de faire? Mais si l'une d'entre elles, voire plusieurs, est vraie, quelle est alors ton intention cachée? Que je te dise autre chose que la vérité? » Que répondrais-tu à cet interlocuteur supposé?

Thrasymaque ne se laisse pas démonter :

— C'est simple : quel rapport avec la question de la justice? Tu ne fais, comme toujours, que changer de cheval quand tu vois qu'il va perdre la course.

— Il y a un rapport! Mon douze et ma justice sont des chevaux de la même écurie. Mais supposons qu'il n'y ait aucun rapport. Imagines-tu que si ton interlocuteur pense, lui, qu'il y en a un, il va changer la réponse qu'il croit vraie, uniquement parce que tu l'as interdite?

— Nom d'un pistolet! Tu veux faire pareil! Tu veux définir la justice par un des mots que je t'ai interdit d'employer!

— Ça se pourrait bien. Il suffirait pour cela que je pense, après un solide examen dialectique, que c'est le mot qui convient.

— Tout ce bazar du devoir, du convenable, de l'intérêt, de l'avantageux! C'est avec cette ferraille que tu veux reboucher le seau percé de ton discours? Nom d'une arbalète! Si je te démontre, premièrement, qu'il existe une autre réponse à laquelle tu n'as même pas pensé, et, deuxièmement, que cette réponse réduit à rien toutes les idioties que vous avez remuées, quelle sentence prononceras-tu contre toi-même?

— Eh bien, celle que doit endurer celui qui ne sait pas : apprendre auprès de celui qui sait. Je me condamne à subir ce châtiment.

— Tu t'en tires à bon compte, ricane Thrasymaque. En sus de ton apprentissage, tu me donneras un bon tas de dollars.

— Quand j'en aurai, si j'en ai un jour…

Mais Glauque, riche fils de famille, ne veut pas que l'affrontement qui se prépare soit différé pour des questions d'argent :

— Vous avez tout ce qu'il faut, Socrate. Et vous, Thrasymaque, si c'est de l'argent que vous voulez, allez-y! Nous ferons tous la quête pour Socrate.

— C'est ça! siffle Thrasymaque. Pour que Socrate fasse à mes dépens son numéro habituel : on ne répond jamais, l'autre répond, on triture ce qu'il a dit, on le réfute, et envoyé c'est pesé !

— Mais, mon très cher, intervient tranquillement Socrate, comment puis-je répondre, étant donné, premièrement, que je ne sais pas, deuxièmement, que je passe mon temps à dire que la seule chose que je sais, c'est que je ne sais pas, troisièmement, qu'à supposer même que je sache et que je dise que je sais, je resterais pourtant muet, vu que quelqu'un qui est au top niveau, nommément toi-même, m'a interdit d'avance de donner à la question aucune des réponses que je juge appropriées? C'est plutôt toi qui dois parler, puisque, premièrement, tu dis que tu sais, et que, deuxièmement, tu sais ce que tu dis. Allez! Ne te fais pas prier! Si tu parles, tu me fais plaisir et tu montres que tu ne traites pas par le mépris le désir qu'éprouvent Glauque et ses amis de s'instruire auprès du grand Thrasymaque.

Glauque et tous les autres font chorus, ils supplient Thrasymaque de céder. À l'évidence, celui-ci en a envie, assuré qu'il est des acclamations que lui vaudra sa foudroyante réponse à la question du jour : « Qu'est-ce que la justice? » Mais, pendant encore un moment, il feint de continuer à batailler pour que Socrate réponde. À la fin, il capitule avec ce commentaire :

— Exemple type de la « sagesse » de Socrate : il proclame qu'il n'est le professeur de personne. Mais, pour ce qui est de piquer du savoir aux autres, il dit toujours « présent » et jamais « merci » !

— Quand tu dis, rétorque Socrate, que je m'instruis auprès des autres, tu as parfaitement raison. Quand tu prétends que je ne remercie jamais, tu as tort. Bien sûr, je ne paie pas les leçons, car je n'ai ni dollars, ni euros, ni drachmes, ni yens. Par contre, je suis très riche en éloges. Tu vas du reste connaître l'ardeur avec laquelle j'admire celui qui parle bien, en fait, dès ta réponse à notre question, réponse dont mon intuition me dit qu'elle va tous nous surprendre.

Thrasymaque s'avance alors, bien droit, et ferme les yeux comme la Pythie méditante. Dans le patio envahi par l'ombre, le silence est impressionnant.

— Écoutez, écoutez bien. Je dis que ce qui est juste n'est et ne peut être rien d'autre que l'intérêt du plus fort.

Il braque alors sur Socrate son regard écrasant. Mais le silence se prolonge, car Socrate, lui, petit et ventru, les yeux ronds, les bras ballants, prend l'air d'un chien à qui l'on propose un quartier de citrouille.

Thrasymaque n'est pas content :

— Je ne vois pas venir tes fameux éloges, tu restes muet comme une carpe. Tu es vraiment mauvais joueur, totalement incapable de saluer la victoire de ton adversaire. Et on se proclame le plus sage des hommes ! Chapeau !

— Pardonne-moi, mais il faut d'abord que je sois sûr de te comprendre. Voyons. Tu dis : « Ce qui est juste est l'intérêt du plus fort. » Que signifie exactement cet énoncé ? Prenons par exemple un coureur cycliste. Mettons qu'il soit le plus fort pour escalader les montagnes sur un vélo. Mettons que son intérêt soit de se doper en se faisant des piqûres d'érythropoïétine dans les fesses pour courir encore plus vite et pulvériser tous les records. Tu ne veux quand même pas dire que ce qui est juste pour nous, étant l'intérêt du plus fort, est de nous piquer sans merci le derrière ?

46

— Tu es tout simplement crapuleux, Socrate! Tu prends ce que je dis à contresens, tu le plaques sur une anecdote dégoûtante, et tout ça pour me ridiculiser.

— Pas du tout. Je crois seulement qu'il faut que tu éclaires ta magnifique sentence. Elle est dure et noire comme du charbon…

— Du charbon! Qu'est-ce que tu racontes?

— … de ce charbon dont on tire les diamants. Fais-nous cuire un peu ta sentence dans le bouillon de son contexte, pour parler comme nos orateurs modernes.

— Je vois. Tu sais que les Constitutions des différents pays peuvent être monarchiques, aristocratiques ou démocratiques. Par ailleurs, dans tous les pays, le gouvernement a le monopole de la force, spécialement de la force armée. On constate alors que tout gouvernement fait des lois en faveur de son intérêt propre : les démocrates font des lois démocratiques, les aristocrates, des lois aristocratiques, et ainsi de suite. En somme, les gouvernements, qui disposent de la force, déclarent légal et juste ce qui est dans leur intérêt. Si un citoyen désobéit, ils le châtient en tant qu'il viole la loi et commet une injustice. Voilà, mon cher, ce que je dis être uniformément le juste dans tous les pays : l'intérêt du gouvernement en place. Et puisque c'est ce gouvernement qui a le monopole de la force, la conséquence qu'en tire quiconque raisonne correctement est que, partout et toujours, le juste est identiquement l'intérêt du plus fort.

Et Thrasymaque parcourt l'assistance d'un regard vainqueur.

Le visage de Socrate s'éclaire :

— J'ai compris ce que tu voulais dire!

Mais, aussitôt, il s'assombrit :

— Malheureusement, je ne suis pas du tout sûr que ce soit vrai. Déjà, quelqu'un qui t'a écouté pourrait dire – et Socrate imite un acteur comique parlant du nez : « Bizarre ! Bizarre ! Et je dirais même plus : bizarre ! Thrasymaque interdit formellement à Socrate de dire que la justice, c'est l'intérêt. Et deux minutes plus tard, qu'est-ce qu'il annonce à grands sons de trompe ? Que la justice, c'est l'intérêt. » Évidemment, j'objecterais à cet enrhumé : « Attention, monsieur, attention ! L'intérêt, oui, mais du plus fort ! »

— Une précision de rien du tout ! ricane Thrasymaque.

— Qu'elle soit importante ou non, ce n'est pas encore clair. Ce qui est absolument clair, c'est que nous devons examiner si c'est bien la vérité qui sort de ta bouche, nue et pure comme un chérubin.

— Voyez ce Socrate ! dit Thrasymaque, hilare, tourné vers l'assistance ; il croit que je crache des anges !

— Remettons à plus tard l'examen de tes crachats. Que ce qui est juste relève de l'intérêt d'un Sujet, je te l'accorde. Qu'il faille ajouter « le Sujet qui est le plus fort », je n'en sais rien, mais il faut y regarder de près.

— Regarde, Socrate, examine, considère, soupèse et chicane. On te connaît, va !

— Il m'a semblé comprendre que, pour toi, il est juste d'obéir aux dirigeants de l'État. Par ailleurs, tu admets, je suppose, que ces dirigeants ne sont pas infaillibles, mais que, faillibles, ils le sont.

— Évidemment !

— Par conséquent, quand ils se mêlent de promulguer des lois, ils font ça tantôt comme il faut, tantôt tout de travers, non ?

— Pour trouver une remarque aussi plate et dénuée de tout intérêt, il faut se lever de bonne heure.

— Sans doute, sans doute… Mais si l'on te suit, on dira que pour un dirigeant, promulguer des lois adéquates, c'est servir son intérêt, et inadéquates, le desservir. D'accord ?

— Ça tombe sous le sens.

— Et qu'il faille faire ce que les dirigeants ont décidé, d'après toi, c'est juste ?

— Tu rabâches ! Oui, oui et oui !

— Alors, si on adopte ta définition de la justice, on peut conclure qu'il est juste non seulement de faire ce qui est dans l'intérêt du plus fort, mais aussi – et ça, c'est admirable – le contraire : ce qui va contre l'intérêt du plus fort.

— Qu'est-ce que tu nous chantes ? s'écrie Thrasymaque.

— Les conséquences inévitables de ta définition. Allons plus lentement. Nous étions d'accord sur un point que tu as même jugé trivial : quand les dirigeants imposent aux dirigés de faire ceci ou cela, bien qu'il arrive à ces dirigeants de se tromper quant à ce qui est leur intérêt véritable, il demeure invariablement juste que les dirigés fassent exactement ce que les dirigeants leur ordonnent de faire. Oui ou non ?

— Je te l'ai dit et répété. Quelle fatigue ! Oui et oui !

— Tu as donc accordé qu'il est juste d'aller contre l'intérêt des dirigeants, donc des plus forts, quand ces dirigeants ordonnent involontairement de faire des choses mauvaises pour eux, puisqu'il est juste – tu l'as dit et redit – de faire tout ce que prescrivent les susdits dirigeants ; il s'ensuit implacablement qu'il est juste de faire l'exact contraire de ce que tu dis, puisque, dans le cas qui nous occupe, faire ce qui va contre l'intérêt du plus fort est ce que le plus fort ordonne que fasse le plus faible.

L'agitation produite dans l'assemblée par cette tirade est considérable. Polémarque se réveille en sursaut, le pâle Clitophon rougit, Glauque trépigne, Amantha malaxe nerveusement son oreille gauche. C'est Polémarque qui se jette à l'eau :

— Je crois que Thrasymaque n'a plus qu'à aller se rhabiller!

— C'est ça, susurre Clitophon, redevenu pâle comme la mort. Puisque Polémarque l'a dit, Thrasymaque doit le faire.

— C'est Thrasymaque lui-même qui s'est pris les pieds dans le tapis! riposte Polémarque. Il a convenu que les dirigeants ordonnent parfois de faire ce qui s'oppose à leur intérêt et qu'il est juste que les dirigés le fassent!

— Thrasymaque, siffle Clitophon, couleur de plâtre, n'a posé qu'un seul principe : il est juste de faire ce qu'ordonnent les dirigeants.

— Thrasymaque, s'exaspère Polémarque, a posé deux principes et non un seul. Premièrement, la justice est l'intérêt du plus fort. Deuxièmement, il est juste d'obéir aux dirigeants. Après avoir ainsi validé un principe d'intérêt et un principe d'obéissance, il a dû admettre qu'il arrive aux plus forts de commander aux plus faibles et aux dominés de faire ce qui va contre leur intérêt à eux, les plus forts. D'où il résulte que la justice n'est pas plus l'intérêt du plus fort que ce qui va contre cet intérêt.

— Mais, glapit Clitophon, redevenu soudain rouge sang de bœuf, quand Thrasymaque parle de l'intérêt du plus fort, il s'agit d'un phénomène subjectif : ce que le plus fort estime être son intérêt. C'est cela que le plus faible a l'obligation de faire, et c'est cela qui, pour Thrasymaque, est juste.

— Ce n'est pas du tout ce qu'il a dit, marmonne Polémarque, embarrassé.

— Peu importe! coupe Socrate. Si Thrasymaque pense maintenant ce qu'il n'a pas dit, il va nous dire ce qu'il pense. Ou ce qu'il pense penser. Allons, noble Thrasymaque, était-ce bien ta définition de la justice : ce que le plus fort imagine être l'intérêt du plus fort, et ce, indépendamment du fait que, dans le réel, ce soit ou ne soit pas son intérêt? Pouvons-nous dire que tel était le sens authentique de ton discours?

— Absolument pas! dit sèchement Thrasymaque. M'imputerais-tu l'idée ridicule selon laquelle le plus fort est celui qui se trompe au moment même où il se trompe?

— Ma foi, j'ai bien cru que c'était ce que tu soutenais quand tu m'as accordé que les dirigeants, n'étant pas infaillibles, se trompent parfois sur ce qu'est leur intérêt.

— En matière d'argumentation rationnelle, tu n'es, Socrate, qu'un sycophante. C'est comme si tu appelais « médecin » celui qui se trompe sur l'origine des souffrances d'un malade au moment même où il se trompe. Ou « mathématicien » celui qui fait une grossière erreur de calcul au moment même où il la fait. Selon moi, quand nous disons que le médecin se trompe, ou que le mathématicien se trompe, ou que le grammairien se trompe, ce ne sont que des paroles creuses. Selon moi, aucun d'entre eux ne se trompe pour autant que son être, ou plutôt son acte, correspond au nom que nous lui donnons. De sorte que, selon moi encore, et pour être précis – puisque Socrate se pique de précision –, jamais un artisan, un spécialiste, un créateur ou un artiste ne se trompe dès lors qu'il agit conformément au prédicat qui l'identifie. En effet, celui qui se trompe ne se trompe qu'autant que son savoir l'abandonne, et donc quand il a cessé d'être l'artisan, le spécialiste, le créateur ou l'artiste que nous supposions qu'il était. J'en conclus que, selon moi toujours, de ceux que nous nommons artisan, savant ou chef d'État, aucun ne se trompe en tant qu'un de ces noms lui convient, et ce, bien que tout le monde répète bêtement que le médecin s'est trompé ou que le dirigeant s'est trompé. Je te prie, Socrate, de bien vouloir comprendre mes réponses de tout à l'heure à la lumière de ces remarques de bon sens. Et pour être ce qui s'appelle tout à fait précis, selon moi absolument tout à fait précis, la vérité pure et dure se dit en quatre temps. Premièrement, le chef d'État, en tant que chef, ne se trompe pas. Deuxièmement, en tant qu'il ne se trompe pas, il décide ce qui est le meilleur pour lui-même. Troisièmement, c'est cela que le gouverné, celui que le chef commande, doit faire, et rien d'autre. Et quatrièmement, on en revient à mon début dont Socrate a fait semblant de ne pas voir qu'il fracassait tout son verbiage : la justice consiste en ce que toute pratique a pour loi l'intérêt du plus fort.

Comme saisi par la gravité de l'heure, Socrate hoche longuement la tête. Puis :

— Selon toi, encore et toujours, je suis un sycophante ? Selon toi, c'est pour te nuire que je t'ai questionné comme je l'ai fait ? Hein ? Selon toi ?

— Parbleu ! C'est clair comme de l'eau de roche ! On les connaît, les fourberies de Socrate ! Mais, selon moi, tu pars battu. Tu es incapable de me cacher ton jeu, et, face à quelqu'un qui, comme moi, voit clair dans ton jeu, tu ne peux l'emporter de vive force dans la discussion.

— Je n'y songe même pas, bienheureux phraseur ! Mais, afin de ne donner aucun prétexte à mes fourberies, pourrais-tu nous dire en quel sens tu prends les mots « chef d'État », ou « gouvernement », et aussi l'expression « le plus fort » dans la fameuse formule que tu viens de répéter : « La justice, qui est l'intérêt du chef d'État, lequel est le plus fort, est ce que le gouverné, qui est le plus faible, doit faire » ? Tu prends ces mots et ces expressions au sens précis qu'ils peuvent avoir pour nous, ou de façon vague et générale ? Selon toi, encore une fois, ça relève du dire, ou du pour ainsi dire ?

— C'est au sens des mots le plus rigoureux qui soit que, selon moi, je parle du gouvernant et de tout le reste. Essaie sur tout ça de me nuire, fais le sycophante ! Tu n'en as pas les moyens.

— Selon toi, je serais assez fou pour tenter d'être le sycophante d'un Thrasymaque, autant dire pour couper aux ciseaux fins la crinière d'un lion qui galope ?

— Tu viens pourtant d'essayer, coiffeur débile !

— Laissons tomber les métaphores chevelues. Revenons à nos difficultés du moment. Le médecin au sens précis du mot, celui dont tu parlais à l'instant, quel est son but véritable ? Gagner de l'argent ou soigner des malades ? Ne réponds qu'à propos du médecin dont l'action est conforme au nom générique « médecin ».

— Soigner les malades, évidemment !

— Et l'amiral ? L'amiral adéquat à son nom, est-il le chef des marins ou n'est-il lui-même qu'un marin ?

— Tu m'embêtes ! Il est le chef des marins, voilà : c'est bien pour te faire plaisir.

— Que, par hasard, un amiral navigue solitairement sur une vulgaire barcasse n'a, quant à l'appellation « amiral de la flotte », aucune influence et ne conduit pas à l'appeler « simple marin ». Car ce n'est pas en tant qu'il navigue ainsi ou autrement qu'on l'appelle « amiral », mais en raison de son savoir-faire et du pouvoir qu'il a sur les marins. D'accord, selon toi en personne?

— D'accord. Mais tu nous fais perdre notre temps avec ces foutaises maritimes.

— En tout cas, il est clair que le médecin et l'amiral ont un intérêt qui leur est propre. Et le savoir-faire qui est le leur vise à chercher puis à procurer à chacun cet intérêt. Évidemment, un savoir-faire pris en lui-même n'a pas d'autre intérêt propre que sa perfection possible. On peut donc…

— Pas si vite! coupe Thrasymaque. Qu'est-ce que c'est que cette histoire de l'intérêt d'un savoir-faire dont, par ailleurs, le seul intérêt est l'intérêt de celui qui possède ce savoir-faire? Je vois venir une entourloupe à la Socrate.

— Je vais être clair comme l'eau d'une source. Supposons que tu me demandes si le corps se suffit à lui-même ou si quelque chose lui manque, je te répondrai : « À coup sûr il lui manque quelque chose! C'est bien pourquoi on a inventé le savoir-faire médical tel que nous le connaissons aujourd'hui. Le corps est souvent en mauvais état et ne peut se contenter de ce qu'il est. Le savoir-faire médical s'est développé et organisé pour servir les intérêts du corps. » Et, tel que je connais le loyal Thrasymaque, il approuvera ma réponse.

Thrasymaque ricane et se mouche bruyamment.

— Pour approuver ce genre de truisme, un idiot te suffira.

— Tu approuves donc, ponctue doucement Socrate. Demandons-nous maintenant si, à son tour, le savoir-faire médical est, au même sens que le corps, en mauvais état. Si oui, il se pourrait qu'il ait besoin d'un autre savoir-faire pour servir ses intérêts et lui procurer ce qui lui manque. Faut-il poursuivre? Faut-il admettre que ce deuxième savoir-faire a lui-même, pour les mêmes raisons, besoin d'un troisième, et ainsi de suite à l'infini ? Si cette récurrence interminable paraît bizarre, on peut revenir au point de départ et supposer que le savoir-faire médical se charge lui-même de remédier à ses imperfections. Et la troisième possibilité, c'est qu'un savoir-faire ne requiert ni un savoir-faire second, ni lui-même, pour obtenir ce qui lui manque, vu qu'il ne comporte, en tant que savoir-faire réel, ni manque ni erreur. En effet, on remarque qu'un savoir-faire ne cherche que l'intérêt de ce à quoi il s'applique, et demeure quant à lui, s'il est authentique, intact et complet aussi longtemps que, au sens strict du mot « savoir-faire », il demeure en son entier ce qu'il est. Nous avons donc trois possibilités. Un : chaque « technique », comme on traduit parfois *technè* – « savoir-faire » est bien plus exact, mais lourd –, pour combler ses manques, exige une technique de cette technique, et cela à l'infini. Deux : toute technique est immédiatement technique d'elle-même, et donc apte à combler ses propres manques. Trois : prise en soi et pour soi, une technique ne manque de rien. Mon cher Thrasymaque, examine ces trois possibilités et dis-nous laquelle, selon toi, bien sûr, est la bonne.

— Selon moi, c'est certainement la troisième.

— Magnifique ! Donc, la médecine ne s'occupe pas de l'intérêt de la médecine, mais uniquement des intérêts du corps ; la technique hippique n'a nul souci de l'hippisme, mais seulement du cheval. Une technique n'a nullement cure de son propre intérêt – elle n'en a du reste aucun –, mais uniquement de l'intérêt de son objet, de ce à quoi s'applique le savoir-faire qui la définit.

— Tu ne fais que répéter le choix que j'ai fait, selon moi, de la troisième hypothèse. Toujours ce verbiage socratique !

55

— C'est pour que tu ne m'accuses pas de te tendre des traquenards. Voici ma question : un savoir-faire obtient de ce à quoi il s'applique les effets qu'il recherche, non ? Sinon, il n'est pas un savoir-faire, il n'est que la technique de rien.

— Évidemment ! Tes « longs détours » sont d'un naïf !

— Mais ce qui obtient de quelque chose les effets qu'il en attend est véritablement ce qui commande, ce qui exerce son pouvoir sur cette chose, non ?

Thrasymaque fronce les sourcils, flairant le piège. Mais comment l'éviter ? Il choisit la bravoure :

— Je ne crois pas, pour ma part, qu'on puisse dire le contraire.

— Donc, la technique est en position de gouvernant, de chef, en somme, au regard de son objet. La médecine gouverne le corps, l'amiral est le chef des marins. Pour ce qui concerne les corps souffrants et les marins qui galèrent, le médecin et l'amiral sont les plus forts. Cependant, tu l'as toi-même admis sans la moindre hésitation, ils ne servent nullement leur propre intérêt, mais l'intérêt de ce qui est plus faible, de ce qui est par eux-mêmes gouverné : le corps dont ils désirent la santé, les marins dont ils désirent qu'ils réussissent à naviguer convenablement. Ainsi, aucun savoir technique ne propose ni n'ordonne l'intérêt du plus fort. Finalement, nous voyons qu'aucun chef, aucun gouvernement considéré en tant que chef, ne propose ni n'ordonne ce qui convient à son propre intérêt. Au contraire, il prescrit l'intérêt de ceux qu'il commande ou gouverne et pour lesquels il exerce son savoir-faire. Et c'est en vue de ces gens-là, les gouvernés, les dominés, les souffrants, les galériens de la vie, qu'un véritable maître dit ce qu'il dit et fait ce qu'il fait.

Il y a alors, comme on dit dans les comptes rendus d'assemblée, des « mouvements divers ». On sourit, on chuchote, on prend un air important ou accablé. Tout le monde a conscience d'un tournant dans la discussion : la définition de la justice proposée par Thrasymaque a été tout bonnement changée en son contraire. On se tourne avec miséricorde vers lui, on attend sans trop y croire sa riposte. Il faut dire que, quand enfin elle arrive, elle suscite un vif étonnement :

— Dis-moi, demande Thrasymaque dont les yeux soudain pétillent de gaieté, es-tu bien encadré ? As-tu bien ta nourrice à droite et ton précepteur à gauche ?

— Comment ça ? dit un Socrate visiblement déstabilisé. Il serait plus convenable de me répondre au lieu de dire des sottises.

— C'est que, selon moi, ta nourrice devrait mieux te torcher si tes fesses sont aussi merdeuses que ton discours ! Et ton précepteur devrait t'apprendre la différence entre un mouton et un berger.

— Mais, demande Socrate de plus en plus perplexe, de quoi parles-tu ?

— Tu as l'air de croire que bergers et bouviers n'ont d'yeux que pour le bien-être des ovins et des bovins, que c'est pour faire plaisir à mesdames les brebis et à messieurs les taureaux qu'ils les engraissent et les soignent. C'est grotesque, mon pauvre ami. Ils ne font ça que pour que leur maître, le propriétaire de ces belles bêtes cornues et laineuses, en tire un énorme profit. Que dire alors de ceux qui sont au pouvoir dans un État ? Je veux parler de ceux qui exercent vraiment le pouvoir. T'imagines-tu qu'ils sont différents des propriétaires de troupeaux ? As-tu la naïveté de penser qu'ils s'occupent d'autre chose que de tirer de la masse des dominés un énorme avantage personnel ? Tu te crois à l'avant-garde des questions qui tournent autour du juste et de l'injuste, ou de la justice et de l'injustice, comme tu préfères, alors qu'en fait tu en ignores le b.a.-ba. Tu ne comprends pas que « justice » et « juste » nomment un bien qui appartient à un autre : l'intérêt, certes, mais de cet autre, le plus fort, le chef. D'où s'ensuit que ce qui appartient au dominé ou au serviteur, c'est uniquement, comme le dirait mon ami Jean-François Lyotard, le tort qui lui est fait. « Injustice » veut dire tout le contraire. C'est le nom d'une action qui contraint à l'obéissance et à la servilité ceux qui sont justes et croient devoir agir en toute circonstance en accord avec les lois morales. Tu patauges dans l'ignorance la plus crasse concernant toute une série d'évidences empiriques. Par exemple, que les dominés n'agissent que sous la règle de fer de l'intérêt du plus fort, et, ce faisant, contribuent à son bonheur, et nullement au leur propre. Ce qui me frappe, au fond, c'est ton incroyable naïveté. Comment ne vois-tu pas qu'un juste, confronté à un injuste, perd à tous les coups ? Suppose, par exemple, qu'ils montent ensemble une affaire et signent des contrats par lesquels ils s'engagent l'un envers l'autre. Eh bien, quand il y a dissolution de la société, tu constates invariablement que le juste a laissé sa chemise dans l'aventure et que l'injuste a raflé la mise. Prends le cas des impôts et des rétributions. À égalité de revenus, le juste paie toujours plus d'impôts que l'injuste, et il ne reçoit pas un fifrelin de l'État, alors que l'injuste touche le paquet. Supposons maintenant que le juste, puis l'injuste, soient nommés à la direction d'un service de l'État. D'un côté, qu'arrive-t-il alors au juste ? Au mieux – le plus souvent, c'est bien pis –, d'une part ses affaires personnelles tombent en quenouille, faute qu'il puisse y consacrer le temps nécessaire, d'autre part, vu qu'il est juste, il s'interdit de prélever ne fût-ce qu'un centime dans les caisses publiques. Ce pauvre type se fait haïr de sa parentèle et de ses familiers parce que – toujours la justice ! – il refuse catégoriquement de les pistonner pour qu'ils gravissent à vive allure les échelons du fonctionnariat. D'un autre côté, qu'arrive-t-il à l'injuste ? Exactement le contraire de ces calamités. Je parle naturellement de l'injuste authentique, celui qui foule aux pieds la piétaille. C'est lui qu'il faut observer si tu veux mesurer la distance entre les jouissances de l'injuste dans le secret de sa vie privée et la pitoyable médiocrité du juste qui vit en pleine lumière. Tu auras le parfait savoir de cette distance si tu te tournes vers l'injustice parfaite, celle qui accorde le bonheur suprême aux canailles les plus redoutables et plonge leurs victimes, dont la conscience se refuse à tout encanaillement, dans un malheur horrible et sans espoir. Cette forme pure de l'injustice n'est autre que la tyrannie. Le tyran n'a pas l'injustice mesquine ! C'est à grande échelle qu'il s'empare des biens d'autrui par la violence et la ruse. Il rafle tout, sans faire de différence entre ce qui est public ou privé, pas plus qu'entre ce qui est profane ou sacré. Tu remarqueras que si un quidam quelconque n'arrive pas à cacher une injustice de ce calibre, on le punit sévèrement et il se voit couvert de honte. Les noms d'oiseaux lui pleuvent dessus, selon le type des vilenies auxquelles il a participé : vendeur de chair humaine ! Sacrilège ! Perceur de coffres-forts ! Brigand de grand chemin ! Voleur à la tire ! Quel contraste avec notre tyran qui non seulement a volé les biens de ses compatriotes, mais les a eux-mêmes réduits en esclavage ! Au lieu de le couvrir d'injures, on l'appelle « heureux homme » ou « béni des dieux ». Et il n'y a pas que ses compatriotes pour lui cirer les pompes. Il y a tous ceux qui connaissent les infâmes infamies qui l'ont rendu fameux. Car les critiques qui critiquent l'injustice n'ont pas peur de la commettre, mais uniquement de la subir. Ainsi, cher Socrate, nous avons démontré que l'injustice, dès qu'on la pousse aussi loin qu'il le faut, est plus puissante, plus intrinsèquement libre, plus souveraine que ne l'est la justice. Comme je l'ai dit dès le début, la justice est, dans son essence, l'intérêt du plus fort. Et l'injuste se paie à lui-même les intérêts du capital qu'il représente.

Ayant ainsi, tel un pompier sur le feu, déversé dans les oreilles du public ébaubi l'énorme seau de son discours, Thrasymaque pense se retirer sous les applaudissements, vainqueur incontesté du combat des rhéteurs. L'assistance, toutefois, n'est pas d'accord. Elle veut le forcer à rester et à dégager plus clairement le noyau rationnel de ce qu'il vient de dire. Socrate s'en mêle :

— Cher Thrasymaque ! Génie des belles phrases ! Tu nous balances un gigantesque discours, après quoi tu n'as plus qu'une idée en tête : t'enfuir sans avoir suffisamment démontré ton point de vue, ni appris des autres s'il en va comme tu dis ou autrement. Crois-tu donc t'être occupé d'une bagatelle ? Allons ! Tu tentais de définir la règle de l'existence tout entière, l'impératif grâce auquel nous pouvons espérer vivre la plus féconde des vies.

— Est-ce que j'ai l'air d'un plouc qui ignore l'importance de ce dont il parle ? dit amèrement Thrasymaque.

— Tu fais admirablement semblant d'être ce plouc, en tout cas ! Ou alors, tu n'as nul souci de nous autres, ton public. Tu te fiches de ce qui peut nous arriver. Faute de connaître ce que tu prétends savoir, notre vie, pesée sur les balances du bien et du mal, risque de pencher du côté du pire. Allons, mon très cher ! Un bon mouvement ! Transmets-nous ce savoir ! Tu ne te trouveras pas mal de nous faire du bien, à nous tous qui faisons cercle autour de toi. Pour te lancer, je vais te dire ce que je pense. Je vais être franc avec toi : tu ne m'as pas convaincu. Je ne crois pas que l'injustice rapporte plus au Sujet que la justice, pas même dans les conditions limites que tu nous as décrites avec virtuosité : l'injustice est en quelque sorte autorisée, et rien ne fait obstacle aux désirs dont résultent ses agissements. Que tout soit bien clair, cher ami. Nous supposons l'existence d'un homme injuste. Nous supposons qu'il dispose de la possibilité d'être injuste, une possibilité illimitée, aussi bien en secret qu'à force ouverte. Eh bien, je ne suis aucunement convaincu que cet homme tirera plus de profit de son injustice qu'il n'en aurait tiré de la stricte observance des principes de la justice. Et je ne crois pas être le seul. Je suis persuadé que d'autres, dans cette salle, partagent ma conviction. Convertis-nous, formidable rhéteur ! Donne-nous des raisons décisives de reconnaître que nous errons misérablement quand nous mettons la justice au-dessus de l'injustice.

— Et comment te convaincre, tu peux me le dire ? Si mon implacable raisonnement n'y est pas parvenu, je ne vois pas ce qu'on peut encore faire. Ou alors, je dois personnellement transporter mon argumentation à l'intérieur de ta cervelle !

— Ah non ! Horreur ! Pas ça ! Commence plutôt par tenir ferme sur tes positions, au lieu de nous induire en erreur parce que tu les modifies sans crier gare. Je te donne un exemple de ce genre de métamorphose incongrue qui, du reste, nous ramène au point de départ de notre discussion. Tu as d'abord défini le médecin, tel qu'il est, dans l'élément de la vérité. Mais quand ensuite il a été question du berger, tu ne t'es pas senti obligé de conserver de bout en bout, de façon cohérente, l'identité du berger pensé lui aussi dans sa vérité. Au fil de ton discours, le berger a cessé d'être celui qui veille au bien-être du troupeau, pour devenir tout ce qu'on veut – le convive d'un festin qui ne songe qu'à se régaler d'un couscous au mouton, ou un spéculateur qui vend à la Bourse des tonnes de viande sans avoir jamais mis les pieds dans une étable –, tout sauf un berger ! Pourtant, rien d'autre n'est approprié à la technique du berger que de dispenser les meilleurs soins à son objet propre : le troupeau. Car, pour ce qui détermine de façon purement interne sa qualité, cette technique en est par essence évidemment pourvue, tant que son identité – être la technique de l'entretien des troupeaux – lui reste acquise.

— Ce qui veut dire, intervient Amantha, tant qu'elle continue à mériter son nom.

— Exactement. Pour les mêmes raisons, je nous croyais, il y a peu, forcés, toi et moi, de convenir qu'un pouvoir, pensé dans son essence, ne considère, en fait de bien, que celui des gens dont il s'occupe et sur lesquels s'exerce son autorité. Et que cela était vrai de tout pouvoir, qu'il opère à échelle de l'État ou à échelle de la famille.

— Qu'il soit public ou privé, précise Glauque.

— Je dirais plutôt, rectifie Amantha, politique ou domestique.

— Ce qui m'amène, continue Socrate, ses yeux perçants braqués sur Thrasymaque, à te poser une question. Ceux qui dirigent les États – et je parle ici de ceux qui les dirigent vraiment, pas des fantoches, des présidents potiches, des fondés de pouvoir du capital ou des « représentants » costumés –, crois-tu qu'ils le fassent volontairement ?

— Nom d'un pétard ! s'exclame Thrasymaque. Je ne le crois pas, je le sais.

— La science, c'est sacré. Mais la science, la noble sociologie t'apprend aussi que, s'agissant de la plupart des postes gouvernementaux, des sous-secrétariats de ceci ou de cela, des cabinets ministériels, des comités, des commissions, des offices et des officines, personne ne veut s'en charger gratuitement. Du moment qu'on ne va pas retirer de ce petit morceau de pouvoir des avantages personnels, et qu'il faudra s'occuper des administrés, on exige un salaire, un très bon salaire. Alors, reprenons les choses de plus loin. Ne disons-nous pas, chaque fois que chacune des techniques est autre que les autres, qu'elle est autre parce que sa fonction propre est autre que la fonction des autres ?

— Eh bien, dit Amantha, tournée vers Thrasymaque, ne vous perdez pas dans le labyrinthe de ce qui est autre que l'autre, parce que chacun des autres est autre que lui…

— Ma réponse, déclare Thrasymaque non sans quelque pompe, est claire et nette. C'est bien par sa fonction qu'une technique diffère d'une autre.

— Et, poursuit Socrate, chaque technique nous rend un service tout à fait particulier. Pour la médecine, c'est la santé, pour le pilotage d'un avion, c'est la rapidité et la sécurité d'un voyage, et tout le reste à l'avenant. Oui ou non ?

— Oui ! Je te le corne aux oreilles. Oui !

— Et la technique… Oh, j'ai décidément horreur de cette traduction de *technè*. J'en trouverai une autre pendant la nuit. Bref, la technique dont le nom ancien était

« mercenariat », et qui aujourd'hui, omniprésente, s'appelle « salariat », n'a pas d'autre fonction propre que de rapporter un salaire. Naturellement, tu ne confonds jamais un médecin avec un pilote de ligne. Si – c'est la règle que tu nous imposes, toi, le fanatique du beau langage – nous devons définir tous les mots avec la plus extrême rigueur, nous n'appellerons jamais « médecin » le capitaine d'un navire sous prétexte que les passagers, dopés par l'air marin, pètent la forme. Pouvons-nous alors, je te le demande, appeler « médecin » n'importe quel salariat dès lors que le salarié se porte mieux parce qu'il a touché son salaire ?

— Où veux-tu en venir avec ces calembredaines ? maugrée Thrasymaque.

— J'en viens au moment crucial de mon argumentation, quand tous les fils se rejoignent et que tout s'éclaircit. Écoute bien ma question : vas-tu confondre la médecine avec le salariat en arguant de ce que, quand il guérit les gens, le médecin touche un salaire ?

— Ce serait grotesque.

— Tu as reconnu que chaque technique prise en elle-même nous rend un service, et que ce service est particulier, distinct de celui que nous rend une autre technique. Si donc plusieurs techniques différentes nous rendent le même service, il est clair que ce service résulte d'un élément commun qui s'ajoute à la fonction propre de chacune des techniques considérées. L'application de ce principe est simple, dans le cas qui nous occupe : quand un technicien touche un salaire, c'est qu'il a ajouté à la technique dont il est le spécialiste cette autre technique, plus générale, que nous avons nommée le salariat. Et s'il ne touche aucun salaire, sa performance technique n'en est pas pour autant annulée. Elle reste ce qu'elle est, et demeure, dans son être, tout à fait extérieure au salaire.

Thrasymaque sent que les mâchoires de l'argument menacent de le broyer. Il prend les choses en grand seigneur et, d'un ton ironique :

— Si tu le dis, Socrate, nous le dirons aussi.

— Tu devras alors avaler les conséquences. Il est en effet désormais établi qu'aucune technique, aucune position dominante n'a pour but ou fonction son propre intérêt. Comme nous l'avons déjà dit, elle n'a en vue et ne prescrit, s'il s'agit d'une technique, que ce qui concerne l'intérêt de ce qui en est l'objet et l'enjeu. Et s'il s'agit d'une position dominante, elle ne vise que l'intérêt des gens dominés. Voilà pourquoi je disais tout à l'heure, mon cher Thrasymaque, que personne ne désirait, de son propre chef, diriger quoi que ce soit, et encore moins s'engager gratuitement à soigner et guérir les maux d'autrui. Car, dans ce genre de situation, on doit considérer l'intérêt du plus faible et non celui du plus fort. Le résultat est que tout le monde réclame un salaire. Évidemment ! Celui qui, au service d'un client, met en œuvre une technique de façon efficace et bien ajustée n'a jamais en vue ni ne prescrit son propre bien. Il ne s'occupe que des biens de celui pour lequel il travaille, auquel il est cependant supérieur, puisqu'il maîtrise une technique que l'autre ignore. C'est pour redresser ce paradoxe apparent – le supérieur au service de l'inférieur – qu'il faut presque toujours garantir un très bon salaire à celui qui accepte un poste hiérarchiquement élevé, salaire versé sous forme d'argent et d'honneurs variés. Quant à celui qui refuse obstinément, c'est sous forme de punition qu'il touchera son salaire.

Glauque, observant que Thrasymaque, dégoûté, prépare une retraite stratégique, estime qu'il a le devoir d'alimenter la discussion :

— Socrate! Que nous racontez-vous exactement? Je comprends bien qu'au salariat correspond un salaire différent de celui qui est approprié aux techniques comme la médecine ou la direction d'un grand corps de l'État. Mais qu'une punition – et laquelle? – puisse faire office de salaire pour quelqu'un qui refuse un poste, et qui donc, ne rendant aucun service, ne mérite aucun salaire, ça me dépasse!

— Demande-toi quel peut bien être le salaire d'un de nos meilleurs partisans, un très bon philosophe par exemple. Ne sais-tu pas pour quelle raison il va parfois se résigner à accepter une fonction importante dans l'État? Ne sais-tu pas que, pour lui, carriérisme et âpreté au gain sont des vices?

— Ils le sont réellement, à vrai dire. Et alors?

— Vous-même, enchaîne Amantha, si ma mémoire est bonne, vous avez accepté d'être président du Conseil à Athènes. C'était à peu près au moment où votre cher Alcibiade prenait une raclée à la bataille de Notion. Quel a été votre salaire?

— Ma fille, tu ranimes là un souvenir extrêmement pénible. En tout cas, tu t'en doutes, il ne s'agissait ni du goût du pouvoir, ni de ce qu'il rapporte. Au plus fort de la Révolution culturelle, Mao Zedong a lancé la directive : « Mêlez-vous des affaires de l'État. » Quand nous obéissons à cette directive, nous n'avons pas l'idée d'être traités comme des salariés qui exigent le salaire de leur engagement, ni comme des voleurs qui tirent de cet engagement des profits secrets. Il ne s'agit pas non plus de courir après les honneurs, car ce n'est pas l'ambition qui nous anime. En fait, nous pensons tous – nous, philosophes de la nouvelle génération – que participer volontairement au pouvoir d'État tel qu'il existe, sans y être contraint par des circonstances exceptionnelles, est totalement étranger à nos principes politiques. Il est donc inévitable que nous y contraigne uniquement la perspective d'un châtiment intérieur plus grave encore que la honte que nous éprouverions à courir après les postes et les crédits. Or, qu'est-ce qui peut bien être, dans ce genre de situation, la plus insupportable des choses ? C'est d'être gouverné par des crapules uniquement parce qu'on a refusé le pouvoir. La crainte de ce châtiment est la seule raison pour laquelle, de temps à autre, des gens honorables se mêlent au plus haut niveau des affaires de l'État. Et on voit bien qu'ils ne le font ni par intérêt personnel, ni pour leur plaisir, mais parce qu'ils croient que c'est nécessaire, vu l'impossibilité, dans les épreuves que traverse l'État, de trouver, pour les postes qu'ils vont occuper, des candidats meilleurs ou au moins aussi bons.

— Attendez, attendez ! interrompt Amantha. Vous nous parlez là de l'engagement paradoxal de gens honnêtes dans un État passablement pourri où dominent ordinairement les carriéristes, les profiteurs et les démagogues. Ce dévouement n'a du reste jamais servi à grand-chose. Je me demande ce qui se passerait dans un État idéal, soumis à de justes principes.

— Si un tel État venait à exister, on y organiserait des compétitions pour ne pas être au pouvoir, tout comme aujourd'hui pour y être.

— Des élections négatives ! Incroyable ! ricane Glauque.

— On se vanterait d'avoir enfin été élu pour n'occuper aucun poste. Parce que, composé de femmes et d'hommes libres, et dominé par la maxime égalitaire, le pays unanime considérerait que le dirigeant véritable n'a pas en vue son propre intérêt, mais uniquement celui du peuple entier. Et la masse des habitants trouverait plus tranquille et plus agréable de confier son destin personnel à des gens de confiance, plutôt que de se voir confier, à eux personnellement, le destin d'immenses foules. Je n'accorde donc absolument rien à Thrasymaque : ce qui est juste n'est pas et ne peut pas être l'intérêt du plus fort.

— Vous ne nous avez pas donné, de votre réfutation du sophiste, la contrepartie positive, grogne Amantha. C'est quoi, finalement, la justice ?

— On verra ça plus tard. Pour l'instant, il y a un point qui me tracasse dans ce qu'a dit Thrasymaque.

— Vous allez changer de cheval, je le sens ! déclare Amantha.

— Laisse-moi dire ce point. Thrasymaque prétend que la vie de l'injuste est bien meilleure que celle du juste. Et toi, Glauque, quelle vie choisirais-tu ? Qu'est-ce qu'il y a de vrai dans cette hiérarchie ?

— Bah ! dit Amantha. Le frérot sait trop bien ce que vous souhaitez qu'il dise et que je vais dire à sa place : la vie du juste, c'est le pied !

— Vous avez l'un et l'autre, insiste Socrate, entendu Thrasymaque détailler les avantages inouïs de la vie injuste, et vous n'êtes toujours pas convaincus ?

— Je préférerais, résiste Amantha, être affirmativement convaincue de la supériorité du juste. Pour l'instant, je me contente de n'être pas convaincue par celle de l'injuste. On marine dans la négation.

— Pour une fois, elle a raison, confirme Glauque. Démontrer directement que A est supérieur à B, c'est autre chose que de démontrer qu'il n'est pas vrai que B puisse être supérieur à A.

— Tous nos compliments au logicien ! s'exclame Socrate. Mais il faut choisir la méthode. On peut procéder par vastes antithèses, discours contre discours. Nous exposons en bloc tous les bienfaits de la justice, puis Thrasymaque, ceux de l'injustice. Il faudra dénombrer ces bienfaits dans chaque discours, mesurer, en somme, ce qui aura été dit de part et d'autre. Et nous aurons besoin de justes extérieurs pour trancher le litige. L'autre façon de faire est de procéder sur le modèle de notre début de soirée : à travers un jeu serré de questions et de réponses, nous construisons un accord des deux parties, si bien qu'aucun tiers extérieur n'est requis. Nous sommes les uns et les autres, tour à tour, à la fois ceux qui argumentent et ceux qui jugent.

— C'est bien mieux comme ça, approuve Glauque.

Socrate se tourne alors vers Thrasymaque, qui, la mine sombre, s'est à moitié renversé dans un fauteuil et ne parle plus que du bout des lèvres, du ton blasé qu'affectionne celui qui « en a vu d'autres », à qui « on ne la fait pas » et qui « n'y croit plus ».

— Alors, Thrasymaque, courage ! Reprenons les choses depuis le début. Tu soutiens que, comparée à la parfaite injustice, la justice parfaite se révèle infiniment moins avantageuse ?

— Je le soutiens, laisse tomber Thrasymaque, et je vous ai dit pourquoi.

— Voyons un peu. Tu appliques sans doute au couple réel justice-injustice le couple prédicatif vicieux-vertueux. Et je suppose que tu attribues, comme tout le monde, « vertueux » à la justice et « vicieux » à l'injustice.

Thrasymaque abandonne soudain, sous le fouet de la supposition socratique, sa pose de sceptique fatigué. Il glapit littéralement :

— Tu veux rire ? Tu veux me faire encore une fois le coup de l'ironie socratique ? Rira bien qui rira le dernier, mon lapin ! J'ai démontré que c'est l'injustice qui est universellement avantageuse à l'homme injuste, alors que la justice est universellement nuisible à l'homme juste.

— Tu prétends donc que c'est la justice qui est vicieuse ?

— Non, pas exactement vicieuse, nuance un Thrasymaque content de lui. Elle relève plutôt d'une noble naïveté.

— Si bien, ponctue Socrate, que l'injustice, elle, est vulgaire.

— Nullement. Elle relève d'une évaluation exacte des circonstances et de ce qu'on peut y gagner.

Socrate donne alors des signes de perplexité. Il se gratte la nuque, puis :

— Ta conviction, cher ami, est que les injustes sont des gens prudents qui connaissent à fond la vérité des situations ?

— Oui. À condition, naturellement, qu'il s'agisse de ces gens capables d'asservir une ville entière et même tout un pays. Tu as l'air de croire que je te parle des pickpockets qui fauchent le portefeuille des voyageurs dans le métro. Je ne nie pas l'intérêt de ces petits larcins tant qu'on ne se fait pas prendre. Mais ce n'est même pas la peine d'en parler si on a en vue les injustices grand format des tyrans dont je vous faisais il y a un instant le portrait.

— Je n'ignore pas ce que tu as en tête, note Socrate. Mais chaque fois que tu le redis en public, je suis aussi surpris que si je ne t'avais jamais entendu pérorer. Tu classes donc bien l'injustice du côté de la vertu et de la sagesse, et la justice, du côté opposé ?

— Parfaitement. Et je suis ravi d'étonner Socrate !

Ledit Socrate se gratte à nouveau la nuque d'un air songeur :

— Il faut avouer que ta position est du coup très forte. Pour le moment, je ne vois pas ce qu'on peut lui objecter. Si tu posais que l'injustice est très avantageuse, mais en concédant, comme presque tout le monde, qu'elle est vicieuse et répugnante, nous pourrions te répondre en prenant appui sur l'opinion dominante. Mais il est clair que tu vas soutenir que l'injustice est aussi noble et magnifique qu'avantageuse. Toutes les qualités que nous attribuons à la justice, tu vas les attribuer à l'injustice, que tu as eu l'audace intellectuelle de mettre sur le même rang que la vertu et la sagesse.

— Tu devines parfaitement les vérités dont j'anime mes discours.

— Eh bien, dit doucement Socrate, nous n'allons pourtant pas baisser les bras. Il faut continuer à argumenter, du moins tant qu'on est en droit de supposer que tu dis ce que tu penses. Il me semble en effet, heureux homme, que tu ne plaisantes pas, et que c'est avec le plus grand naturel que tu nous livres la vérité telle que tu la conçois.

— Qu'est-ce que tu en as à foutre – excuse-moi ! –, que je dise ce que je pense « vraiment » ou pas ? Contente-toi de réfuter mon argument explicite, si tu en es capable, ce dont je doute, et ne perds pas ton temps à fouiller les poubelles vides de ce que je pense « vraiment ». Comme si on pensait « vraiment » !

— Tu as raison. Je m'excuse d'avoir vraiment pensé que tu pensais vraiment. Essaie tout de même de répondre à quelques questions.

À partir de là, c'est vraiment un duel qui commence, et pas à fleurets mouchetés. Amantha, Glauque, Polémarque et tous les autres comptent les touches. Socrate le premier engage le fer :

— Dis-moi, Thrasymaque : l'homme juste, à ton avis, veut-il affirmer sa supériorité sur un autre homme juste ?

— Jamais ! S'il avait cette ambition, s'il voulait écraser un rival en justice, il ne serait pas le naïf bien élevé que j'ai dit.

— Désirerait-il qu'une action juste lui permette de dominer d'autres justes ?

— Certainement pas, et pour la même raison.

— Et l'emporter sur un injuste, alors ? Le juste en aurait-il le désir ? Et ce désir, le tiendrait-il pour juste ou injuste ?

— Tel un benêt qu'il est, le juste croirait juste de l'emporter sur l'injuste, mais il en serait incapable.

— Qu'il en soit capable ou incapable n'est pas notre problème. Je te demande seulement, mon très cher, de préciser ta pensée, que je récapitule ainsi : le juste ne trouve aucunement digne de lui de l'emporter sur le juste et n'en éprouve pas le désir. Par contre, il a le désir de dominer l'injuste et juge ce désir tout à fait digne de lui. D'accord ?

— Tu ne fais que répéter ma réponse.

— Je suis prudent. J'avance pas à pas dans la construction d'une pensée que toi et moi nous aurons en partage. Passons à l'homme injuste. Prétend-il l'emporter sur le juste et agir de façon à neutraliser toute action juste ?

— Évidemment ! Le désir propre de l'injuste est la domination universelle.

— Donc, l'injuste désirera aussi l'emporter sur l'injuste et neutraliser par sa propre action toute action injuste extérieure, de façon à assurer son pouvoir sur tout ?

— Rien à redire. Tu me fatigues !

— Nous sommes donc d'accord sur la relation qu'entretiennent le juste et l'injuste à leurs semblables comme à leurs contraires.

— Oh, oh ! intervient Glauque, pas si vite ! L'argument est parti pour être retors. Un peu de formalisme ne ferait pas de mal.

— Mais ne te gêne pas, dit Socrate ; le logicien, c'est toi.

— Voilà, dit Glauque, tout content de placer ses formules. J'appelle J le juste en général, et s'il faut distinguer deux justes, on dira J_1 et J_2. J'appelle l'injuste en général I, et s'il faut distinguer, I_1 et I_2. Je note comme on fait en mathématiques pour inégal la relation « l'emporter sur ». Par exemple, J > I veut dire que le juste domine l'injuste. C'est une simple notation, hein, ce n'est pas pour l'instant une vérité. Je note comme « égal » en maths la relation « ne pas l'emporter sur », ou « être semblable ou identique à ». Par exemple, $J_1 = J_2$ veut dire que deux justes sont semblables. C'est tout simple.

— Et alors ? commente aigrement Amantha.

— Alors je peux écrire très clairement où nous en sommes en deux formules. Du côté du juste, on a : $[(J_1 = J_2)$ et $(J > I)]$. Ce qui formalise que, pour un juste, deux justes n'ont pas à l'emporter l'un sur l'autre, mais qu'un juste doit l'emporter sur un injuste. Du côté de l'injuste on a : $[(I_1 > I_2)$ et $(I > J)]$: l'injuste doit l'emporter et sur tout autre injuste, et sur tout juste.

— Bon, dit Amantha, c'est exactement ce que Thrasymaque et Socrate ont dit. À quoi ça sert ?

— Tu verras, dit énigmatiquement Glauque, tu verras…

— En tout cas, reprend Socrate, nous voici tous d'accord, forme et fond. Passons aux vraies difficultés. D'après toi, excellentissime Thrasymaque, l'injuste est savoir et sagesse, tandis que le juste est analphabétisme et abrutissement ?

— Tu parles par ma bouche, persifle Thrasymaque.

— Nous dirons donc que l'injuste est semblable à tout homme dont la détermination subjective est savoir et sagesse ?

— C'est trivial. Un homme qui a des qualités ressemble à celui qui les a aussi et diffère de celui qui ne les a pas ! Voilà ce que le grand Socrate vient de découvrir.

— Qu'en pense le logicien ? demande Socrate, insensible au sarcasme.

Glauque saute sur l'occasion :

— Si S désigne l'homme sage et savant, la position de Thrasymaque, avec les notations précédentes, donne : I = S.

— Et bien entendu, dit Socrate, le juste étant analphabète et abruti, dixit Thrasymaque, il ressemblera à l'homme exemplairement abruti et totalement analphabète. Logiquement, ça donne quoi ?

— Si A désigne l'homme analphabète et abruti, dit Glauque, la position de Thrasymaque s'écrit J = A.

— Parfait ! Et maintenant, parlons musique et médecine.

— En somme, dit Thrasymaque, amer, battons la campagne !

— Mais non, ce sont simplement des analogies. Au regard de la musique, c'est le musicien qui est sage et savant, et celui qui ne sait pas lire une note n'est ni l'un ni l'autre. Tout de même que, concernant la santé publique, c'est le médecin qui est sage et savant, et les autres qui ne le sont pas.

— Où veux-tu en venir ? s'impatiente Thrasymaque.

— Penses-tu, mon excellent ami, que lorsqu'un musicien accorde un piano, son désir soit de l'emporter sur un autre musicien en matière de tension ou de relâchement des cordes ? N'est-ce pas plutôt d'arriver à un résultat que n'importe quel musicien compétent trouvera correct ?

— Il n'y a qu'une seule position correcte de la corde : c'est donc ta deuxième hypothèse qui est la bonne.

— Par contre, il aura bien l'idée, notre accordeur, de faire mieux qu'un quidam qui sait à peine ce que c'est qu'un piano, non ?

— Je ne te refuserai pas le plaisir de me voir approuver une pareille puérilité.

— Et que dit le logicien ?

— Si M désigne le musicien en général, répond Glauque, un rien pédant, N le nul en musique, M_1 et M_2 des musiciens différents, on a : $[M_1 = M_2$ et $M > N]$.

— Ça ressemble drôlement aux formules du juste ! remarque Amantha.

— N'allons pas plus vite… que la musique ! plaisante Socrate. Il est, je crois, tout aussi évident que le médecin n'aura pas comme idée principale, ou au moins comme idée proprement médicale, de l'emporter sur un autre médecin. Son idée sera de guérir le malade en prenant des décisions qu'il discute et partage avec ses collègues. Par contre, il l'emportera sur un quidam qui ne sait pas distinguer une rougeole d'un coup de soleil. De façon générale, celui qui est sage et savant dans un domaine déterminé, le S du jeune Glauque, aspire à faire aussi bien que ses semblables et à l'emporter sur celui qui n'y connaît rien. En revanche, celui qui n'est ni sage ni savant, s'il a l'arrogance de se mêler tapageusement de ce qu'il ignore, déclarera qu'il l'emporte sur tout le monde, savants et ignorants mêlés, puisqu'il est hors d'état de distinguer les uns des autres. Que dit de tout cela le logicien ?

— Si je reprends S pour noter celui qui est sage et savant, et si je note A pour « analphabète » et « abruti », le prétentieux qui n'y connaît rien, j'aurai en formalisant leurs opinions respectives :

$$\text{Pour } S_1 : [(S_1 = S_2) \text{ et } (S > A)]$$
$$\text{Pour } A_1 : [(A_1 > A_2) \text{ et } (A > S)]$$

— Exactement comme tout à l'heure pour J et I ! s'exclame Amantha.

— Eh oui, approuve Socrate. Tu peux comparer les formules, bien aimé Thrasymaque. Tu as prétendu que l'injuste était sage et savant, et donc que Glauque devait écrire I = S. Et, bien entendu, tu soutenais aussi que le juste, en tant que contraire de l'injuste, n'était ni savant ni sage, mais analphabète et abruti, ce que Glauque nous propose de noter J = A. Mais tu vois bien maintenant, après nos exemples et les formules ci-dessus, que si l'injuste est sage et savant, noté S, il doit se croire l'égal de tout sage et savant, donc de tout injuste, et ne l'emporter que sur celui qui est analphabète et abruti, donc sur le juste. Cependant que le juste, étant analphabète et abruti, noté A, doit prétendre l'emporter sur tout le monde. Or, tu as violemment affirmé tout à l'heure – et Glauque a formalisé ta conviction – que c'était exactement le contraire : c'est l'injuste qui, d'après toi, l'emporte sur tout le monde.

— C'est bien possible, dit Thrasymaque, affectant l'indifférence.

— Qu'est-ce qui s'est passé entre-temps ? Tout simplement que tu as ajouté, à ce qui te permettait de conclure que l'injuste l'emporte sur tout le monde, deux énoncés supplémentaires : que l'injuste est sage et savant et que le juste est analphabète et abruti. Comme cela t'amène dans le fossé bourbeux d'une contradiction, il faut abandonner ces énoncés supplémentaires ; en réalité, on doit intervertir les qualités : c'est le juste qui est sage et savant, et l'injuste qui est analphabète et abruti.

— Nous avons démontré par l'absurde, annonce solennellement Glauque, que nous devons poser : $J = S$ et $I = \Lambda$.

— Faites comme vous voulez, dit Thrasymaque.

— Tu dois toi aussi tenir pour acquis, vu la force d'une démonstration dont tu as entériné toutes les étapes, que le juste est dans la vérité du savoir, et l'injuste, dans la nuit de l'ignorance.

Thrasymaque n'accorde ce point qu'avec peine et du bout des lèvres. Il sue à grosses gouttes, bien qu'au cœur de la nuit la brise de mer rafraîchisse la pièce. Les assistants affirment même avoir vu ce que nul n'aurait jamais cru possible de voir : Thrasymaque en train de rougir !

Cependant, Socrate veut remuer le fer dans la plaie :

— Que la justice soit sagesse et savoir est désormais vrai pour toi comme pour moi. Mais un autre point m'intéresse. Il a été dit par je ne sais lequel d'entre nous que l'injustice est plus forte que la justice, tu t'en souviens ?

— Je m'en souviens, maugrée Thrasymaque. Mais ce que tu viens de dire ne me plaît pas. Pas du tout ! Et j'aurais, moi, beaucoup à dire sur ce que tu as dit, et plus encore sur ce que tu as dit que je devais dire. Toutefois, si je prends la parole, je sais fort bien que tu vas prétendre que, au lieu de dialoguer avec toi, je harangue les foules. Ma conclusion est claire et nette : ou bien tu me laisses parler comme je veux, ou bien, si tu tiens à tes prétendus « dialogues » comme à la prunelle de tes yeux, vas-y ! Interroge ! Je ferai comme si j'écoutais une vieille femme qui raconte des histoires à dormir debout : je murmurerai « soit ! » d'un air absent, en hochant la tête.

— Ne dis pas « oui » avec la tête si ton intime conviction est « non » !

— Je ferai comme il te plaira, puisque tu m'interdis de parler. Que veux-tu de plus ?

— Rien du tout. Fais selon ton désir. Moi, je pose des questions.

— Puisque tu nous l'imposes, ricane Thrasymaque, pose ! Pose sans pause, et après on se repose !

— C'est, continue patiemment Socrate, la même question que tout à l'heure, pour que la discussion ne perde pas son unité : que peut bien être la justice, confrontée à l'injustice ? Quelqu'un a dit, je ne sais plus quand, que l'injustice était plus forte et ouvrait à la vie plus de possibilités que la justice. Maintenant que nous savons que c'est la justice qui est sagesse et vertu, il est très facile de conclure que c'est elle qui est la plus forte, l'injustice n'étant qu'ignorance. C'est un point que, désormais, nul ne peut méconnaître. Pourtant, mon désir n'est pas de l'emporter par des moyens aussi simples, mais de prendre les choses d'un autre biais. Accepterais-tu de dire que le passé, le présent et le futur ont vu, voient et verront des États injustes asservir injustement d'autres États, les tenir longtemps sous leur botte ou tenter de le faire ?

— Certes! Et le meilleur État, ce qui veut dire celui dont l'injustice est la plus éclatante, s'y emploiera mieux que tout autre!

— Je sais, répond tranquillement Socrate, que telle est ta position. Mais isolons le point suivant : supposons qu'un État devienne plus puissant qu'un autre. Peut-il organiser sa domination sans aucun recours à une certaine représentation de ce que c'est que la justice? Ou faut-il, bon gré mal gré, qu'entre en scène une norme de ce genre, si illusoire qu'elle puisse être?

Thrasymaque évite habilement le piège d'une réponse univoque :

— Si l'on part de la prémisse que tu nous imposes, à savoir que c'est la justice qui est sagesse et savoir, toute domination durable requiert une sorte de justice. Si, comme je le soutiens, c'est l'injustice qui est sagesse et savoir, une domination rationnelle et efficace exige l'injustice, et même l'injustice absolue.

— Je me réjouis en tout cas, cher Thrasymaque, que tu ne te contentes pas de branler du chef pour dire « oui » ou « non ». Tes réponses sont tout à fait courtoises. J'ai ainsi la preuve que je ne suis pas une vieille femme qui radote.

— C'est uniquement pour te faire plaisir.

— Voilà une bonne idée, me faire plaisir! Fais-moi donc le plaisir de continuer à me répondre. À ton avis, la réussite d'une action collective, même totalement injuste, est-elle compatible avec le règne déchaîné de l'injustice à l'intérieur du groupe concerné? Je pense à un parti politique, une armée, voire une troupe de brigands ou de voleurs qu'on suppose engagés dans une action injuste.

— Ils ne réussiront certainement pas leur mauvais coup s'ils passent leur temps à mettre des bâtons dans les roues à leurs chers collègues.

— Et s'ils renonçaient à cette injustice interne, ils réussiraient mieux?

— C'est clair, dit Thrasymaque d'un ton morne.

— Et pourquoi donc? Ne serait-ce pas que l'injustice excite dans tous les groupes les divisions brutales, les haines et les rixes, alors que de la justice procède une amicale convergence des sentiments et des pensées?

— Va, va, Socrate! Je ne veux plus débattre avec toi.

— Tu es trop bon, mon cher ami. Encore une question. Nous constatons que partout, sitôt qu'il y a de l'injustice, il y a de la haine. Qu'on soit libre ou asservi n'y change rien, l'injustice conduit à ce que tout le monde déteste tout le monde. C'est le triomphe des divisions les plus féroces et de l'impossibilité de faire quoi que ce soit tous ensemble. Même s'il n'y a que deux personnes, elles seront divisées, hostiles, et se haïront l'une l'autre tout autant qu'elles haïssent les gens justes. Et si enfin il n'y a qu'une seule personne, excellentissime Thrasymaque, cette propriété de l'injustice restera-t-elle implacable? La personne en question ne sera-t-elle pas divisée contre elle-même?

— Je sens que tu veux qu'il en soit ainsi.

— Et tu sens bien. Où qu'elle s'installe, ville, nation, parti, armée, communauté quelconque, l'injustice entraîne aussitôt l'impuissance à agir du groupe concerné, par l'exacerbation des scissions et des conflits. Puis elle rend ce groupe ennemi à la fois de lui-même et de tous ceux qui lui sont opposés du fait qu'ils persévèrent, eux, dans la justice. Même si c'est en un seul individu que l'injustice prend ses assises, elle y produira des effets du même ordre, puisque c'est dans sa nature de les produire. Elle le rendra incapable d'agir du fait de sa division intime et de l'impossibilité de toute convergence amicale entre lui-même et lui-même. Enfin il sera l'ennemi acharné tant de sa propre personne que de tous ceux qu'anime la justice. Mais puis-je encore te poser une question, éminent rhéteur ?

— Tu peux tout autant que tu ne peux pas, dit énigmatiquement Thrasymaque.

— C'est une question très simple : les dieux ne sont-ils pas justes ?

— Je devine que tu souhaites qu'ils le soient.

— Et tu devines bien. Il s'ensuit que l'injuste sera aussi ennemi de ces dieux dont le juste est l'ami.

— Avale avec appétit tes propres discours sucrés, Socrate. Je ne vais sûrement pas te contredire. Tu as toute ta claque avec toi.

— Allons-y donc. Tu me serviras ta part de friandises en répondant à mes questions. Nous avons démontré que les justes apparaissent dans l'arène du monde nantis de plus de sagesse, de qualités subjectives et de capacités pratiques que les injustes, lesquels sont incapables de s'unir pour faire quoi que ce soit. D'aucuns prétendent qu'en dépit de leur injustice patente certains personnages sont parvenus à agir en commun avec vivacité et succès. Ces « d'aucuns » se mettent le doigt dans l'œil jusqu'au coude. Si les supposés personnages avaient été absolument injustes, ils n'auraient pu s'épargner les uns les autres, et toute leur entreprise aurait foiré. Il est clair qu'il leur restait un soupçon de justice, assez en tout cas pour ne pas se nuire les uns aux autres dans le moment même où, tous ensemble, ils nuisaient à leurs ennemis. C'est cette petite dose subsistante de justice qui leur a permis d'agir comme ils ont agi. Lorsqu'ils se sont engagés dans l'injustice, ce n'est qu'à demi corrompus par l'injustice qu'ils l'ont fait. Car ceux qui sont entièrement corrompus et pratiquent l'injustice sans le moindre résidu de justice sont incapables de faire quoi que ce soit. C'est comme ça que ça se passe, et nullement comme tu as prétendu tout à l'heure que ça se passait. Quant à savoir si la vie du juste est meilleure et plus heureuse que celle de l'injuste, question que nous nous étions promis de poser, on peut dire que nous en connaissons maintenant la réponse, et même que cette réponse est évidente, car elle découle immédiatement de tout ce que nous venons de dire. Toutefois, regardons-y de plus près. Ce n'est pas d'une simple astuce rhétorique qu'il s'agit, mais de la règle selon laquelle il importe de vivre.

— Si tu veux y regarder de plus près, ponctue Thrasymaque, rapproche-toi.

— Tu me sembles rongé par l'ironie, mon petit camarade. Dis-moi plutôt : à ton avis, le cheval a-t-il une fonction propre ?

— Sacré Socrate, va ! Allons-y pour ta dialectique chevaline. Oui, le cheval a des usages particuliers.

— Et la fonction – qu'elle soit celle du cheval, du marcassin ou du boa constrictor –, c'est ce qu'on peut faire avec ce seul animal. Ou du moins ce qu'avec lui on fait aussi parfaitement que possible. N'est-ce pas ?

— Certes. Mais quand tu auras fini ta démonstration, tu me diras à l'oreille quelle est exactement la fonction du marcassin, et celle du boa, qu'il soit constrictor ou pas.

— Tu te moques de mes exemples, ma parole ! Je t'en propose un autre. On ne peut voir que par les yeux et entendre que par les oreilles. Ce sont donc leurs fonctions. Autre chose : on pourrait tailler la vigne avec un grand couteau, une petite hache ou une longue scie. Tu es d'accord ?

— Je t'y vois comme si j'y étais ! Socrate couvert de sciure sciant le cep de sa sifflante scie !

— Mais le meilleur outil, c'est une serpette faite pour tailler la vigne.

— Et comment donc ! Comme disait le poète :

> Pour entailler le cep empoignez la serpette
> Car scie, hache et couteau ne valent pas tripette.

— Un vrai bucolique, celui-là ! En tout cas, tailler la vigne est la fonction de la serpette.

— Je te dis « oui, oui, oui ! » Je t'applaudis ! Là, tu es très fort. Socrate, le serpentin philosophe de la serpette !

— Ton « Hourrah ! » m'accorde que la fonction d'une chose est ce qu'elle est seule à faire, ou qu'elle fait en tout cas mieux que les autres. Mais ce qui a une fonction doit aussi avoir une qualité qui lui est propre, grâce à laquelle la fonction est effective. Ainsi, les yeux ou les oreilles ont une fonction définie – voir ou entendre – grâce à l'agencement particulier de ces organes, à la qualité de cet agencement. Si les organes avaient la qualité contraire…

— Tu veux dire la cécité au lieu de la puissance de voir ?

— Ce qu'est la qualité propre d'un organe ou ce qu'est le défaut contraire à cette qualité relève de la physiologie et n'est pas ici notre problème. Je te demande seulement si c'est à partir de leur qualité propre que les existants font bien fonctionner la fonction qui leur est assignable, si c'est quand ils opèrent selon le défaut opposé à cette qualité que la fonction dysfonctionne.

— Vous jargonnez un peu, murmure Amantha.

— Mais c'est vrai ou non ? s'emporte Socrate.

— C'est vrai pour tout existant qui est définissable par sa fonction, intervient Glauque.

— C'est le moment décisif, celui où nous retrouvons la piste qui nous mènera au but, dit Socrate non sans quelque solennité. N'y a-t-il pas une fonction propre du Sujet, que nul autre existant ne peut assumer et qui se nomme « faire attention à », ou « appliquer des principes », ou « avoir l'intention de », et ainsi de suite ? Pourrions-nous attribuer ces fonctions à autre chose qu'à un Sujet ? Et n'est-il pas requis de dire qu'elles lui sont propres ? Même le fait de vivre, en son sens le plus profond, n'est-il pas une fonction proprement subjective ?

— Oui, passons, passons, dit négligemment Thrasymaque.

— Il s'ensuit donc que le Sujet a une qualité propre, une vertu singulière sans laquelle il ne saurait s'acquitter de ses fonctions.

— Admettons cette vertueuse qualité, dit Thrasymaque en s'inclinant comme devant un préfet de province.

— Tu devras donc aussi admettre les conséquences logiques de cette première admission.

— Lesquelles ?

— Un Sujet vicié, réactif ou obscur, s'oriente mal ou n'a d'intentions que perverties. En revanche, un Sujet fidèle, conforme à ses propres principes, sait remplir tout à fait correctement ses obligations.

— Je te concède tous les contes moraux que tu voudras.

— N'avons-nous pas déclaré d'un commun accord que la justice est la qualité essentielle du Sujet, sa vertu singulière, et que l'injustice est son vice capital ?

— C'était pour te faire plaisir.

— Une raison aussi bonne qu'une autre ! Et dont résulte une conclusion définitive : l'individu qui participe au devenir d'un Sujet juste aura une vie digne de ce nom, et l'injuste, une vie lamentable.

— Et voilà ! La dialectique de Socrate tourne en rond comme un écureuil dans sa cage. Parce que ton énoncé, là, « le juste a une bonne vie », c'est tout simplement ta conviction de départ. Et tu prétends nous faire croire que c'est le résultat de ton raisonnement ! Mais passons, passons !

— Celui dont la vie est une vraie vie est heureux, et même bienheureux. Celui dont la vie est indigne est malheureux. On en vient donc finalement à cet énoncé crucial : le juste est heureux, l'injuste, malheureux. Or, il n'est pas avantageux d'être malheureux, et il l'est d'être heureux. Je peux l'affirmer enfin catégoriquement : il n'est pas vrai, professeur Thrasymaque, que l'injustice soit plus avantageuse que la justice.

— Il ne reste plus au professeur Socrate qu'à festoyer jusqu'au matin ! Et moi, Thrasymaque, je n'ai plus qu'à la boucler. Je sais me tenir, les amis. Vous allez voir ce que c'est que le silence d'un virtuose des discours. Mais je n'en pense pas moins !

Là-dessus, Thrasymaque tire un fauteuil dans le coin le plus sombre de la pièce, s'assied et ferme les yeux. Il va ainsi rester longtemps absolument immobile. Socrate s'adresse à lui sans toutefois le regarder :

— Tu es covainqueur de la joute, cher Thrasymaque. Tu m'as répondu presque aimablement, laissant tomber tes grands airs et tes discours en plomb. À mon avis, le festin intellectuel n'a pas été très nourrissant. Mais c'est ma faute, et non la tienne. J'ai fait comme ces goinfres qui se précipitent sur le plat qu'on vient de servir à table sans avoir vraiment savouré le précédent. Au tout début, nous cherchions une solide définition de la justice. Avant de l'avoir trouvée, je me suis jeté dans l'examen d'une question dérivée concernant les prédicats qui conviennent à la justice : est-elle vice et ignorance, ou sagesse et vertu ? Et voici qu'une autre question est venue par le travers : l'injustice est-elle plus avantageuse que la justice ? J'ai aussitôt quitté le sujet précédent pour traiter le petit dernier… Le résultat de tout notre dialogue, c'est que je ne sais rien. Car si je ne sais pas ce que c'est que la justice, je saurai encore moins si elle mérite ou non d'être appelée vertu, et encore bien moins si celui qui est juste est heureux ou malheureux.

Tout comme Thrasymaque, quoique à l'autre bout du salon, Socrate s'enfonce alors dans son fauteuil. Il s'éponge le front. Puis :

— Pardonnez-moi, jeunes gens. Il est déjà tard, je suis très fatigué. Il y a eu des flots de paroles et nous n'en savons pas plus que quand nous marchions, à moitié ivres, sur la route d'Athènes, après la fête de la Vénus du port.

CHAPITRE 2

Questions pressantes des jeunes gens et jeunes filles

(357a-368d)

Après sa spectaculaire victoire – Thrasymaque boude dans son coin sombre, réduit au silence –, Socrate pensait pouvoir se reposer sur ses lauriers. Certes, il avait concédé qu'en fin de compte il avait échoué à définir la justice. Mais il avait interdit qu'on accepte qu'elle coïncide avec le règne de la force. Il se croyait donc au bout de son effort. Il comprit vite qu'il n'en était qu'au prélude quand le jeune Glauque, se révélant plus combatif encore que ne l'était son frère aîné (surnommé dans leur cercle Platon-le-chicaneur), désapprouva la capitulation du sophiste et se lança dans une véritable diatribe :

— Cher maître, soyons sérieux. L'enjeu de cette joute intellectuelle est de savoir si, en toutes circonstances, le juste est supérieur à l'injuste. Alors de deux choses l'une, ou bien vous vous contentez du semblant – faisant comme si vous nous aviez convaincus –, ou bien c'est à une vérité que vous désirez nous rallier.

— À une vérité, bien sûr, proteste Socrate, si du moins je le peux.

— Alors vous êtes loin du compte ! dit Glauque, tout excité de saisir le gouvernail du dialogue. Vous devriez commencer par classer les différentes espèces de ce que vous appelez uniformément « le bien ». J'en vois au moins trois.

Il y a tout d'abord le bien que nous recherchons non pas en vue de ses effets, mais parce que nous le chérissons dans son être. Par exemple, le fait même de se réjouir, les plaisirs innocents par lesquels, dans le temps, n'arrive rien d'autre à celui qui en est le sujet que le pur fait de s'en réjouir. Il y a ensuite le bien que nous aimons à la fois pour lui-même et pour les effets qui en dépendent ; par exemple, penser, voir, être en bonne santé... Nous chérissons les biens de cette espèce pour ce double motif. Il y a enfin une troisième forme du bien : par exemple, s'entraîner à la gymnastique, guérir d'une maladie, la médecine elle-même, ou toute autre pratique lucrative. De ces biens on peut naturellement dire simultanément qu'ils sont pénibles et qu'ils nous sont utiles. Nous les désirons non pour eux-mêmes, mais exclusivement pour le salaire qu'ils rapportent, ou, plus généralement, pour les effets qu'ils entraînent.

Socrate approuve la classification non sans demander au jeune homme où il veut en venir. Alors Glauque :

— Dans quelle catégorie rangez-vous la justice ?

— Dans la plus belle des trois, la deuxième ! Celle des biens qu'il faut aimer, si l'on veut parvenir au bonheur, à la fois en eux-mêmes et pour les effets qu'ils produisent.

— Je dois vous dire, Socrate, que vous n'êtes pas dans le camp majoritaire ! La plupart des gens classent la justice dans la troisième catégorie, celle des biens dont la forme intrinsèque n'est que désagrément et qu'on est pourtant forcé de pratiquer, pour le salaire ou pour protéger sa réputation contre les opinions insidieuses. Au vu de ce qu'ils sont en eux-mêmes, ces biens-là sont à fuir, tant ils sont pénibles.

— Je sais bien, reprend Socrate, qu'on pense comme tu dis, partout et toujours. Thrasymaque, du reste, nous l'a corné aux oreilles : « Louons l'injustice ! Blâmons la justice ! » Mais moi, je marche à mon pas. Je ne comprends vite que si on m'explique longtemps.

— Alors, dit Glauque, ravi de placer encore une tirade, écoutez-moi. Il se pourrait que vous soyez d'accord. Je crois que Thrasymaque, hypnotisé par vous comme par un serpent, a capitulé bien plus tôt qu'il n'était nécessaire. À mon sens, nous n'en sommes pas encore au point où la démonstration de l'une ou l'autre thèse procède selon la pensée authentique. Je désire comprendre ce que justice et injustice sont intrinsèquement, et quelle est leur action naturelle immanente dans un sujet où on les suppose résider. Les histoires de salaire et d'effets collatéraux, je n'en ai rien à cirer. Voici mon plan, que je vous soumets, cher maître. Reprenant en quelque sorte le rôle de Thrasymaque, je développerai trois points. Premier point : rappel de l'essence et de la provenance de la justice, telle du moins que la voit l'opinion dominante. Deuxième point : montrer que tous ceux qui règlent leur action sur l'idée de justice le font contre leur vœu intime, sous l'empire de la nécessité, et non pas du tout parce qu'elle est un bien. Troisième point : ils ont raison d'agir ainsi, car, d'après eux, la vie de l'injuste est infiniment supérieure à celle du juste.

Socrate semble alors s'impatienter :

— Tu nous inondes de « d'après l'opinion dominante », « tous ceux qui », « d'après eux ». Mais toi, Glauque, qu'est-ce que tu penses ? La philosophie n'est pas comme ces débats « démocratiques » où l'on examine gentiment les opinions des autres et où on s'incline devant des majorités de circonstance. Chez nous, on prend le risque de la vérité.

91

— Socrate! dit Glauque, effrayé. Vous savez bien que je ne pense pas comme Thrasymaque! J'avoue cependant ne pas être à l'aise sur cette question. D'un côté, mes oreilles bourdonnent des puissants discours de ce Thrasymaque, et, derrière lui, de bataillons entiers de rudes sophistes; de l'autre, je n'entends personne soutenir la thèse de la supériorité de la justice sur l'injustice comme je le voudrais. Je voudrais en effet qu'on glorifie la justice en soi, selon son être propre, et je crois bien que c'est à vous surtout, Socrate, qu'il revient de le faire. Je vais donc, moi, m'efforcer de louer la vie de l'injuste, après quoi je vous indiquerai en quel sens je voudrais vous entendre blâmer l'injustice et louer la justice. Est-ce que ce plan vous convient?

— Absolument! Je ne vois pas de questions dont la discussion soit plus urgente que celles que tu me soumets. En tout cas, pour un Sujet qui pense...

— Et donc qui est! glousse Amantha.

— Très drôle! commente sèchement Glauque, comme quelqu'un qui n'apprécie pas les plaisanteries anachroniques. Écoutez-moi tous les deux. Je vais prendre le taureau par les cornes. La justice, qu'est-ce que c'est? La justice, d'où ça sort?

Socrate, Amantha et les autres spectateurs de ce tournoi mental, sentant venir un exposé massif, s'étirent bruyamment et s'allongent sur les coussins. Mais ils n'ont aucune chance d'intimider Glauque :

— Presque tout le monde dit que si on laisse les choses se passer naturellement, commettre une injustice c'est bon, alors que subir une injustice c'est mauvais. Cependant, c'est encore plus mauvais de la subir que ce n'est bon de la commettre. La conséquence de cette dissymétrie est que, à

92

force de voir ces innombrables injustices commises ou subies, dont les mêmes personnes, actives puis passives, font tour à tour l'expérience, ceux qui n'ont la force ni d'éviter de subir, ni d'imposer leur volonté, se persuadent que le mieux est de signer tous ensemble un contrat grâce auquel personne ne commettra ni ne subira d'injustice. Telle est l'origine de l'institution des lois et des traités. Les commandements de la loi sont alors déclarés « légaux » et « justes ». Voilà, chers amis, la genèse de la justice, voilà sa structure : à mi-distance du bien suprême, qui est de commettre l'injustice sans que jamais justice soit faite, et du mal radical, qui est de subir l'injustice sans pouvoir se venger. Vous pensez bien que ce juste milieu de la justice ne suscite guère l'enthousiasme. En fait, personne n'aime la justice comme on fait d'un bien véritable. Tout au plus on l'honore par faiblesse, incapable qu'on est de commettre l'injustice. Car celui qui est capable d'injustice et qui est un homme, un vrai, se gardera bien de signer un contrat qui empêche de la commettre! Il faudrait qu'il soit fou! Voilà, j'ai tout dit sur la nature intrinsèque de la justice et sur sa provenance naturelle selon l'opinion commune.

J'en viens alors à la question décisive : est-ce malgré eux, tout simplement parce qu'ils n'ont pas la force d'être injustes, que tant de gens obéissent aux impératifs de la justice? Le mieux est que je vous représente les choses en vous racontant une fable, une sorte de fiction rationnelle. Accordons à l'homme juste et à l'homme injuste la licence de faire exactement ce qu'ils veulent, et observons où le désir les conduit l'un et l'autre : nous surprendrons alors le juste en flagrant délit d'injustice. Pourquoi? Parce que le mouvement naturel de l'animal humain, ce qu'il trouve bien, c'est d'exiger toujours plus que ce qu'il a. Il n'obéit à une norme égalitaire que sous la contrainte de la loi.

L'expérience fictive que j'ai en tête est de donner au juste et à l'injuste le pouvoir magique de l'anneau de Gygès. Vous connaissez cette histoire. Il y a quelques siècles, un berger nommé Gygès gardait les moutons mérinos du roi de Thulé. Un jour, un orage secoue le champ où broutaient les bêtes, une crevasse énorme s'ouvre, et Gygès, stupéfait mais brave, descend dans le trou. La légende dit qu'il tombe alors sur d'incomparables trésors, au milieu desquels un extraordinaire cheval d'airain creux et pourvu de petites fenêtres. Gygès passe la tête par une de ces ouvertures, et qu'est-ce qu'il voit dans le ventre du cheval ? Le cadavre d'un géant, entièrement nu, sauf qu'à sa main luit un anneau d'or. Gygès, sans réfléchir, vole l'anneau et s'enfuit. Quelques jours plus tard, il y a la réunion mensuelle des bergers, quand ils préparent leur rapport au roi de Thulé sur l'état des troupeaux et des stocks de laine mérinos. Gygès est là, au milieu des autres, la bague au doigt. Comme toujours, d'incurables bavards obstruent la réunion, et Gygès s'ennuie ferme. Machinalement, il tourne vers la paume de la main le chaton de la bague. Miracle ! Gygès est invisible ! Abasourdi, il entend ses collègues assis à ses côtés parler de lui comme d'un absent. Il tourne le chaton en sens inverse, vers le dessus de la main, et hop ! il est à nouveau visible. Il refait plusieurs fois l'expérience : pas de doute, l'anneau a un pouvoir magique. Si l'on tourne le chaton vers l'intérieur, on est invisible, et en le tournant vers l'extérieur, on est visible. Alors Gygès se fait élire délégué des bergers auprès du roi. Il va au palais. Agissant à sa guise, grâce à la bague magique, tantôt à découvert, tantôt absolument invisible, il couche avec la reine, elle devient folle de lui, elle est désormais sa complice : ils tendent un piège au roi et le tuent. Le berger Gygès, armé de son seul anneau, s'empare du pouvoir.

Et maintenant, voici notre expérience cruciale ; nous avons deux anneaux comme celui de Gygès, et nous passons l'un au doigt du juste, l'autre à celui de l'injuste. Nous constatons alors – c'est une évidence – que, dans les deux cas, nul n'existe dont l'acier mental soit d'une trempe telle qu'il s'en tienne à la stricte justice et s'impose de ne pas toucher aux biens d'autrui, alors qu'il peut sans aucun risque prendre tout ce qu'il veut au marché, entrer nuitamment chez ses voisins pour y violer qui bon lui semble, assassiner les maîtres et libérer les esclaves, bref, agir parmi les hommes à l'égal d'un dieu. Dès lors, il serait clair qu'il n'y a nulle différence entre nos deux types humains, le juste et l'injuste, l'un et l'autre identiquement orientés dans l'existence ; et je crois que nous tiendrions une preuve décisive du point qui nous occupe : nul n'est juste volontairement, on ne l'est que contraint et forcé. Être juste n'est jamais tenu pour une valeur intrinsèque qui illumine la vie privée, puisqu'un individu n'a pas plus tôt imaginé que les circonstances lui permettent d'être injuste, qu'injuste il l'est. Tout animal humain se représente en effet l'injustice comme infiniment plus avantageuse aux intérêts privés que la justice. Et c'est bien vrai, si l'on en croit Thrasymaque et consorts, du discours desquels je nourris en ce moment mon discours : si quelqu'un disposant des pouvoirs de l'anneau de Gygès ne supportait pas d'être injuste ni ne donnait libre cours au désir violent de s'emparer de ce dont jouissent les autres, tous les gens au courant le tiendraient pour un malheureux fou. Bien entendu, en public, ils feraient mielleusement son éloge, uniquement dans l'espoir de tromper leur monde, ter-rorisés qu'ils seraient à l'idée de subir, eux, quelque féroce injustice. Voilà pour cet aspect de la question.

Venons-en au jugement qui concerne la qualité de vie de nos deux types humains. Nous ne serons capables d'en déci-der correctement que si nous les portons respectivement au suprême degré de justice et au suprême degré d'injustice. Sinon, nous n'y comprendrons goutte. Comment organiser cette différence maximale? Qu'il s'agisse de l'homme juste ou de l'homme injuste, ne lui ôtons pas la moindre parcelle de sa détermination propre : justice pour l'un, injustice pour l'autre. Posons que chacun des deux représente la perfection de son type. Que l'injuste, par exemple, fasse comme les tech-niciens supérieurs : un éminent médecin, un excellent pilote savent exactement ce dont leur savoir-faire les rend capables et ce dont ils ne peuvent venir à bout. Ils s'obstinent ou aban-donnent la partie selon que la situation relève du premier cas ou du second. Si d'aventure ils se trompent, ils savent rectifier le tir. L'homme injuste doit lui aussi couvrir du plus grand secret les injustices qu'il ne cesse de commettre s'il veut être authentiquement injuste. Injuste de bien mauvais aloi, celui qui se laisse prendre! Car le suprême degré de l'injustice est de paraître juste au moment même où on ne l'est pas. Accor-dons à l'injuste parfait cette forme parfaite de l'injustice sans en ôter la moindre parcelle. Que ce soit au moment même où il est le plus injuste que l'opinion générale lui accorde le titre de champion du monde de justice! Et si par hasard il fait fausse route dans ses basses intrigues, qu'il soit capable de rectifier le tir. Par exemple, si on dénonce, faits à l'appui, l'une de ses injustices, il saura, par son éloquence captieuse, convaincre la foule de son bon droit et la retourner en sa faveur. Sinon, il passera en force grâce à son courage et à sa vigueur s'il faut en venir aux mains, grâce à ses complices et à son argent s'il faut corrompre et réduire au silence l'accusation. En face de ce type d'homme, faisons le portrait du juste, un homme aussi simple que noble, du genre de ceux dont Eschyle dit :

> Ce n'est pas au semblant, mais à l'être du Bien
> Qu'un tel homme mesure tout ce qui lui revient.

Ôtons-lui donc toute apparence de vertu. Si, en effet, il paraît juste, honneurs et présents iront à cette apparence. Il sera alors impossible de savoir si notre homme est comme il est parce qu'il est réellement juste, ou pour jouir de ces honneurs et de ces présents. Pour qu'il diffère absolument de l'injuste, exposons-le dans sa complète nudité morale : rien, sinon la vraie justice! Qu'il apparaisse – lui, toujours innocent – comme coupable des plus infâmes injustices, afin que, confrontée à l'épreuve de ce cruel jugement public et des terribles conséquences qui en découlent, sa justice immanente se révèle en ce qu'il ne cède pas sur son désir : bien que soumis à la torture de toujours apparaître injuste alors qu'il est toujours juste, notre homme restera fidèle à sa maxime intérieure jusqu'à la mort. Ainsi, parvenus à la limite extrême du juste et de l'injuste, nos deux types humains seront clairement présentés à notre jugement et nous pourrons savoir, sans risque d'erreur, lequel des deux est le plus heureux.

— Ma parole! s'exclame Socrate. Tu nous montres ces deux gaillards comme un sculpteur qui ferait reluire pour une exposition le bronze de ses deux plus belles statues!

— Je m'applique! dit Glauque. Tels que sont nos deux gaillards – comme vous dites –, il n'est pas trop difficile de prévoir quelle vie les attend, et je vais m'y coller. Cher Socrate, si vous me trouvez terre à terre, dites-vous bien que je ne suis que le porte-voix de tous ceux pour qui, comparée à l'injustice, la justice, passez-moi l'expression, ne vaut pas un pet de lapin. Tous ces gens vont prétendre qu'à un homme juste, tel que nous l'avons décrit, arrivera tout ce que le marquis de Sade fait subir à son héroïne, l'innocente, la vertueuse, la juste Justine : séquestré, fouetté, écartelé, aveuglé au fer rouge, après mille supplices il finira ses jours empalé et confessant dans son épouvantable agonie qu'en matière de justice mieux vaut désirer le semblant que le réel. La citation d'Eschyle – diront ces sectateurs de l'injustice – serait mieux ajustée à l'injuste qu'au juste. Car c'est l'injuste, prétendront-ils, qui s'occupe de ce qui existe réellement, des affaires véritables, plutôt que de vivre dans l'apparence. Peu lui chaut, en effet, l'apparence de l'injustice, son désir est d'être injuste. Comme Amphiaraos dans *Les Sept contre Thèbes* :

> Plutôt que l'apparence il veut le vif de l'être
> Moisson de la pensée où germent ses desseins.

Expert ès semblants, il s'empare du pouvoir dans son pays en brandissant le drapeau d'une justice fictive. Il prend femme dans la lignée qu'il convoite. Il donne ses filles en mariage à des jeunes gens haut placés, et ses fils épousent de riches héritières. Tous les groupes sociaux lui sont ouverts pour les voluptés comme pour les manigances. Et pourquoi ? Parce qu'il est injuste sans hésitation ni remords. Armé de ce seul cynisme, il triomphe de ses rivaux avec autant d'aisance dans la compétition sexuelle que dans les conflits politiques. Du coup, il s'enrichit jour après jour et peut librement choyer ses amis et nuire à ses ennemis. Il peut aussi offrir aux gens puissants, y compris aux dieux, toutes sortes de splendides cadeaux, ce que le juste est bien incapable de faire. Il s'attire ainsi les faveurs de ceux dont il a besoin pour sa carrière, fussent-ils des dieux. Il est en fait très vraisemblable que les dieux eux-mêmes, ainsi corrompus, le préfèrent au malheureux juste. Voilà, cher Socrate, les arguments de ceux qui prétendent que l'injuste est promis à une vie très supérieure à celle du juste. Vous voyez qu'ils vont jusqu'à soutenir que cette supériorité est certaine dans tous les cas, que la décision quant au sens de la vie revienne aux hommes ou qu'elle revienne aux dieux.

Socrate s'apprête à répondre, mais Amantha, les yeux brillants, le devance :

— Vous ne croyez quand même pas que cette tirade de mon frère règle la question ?

— Ma foi ! J'allais dire qu'après un tel effort nous pourrions aller nous coucher.

— Se coucher alors que le point mis en discussion n'a même pas été abordé !

— Diable ! Donnons sa figure féminine au fameux dicton : « Que le frère soutienne le frère ! » Disons tous en chœur : « Que la sœur aide le frère ! » Si le discours de Glauque, en dépit de son ampleur écrasante, a négligé une nuance capitale, vas-y, la fille ! Tire-le du bourbier ! Pour ce qui me concerne, la seule masse de ses mots m'a renversé, cloué au sol, rendu incapable de venir au secours de la justice.

— Tout ça, cher maître, c'est du vent, et il faut m'écouter. Nous avons en effet l'obligation d'examiner jusque dans leurs plus infimes détails les arguments qu'on oppose à ceux

que vient de réciter mon frère. Que viennent témoigner sous
la foi du serment de chauds partisans de la justice, de ces
gens qui ont une sainte horreur de l'injustice : on y verra
alors plus clair dans les interventions de mon cher frère.
Commençons par un point très important. Les pères de
famille, et plus généralement les responsables du devenir des
enfants, leur cornent aux oreilles qu'il faut être juste. Font-ils
cet éloge de la justice au nom de sa supériorité intrinsèque?
Absolument pas. Ils ne se soucient nullement de vérité ou
de morale; leur seul repère, c'est la vie en société. Ce qui
compte, pour eux, c'est la bonne réputation que les garçons
et les filles – surtout les filles – tirent de cette fameuse « justice ». Qu'une opinion versatile déclare « juste » un quidam,
et hop! à lui les voix aux élections, les bonnes places et les
mariages juteux! Tout ce que Glauque a dit sur les avantages
qu'on retire d'une réputation d'homme intègre et juste, fondée ou non, est parfaitement exact. Cependant, le plaidoyer
en faveur des opinions de ce genre peut aller bien plus loin.
Il peut en effet convoquer en sa faveur les dieux eux-mêmes,
à partir de la bonne réputation dont un mortel arrive à jouir
auprès d'eux. Les dieux, disent certains, récompensent la
piété du juste par des bienfaits innombrables. C'est bien
l'avis du sympathique Hésiode et de son collègue Homère.
Dans *Les Travaux et les jours*, Hésiode déclare que c'est pour
les justes que les dieux ont voulu que les chênes

> Se couvrent tout en haut des glands, cette merveille,
> Et au milieu du tronc du produit des abeilles.

Et pour les justes aussi que :

> Fléchissent les brebis sous le poids de leur laine.

100

Et il y a selon Hésiode encore toutes sortes d'autres dons de ce genre que, via la Nature, les dieux font aux justes. Son collègue Homère renchérit : voyez au chant 19 de l'*Odyssée*, quand il compare le juste à

> L'irréprochable roi, redoutant tous les dieux
> Soutien du juste droit, pour qui le sol fécond
> Porte le blé, l'arbre le fruit délicieux,
> Les brebis les agneaux, l'océan les poissons.

Musée et son fils font présent aux justes, de la part des dieux, de bienfaits encore plus sensationnels. Ils les imaginent, après leur mort, attablés chez Hadès, ils leur flanquent une couronne de fleurs sur la tête, ils leur cuisinent un succulent banquet... Suite à quoi ces fameux justes sont tous constamment bourrés, comme si le mirifique salaire de la vertu était une ivresse éternelle! D'autres poètes, quand il s'agit du salaire divin que touchent les morts que sauve leur réputation, sont carrément grandioses. L'homme juste et fidèle, disent-ils, laisse derrière lui, à son image, ses enfants, les enfants de ses enfants, toute une descendance infinie. J'ai remarqué que c'est toujours dans ce style pompeux qu'on encense la justice.

Si on en vient maintenant aux impies et aux injustes, il faut voir comment les poètes les assaisonnent! Ils les font barboter dans les égouts répugnants des Enfers, au milieu des crottes de chien, des chats écorchés et des lambeaux de cadavres pourris. Ou alors il leur faut transporter éternellement des tonnes d'eau dans des passoires. Et quant à leur vie sur terre, attention! À en croire les Odes, Épodes et Tripodes de nos Maîtres, la vie des injustes ne vaut guère mieux que leur mort. L'opinion publique les vomit, et tout ce que mon cher frère a raconté sur la punition des justes

101

qu'une opinion égarée tient pour injustes, nos poètes en font, sans y changer un iota, le destin des vrais injustes. C'est ainsi et pas autrement qu'à la justice et à son contraire ils distribuent (permettez-moi de poétiser comme eux)

> L'éloge lumineux et le ténébreux blâme
> Tombant à pic sur la qualité de leurs âmes.

Signé Amantha, Œuvres posthumes, tome 2 !

— Tu devrais quand même…, tente de glisser Glauque.

— Attends, attends ! Je n'ai pas fini. Je veux, cher Socrate, examiner avec vous une autre idée à propos de la justice et de l'injustice. Cette idée-là, on l'entend aussi bien chez les gens, au fil d'une bouffe bien arrosée, que dans les ronflantes déclarations des poètes. Tous ces messieurs-dames entonnent à l'unisson de grandes cantilènes pour célébrer la tempérance et la justice. Que ces vertus sont magnifiques ! Mais on entend vite quelques couacs dans ce chœur plein d'élan. Magnifiques, les vertus, c'est certain, c'est emballé, c'est pesé ! Avouez quand même qu'elles sont aussi pénibles. Et encombrantes, je ne vous dis pas comme ! Par contre, il faut avoir le courage et l'honnêteté de le dire, le vice et l'injustice sont fort plaisants, et très faciles d'accès. Après tout, il n'y a guère que l'opinion vulgaire et la loi pisse-vinaigre pour les condamner. Et voici que la cantilène vertueuse change de tonalité : gens du monde et poètes se mettent tous à chanter, sur un rythme de plus en plus trépidant, que, presque toujours, les injustices rapportent bien davantage. Eux-mêmes, les choristes du Bien, se sont d'ailleurs très souvent laissés aller, de façon dégoûtante mais rentable, entre copains comme dans de grandes réceptions, à vanter les mérites de riches canailles bien introduites chez les puissants, et à dire pis que pendre, en les traitant de haut, de braves types, justes, sans doute, mais faibles et pauvres – ce genre de types que, passez-moi l'expression, les gens d'en haut considèrent comme de la merde –, même si nos chanteurs du Rock de l'Injustice confessent secrètement que ces « merdes » sont moralement supérieures aux canailles.

— Ma chère sœur, risque Glauque, tu ne pourrais pas...

— Ne me coupe pas tout le temps la parole, si tu veux bien. Il y a encore un truc que je veux dire. Ce qui est vraiment renversant, c'est l'idée que se font tous ces gens du rapport entre les dieux et la vertu. Vous prenez, disent-ils, un mec vraiment bien, une nana supersympa. Eh bien, il y a neuf chances sur dix que les dieux leur refilent tout un tas d'embrouilles, et que ce soient les canailles qui raflent la mise de la vie. En plus, on voit des charlatans, des devins minables, faire le siège des villas du bord de mer où grouillent justement les riches canailles. Ces débris prétendent qu'à grand renfort de sacrifices et de tours de magie ils ont extorqué aux dieux des pouvoirs exceptionnels. Par exemple, si l'une de ces canailles, ou l'un de ses ancêtres, a commis une injustice atroce, les charlatans vont définitivement vous le purifier : « Vous ne courez plus aucun risque à cause de cette histoire, ni dans cette vie ni dans l'autre – si autre il y a ! » Il n'y faudra que quelques fêtes bien conviviales payées au devin pouilleux de la main à la main en devises fortes. Si un autre type veut qu'un de ses rivaux, question business ou question sexe, soit mis hors jeu pour un bout de temps, qu'à cela ne tienne : pour pas cher, les charlatans paralysent votre ennemi à coups de sortilèges mielleux et de chaînes invisibles. Notez que la question de savoir qui, dans l'affaire, est juste et qui est injuste, tout le monde s'en tamponne le coquillard. Tous ces imposteurs disent avoir mis les dieux dans leur poche.

— Ho! Hé! Où tu vas, là? intervient Glauque. Qu'est-ce que tu...

— J'en ai vraiment marre que tu m'interrompes, persiste Amantha. Je n'ai pas encore dit le plus important. C'est que les charlatans en question se cachent derrière le témoignage des poètes.

— Ça ne m'étonne pas! s'exclame Socrate.

— C'est vraiment magique. Ils citent Hésiode, par exemple, qui vante la facilité avec laquelle on devient vicieux :

> Le vice en foule on y parvient. Facile!
> La route est bien tracée, le chemin court.
> Mais la vertu, c'est sueurs et grand tour...

Et je complète en puisant dans mon filon poétique à moi :

> ... C'est bien plus qu'un battement de vos cils.

— Chère Amantha! dit Socrate, tu as inventé de chic un vrai décasyllabe.

— Et Homère! Lui aussi, disent nos charlatans, nous le citons à comparaître comme témoin à l'appui de la thèse d'une influence des hommes sur les dieux. Prenons l'*Iliade*, quand Phénice parle à Achille :

> Jamais les dieux ne sont purement inflexibles.
> Les hommes redoutant de devenir leur cible
> – Transgressant trop de lois, coupables sans excuses –
> Par des libations, des vœux, des sacrifices,

104

Savent comment des Immortels le courroux s'use
Si bien qu'on redevient du dieu furieux le fils.

— Ma foi, sourit Socrate, tu l'as drôlement arrangé, notre Homère !

— Mais il n'y a pas qu'Homère et Hésiode. Nos imposteurs citent aussi un tas de livres mystérieux de Musée et d'Orphée, qu'on prétend être les fils de la Lune et des Muses. Avec tout ça, ils persuadent de simples quidams, mais aussi parfois les gouvernements, qu'on peut être lavé et purifié des crimes les plus affreux par des sacrifices et des cérémonies ridicules, dans cette vie comme dans l'autre. Ils appellent ces foutaises des « initiations », censées nous protéger des maux d'après la mort. Ils glapissent que si l'on n'est pas initié on risque des tourments effroyables. Alors, cher Socrate, imaginez ce qu'on peut bien penser, nous, les jeunes, qui arrivons dans la société, bien orientés par notre seule nature. À peine là, tous ces discours et tous ces poèmes, nous en avons les oreilles rebattues. Nous ne savons rien, nous sommes donc curieux de tout. Comme des abeilles nous butinons sans ordre toutes les fleurs de rhétorique. Et qu'allons-nous croire, à force d'entendre ce galimatias sur le vice et la vertu, et l'éloge qu'en font hommes et dieux ? Quel effet tout cela va faire sur le Sujet que nous désirons devenir ? Si nous sommes capables de déduire de tout ce jargon la route à suivre pour avoir la meilleure vie possible, je vous le dis, Socrate, nous, les jeunes, nous allons conclure comme le vieux Pindare :

Pour venir au sommet des hauteurs de la vie
Et y bâtir le fort où protéger mes jours
Faut-il donc préférer les infinis détours
Du trompeur, à de Justice les durs avis ?

— Il faut dire « Justi-ce », trois syllabes, pour obtenir un alexandrin boiteux, remarque Socrate.

— Vous chicanez sur les détails sans m'écouter, Socrate ! Si c'est parce que je suis une femme, dites-le tout de suite, et je m'en vais !

— Paix ! intervient Glauque. Nous t'écoutons, tu le vois bien, sans perdre un seul de tes mots.

— En tout cas, voilà la leçon que partout on nous fait, à nous les jeunes. Si je suis juste sans arriver à le paraître, il va m'arriver de sérieuses bricoles. Si je suis injuste avec toutes les apparences de la justice, j'aurai une vie génialement divine. Alors je me dis : puisque tous les vieux sages me montrent, à moi, jeune fille, que le semblant l'emporte à tout coup sur la vérité, et qu'il est la clef du bonheur, je dois, ne faisant ni une ni deux, me tourner en bloc de ce côté. Je vais, plus rusée que le Renard des fables, tracer tout autour de moi, façade ou dessin, une image fantomatique de justice.

— Mais, coupe Glauque, soucieux de prouver sa bonne volonté d'auditeur, on pourrait te dire que, si on est vraiment mauvais, ce n'est pas facile de le cacher toujours.

— Et je te répondrai : rien de ce qui est important n'est facile. Si nous désirons le bonheur, il n'y a rien d'autre à faire que suivre la piste qu'ouvrent ces discours. On se cache mieux à plusieurs : nous nous organiserons autour du semblant, nous mentirons en chœur. Nous connaissons tous des professeurs en hypocrisie qui nous transmettront les trucs de l'orateur et les ficelles de l'avocat. Bien préparés, persuasifs quand c'est possible et violents quand ça ne l'est pas, nous serons vainqueurs sans que justice soit jamais faite.

— Et les dieux ? insiste Glauque. Il est impossible de se soustraire à leur regard, et tout autant de les contraindre.

— Et s'ils n'existaient pas, tout simplement, ces fameux dieux? Hein? Que dis-tu du tour que leur inexistence jouerait à la justice?

— Oui, dit Glauque, placide, mais il se pourrait qu'ils existent. Tu vas prendre le risque?

— Et s'ils existent mais se soucient de ce que font les hommes comme de leur première chaussette? Ce qui serait très raisonnable de leur part, après tout.

— Oui, dit Glauque, de plus en plus placide, mais s'ils s'en soucient, des histoires humaines? Comment tu vas te tirer d'affaire?

— Je vais te dire une bonne chose. Les dieux, comment savons-nous qu'ils existent? Ou plutôt, par qui l'avons nous entendu dire? Uniquement par les mythologues et les poètes qui ont raconté leur histoire. Or, je vous l'ai rappelé, ces mêmes mythologues et poètes disent qu'on peut très bien apaiser les dieux et s'en faire des alliés si on manie comme il faut les sacrifices, les prières bien senties et les offrandes. Alors, de deux choses l'une. Ou bien on croit les poètes sur les deux points : point un, les dieux existent; point deux, on peut facilement neutraliser leurs colères contre les hommes. Ou bien on ne croit les poètes sur aucun de ces deux points. Ce qui donne : point un, il est presque impossible d'apaiser les dieux; mais, point deux, ils n'existent pas, ce qui règle la question! Alors, soyons injustes et consacrons prudemment aux sacrifices et aux offrandes une partie de ce que l'injustice nous rapporte.

— Mais, s'obstine placidement Glauque, en étant juste tu es sûre de ne rien risquer de la part des dieux. C'est quand même la solution la plus simple.

107

— Simplicité que tu paies d'une vie mesquine! Car tu renonces aux énormes bénéfices de l'injustice. Injustes, en revanche, nous touchons ces bénéfices, et, à grand renfort de prières et de donations, nous persuadons les dieux, pour ce qui concerne nos dévoiements et turpitudes, de n'en pas tenir compte et de nous éviter tout châtiment.

— Mais, s'acharne Glauque sans se départir de sa placidité, aux Enfers, justice sera faite de nos injustices en ce monde, et nous serons punis, ou le seront, pis encore, les enfants de nos enfants.

— Cher frère, raisonne pour une fois comme un esprit fort, un vrai libertin! L'initiation aux Mystères et aux dieux rédempteurs a bien du pouvoir sur ces tribunaux des Enfers. C'est en tout cas ce que disent de puissants hommes d'État aussi bien que des poètes et des prophètes, ces fils des dieux qui nous prodiguent les signes de ce qui est.

— Tu devrais, dit Socrate, récapituler ta remarquable argumentation. Je ne t'ai jamais entendue parler si longtemps, on dirait que tu rivalises avec les célèbres tirades de ton frère. Il faudrait aussi préciser ce que, au vu de tout cela, tu attends de moi, Socrate. Je ne suis après tout qu'un de ces « vieux sages » dont tu parlais, que la jeunesse, d'un seul élan, écoute et critique, veut suivre et veut renier.

— Je ne vous renierai jamais, jamais! Mais il ne faut pas me décevoir... La question est simple. Quelles raisons avons-nous, « nous » les jeunes, de préférer la justice à la plus cynique injustice, s'il nous suffit de dissimuler notre corruption sous le semblant d'une tenue convenable pour qu'aussitôt les dieux et les hommes nous laissent aller tranquillement là où nos désirs nous portent? Car c'est bien ce que nous racontent tant l'opinion vulgaire que les pontes du savoir. À les écouter, je me faisais la réflexion que si quelqu'un est un vrai costaud, ou est très intelligent, ou est richissime, ou sort d'une famille de la jet-society, vous ne trouverez aucune ruse, aucun truc pour le convaincre de respecter la justice. Je dis bien *aucun*. Je dis même que si vous, personnellement, vous faites l'éloge de la justice, il vous rira au nez !

Je peux alors vider le fond de mon sac. Supposons qu'il existe un type formidable – par exemple vous, Socrate – capable d'affirmer hautement que tout ce que j'ai raconté ne tient pas debout, et d'établir de manière indiscutable, selon les règles du savoir rigoureux, la supériorité de la justice. Je prétends que ce vrai sage lui-même, se départant de tout esprit colérique, n'aura pour les injustes qu'une inépuisable indulgence. Car il sait d'expérience que pratiquement personne n'est juste volontairement. Pour se tenir à l'écart de l'injustice, il n'y a que ceux que guide tout naturellement une intériorité divine, ou qui disposent d'une science si haute qu'elle reste impartagée. Autant dire trois pelés et un tondu. Dans le monde tel qu'il est, ceux qui déblatèrent contre l'injustice sont les lâches, les vieillards, les infirmes, bref, tous ceux qui sont trop faibles pour la commettre. C'est évident ! Il n'est que de voir que, parmi tous ces orateurs enfiévrés contre l'injustice, le premier à qui on donne le pouvoir d'être injuste en use aussitôt, et tant qu'il peut ! Tout cela nous ramène à notre point de départ : ce qui nous a poussés, mon frère et moi, à nous engager, cher Socrate, dans la discussion qui nous tient éveillés. J'avais en tête une sorte de supplique que je vous aurais destinée, quelque chose de ce genre :

« Ô merveilleux ami, cher Socrate, comment se fait-il qu'aucun de vous, défenseurs patentés de la justice – et ce, depuis les héros antiques dont quelques sentences sont parvenues jusqu'à nous –, n'ait réussi à stigmatiser l'injustice et à porter aux nues la justice autrement que pour de bas motifs d'opinion, de gloire ou de récompense ? Ce que sont justice et injustice, en soi et pour soi, selon leur puissance effective dans le Sujet où elles résident comme dans leur lieu propre, dépourvues de tout apparaître extérieur, de sorte qu'elles restent inaperçues des hommes et des dieux, cela, nul ne l'a suffisamment éclairci. Du coup, nul n'a pu démontrer par la seule force de la raison que, pour le Sujet qui en est investi, l'injustice est le pire des maux et la justice, non seulement son bien suprême, mais même sa Vérité immanente. Et pourtant, si vous tous – défenseurs patentés de la justice – vous nous aviez dès le début convaincus de ce point, et nous l'aviez enfoncé dans le crâne quand nous étions enfants, nous ne serions pas en train de nous surveiller les uns les autres pour qu'autrui, obsédé par l'opinion, se garde de l'injustice. Ce serait à chacun de nous d'être de soi-même l'inflexible gardien, dans la crainte où nous serions que la moindre injustice de notre part témoigne d'une sorte de cohabitation intime avec le pire des maux. »

Voilà ce que serait ma supplique, Socrate : qu'enfin nous soyons armés intérieurement contre ce qui nous corrompt en tant que Sujets. Tout le reste n'était que ce qu'un quelconque Thrasymaque, comme celui qui, là-bas, fait semblant de dormir, raconterait sur la justice et l'injustice, se prenant – à mon avis dès le début – les pinceaux dans les chicanes de la différence essentielle entre les deux.

— Et que me demandes-tu, chère Amantha, si vigoureuse et si subtile, si pessimiste et si résolue ? Que puis-je
faire pour toi ?

— Ne finassons pas. Si je me suis engagée à fond dans la
défense d'idées banales, c'est simplement tenaillée par le désir
de vous entendre enfin, vous, mon Socrate, défendre de façon
sublime les idées contraires. Oui, je désire ardemment que
vous ne vous contentiez pas de prouver que la justice est supérieure à l'injustice. Je veux entendre une description convaincante des effets que l'une et l'autre produisent, de façon
purement immanente, sur le Sujet dont elles s'emparent. Je
veux comprendre à fond la nature de ces effets, et que soit
justifiée l'appellation de « Bien » pour les uns et de « Mal »
pour les autres. Je veux, Socrate, que vous éliminiez toute
référence aux opinions et au jugement d'autrui, et ça, mon
frère Glauque vous y a déjà exhorté. Si, en effet, vous n'élimi-
nez pas ces repères purement extérieurs, si, aussi bien pour le
juste que pour l'injuste, vous embrouillez les fils des opinions
presque vraies, fausses-mais-ce-n'est-pas-sûr, probables, incertaines, et tout le tralala du semblant, je vous le dis tout net :
j'expliquerai partout que ce n'est pas le juste que vous vantez,
mais son apparaître, ni l'injuste que vous dénigrez, mais son
apparaître. Je propagerai une très mauvaise idée de votre travail : que, de fait, vous aussi, vous proposez à qui est injuste
de le cacher, que vous semblez combattre Thrasymaque, mais
que, « objectivement », comme disait Staline au moment des
procès de Moscou, vous êtes sur la même ligne que lui. Car
tout cela revient à soutenir que la justice n'a pas de valeur intrinsèque, que dans tous les cas elle n'est utile qu'au plus fort. Que
si, en revanche, on pratique l'injustice, on en tire toujours des
avantages, et qu'elle ne nuit qu'à qui est plus faible que vous.

111

— Malédiction! s'exclame Socrate. Tu vas me poursuivre dans les rues comme une Érynnie philosophique! M'identifier à Thrasymaque! Quel châtiment affreux!

— Chut! sursaute Glauque, il n'est pas loin! Ne le réveillez pas!

— C'est votre faute, aussi, poursuit Amantha. Vous nous avez enseigné que la justice faisait partie du royaume du Bien. Vous nous avez maintes fois assuré qu'elle n'était pas utile au Sujet seulement par ses conséquences dans la société, mais d'abord par elle-même et en elle-même. Vous l'avez, à ce titre, comparée, selon votre chère méthode des modèles concrets, à la vue, à l'ouïe, à l'intellect, à la santé et à tous les biens que légitime leur vraie nature, et non le jeu des opinions. On attend donc de vous qu'enfin arrive ce foutu miracle : un éloge de la justice étayé sur l'action positive que son essence singulière exerce sur le Sujet qui en est le support; une condamnation de l'injustice dont le ressort soit uniquement les dégâts considérables qu'elle entraîne dans le devenir de ce même Sujet. Quant aux bénéfices matériels ou sociétaux, aux opinions, à la bonne ou mauvaise réputation, jetez-moi tout ça à la poubelle! Bien sûr, vu l'aliénation générale et la propagande des médias, je ne vais pas gaspiller mon indignation pour un quidam quelconque qu'on voit glorifier la justice avec des trémolos dans la voix et dénoncer l'injustice en sanglotant sur les victimes, mais dont on comprend vite qu'il n'a en tête que réputation, confort, sécurité et salaire des cadres. Un type comme ça est pourri par la bonne conscience, il croit dur comme fer que le modèle insurpassable d'humanité, de moralité et de compassion est représenté par le petit bourgeois des « démocraties » occidentales. Il ne comprendra jamais rien à la justice. Pour ce type-là, c'est cuit, c'est râpé, n'insistons pas! Mais vous, Socrate, même si vous m'en donniez l'ordre, je ne pourrais pas supporter que vous vous compromettiez une seule seconde avec cette vision des choses. Vous avez passé votre vie entière à retourner en tous sens la question de la justice. Il est exclu que vous vous contentiez, dans cette nuit décisive, de nous montrer que la justice est supérieure à l'injustice. Vous nous devez – et vous vous devez –, par l'exclusif examen dans le Sujet des effets immanents de l'une et de l'autre, d'établir que l'une relève du Bien et l'autre du Mal. J'ajoute ceci pour que tout soit bien clair entre nous : en ce qui concerne la démonstration que nous attendons tous de vous, le fait que le processus subjectif de la justice soit visible du dehors pour les hommes ou pour les dieux n'importe aucunement. Et je conclus : à bas l'opinion! Vive la pensée! Vive Socrate!

Tous applaudissent spontanément, même Thrasymaque, soudain réveillé, même Polémarque, trop ivre pour comprendre, même Glauque, pourtant jaloux de voir l'éclat de sa sœur et le visible enchantement dont sa prose – d'après lui, Glauque, sacrément décousue – allume le regard de Socrate. Quand le vacarme s'apaise, Socrate prend aussitôt la parole :

— Ah! jeunesse! Jeunesse éternellement qui se lève sur le monde fatigué! Tu mériterais que Pindare revu par Amantha écrive pour toi spécialement une Ode triomphale, quelque chose comme :

> Ils sont plus lumineux que la coupole astrale
> Ceux de votre lignée, Glauque, Amantha! Le vin
> Coule aux exploits de vos pensées si capitales
> Que les mots pour les dire stupéfient le Divin.

Tous éclatent de rire, Socrate le premier. Puis il enchaîne :

— Il est cependant bien vrai qu'il y a en vous, les jeunes, quelque chose de divin, puisque, après avoir parlé avec une énergie peu commune des innombrables avantages de l'injustice, vous n'êtes toujours pas convaincus, vraiment pas convaincus qu'elle vaut mieux que la justice. Je fais l'hypothèse de ce « vraiment » à partir surtout de votre comportement réel, de ce que je vois de votre existence. Il n'y aurait que vos discours, je me méfierais ! Mais je vous fais confiance. Et plus je vous fais confiance, plus je m'enfonce dans une sorte d'aporie.

— Ah ! mugit Thrasymaque à la surprise générale. Elle est là ! L'aporie socratique est de retour, à l'assaut !

Thrasymaque s'élance, bondit en direction de Socrate, s'effondre, se ramasse, à nouveau terrassé par le simple abrutissement.

— Il a raison, notre Thrasymaque, l'aporie me dévore. D'un côté, venir au secours de la justice, je ne sais comment faire. Il me semble que j'en suis incapable. Un signe de cette incapacité est que, à la fin de la dispute avec Thrasymaque tout à l'heure, je croyais bien avoir démontré que la justice vaut mieux que l'injustice. Or, je constate que vous, les jeunes, vous ne m'avez pas trouvé bien fameux, puisque d'après vous il faut tout reprendre de zéro. Mais, d'un autre côté, je ne peux pas ne pas venir au secours de la justice. Ce serait blasphémer contre ma propre existence que de ne rien faire quand on la diffame en ma présence. Renoncer ? Ne pas me jeter dans la mêlée ? Non et non. Pas tant que je respire encore et que je peux prendre la parole. Il faut trancher. Le mieux est quand même de voler au secours de la justice, dans la mesure de mes moyens. Mais ces moyens, je vous le dis, sont médiocres. Nous risquons la déconfiture.

Alors Glauque, Amantha, Polémarque, Thrasymaque à nouveau ressuscité, tous entourent Socrate et le supplient de trouver en lui-même toutes les ressources d'une démonstration victorieuse portant sur l'essence du juste et de l'injuste, et sur la saisie en vérité de ce qui les oppose.

Socrate, cependant, comme s'il était seul dans la nuit solitaire, ne dit plus rien, s'absente, disparaît dans sa propre apparence.

— Il est bien tard, grogne Thrasymaque avant de s'écrouler sur les dalles, bras en croix, et de se mettre à ronfler.

CHAPITRE 3

Genèse de la société et de l'État
(368d-376c)

Dans la nuit bleue, piquetée par les lampes, qui s'était partout répandue, dans cette sorte de désert peuplé d'ombres abattues où quelques témoins – Amantha, Glauque, Polémarque, et Thrasymaque ronflant par terre – survivaient seuls à la déconvenue morose où s'abîment les fêtes, Socrate, harcelé par ses interlocuteurs pour que la discussion continue, resta longtemps silencieux. Après tout, la question « Qu'est-ce que la justice ? » est d'un sérieux écrasant, et il faut en outre, pour s'y retrouver, une intuition intellectuelle très sûre. Que des jeunes d'aujourd'hui le supplient de les guider dans ce labyrinthe le touchait donc vivement. Mais il ressentait aussi, mis au pied du mur, une sorte de découragement. Ce qu'est un homme juste, le savait-il si bien lui-même ? Était-il, pour tout dire, un homme juste ? Il ruminait tout cela, renversé dans son fauteuil, quand il eut une idée qu'il exposa aussitôt à son maigre public :

— Puisque nous ne sommes pas réellement capables de définir l'homme juste, essayons de procéder par analogie, ou même, si nous avons de la chance, par isomorphie.

— Qu'est-ce que c'est ? demande Amantha.

— Si deux réalités ont exactement les mêmes relations internes, la même structure, on dit qu'elles sont isomorphes. Tu vois bien les racines grecques : « iso », même ou égal, et

« morphè », la forme. Nos deux réalités sont existentiellement distinctes, mais elles ont la même forme.

— Qu'est-ce qui peut bien être isomorphe à l'homme juste ? demande Glauque.

— Attention ! Ce n'est pas seulement l'isomorphie qui nous intéresse. C'est aussi l'évidence, la lisibilité. Il faut que la réalité isomorphe à l'homme juste soit plus facile à déchiffrer, quant à sa structure, que l'homme juste lui-même. Sinon, ça ne sert à rien.

— Oui, oui ! s'exclame Amantha, enthousiaste. Je crois que j'ai une comparaison vraiment super : on montre à des gens un peu bigleux un texte écrit en petites lettres sur un petit tableau placé très loin. Ils n'y comprennent rien. Mais il y a un Socrate, chez les bigleux, qui leur signale que le même texte est écrit en grosses lettres, tout près, sur un grand tableau. Tout le monde comprend, tout le monde applaudit Socrate !

— Bravo ! ponctue Socrate avec un sourire en coin. Ajoutons quand même que ton Socrate des bigleux est moins bigleux que les autres.

— Pourquoi ?

— Parce que s'il a vu que le texte écrit en grosses lettres était le même que celui écrit en petites lettres, c'est qu'il a pu les lire, les petites lettres... Là est tout le problème, en fait. Comment démontrer l'isomorphie de deux réalités si on ne comprend rien à la structure de l'une d'entre elles ? Ma méthode des isomorphies n'est qu'un trompe-l'œil, hélas.

Glauque et Amantha sont amèrement déçus. Leurs mines s'allongent. Alors Socrate :

— Bon ! L'œil aime aussi être trompé ! Voyons. Si la justice existe pour l'individu, elle existe aussi pour la collectivité, le pays, la communauté politique, l'État, comme vous voulez. Or, ces réalités collectives sont plus grandes que l'individu isolé, non ?

— Bien sûr, dit Glauque, reprenant courage, beaucoup plus grandes !

— Il se peut donc que, située dans cet ensemble plus vaste, la justice soit plus facile à comprendre. Raison pour laquelle nous examinerons d'abord l'État, et ensuite seulement l'individu. Notre examen visera à découvrir ce qui, dans le schéma formel du plus petit, est isomorphe à ce que nous avons constaté dans le plus grand. En outre, nous aurons la ressource de recourir à l'histoire des pays. Si nous considérons rationnellement la genèse des communautés politiques, nous aurons du même coup la genèse de la justice et de l'injustice. En procédant ainsi, nous pouvons espérer découvrir ce que nous cherchons. Alors ? Pensez-vous qu'il vaille la peine d'essayer ? Réfléchissez bien ! Ce n'est pas une petite affaire, je vous le dis.

— C'est tout réfléchi, dit Amantha. Allons-y ! Pas de quartier !

— Les désirs d'Amantha sont des ordres, ponctue Socrate. Je commence. Premier point : je ne vois pas d'autre principe à mettre en œuvre, pour éclairer l'apparition de communautés politiques, que l'impossibilité d'une autarcie individuelle. Pour survivre, chacun requiert une foule de choses. Untel va avec tel autre pour satisfaire tel besoin, puis avec un autre que cet autre pour un besoin encore autre, et ainsi de suite. La foule des besoins différents amène dans le même territoire une foule d'hommes rassemblés par les lois de l'association et de l'entraide. C'est à cette cohabitation disparate que nous donnons le nom de pays, de communauté politique, d'État, de cité, de processus collectif, etc., selon les contextes. Peut-être le mot « société » est-il provisoirement le plus approprié. Car, chers amis, nous faisons pour l'instant de la sociologie plutôt que de la philosophie !

Glauque, amateur de sciences humaines, intervient alors :

— Puisque nous sociologisons, permettez-moi d'appliquer à la question de la communication universelle une remarque du grand Marcel Mauss : quand don et contre-don se succèdent, chacun suppose que l'échange lui est favorable. Ne faut-il pas dire alors que, au principe de la communauté politique telle que nous en expliquons rationnellement la genèse, se trouvent tout simplement nos besoins ? Par « besoins », j'entends les nécessités élémentaires de la survie : la nourriture d'abord, le plus essentiel de nos besoins puisque d'elle dépend la perpétuation de la vie ; en second lieu, le logement ; et en troisième lieu, le vêtement et ses accessoires : chaussures, écharpes, gants, chapeaux, chaussettes, bonnets, agrafes, ceintures, boutons... La question est alors de savoir comment la société – puisque vous dites qu'au stade où nous en sommes c'est le mot qui convient – pourra satisfaire tant de demandes différentes.

— Ta question, dit paternellement Socrate, contient la réponse. C'est souvent le cas en sociologie... Il faudra organiser la production. Untel sera agriculteur, pour la nourriture, tel autre maçon, pour le logement, un autre encore tailleur, pour le vêtement. Et pour les accessoires il nous faudra un bon cordonnier. Si bien que notre société aura au moins quatre membres ! Et déjà peut jouer ce que nous appellerons la division du travail. Il serait en effet absurde que l'agriculteur utilise un quart de son temps de travail pour ne produire que le blé nécessaire à sa survie personnelle, sans se soucier de celle des trois autres, et passe les trois autres quarts à bâtir de guingois les murs de sa maison, à tailler des vêtements trop petits et à coudre des chaussures difformes. Pendant ce temps, le cordonnier, le tailleur et le maçon s'escrimeraient à faire pousser chacun dans son coin, sur des parcelles ridicules, un blé immangeable. Bien plus rationnelle – du moins en apparence – est la spécialisation : l'agriculteur passe tout son temps à produire un excellent blé pour les autres comme pour lui-même, et il échange ce blé contre les solides chaussures, la belle maison et les vêtements bien ajustés qu'ont fabriqués, en y consacrant eux aussi tout leur temps, au bénéfice de la société tout entière, le cordonnier, le maçon et le tailleur.

— Pourquoi, demande Amantha, fine mouche, dites-vous « en apparence »? La division du travail ne serait-elle pas aussi rationnelle qu'elle en a l'air?

— Aïe! sourit Socrate. Je me suis fait prendre! La division du travail éclaire sans aucun doute la genèse des sociétés réelles. Mais nous verrons qu'elle ne peut servir de principe à la société future, celle qui sera conforme à notre idée de la justice. Là, tout le monde devra pouvoir tout faire, ou presque.

— Bien, bien, dit le prosaïque Glauque. Pour l'instant, continuons sur les chemins de la réalité. Sur quoi fonder la division sociale des tâches productives?

— Derrière la division du travail, qui existe depuis plusieurs millénaires, on trouve deux convictions aussi douteuses que bien enracinées. La première est que les individus ne se sont pas vu attribuer par la nature les mêmes compétences. L'un, dit-on, est naturellement doué pour tel travail, l'autre, pour tel autre. La seconde est qu'il est préférable qu'un individu qui maîtrise une technique particulière s'y adonne à temps plein plutôt que de se disperser dans plusieurs au prix d'une moindre efficacité dans chacune. La conclusion qui alors s'impose, tu vas la trouver tout seul.

— Eh bien, dit Glauque, tout marche mieux, quantitativement comme qualitativement, si un individu, conformément à l'ordre naturel des aptitudes, ne fait qu'un travail et s'y obstine sans se soucier de ce que font ou ne font pas les autres.

— Misérable vision ! déclare Amantha.

— Elle a quand même prévalu tout au long de l'histoire humaine jusqu'à aujourd'hui, rétorque Socrate.

— Question de fait, de nécessité transitoire, et qui ne prouve rien quant à la valeur du procédé.

— C'est vrai, concède Socrate, et, du reste, nous proposerons autre chose. Ce qu'on peut en tout cas retenir, sur cette base empirique ou historique, c'est qu'il faudra bien plus de gens que nous ne l'imaginions pour composer une totalité sociale, même rudimentaire. L'agriculteur n'aura ni le temps ni la compétence pour faire une charrue, pas plus que le maçon, sa truelle ou ses briques, ou le tisserand et le cordonnier, leur laine, leur cuir et leurs innombrables outils. Notre petite société fictive s'augmente donc d'un forgeron, d'un mineur, d'un monteur et de bien d'autres ouvriers qualifiés. Mais on ne saurait s'arrêter là. Il nous faut des éleveurs et des bergers pour que le paysan fasse tirer sa charrue par un bœuf, et le maçon, sa charrette par de solides et placides mulets. Sans compter que le cordonnier veut des peaux bien tannées pour ses cuirs. Et ça continue ! La capitale du pays doit importer d'ailleurs ce qui est nécessaire à son développement : voici venir des transporteurs et des négociants. Ce début de commerce a des effets en retour sur la production, y compris agricole. Car le négociant ne peut venir les mains vides dans le pays où il compte acheter ce dont son propre pays a besoin. Pour acheter, il faut vendre ; pour importer, il faut exporter. D'où la nécessité de produire plus de blé, de vin ou de chèvres que ne l'exigent nos besoins locaux. D'où un afflux de nouveaux cultivateurs, laboureurs, bergers et éleveurs, lesquels doivent évidemment se loger et disposer des outils nécessaires. D'où un nouveau contingent de forgerons, maçons, cordonniers et autres ouvriers. Sur cette base, le commerce prospère : afflux de commissionnaires, financiers, revendeurs, transporteurs, représentants…

— Sans compter, dit Glauque, exalté par ce foudroyant essor économique, les bateaux pour le grand commerce international, les armateurs, les marins, les dockers…

— Eh oui! sourit Socrate. Une foule de gens, y compris pour les gros travaux, la manutention, le halage, le déchargement… Tous ces gars costauds qui vendent jour après jour leur force de travail contre de l'argent, ce qu'on appelle un salaire. Raison pour laquelle ils constituent la masse des salariés. Remarquez qu'ainsi on achète le travail tout comme on achète les autres marchandises dont on a besoin. Il nous faut donc un marché, et une monnaie qui soit le signe abstrait de tout ce qui circule dans les échanges. Amantha! Tu dors?

Amantha ne réagit pas. Elle dort, en effet, la tête renversée sur le dos du fauteuil, les bras ballants sur les accoudoirs. On dirait que l'économie ne la passionne guère. Glauque, en revanche, est tout feu tout flamme :

— Mais, Socrate, dites-moi : admettons qu'un paysan ou un ouvrier vienne vendre sur le marché une paire de bœufs ou des outils de jardinage. S'il n'y a aucun acheteur intéressé par ces produits, va-t-il rester assis sur la place pendant des heures, voire des jours, attendant la venue d'un client et laissant ainsi en plan ses cultures ou son atelier? Les opérations de vente, alors, entrent en contradiction avec ce que vous avez dit de la nécessaire continuité du temps de travail.

— Bien vu! C'est pourquoi nous devons encore ajouter à notre société primitive toutes sortes d'intermédiaires entre producteurs et consommateurs. Ces gens passent leur temps au marché ou dans des bureaux de commerce, et leur rôle est d'échanger de l'argent contre les produits mis en vente, tout comme aussi les produits achetés contre de l'argent. Pendant ce temps, le producteur direct retourne au travail. On distinguera les commerçants professionnels, qui hantent les marchés nationaux et sont des hommes d'argent, rien d'autre, et les négociants, qui prennent le risque de longs voyages à l'étranger et activent ainsi les échanges internationaux.

— Il me semble, conclut Glauque, que nous avons vraiment fait le tour des fonctions et des hommes requis pour qu'une société existe.

— À peu près. Nous pouvons alors revenir à ce qui seul nous importe : où donc est-il question, dans une société primitive de ce genre, de justice et d'injustice?

— Ah! ce n'est pas trop tôt! se réveille Amantha, fraîche comme un gardon.

— Moi, en tout cas, je n'y vois goutte, avoue Glauque. La justice? À un niveau si faible de développement des forces productives? Peut-être existe-t-elle dans les échanges entre les membres de ces petites communautés primitives?

— C'est une hypothèse qui en vaut une autre. Examinons le problème sans nous décourager. Et d'abord, demandons-nous comment vivent les gens dans ce que tu appelles les

« communautés primitives » et que Jean-Jacques Rousseau nomme « état de nature ». À coup sûr, ces « primitifs » produisent du blé, du vin, des vêtements et des chaussures, et ils construisent des maisons. Si en été ils travaillent presque toujours nus et sans chaussures, en hiver ils s'habillent et se chaussent à la mesure du froid qu'il fait.

— Et que mangent ces sous-développés? interroge Glauque.

— Principalement de la farine. Cuite au four si c'est de l'orge, pétrie et séchée si c'est du froment. Ah! les galettes de ces prétendus sauvages! Elles sont d'une noblesse culinaire plus assurée que tant de nos pénibles pâtés de chevreuil au porto et au gingembre, crois-moi! Et les petits pains! On sert tout ça sur des roseaux fraîchement coupés et des jonchées de purs feuillages. Les convives sont couchés sur des lits faits de branches d'if et de myrte en rameaux. Mélangés aux femmes et aux enfants, vieux et jeunes se régalent. Couronnés de fleurs et buvant du vin clair, ils chantent la gloire de l'Autre. Ils mêlent ainsi leurs vies indistinctes sous le signe du bonheur. Ce n'est pas par avarice ou égoïsme qu'ils pratiquent le contrôle des naissances en fonction de leurs ressources, c'est pour ne jamais risquer ni l'extrême misère, ni la guerre.

Glauque alors n'y tient plus :

— Ma parole! Vous conviez ces hommes-là au banquet du pain sec!

— Pardon mille fois, tu as raison! J'oubliais les assaisonnements. Bien sûr, il y a du sel, des olives, du fromage et des oignons. Il y a ces légumes bouillis dont nos paysans font aujourd'hui leur ordinaire. Nous pouvons même ajouter quelques desserts : figues, pois chiches, fèves... Tes « sous-développés » préparent sous la cendre des baies de myrte et des glands qu'ils accompagnent d'un verre de vin léger. Ils passent ainsi leur vie dans la sérénité et la Grande Santé. C'est très vieux qu'ils disparaissent en disant doucement : « Grand Âge, nous voici ! » Et ils lèguent à leurs héritiers une vie en tout point semblable à la leur.

Glauque est véritablement furieux :

— Nous auriez-vous convoqués à cet entretien nocturne pour fonder l'État des cochons ? Il ne nous reste plus qu'à nous mettre à quatre pattes pour manger vos glands et vos patates bouillies !

— Mais, répond tranquillement Socrate, que veux-tu leur donner d'autre, à ces gens ? Comment expliquer leur bonheur tranquille, sinon justement par la proximité, qu'ils ont su conserver, avec leur être naturel ? Par la décision qu'ils ont prise de ne pas trop s'écarter de la part animale de leur destin ?

— Vous pourriez au moins les coucher dans de vrais lits, les asseoir sur de vraies chaises devant de vraies tables, leur servir de la viande aux repas et des gâteaux à la crème en dessert. Ça ne serait pas encore le luxe !

— Je vois ce que tu veux dire. Ça n'a l'air de rien, mais c'est un complet changement de méthode. Il ne s'agit plus principalement d'étudier l'origine de la société et de l'État, mais ce que société et État deviennent dans les conditions de l'abondance et des supposées délices de la vie moderne. Peut-être as-tu raison. Ta méthode pourrait bien nous permettre de comprendre à quel moment précis et dans quelles conditions la justice et l'injustice surgissent comme naturellement dans les États. Je maintiens que l'authentique communauté politique est celle que nous venons de décrire et que j'ai représentée comme la santé même de la vie collective. Maintenant, si vous tenez absolument à ce que nous examinions une communauté politique malade et fiévreuse, allons-y! J'ai bien l'impression, en effet, qu'à ton exemple, cher Glauque, existent des tas de gens à qui cette espèce de communauté simple, si naturelle qu'elle soit, ne saurait suffire, pas plus que ne le peut le genre de vie qui va avec. Ils voudront avoir des lits, des tables, tout un mobilier flambant neuf, des plats cuisinés par des chefs trois étoiles, des parfums de marque, des prostituées voluptueuses, du caviar de la Baltique, de l'encens qui brûle dans des coupes d'argent, de la pâtisserie orientale premier choix, bref, toute la variété de produits rares et inutiles. Dans un tel monde, il n'est pas vrai que « choses nécessaires » – les choses qu'il faut absolument se procurer – veuille dire : maisons, vêtements, chaussures... non, car on y ajoute : la peinture, la bigarrure des objets qu'on expose, l'or, l'ivoire, le platine, l'iridium, toute la palette des matériaux précieux.

— Nous voici enfin dans un pays civilisé! approuve Glauque.

— Mais alors, il faut imaginer le pays où nous établissons notre fiction théorique bien plus grand que nous ne l'avons fait jusqu'à présent. Notre société « primitive » en perpétuelle bonne santé ne peut suffire. Il faut la remplir d'une véritable foule de gens qui n'ont aucun rapport avec ce qui est strictement nécessaire à la vie commune. On va avoir par exemple toutes les espèces de chasseurs : chasseurs de lapins, de perdreaux, de faisans, de chevreuils, de sangliers... Et toutes les espèces d'imitateurs : ceux qui se servent des figures et des couleurs, les peintres, ceux qui utilisent la musique et les mots, les poètes, les compositeurs, et ceux qui courent derrière : rhapsodes, chanteurs de charme, groupes de rock, de tango ou de rap, musiciens d'orchestre, danseurs, acteurs, distributeurs, producteurs... Voyez aussi ceux qui courent derrière ceux qui déjà courent derrière : les fabricants de produits de beauté et, *last but not least*, les créateurs et artisans de la mode féminine, ainsi que – engeance qui se développe depuis peu – ceux de la mode masculine. Il faudra aussi créer quantité d'emplois dans les services de proximité : donneurs de cours particuliers de mathématiques ou de grec ancien à des gamins peu doués, nourrices pour les bébés dont la mère élégante ne veut pas s'abîmer les seins, professeurs de piano pour adolescents boutonneux, femmes de chambre pour les hôtels de luxe, coiffeurs pour décrêper les chignons, sans compter les maîtres queux et les éleveurs de crustacés. Ajoutons-y les nettoyeurs de porcheries, et le compte n'y est toujours pas. C'est infini, à vrai dire. Dans notre première société, il n'y avait rien de tout cela, car on n'en avait nul usage. Mais, au point où nous en sommes, il nous faut tous ces gens et en plus, tiens, j'y pense, du bétail en veux-tu en voilà, car les habitants de ce type de société sont devenus carnivores. Ce qui fait du reste qu'avec un régime alimentaire aussi décadent il nous faudra... Amantha! Chère fille qui dort! Il nous faudra quoi?

— Des médecins, dit Amantha, lugubre.

— Quantité de médecins! Et pas seulement des civils, mais aussi des militaires. Car le pays, jusqu'ici en autosuffisance alimentaire, devient trop petit et ne peut plus nourrir une population en pleine croissance. D'où l'idée que ce ne serait pas mal de mordre sur le territoire du voisin. On aurait alors assez de terres pour l'agriculture extensive et pour le bétail. Pour peu que le voisin en question, franchissant, comme nous l'avons fait, les bornes de la simple nécessité, s'abandonne, comme nous, à l'infini désir de posséder, il en viendra aux mêmes conclusions : mordre sur les terres du voisin, c'est-à-dire les nôtres. Et où mène cette identité frontalière des désirs ?

— À la guerre, dit Amantha, de plus en plus lugubre.

— Oui, la guerre… Grand sujet pour le philosophe ! médite Socrate à voix haute.

— Pourriez-vous nous démontrer, reprend Amantha, que les effets de la guerre sont nécessairement catastrophiques, ce qui est la thèse des pacifistes et des non-violents ? Ou faut-il envisager qu'il y ait des guerres utiles, voire des guerres justes, comme l'ont soutenu nombre de penseurs classiques, mais aussi la majorité des révolutionnaires ? Et il y a aussi le père Hegel, pour qui la guerre est le moment dialectique obligé de la révélation subjective d'une nation… Cette question me tarabuste depuis longtemps.

— Le temps n'est pas encore venu de conclure sur ce point. Je veux seulement souligner ceci : nous avons trouvé l'origine de la guerre dans cette terrible passion d'acquérir, dans ce désir sans fin d'augmenter son patrimoine, qu'il soit financier (l'argent et les titres), immobilier (les maisons), mobilier (les objets précieux) ou foncier (les terres). Partout où cet instinct du propriétaire s'empare des esprits, il est la source des plus funestes maux, aussi bien collectifs que privés. Seulement nous ne sommes pas en mesure, au point où nous en sommes, de formuler sur des bases incontestables un programme d'abolition de la propriété privée. Vous savez qu'on appelle cela le « communisme », et nous y viendrons. Mais nous devons être méthodiques. Nous ne suivons les lignes de force de la croissance des sociétés que pour saisir le moment où justice et injustice s'y affrontent.

— Que tirez-vous alors de l'apparition des guerres?
demande Amantha, déçue.

— Tout simplement, ma fille, qu'il nous faut encore agrandir notre vision du pays. Et pas qu'un peu! Car nous avons besoin d'une armée sur le pied de guerre, prête à défendre, avec nos possessions anciennes, celles dont nous nous sommes récemment emparés par la force, et à combattre sans merci les envahisseurs.

— Mais, objecte Glauque, les membres de cette supposée communauté politique n'en sont-ils pas capables? Ils peuvent prendre les armes, tout de même! On peut décréter la mobilisation générale.

— Te voilà encore qui verses dans le fossé, au lieu de suivre le chemin que nous prescrit la méthode. Nous sommes convenu, toi comme les autres, que, au stade où en est notre étude de la genèse des sociétés, le principe reste celui d'une rigoureuse division du travail. Un homme – ou aussi bien une femme – ne peut, déclare la vision traditionnelle des choses, dominer sérieusement plusieurs techniques différentes. Or, tout ce qui concerne la guerre, est-ce que ça ne définit pas une technique? J'ai l'impression que, du fond de ton fossé, tu accordes bien plus d'importance au cordonnier qu'au soldat.

— Eh bien, dit Amantha, pour une fois, mon cher frère n'a pas tort. Faire de bonnes chaussures est sûrement plus digne d'intérêt et plus essentiel que tuer son voisin dans les formes.

— Nous n'avons rien à faire de ce genre de jugement de valeur! se fâche Socrate. Dans le contexte de la division sociale du travail telle qu'elle résulte pour le moment de tout le mouvement historique réel, nous avons dit : le cordonnier ne peut pas, et par conséquent ne doit pas…

— Par exemple! sursaute Amantha. On m'interdit les jugements de valeur, et on se permet un « on ne peut pas, donc on ne doit pas », comme si le fait et la valeur étaient identiques!

— Dans le contexte, que notre méthode assume, de la division du travail comme supposée nécessité objective! Uniquement! Là, oui, il faut dire : le cordonnier ne doit pas être tisserand, informaticien ou paysan. Cordonnier il est, cordonnier il reste, afin de parvenir à la perfection dans le métier unique qui est le sien. Peut-on exclure le métier de soldat de ce genre de considérations? Partir en campagne, maîtriser la tactique et la stratégie, se servir efficacement d'une arme quelle qu'elle soit, du poignard au bazooka, piloter un avion de chasse, détruire un char d'assaut ennemi, est-ce donc tellement plus facile que recoudre la semelle d'un godillot? Même pour jouer aux osselets il faut s'entraîner tout petit. Croyez-vous qu'en décrochant de son mur un bouclier et un sabre, ou un fusil et une cartouchière, on devient aussitôt un remarquable combattant qui fera fuir les ennemis comme des lapins dès qu'il se montrera en première ligne? Ma parole! Vous êtes d'incroyables matamores!

— Ne montez pas sur vos grands chevaux, intervient Amantha. Vous-même ne croyez pas une seconde que cette comparaison entre le cordonnier et le soldat puisse tenir la route. Le soldat concentre une subjectivité nationale, il ne définit pas un métier, si ce n'est au stade de l'impérialisme pourrissant. Le soldat est une exigence, une réquisition de l'individu par les circonstances. Nous pouvons parfaitement étudier ce que la guerre exige des hommes en dehors du

133

contexte débile de la division du travail. Que des citoyens qui, par ailleurs, sont mathématiciens, vendeurs de cacahuètes ou ouvriers sur machine-outil se battent comme des lions contre un envahisseur fasciste, cela s'est vu plein de fois, et c'est bien plus intéressant qu'une histoire de godasses!

— Eh bien, dit Socrate, faisant les yeux ronds, qu'est-ce que je prends! Et toi, mon cher Glauque, qu'en penses-tu?

— Il me semble à moi aussi qu'on pourrait examiner les qualités d'un soldat sans coincer cet examen dans le tiroir d'une classification des emplois.

— Parce que, insiste Amantha, être soldat, dans un pays libre, c'est un principe militant. Ce n'est pas une histoire de sociologues. Rappelons-nous que notre business mental du moment, c'est le concept de justice, non pas l'écart des salaires entre le cordonnier et le colonel de cavalerie.

— Bon, bon, dit Socrate en levant haut les mains comme quelqu'un qui se rend, je capitule. Une fois de plus nous changeons de méthode. En attendant celui de justice, étudions le concept de soldat en soi et pour soi, pour parler comme celui qu'Amantha appelle, je ne sais vraiment pas pourquoi, « le père Hegel ». Commençons par le commencement : les traits, objectifs et subjectifs, qu'il faut développer chez ceux – tout le monde, si nous nous installons prématurément dans l'hypothèse communiste – que la circonstance oblige à devenir soldats pour garder la patrie.

— Oui, dit Amantha, pour garder la patrie. Nous excluons de notre champ la volonté de conquête et de rapine, la rapacité meurtrière. Le soldat dont nous parlons est contraint de le devenir pour défendre la justice péniblement établie dans son pays. Nous sommes dans le sillage de Jean Jaurès : dans son *L'Armée nouvelle*, tout soldat est un citoyen qui défend une Idée plus encore qu'un territoire. Oui, appelons « gardien » ce genre de soldat. « Gardien » tiendra le milieu entre « soldat » et « militant politique ».

— Ce n'est pas mal, ça, opine Glauque. Faisons une phénoménologie du gardien.

— Puisque vous saisissez les rênes de la discussion, posez, jeunes gens, la première question. Et puis, fouette cocher! on démarre.

C'est Glauque qui se dévoue :

— Quels sont les traits auxquels on reconnaît un bon soldat?

— Un bon gardien de la justice, précise Amantha.

— Partons de loin, dit Socrate flegmatiquement. Du plus loin possible : de la nature. Permettez-moi de comparer l'animal humain convoqué à une guerre défensive – notre gardien – à ces chiens qu'on appelle justement des chiens de garde. Le gardien, comme le chien, me semble-t-il, doit être sensible, rapide et puissant. Sensible pour découvrir où se dissimule une menace, rapide pour la poursuivre dès qu'elle est découverte, puissant pour la combattre dès qu'on la rejoint.

— Il me semble aussi, dit Glauque, que pour bien combattre il ne suffit pas d'être objectivement costaud, il faut aussi être subjectivement courageux.

— Absolument. Qu'il soit sensible, rapide, puissant et courageux, voilà en tout cas des buts précis quant à la formation d'un gardien. Mais, derrière tout cela, il me semble qu'on trouve une sorte d'instance du Sujet, que nous pourrions appeler l'énergie, et qui est un mixte d'emportement et de bravoure. Nous savons tous qu'il y a quelque chose, dans la colère, qui est indomptable et presque invincible.

Un Sujet qu'anime l'énergie dont je parle ignore la crainte et n'envisage pas de céder, même d'un pouce.

— J'en sais quelque chose! rit Amantha. Tout à l'heure, j'étais un peu en colère, et du coup, c'est vous, Socrate, qui avez cédé du terrain.

— Méfie-toi : « Si l'ennemi avance, je recule. Mais s'il s'arrête, je contre-attaque. Et s'il recule, je le poursuis et je l'anéantis. »

— Qui a dit ça?

— Mao. Mais récapitulons! Les qualités objectives, physiques et psychologiques, de notre gardien idéal sont : sensibilité, vitesse, puissance et courage. Ce qui peut en faire un Sujet est l'énergie, ou encore cette virtualité coléreuse qui, en lui, bloque la lâcheté.

— Le problème, avec les gens coléreux, objecte Amantha, c'est qu'ils ont tendance à être féroces quand ils rencontrent une autre personne dans leur genre. Ça m'arrive tout le temps de me fâcher violemment contre une femme, uniquement parce que je vois qu'elle va me tenir tête. C'est comme les chiens de garde quand ils voient dans la rue un autre chien de garde. Gare aux morsures! Il vaut mieux les museler.

— Mais, rigole Glauque, on ne peut pas mettre une muselière à nos gardiens pour qu'ils ne se mordent pas les uns les autres!

— Il faut pourtant résoudre ce problème dialectique, intervient Socrate. Féroces envers les ennemis dans le feu de la guerre, nos gardiens doivent être, envers notre peuple en général, les autres gardiens en particulier, et même les soldats ennemis prisonniers ou blessés, d'une exemplaire courtoisie. Comment créer chez nos compatriotes une disposition qui puisse articuler férocité et courtoisie, douceur et dureté? Si on admet banalement que la dureté et la douceur s'excluent, on ne trouvera pas un seul gardien convenable.

— Nous voici dans une impasse, soupire Glauque, en fait assez fatigué.

— Pas du tout, benêt! riposte Amantha. Souviens-toi de la comparaison de Socrate, souviens-toi des chiens.

— Les chiens? Quels chiens? dit Glauque, égaré.

— Un bon chien de garde discerne une menace, une mauvaise intention, et montre les dents. Mais, à l'égard de tout ce qui est familier ou faible, il n'est que tendresse et amitié. Regarde-les, ces braves toutous, avec les enfants, les vieillards, les amis de la famille, les visiteurs pacifiques! Ils se roulent sur le dos, ils font les yeux doux, ils supportent gentiment qu'on leur tire les oreilles…

— Voilà ce que c'est d'aimer les animaux, sourit Socrate : on les connaît bien! Oui, la dialectique de la douceur et de la dureté est affaire de connaissance et de reconnaissance. Ce qui compte est la finesse avec laquelle on distingue ce qui, venu d'ailleurs, met en péril le processus collectif de ce qui l'encourage. Mon problème, cependant, n'est pas vraiment là. Il est que nous avons oublié une qualité essentielle des gardiens qui découle pourtant de la remarque d'Amantha.

— Laquelle donc? dit Glauque qui espérait qu'on en avait fini.

— Le chien dont Amantha fait l'éloge est en réalité un chien philosophe.

— Qu'est-ce que c'est que ça, un chien philosophe?

— Le chien distingue ce qui est bon, ce qui est menaçant et ce qui est inoffensif. C'est cette reconnaissance qui gouverne la mise en œuvre de son énergie coléreuse : montrer les dents et attaquer, ou, au contraire, de son énergie joyeuse : gambader et quémander des caresses. Le chien de garde accompli soumet donc l'énergie subjective à l'idée du Bien. C'est un parfait philosophe. Il n'est pas avide de pouvoir, mais soucieux de savoir.

— D'où, conclut Amantha, la définition du gardien : c'est un bon chien !

— En tout cas, comme le chien de garde, l'authentique gardien règle la dialectique intime – férocité et courtoisie – sur les effets d'un désir supérieur, le désir de savoir. Et comme le gardien concentre en ses déterminations propres la société dont nous avons retracé la genèse, nous savons ce que tout habitant de cette société – puisque tous sont appelés à être gardiens – doit s'efforcer d'être : sensible, rapide, puissant, courageux, énergique et philosophe.

— Quel programme ! s'enthousiasme Glauque. Il faut le dire et le redire : quel programme !

CHAPITRE 4

Disciplines de l'esprit : littérature et musique
(376c-403c)

Socrate se frottait les mains, signe chez lui d'un vif contentement.

— Mes amis, nous avons fait du gardien – c'est-à-dire, virtuellement, de tout le monde – un portrait remarquable. Mais comment diable éduquer un tel personnage? Comment dompter en lui l'éternelle enfance? La question est difficile. On peut en outre se demander si y répondre, à supposer que nous le puissions, nous aide à résoudre le seul vrai problème, celui qui nous occupe depuis le début : quelles sont les modalités d'apparition de la justice et de l'injustice dans le corps politique? Il faut nous concentrer là-dessus pour ne pas laisser de côté un argument significatif, ni non plus nous poser des questions complètement vaines.

Amantha s'agite et jette :

— Comment ne pas lier le problème de l'autorité politique aux idées de ceux qui l'incarnent, à ce qu'ils savent, à ce qu'ils ignorent, à ce qu'ils désirent ou abominent, et donc à leur enfance et à leur éducation?

— Très bien! Faisons le détour, si long qu'il puisse être. Racontons-nous une belle histoire, digne des mythes dont nos poètes se régalent : c'est nous qui avons, par la seule raison, le pouvoir de définir le programme scolaire des futurs gardiens, c'est-à-dire, puisque devenir soldat est un risque pour tous, le pouvoir de former la jeunesse.

— Je vous adore en fabuliste! rit Amantha.

— Et en fabuliste incapable d'inventer, qui plus est. Car comment imaginer meilleure éducation que celle qui vient du fond des âges, le sport pour le corps, les disciplines scientifiques, artistiques et littéraires pour l'esprit? Et comment refuser l'idée qu'on doit commencer par les arts et lettres? Si bien que notre début est tout trouvé : quelle formation littéraire et artistique convient à nos futurs compatriotes? Glauque, tu as la parole.

— Eh bien, dit Glauque courageusement, eh bien... je n'en ai pas la moindre idée!

— Bon, procédons méthodiquement. Dans les arts et lettres comme dans les sciences, il y a des énoncés, des phrases, des arguments, des discours. Or, nous savons qu'il existe deux espèces de discours : ceux qui sont vrais et ceux qui sont faux. Je pose que ces deux espèces entreront dans notre programme éducatif. Mais priorité sera donnée aux discours faux.

— C'est grotesque! s'indigne Amantha. Apprendre aux futurs membres de la communauté politique, à l'aube de leur vie, tout ce qui est faux! Vous vous moquez de nous!

— Comment ça? C'est ce qu'on voit tous les jours. On commence l'éducation des tout petits en leur racontant des histoires, des fables, non? Or, ces fables ne sont que des mensonges mêlés de quelques rares vérités.

— Mais que faire alors? dit Glauque, déboussolé.

— En toutes choses, le plus important est le commencement. Cette règle s'applique tout particulièrement à ce début de la vie qu'est l'enfance. N'est-ce pas le moment le plus favorable pour façonner un individu particulier selon le type humain qu'on désire qu'il incarne ? Est-il dès lors raisonnable de laisser les enfants en proie à je ne sais quels mythes inventés par je ne sais qui ? Ce serait ouvrir leur esprit à des opinions exactement contraires à celles que, selon nous, ils doivent avoir quand ils grandissent. Il faut donc avant tout surveiller les conteurs d'histoires. Celui qui en fait de bonnes, qu'on le choisisse, celui qui en fait de mauvaises, qu'on le laisse choir. On dira ensuite aux nourrices, aux mères, aux pères, s'ils veulent s'en mêler, de ne raconter aux enfants que les histoires sélectionnées, en sorte que l'esprit des enfants soit façonné par le murmure des fables mieux encore que ne l'est le corps par la caresse des mains.

— Mais ne pourrions-nous pas, intervient Amantha, écrire nous-mêmes les nouveaux mythes que requiert aujourd'hui l'éducation des enfants ?

— Ton frère Platon en a écrit de fort beaux. Mais, pour le moment, ni toi ni moi ne sommes poètes. Nous nous occupons de la genèse des États, de leur essence et de leur organisation. À ce titre, il importe que nous connaissions les types de fables appropriés à la création poétique dans son rapport à la formation des habitants du pays. À la rigueur, nous pouvons déclarer notre hostilité à tout usage de types nettement inadéquats. Mais il ne nous revient pas de poétiser.

— N'est-ce pas s'engager sur une pente bien glissante, reprend Amantha, que de prétendre censurer les poètes tout en avouant que, poète, on ne l'est aucunement ? Et qu'allez-vous interdire, au bout du compte ?

— Le vrai mensonge. La fausseté réfléchie et consciemment proclamée est l'ennemie des dieux comme des hommes.

— Pourquoi justement le mensonge ?

— Parce que nul ne désire, fût-ce à son insu, de son plein gré, être trompé sur des points décisifs en des circonstances pour lui décisives. Nous redoutons plus que tout d'être ainsi intimement investis par la fausseté.

— Je n'y vois pas encore très clair, avoue Glauque.

— Cesse de croire que je ne prononce que des sentences sacrées ! Je dis une chose très simple : être, en tant que Sujet, trompé quant à ce que sont en elles-mêmes les réalités, stagner dans cette fausseté, n'en avoir pas même conscience et ainsi abriter et protéger en nous-mêmes le faux, c'est, lorsque enfin on s'en aperçoit, ce qui est le plus difficile à supporter. Cette découverte de nos propres errements provoque en nous la haine du mensonge.

— J'y suis ! J'y serai toujours !

— Pour être tout à fait précis, il faut dire que ce que j'appelle « vrai mensonge » est en fait une ignorance réelle : l'ignorance propre à l'individu trompé au moment même où il croit devenir intérieurement le Sujet dont il est capable. Le discours mensonger ne fait qu'imiter cette affection subjective réelle, pour en produire une image dérivée, qui n'est pas exactement un mensonge à l'état pur. Seul le « vrai mensonge », vu comme une maladie du Sujet, s'attire la haine des dieux, mais aussi celle des hommes.

— J'ai tout compris, merci.

— Reste à traiter le cas du discours mensonger, cette copie inexacte du vrai mensonge. Il y a des circonstances où, à la différence du vrai mensonge, il échappe à la haine : par exemple, quand il s'adresse à des ennemis, ou à de prétendus amis que le délire ou quelque malentendu gravissime pousserait à nous trahir ou à nous faire un mauvais coup. Des paroles mensongères peuvent alors agir comme un remède pour modifier leurs intentions suspectes. Un autre exemple, dont nous parlions tout à l'heure, est celui des mythes. Comme, s'agissant des temps très reculés, nous ignorons les vraies circonstances, nous pouvons inventer des légendes où ces circonstances sont aussi semblables que possible à leur vérité voilée, et par là même faire œuvre utile en mentant.

— Mais, objecte Amantha, délire et ignorance sont des affections purement humaines. Rien de ce que vous dites n'autorise les dieux à mentir. Si du moins nous entendons par « dieu » le symbole d'une humanité parvenue à son infinie perfection.

— Tu as entièrement raison. « Dieu », comme j'ai coutume de le dire après Jacques Lacan, n'est que le petit nom du grand Autre – soit le recueil de ce qui, en tout autre, tel que rencontré au hasard, mérite d'être sublimé. Dans ces conditions, nous pouvons dire que nul poète menteur ne hante la divinité.

— Vraiment? dit Glauque qu'obsèdent les frivoles histoires de tromperie sexuelle dont la mythologie regorge. Il n'y a donc rien à propos de quoi les dieux puissent mentir?

— Si Dieu est l'Autre, garant de toute parole, absolument rien! coupe Amantha, sévère.

— Ce qui, dans un Sujet, relève de son essence spirituelle et divine ainsi conçue reste étranger au mensonge, ajoute Socrate. Seul peut être nommé « Dieu », soit la pure essence de l'Autre – que cela existe ou non est une autre affaire –, un être symbolique tout à fait simple et vrai, tant en actes qu'en paroles, qui ni ne se métamorphose, ni n'égare les autres par des artifices tels que fantasmes, paroles captieuses ou signes falsifiés. Et ce, qu'on veille ou qu'on rêve.

— Tu vois bien! commente Amantha pour un Glauque déconfit.

— Glauque lui-même doit reconnaître que, quand on raconte des histoires ou qu'on compose des poèmes où figurent des dieux, il est incohérent de les faire se métamorphoser comme de vulgaires magiciens, ou de prétendre qu'ils nous égarent par des paroles mensongères ou des actions honteuses et truquées. C'est du reste pourquoi, bien que nous admirions Eschyle, nous ne saurions approuver le passage de sa tragédie *Le Jugement des armes* où Thétis dit qu'Apollon, présent à ses noces,

> M'annonçait en souriant des naissances joyeuses
> Enfants chéris gardés des noires maladies,
> Les dieux d'amour transis créant pour moi, heureuse,
> La vie que, relevé, mon courage incendie.
> Ma science est que jamais le mensonge ne peut
> Procéder d'Apollon, de sa divine bouche,
> Lui qui se tenait là, lui dont le chant me touche,
> Promettant l'avenir, et le disant radieux.
> Or, c'est lui, Apollon, assassin, fourbe, louche,
> Meurtrier, lui, bientôt, qui tue mon enfant, dieu!

Si un poète parle ainsi des dieux, ou du divin immanent au Sujet, nous ne serons pas contents! Nous ne recommanderons pas son poème aux professeurs chargés d'instruire nos citoyens.

— Donneriez-vous raison à Kant? dit Glauque. Pensez-vous que le mensonge est un mal, quel que soit son contexte? Un Mal absolu? Tonneriez-vous comme lui contre Benjamin

146

Constant, défenseur de ce que Kant appelle un « prétendu droit de mentir » ?

— Je ne suis pas un tenant de la morale formelle, pas du tout. Il me semble impossible de diviniser le mensonge, mais je reconnais qu'il peut être empiriquement requis de mentir.

— Dans quelles circonstances ? Sous quelles conditions ? demande sévèrement Amantha.

— Quand la puissance d'un ennemi exige de nous l'emploi de la ruse et des leurres. Mais même alors les dirigeants politiques du moment doivent assumer seuls la responsabilité, qui reste infâme, du mensonge nécessaire. Et ils devront en rendre compte publiquement quand le danger se sera éloigné. Si par contre un particulier ment à la communauté pour son seul profit personnel, il sera à nos yeux bien plus fautif qu'un élève qui, cédant à la honte, dissimule au professeur de gymnastique qu'il a les pieds plats, qu'un malade qui, terrorisé d'avance par le diagnostic, « oublie » de décrire au médecin ses symptômes les plus graves, qu'un marin qui, pour ne pas avoir à travailler comme un forçat dans les soutes, ne rend pas compte au capitaine de la surchauffe des moteurs. En règle générale, nos jeunes seront donc tenus de dire ce qu'ils ont fait dès qu'on le leur demandera.

— Bien parlé, remarque Amantha, mais pas facile à obtenir.

— Si l'un de nos professeurs voit mentir un

Jeune homme désireux d'être un vrai prolétaire,
La fille dont le songe est d'entrer en magie,
Ou celui qui se voit en laboureur des terres,
Tout comme un qui, poète, au printemps réagit...

— L'*Odyssée*, chant 17, coupe Amantha, accommodé à la sauce tartare!

— Bravo! dit Socrate, tout joyeux. Eh bien, l'enseignant lui dira son fait, au petit menteur, et lui démontrera en public que tout mensonge, portant atteinte au pacte où se fonde le langage, affaiblit gravement la communauté politique.

— Voilà qui est clair en ce qui concerne le mensonge, conclut Glauque. Que va-t-on faire pour la tempérance, la sobriété, la retenue, la modération réfléchie, avec tous ces adolescents bagarreurs et toutes ces filles chez qui la vie surabonde?

— Écoutez-moi ce sage vieillard! se moque Amantha.

— Ah! il a raison, ce n'est pas facile! dit Socrate. On peut prôner l'obéissance aux ordres, parce qu'on en a compris la valeur, et la maîtrise des désirs violents – alcool, drogue, sexe, etc. –, parce qu'ils désorganisent facilement la pensée et l'action. Ce sont les impératifs de la tempérance pour les gardiens de la Cité. Pour une fois, on approuvera Homère quand il fait dire à Diomède, s'adressant à Sthénelos :

Asseyez-vous, muet, pour écouter mes ordres.

Nous serons également contents de sa description de l'armée grecque :

Silencieusement les Grecs pleins de courage
Marchaient, craignant des chefs l'imprévisible orage...

Et Amantha :

— Un peu colonel-ronchonno, cette description!

— Tu n'as pas fait la guerre, ça se voit! En tout cas, le même Homère dérape quand il fait dire à son héros, au début du chant 9 de l'*Odyssée*, qu'il n'y a rien de plus magnifique que

> Une table écroulée sous la viande et le pain
> Pendant qu'en l'or des coupes on nous verse le vin.

Ça n'est pas ce genre de chansonnette qui portera filles et garçons à la tempérance !

— Mais il y a pis ! dit Glauque. C'est, je crois, dans le chant 14 de l'*Iliade*. Homère raconte l'histoire de Zeus qui, pensif et solitaire au milieu du sommeil universel des hommes et des dieux, est soudain pris d'un tel désir lubrique qu'il en oublie l'objet de sa méditation. Voyant Héra qui s'est éveillée, il n'a même pas la patience d'aller avec elle dans sa chambre : il lui arrache sa chemise de nuit, la jette par terre toute nue et s'enfonce en elle sans la moindre caresse préliminaire. Tout en la fouillant, il lui murmure que jamais il n'a eu envie d'elle à ce point, pas même lorsque, tout jeunes, ils avaient couché ensemble « à l'insu de leurs parents ».

— Au chant 8 de l'*Odyssée*, l'histoire d'Arès et d'Aphrodite entièrement nus, enchaînés par Héphaïstos au plus vif de l'action, est elle aussi assez salée, complète Amantha.

— Cependant, corrige Socrate, Homère sait aussi rendre justice à la fermeté de quelques hommes illustres dans les circonstances les plus difficiles. On doit absolument s'imprégner de vers comme :

> Se frappant la poitrine, il querelle son cœur :
> Tiens bon, cœur défaillant ! Ris du péril de l'heure !
> Tu as pu supporter de bien pires malheurs.

— L'*Odyssée*, au chant 20, non ? note Glauque, content de marquer un point culturel contre sa sœur. Quoi d'autre sur la tempérance ?

— J'aimerais, dit Amantha, qu'on parle un peu de la corruption, des cadeaux, des richesses. Ne faut-il pas mettre nos militants en garde contre tout ça ?

— On ne doit pas, dans ce cas, dire avec le vieil Hésiode :

> Nul ne peut résister aux subtiles offrandes
> Jeunes dieux et vieux rois, tous il faut qu'ils se rendent.

— Oui, oui, grogne Amantha. C'est un peu la barbe, cet épluchage moral des vieux poètes. En plus, vous ne dites rien de la forme, du rythme, des images… On parlerait d'un journal télévisé que ça serait pareil !

— Laissons donc tomber le contenu moral des fables, concède Socrate. Parlons du style. Nous aurons alors lié au problème de l'éducation des jeunes gardiens aussi bien le fond que la forme des œuvres littéraires que nous mettrons au programme.

— « Forme », « style »… c'est quoi exactement ? dit Glauque, un rien provocateur.

— Partons de deux constatations élémentaires. Un : le dire de poètes, dès qu'ils sont des auteurs de fables, s'impose comme récit de ce qui a lieu, a eu lieu ou aura lieu. Deux : le récit est indirect, direct – ce qui veut dire mimétique – ou mixte.

— Là, annonce Amantha, je suis paumée.

— Aïe ! Tu me vois en maître ridicule ? en pédant fumeux ?

150

— Vous n'avez qu'à vous en tirer comme le font les mauvais profs : au lieu d'expliquer l'idée générale, vous donnez un exemple un peu bête, et le tour est joué !

— Je vois que tu as une haute idée de mes capacités pédagogiques. Eh bien, je vais faire exactement comme tu dis. Je suppose que tu connais par cœur le début de l'*Iliade*, quand Chrysès, le prêtre d'Apollon, demande à Agamemnon de lui rendre sa fille. Agamemnon pique une colère terrible et l'envoie promener. Alors l'autre, mortifié, demande au dieu de mener la vie dure aux Grecs. Prends les deux vers :

> Et Chrysès suppliait les Grecs, tous les soldats,
> Les Atrides qui ont des peuples le mandat.

Tu vois que le poète ne prétend pas faire croire que celui qui parle est un autre que lui. Il rapporte les paroles de Chrysès comme un témoin qui raconterait ce qu'il a vu ou entendu. Le style est indirect. Mais, dans les vers qui suivent, le poète parle comme s'il était Chrysès. Il essaie bel et bien de nous persuader que ce n'est pas lui, Homère, qui parle, mais le vieux prêtre. Et c'est ainsi, attribuant le dire à un locuteur supposé distinct du poète, qu'Homère a rédigé presque tous les récits de ce qui s'est passé à Troie ou à Ithaque. C'est le style direct, ou mimétique : Homère est comme un acteur qui jouerait, en vers, le rôle du papa.

— Ne faut-il pas quand même, suggère Amantha, mettre un peu d'ordre dans les concepts ? Qu'est-ce qui exactement caractérise le récit ?

— Il y a récit quand on rapporte objectivement, en quelque sorte de l'extérieur, les propos tenus par les uns et les autres, ainsi que tout ce qui se passe dans l'intervalle de ces propos.

— Et l'imitation ?

— Si l'on s'exprime comme si l'on tenait soi-même les propos des autres, on va s'efforcer de parler, autant que faire se peut, comme sont censés parler tous ceux dont on annonce qu'ils vont prendre la parole, non ?

— Et c'est ça, l'art mimétique ?

— Se rendre semblable, dans le registre de la voix ou de l'attitude, à un autre que soi, n'est-ce pas imiter celui auquel on cherche ainsi à ressembler ?

— C'est l'évidence même.

— Il s'ensuit donc que, jusque dans leurs récits, Homère et ses successeurs utilisent la mimésis. Si le poète ne dissimulait jamais que tout ce qui est dit relève de son propre dire, le récit poétique ne ferait aucune place à l'imitation. Pour que vous ne disiez plus que vous n'y comprenez rien, je vais revenir à mon exemple favori, le livre I de l'*Iliade*. Homère y raconte que Chrysès vient supplier les rois grecs de lui rendre sa fille contre rançon. S'il continuait à écrire au style indirect, sans dissimuler que c'est Homère qui s'exprime et non Chrysès, il n'y aurait pas la moindre imitation, il n'y aurait que du récit simple. On aurait quelque chose de ce genre – je ne respecte pas la métrique, car je ne suis pas poète...

— Ce n'est pas si sûr, insinue Amantha. En tout cas, votre disciple préféré, mon frère Platon, a écrit des tragédies...

— ... qu'il a brûlées !

— C'est ce qu'il prétend. Il faudra aller voir sous son matelas ! Et vous-même, vous nous racontez souvent des mythes splendides. Ne seriez-vous pas une sorte de poète en prose ?

— Je vais t'en donner, moi, du poète en prose! Voici ce que deviendraient sous ma férule, remis en prose et au style indirect, les vers 22 à 42 du livre I de l'*Iliade* :

« Le prêtre vint. Il pria les dieux. Il leur demanda que les Grecs puissent prendre Troie. Sans y laisser leur peau. Puis il se tourna vers les rois grecs. Il les supplia de lui rendre sa fille. Contre une bonne rançon. Et par respect pour les dieux. Il finit son discours. Les Grecs étaient émus et convaincus. Sauf Agamemnon. Qui se fâcha. Qui dit à Chrysès que ses breloques de curé ne le protégeraient pas. Qui ajouta que sa fille vieillirait à Argos dont lui, le roi barbu qui s'avance, était le roi. Et qu'à Argos sa fille ouvrirait son lit maintes fois au susdit roi barbu. Et Agamemnon conclut en disant à Chrysès de foutre le camp. Et de cesser de lui faire monter la moutarde au nez. Si en tout cas il voulait rentrer chez lui tout entier. Ajouta Agamemnon en frisant sa moustache. Le vieux curé ne demanda pas son reste. Et il l'a foutu, le camp. Ventre à terre. Mais il stoppa dès que hors de vue des Grecs. À genoux sous un palmier, il invoqua Apollon. Il redit tous les noms et petits noms du dieu : mon frêle soleil tendre, mon fromage doré, mon mignon douanier des routes. Il lui demanda s'il avait trouvé à son goût les temples édifiés par son prêtre chéri, le dénommé Chrysès. Et s'il avait apprécié les poulets dodus, les bœufs gras et les boucs puants qu'on y avait égorgés pour Lui, l'ECEL, l'Éclatante Circonférence Enflée et Lumineuse. Si la réponse était oui, Chrysès, dit Chrysès, demanderait à Apollon de percer de ses flèches de feu la panse des rois grecs. Et ainsi de venger dans le sang les larmes que lui, Chrysès, versait sur le sort désastreux de sa fille. »

Voilà, chers amis, ce qu'est un récit au style indirect, simple et sans imitation.

— On ne peut pas dire – et Amantha fait la moue – que ce soit joli joli…

— Serait-ce que tu préfères le style absolument opposé, celui où il n'y a que du discours direct, parce qu'on a carrément supprimé tout ce que dit le poète entre deux interventions des personnages?

— Vous parlez de la tragédie, observe Glauque.

— Tu l'as dit, et de la comédie tout aussi bien.

— Maintenant tout est clair pour moi, se rassure Glauque. J'ai bien compris vos distinctions. Poèmes et fictions peuvent être de part en part imitatifs, comme c'est le cas des comédies et des tragédies, là où le poète n'écrit qu'en style direct.

— Sauf dans les didascalies, observe une Amantha soudain pédante.

— D'accord, jette Glauque, une fois de plus exaspéré par sa sœur. La seconde possibilité est que tout soit au style indirect : l'œuvre se présente comme un récit fait par l'auteur. C'est le cas aujourd'hui dans le roman « objectif » ou autobiographique, autrefois dans les dithyrambes ou dans la poésie élégiaque. La troisième possibilité est un mixte des deux autres, c'est l'épopée, tout comme son fils ingrat, le grand roman classique.

— Exactement. Passons maintenant de la description à la prescription, de la structure à la norme. Qu'allons-nous dire aux écrivains du point de vue de la politique? Liberté totale d'imiter ce qu'ils veulent, au nom du réalisme? Interdiction totale d'imitation, au nom de l'idéalisme et de l'autorité du glorieux futur? Ou bien l'imitation des seuls modèles instructifs, héroïques, utiles…

— Bref, complète Amantha d'un ton pointu, rien que des « héros positifs ».

— Tout ça, approuve Glauque, c'est bien la question d'un art révolutionnaire nouveau, avec à la clef une question précise : on autorise officiellement le théâtre, tragédies et comédies, comme font les Grecs ? On l'interdit, comme faisait l'Église chrétienne ? Ou on le surveille de près, comme dans les États socialistes ?

— Lesquels ont fusillé Meyerhold, les salauds ! s'indigne Amantha.

— Nous voyons bien, médite Socrate, que la question est très difficile. Mais partout où notre dire rationnel, tel un souffle, nous conduit, c'est là qu'il faut aller.

— Il me semble, intervient Amantha, soucieuse de calmer sa propre fureur, qu'il faut revenir à la formulation la plus générale du problème : importe-t-il ou non aux dirigeants, quels qu'ils soient, d'être experts en imitation ? De savoir copier un modèle, ou plus généralement reproduire ce qui est ?

— La difficulté, dit gravement Socrate, est que l'imitation entraîne la spécialisation. On a vu les malheurs qu'entraîne une imitation mécanique et servile, quand les partis communistes du XXᵉ siècle se sont inspirés d'un unique modèle : l'Union soviétique, « patrie du socialisme », avec son Parti qui a toujours raison et son chef génial, Staline, le petit père des peuples. Le même homme ne peut pas, dans l'espèce de finitude que nous imposent les conditions du présent, imiter convenablement des choses trop différentes de lui-même, ou trop différentes entre elles. Déjà, l'auteur d'imitations comiques ne peut écrire efficacement une tragédie. Aristophane n'est pas Sophocle, Molière n'est pas Racine,

Feydeau n'est pas Ibsen… Même les acteurs, ces spécialistes de l'imitation, ne parviennent pas à incarner toute la gamme des figures humaines. Les grands Arlequins, subtils voleurs et bâfreurs énergiques, ne font pas de remarquables princes élégiaques déchirés par le Destin.

— Qu'en conclure ? demande Glauque égaré.

— Il faut distinguer dans le temps. Au long cours, notre idée générique de l'Humanité ainsi que le travail collectif pour en réaliser la puissance déplaceront toutes ces limites. Les hommes, fussent-ils de rudes barbus à la forte bedaine, pourront contrefaire avec virtuosité des jeunes femmes coquettes au décolleté vertigineux, ou des vieilles en train d'injurier leur mari dans une langue venimeuse et pittoresque. Toutes les femmes sauront se couler dans le personnage d'un matamore qui, accroché au comptoir d'un bistrot, abat les murailles et rivalise avec les dieux, ou dans celui d'un pleurnichard jaloux qui se roule aux pieds de sa maîtresse infidèle. Rien là de surprenant : chez nous, selon les circonstances et les tirages au sort, le cordonnier sera aussi ministre, la boulangère, chef d'armée, le maçon, architecte, et la caissière de supermarché, agent secret ou diplomate. Les tournoiements identitaires auront une base solide dans le jeu social !

— Mais tout de suite ? Demain ? Comment faire ?

Socrate réfléchit, visiblement embarrassé. Il boit un verre de vin blanc sec, se tait, puis reprend, comme souvent, un peu à côté de la question.

— Que doivent être nos dirigeants ? C'est-à-dire, que doivent devenir aussi rapidement que possible tous les habitants de notre pays ? Voici la définition que je propose : ils doivent être les ouvriers de la liberté du pays.

— C'est beau, ça, murmure Amantha : « les ouvriers de la liberté du pays » !

— Et dans ce travail ouvrier de la pensée active, il n'est en général pas question d'imiter quoi que ce soit. Il faut enquêter, créer, décider. La politique vraie exclut toute représentation, elle est présentation pure. Si, donc, des éléments imitatifs sont requis, ce ne peut être qu'à partir d'exemples venus de l'enfance, et qui appuient les vertus qu'exigent l'enquête auprès des gens, la création d'une orientation et la décision de sa mise en œuvre. Nous les connaissons, ces vertus : le courage, la sobriété, la concentration de la pensée, le désintéressement de l'esprit libre… Se complaire dans l'imitation – même ironique – de la canaillerie expose au risque que l'imitateur soit à la longue corrompu par le réel dont s'inspirent les images qu'il prodigue. Certes, il faut connaître la folie des hommes, et qu'ils ont la capacité d'être abjects ou féroces. Mais il n'est pas requis pour cela de représenter, d'imiter, encore moins de faire tout ce que cette folie des hommes peut dicter aux esprits déroutés de nos contemporains.

— Votre refus – provisoire ? – de tout langage purement mimétique, au moins dans le champ de la politique, me semble indiquer que, s'agissant des futurs dirigeants de notre pays, des formes bien définies s'imposeront à ce qu'ils veulent exprimer ou raconter. Et ce sera bien différent de cette espèce de débraillé « démocratique » que nous voyons aujourd'hui.

— C'est exact, mon cher Glauque. Le sens de la mesure exigera que celui ou celle qui doit faire le récit d'une intervention orale ou d'une action sache quand et comment le passage au style direct est acceptable, voire requis. Donner par l'imitation plus de force persuasive à ce dont on a été témoin s'impose dès lors qu'il s'agit d'actions dont la vérité peut servir d'exemple. Disons : des pensées neuves, des actions risquées au nom de principes clairs, des formes inédites de résistance à l'oppression et à la stupidité. On y regardera à deux fois, en revanche, avant d'imiter la vacillation, la faiblesse, voire la lâcheté d'un individu exposé à la maladie, aux tourments de la jalousie amoureuse ou aux périls de la guerre. Là, un style indirect froid s'impose. Pourquoi s'engager dans l'imitation de ces figures individuelles où nul Sujet ne peut advenir ? Finalement, notre futur citoyen, s'il doit raconter ce qu'il a vu, fera usage d'une force narrative mixte. Il combinera l'imitation et le récit simple, le style direct et le style indirect, dans des proportions variables, en fonction de ce dont il s'agit. Puisque les vérités sont cependant moins fréquentes que les défaillances ordinaires, le style indirect, ou récit simple, assumé comme tel, dominera dans les conversations et plus encore dans les discours publics.

Glauque y va alors d'une de ces « synthèses » dont il a le secret :

— En somme, plus le type qui n'est pas notre genre abusera des imitations, des parodies et des pastiches, plus nous le jugerons sévèrement. C'est que, ne voyant rien qui soit indigne de son éloquence, il n'hésitera pas à se contorsionner et à contrefaire sa voix pour imiter n'importe qui ou n'importe quoi. Il fera le bruit du tonnerre en pétant, le vent en sifflant, la grêle en claquant la langue contre son palais, tous les moteurs en ronflant, le hautbois ou la clarinette en se pinçant le nez, les essieux et les poulies en grinçant des dents... Il trouvera formidable d'aboyer, de miauler, de bêler, de mugir, de braire... Il deviendra un feu d'artifice d'imitations où se logeront avec peine quelques fragments de récit. Il s'opposera ainsi absolument à notre façon de parler. Car, pour nous qui privilégions la narration et le discours indirect, ce qui s'impose est une harmonie simple, tout en nuances, et dont le rythme est fait de régularité, de fines accélérations et de brefs suspens. La mauvaise éloquence exige au contraire une complète bigarrure baroque des rythmes, des sonorités, des images et des figures de rhétorique, pour parvenir à mettre en forme ses imitations innombrables, et, tel un ventriloque, faire parler tous les types humains, tous les animaux, et même la brise du matin ou le ressac de l'écume sur le sable, le soir à marée montante. Dans notre pays, on répudiera ces afféteries et ce baroque sans principe. Nous serons classiques avant tout. Nous nous contenterons du récit simple qui se plie à l'imitation uniquement quand il s'agit de la vertu.

— Pourtant, objecte Socrate, le style bâtard et coloré auquel tu t'opposes est agréable et séduit tout particulièrement les enfants, leurs enseignants et à vrai dire la grande majorité des gens. Sans doute penses-tu qu'il ne s'accorde pas à notre conception de ce qui est commun, ou public, parce que, chez nous, l'unité subjective s'impose dans la variété même des occupations. Certes, on peut être, dans la société que nous construisons, cordonnier et pilote de ligne, agriculteur et juge à la Cour suprême, colonel et épicier. Mais il faut bien entendu comprendre que l'épicier n'imite pas un colonel, car, quand il est colonel, il l'est véritablement. La possibilité de ces diversités réelles repose sur la circulation universelle d'une pensée partagée. Par la médiation d'un langage commun, on reconnaît qu'aucune diversité pratique n'altère la puissance de cette pensée. Que chacun puisse faire tout ce qui se propose à l'action des hommes exige précisément cette simplicité essentielle de la langue que nous reconnaissons déjà dans les mathématiques, seules capables de nous faire accéder à une pensée unifiée du visible. Car la pensée de ce qui est n'est pas l'imitation de sa diversité, mais l'accès, toujours surprenant, à l'unité de son être. D'où l'urgence d'une langue aussi adéquate que possible à cette unité.

— Mais alors, demande Amantha, soucieuse, que ferons-nous de tous ces grands poètes qui nous enchantent par la sinueuse captation qu'ils opèrent, dans le tournoiement des métaphores, de toute la beauté infiniment diverse et magnifiquement changeante du monde où nous vivons?

— Si un poète de ce genre, habile à nous séduire par la constante métamorphose des formules langagières, se présente au seuil de notre pays, nous lui rendrons un vibrant hommage public. Nous déclarerons sans hésiter qu'il est un être sacré et merveilleux, un enchanteur de l'existence. Nous verserons sur sa tête tous les parfums d'Arabie, et nous le couronnerons de lauriers. Après quoi, nous le reconduirons en cortège à la frontière en lui expliquant qu'il n'y a pas, chez nous, d'homme de son espèce, et qu'il ne peut y en avoir. Car nous avons créé une poésie plus austère et moins immédiatement séduisante, plus proche de la prose, voire des mathématiques, en la conformant au projet général qui est le nôtre et à l'éducation qui va avec.

— Tout ça, c'est bien joli, dit Amantha, mais notre pays n'aura ni seuil ni frontière! Vous savez bien qu'il devra réaliser un projet purement internationaliste. Les prolétaires n'ont pas de patrie. Un douanier communiste, quel oxymore piteux!

— Ce qui prouve seulement, riposte Socrate, que j'ai proposé une image, que j'ai parlé métaphoriquement. Elle deviendra fameuse, crois-moi, cette vision du poète chassé de la cité !

— Ah ! mais c'est vous, alors, le poète au langage trouble et aux images séduisantes !

— Eh bien, conclut Socrate, je vous confie le soin de veiller personnellement à mon expulsion.

Tous éclatent de rire. Glauque, cependant, veille au sérieux des choses :

— Nous n'avons presque rien dit de la musique, si importante pour tous les jeunes.

— Partons du plus simple, enchaîne calmement Socrate. Les éléments constitutifs d'une chanson sont au nombre de quatre : les paroles, la mélodie, l'harmonie et le rythme. S'agissant des paroles, on leur demandera la même chose qu'aux poèmes. La mélodie est ajustée aux paroles. Elle est la justice rendue par la musique à la poésie. Restent l'harmonie et le rythme. Ce sont là des questions techniques dont, en outre, l'évolution est à la fois rapide et contestée. Harmonie tonale ou atonale ? Rythmes réguliers ou irréguliers ? Et les timbres ? Instruments anciens, traditionnels, modernes ? Simulations électroacoustiques ? Tout doit rester ouvert. L'orientation artistique n'est jamais réductible à la technique. Ce qui m'importe est assez clair : un mode musical doit pouvoir formaliser les situations dans lesquelles un Sujet est engagé, en valorisant de façon dialectique les capacités neuves dont il peut faire preuve au-delà des routines et des lâchetés. Nous aimons les musiques de l'émotion personnelle, mais nous désirons aussi qu'existent des musiques du courage. Que la musique « imite » la subjectivité de qui, par sa volonté seule ou en bénéficiant d'appuis amicaux, doit surmonter de rudes épreuves et le fait avec ténacité et sans vanité bavarde, c'est une bonne chose ! Voici les harmonies et les rythmes dont, en tout cas, nous avons besoin : ceux du courage et ceux de la patience.

— En somme, récapitule Glauque, vous nous dites que, dans un chant, l'excellence des paroles, de la mélodie, de l'harmonie et du rythme procède d'une sorte de simplicité subjective. Non pas la simplicité du sot ou de l'ignorant, mais cette simplicité créatrice qui vise, par un mouvement intellectuel unique, le vrai et le beau.

— Le principe, complète Socrate, s'applique à tous les arts. L'opposition entre la simplicité subjective, qui crée la grâce des gestes ou des mots, et la difformité vaniteuse des efforts faits pour épater les ignorants se voit aussi bien en peinture, dans la tapisserie ou la broderie, dans l'architecture ou le design. Partout la mesure expressive est la règle, et ce qui prétend n'en pas tenir compte est rangé du côté de la vulgarité, tant en ce qui concerne l'expression que la subjectivité esthétique sous-jacente. Il est dès lors clair que les règles que nous mettons en avant et qui visent à limiter la dimension imitative ou représentative des poèmes et des œuvres musicales s'appliquent aussi aux autres arts. L'insistance que nous avons mise à parler surtout poésie et musique vient de ce que de belles mélodies au rythme soutenu et à l'orchestration somptueuse ont sur l'intériorité d'un Sujet plus de pouvoir que toute autre forme. D'où que, si ces musiques sont appropriées à une éducation telle que la nôtre, c'est dès l'enfance qu'on haïra le vice et la laideur, sans même l'intervention de la raison. Et quand celle-ci donnera de la voix, on en validera les jugements avec enthousiasme et tendresse si c'est la vraie musique qui a nourri les sensations les plus vives de nos jeunes années.

Tout le monde est frappé par le ton presque cérémonieux de Socrate. Il poursuit, les yeux fermés, le visage inexpressif :

— Pendant nos études, nous n'estimions bien connaître les signes écrits qu'à partir du moment où nous reconnaissions leurs éléments littéraux, du reste peu nombreux, dans toutes les combinaisons où ils figurent, au point de les discerner partout, quels que soient les ensembles, grands ou petits, où ces éléments sont utilisés. C'est ainsi, pensions-nous, qu'on devient un vrai lecteur. Nous ne pouvions reconnaître les signes à partir de leurs reflets dans l'eau ou dans des miroirs que si, préalablement, nous avions appris à les connaître eux-mêmes tels qu'ils sont. La science des images est identique à la science du réel dont l'image est l'image.

— Où va-t-il ainsi ? murmure Amantha.

— Je prétends, pour les mêmes raisons, que ni nous-mêmes ni les futurs gardiens de notre pays ne serons de vrais musiciens-poètes avant de savoir distinguer les idées de la sobriété, du courage, de la grandeur d'âme, de la liberté d'esprit, et de toutes les vertus qui sont comme les éléments littéraux d'une vie digne de ce nom. Les gardiens devront les reconnaître, ces idées, tout comme les idées des vices auxquels les vertus sont couplées, dans toutes les combinaisons vitales où elles figurent. Ils auront à les discerner partout, elles ou leurs images, quelles que soient les circonstances, grandes ou petites, où on les rencontre. Et ils devront savoir que la science des idées, celle des idées contraires et celle des images de tout cela ne forment qu'une seule et même science. D'où résulte en particulier que si une jeune fille ou un jeune homme réunissent, à une intériorité subjective qu'organise un beau caractère, une allure extérieure qui

163

relève du même remarquable modèle, ils seront, pour ceux qui ont la chance de les rencontrer, la plus belle chose qui se puisse voir. Nul doute qu'ils seront aimés des poètes, des musiciens et de tous les gens cultivés. Si, cependant, il y a dans cet alliage un vrai défaut, l'amour faiblira, non ?

— C'est-à-dire, balbutie Glauque rougissant, que s'il y a un grave défaut du côté du caractère, ça ne marchera pas. Mais un petit défaut du côté du corps n'empêche pas toujours l'amour.

— Ah, sourit Socrate, tu dois parler en connaissance de cause ! Tu as dû aimer, ou tu aimes encore un garçon qui n'est pas un Adonis… Mais tu ne diras quand même pas que ne se soucier en amour que du plaisir est une preuve de sobriété ?

— Non, bien sûr, dit Glauque assez piteusement. Le plaisir nous égare autant que la douleur.

— Le plaisir peut avoir quelque chose de violent et d'excessif, non ?

— Pas toujours, mais souvent.

— Peux-tu me citer un plaisir à la fois plus soutenu et plus vif que le plaisir sexuel ?

— Il n'y en a pas. Le sexe est une vraie fureur des corps.

— Mais l'amour, tel qu'il sert à transmettre d'un vivant à un autre, par exemple, d'un maître à son jeune disciple, les figures acquises de la raison, ne doit-il pas être un amour qu'oriente, sur le modèle de la sobre musique dont nous parlions, ce dont l'idée même est beauté ?

— Je le crois.

— Cet amour en quelque sorte didactique, Freud le nomme un amour de transfert, parce qu'il circule du corps vers l'Idée. Il doit rester à l'abri de la folie et de la débauche.

Entre le vieux maître et le ou la jeune disciple, qui s'aiment d'un amour véritable qu'enveloppe peu à peu le partage de l'Idée, il est bien question du corps, mais non point des incomparables voluptés du sexe. Ou, plutôt, elles demeurent à l'arrière-plan, comme une énergie invisible où la pensée puise la force d'accéder au sublime de l'Idée. Dans le pays dont nous construisons l'Idée, tout le monde admettra que les corps ne sont pas étrangers au devenir du vrai. L'interdit sexuel n'ira pas jusqu'à proscrire que la relation didactique puisse avoir une dimension sensible. L'exercice de la maîtrise implique le corps et la voix de celui ou de celle qui enseigne. Il faut aimer ceux qu'on instruit, et aimer qui vous instruit. Il ne sera pas scandaleux que les maîtres, quel que soit leur sexe, s'approchent des jeunes, les fréquentent, leur parlent, les embrassent, les touchent… Ils seront comme un père ou une mère dont le but est de transmettre à leurs enfants ce qu'il y a de meilleur au monde : le secret d'une vie véritable.

— Mais ils ne coucheront pas avec leurs élèves, dit brutalement Amantha.

— Ou du moins, nuance Socrate, ses petits yeux allumés et rieurs, s'ils le font, ce sera dans l'élément d'une passion amoureuse singulière, durable, éternelle, même, dont la rencontre maître-élève n'aura été que l'occasion.

— Cette fameuse occasion, coupe Amantha, qui fait le larron !

— En tout cas, dit Glauque satisfait, on en a fini avec la littérature et la musique.

— Et il a fallu pour cela, commente doucement Amantha, rien de moins que l'amour.

Tous restent silencieux un moment. Dehors, a dit le poète, la nuit est gouvernée.

CHAPITRE 5

Disciplines du corps :
diététique, médecine et sport

(403c-412c)

Amantha bâille bruyamment, puis :

— J'ai bien peur qu'après la littérature et la musique vous ne vous mettiez à parler sport.

— Certes! dit Glauque. Comment discipliner la jeunesse populaire, si prompte aux vaines bagarres, sans l'intéresser au sport ?

— Affaire de coqs, de taurillons, de jars, d'étalons, de matous, de verrats, de béliers et de boucs puants! rétorque Amantha. Les jeunes mâles stupides! Mais allez-y, allez-y, je vous écoute.

— Je voudrais te convaincre, dit Socrate, conciliant. Je pense comme toi que jamais le corps nu et séparé ne requiert la pensée éducative. Si bien dressé qu'il soit, le corps ne peut décider que l'individu dont il soutient l'existence se dévoue au Vrai et devienne ainsi un Sujet. C'est au contraire l'incorporation subjective au Vrai – le mot « incorporation » mérite ici d'être souligné – qui confère au corps la vertu dont il est capable. Nous ferions donc bien, après avoir dispensé à la pensée analytique les soins qu'elle exige, de lui confier la tâche de préciser ce qui convient au corps, en nous contentant des têtes de chapitres pour ne pas nous perdre dans des détails dont je reconnais, chère Amantha qui déjà t'endors, qu'ils peuvent être fastidieux.

169

— Je vois une première règle très importante, dit Glauque au comble du sérieux : c'est sur l'alcool. Nos militants, nos gardiens, nos dirigeants, nos soldats – tout ça veut dire la même chose, à savoir tout le monde –, ne doivent pas se saouler la gueule. Un type qui garde ses compatriotes endormis n'a absolument pas le droit de vomir par terre et de zigzaguer sans savoir où il se trouve.

— C'est sûr, dit Amantha, qu'il ne serait pas bon d'avoir à garder les gardiens…

— Avant de penser à boire, il faut manger, reprend Socrate. On peut comparer nos militants à des athlètes de compétition sur un point : ils risquent d'avoir à mener de rudes combats. Allons-nous adopter le régime alimentaire des athlètes ?

— Alors ça ! rugit Glauque. Comme ils passent leur vie à dormir et à s'entraîner, ils doivent être suralimentés, ils se shootent à la cocaïne et autres saloperies, et ils meurent jeunes, l'écume aux lèvres, sans que personne ose dire pourquoi. Chapeau, les athlètes !

— On prescrira donc un régime à la fois plus simple et plus raffiné. Car nos jeunes femmes, nos jeunes hommes, doivent toujours être en éveil, voir, entendre et nommer tout ce qui se passe de singulier là où ils sont. Bien que l'action puisse leur imposer de brusques changements – les eaux, le gibier, les coutumes, tout, en campagne, peut être différent de ce à quoi on est habitué –, bien qu'ils aient à endurer le soleil du désert et les neiges du Grand Nord, ils doivent conserver une forme physique impeccable. On peut conclure que boisson, nourriture et exercices physiques doivent obéir aux mêmes règles que celles que nous avons dégagées en ce qui concerne la culture littéraire et musicale : simplicité, mesure, nuance. La guerre, ici, peut nous guider.

— La guerre? Nous guider? Comment ça? dit une Amantha incrédule.

— Eh bien, relisons Homère.

— Je croyais qu'il ne valait rien.

— Sauf quand il vaut plus que tous les autres poètes réunis. Souviens-toi de ce que mangent les héros de l'*Iliade* quand ils sont en campagne. Homère ne les nourrit ni de poisson – alors qu'ils campent au bord de la mer – ni de viandes bouillies. Le menu est invariablement : grillades, salades, fromages. Outre sa légèreté et sa sobre richesse, ce régime est facile à suivre pour des soldats. Il suffit d'allumer un feu de bois et de cuire la viande sur les braises. Nul besoin de ces énormes marmites dont le transport est la plaie des régiments. Pas non plus de mayonnaise, de ketchup et autres sauces indigestes. Quant aux ragoûts de mouton siciliens et aux civets de lièvre français, on peut s'en passer.

— Je ne crois pas non plus, question sobriété, dit Amantha, l'air innocent, qu'il faille absolument entretenir à coups de dollars une maîtresse ukrainienne à la tignasse blonde et au con rasé.

— Oh! Amantha! rougit Glauque.

— Passons, passons, sourit Socrate.

— Ni non plus, poursuit Amantha, se gaver, comme moi, de pâtisseries orientales au miel.

— Passons toujours… Le principe général est celui d'une variété simple. En musique, il faut connaître les possibilités tonales, atonales ou sérielles, les rythmes réguliers, orientaux ou non rétrogradables, mais sans toujours vouloir les mélanger arbitrairement. De même, on peut manger raisonnable-

171

ment de tout, mais avec mesure, et sans vouloir, comme les Yankees gloutons, tout mélanger dans une gigantesque assiette qu'on avale à toute allure. Notre mot d'ordre sera : raffiné, oui ; obèse, non !

— On peut pousser plus loin le parallélisme, dit Glauque. La démesure anarchique dans la culture de l'esprit produit une désorientation collective. La démesure anarchique dans les soins du corps produit la prolifération des maladies imaginaires.

— C'est vrai, approuve Socrate. Et si désorientation et maladies mentales se répandent dans un pays, on va n'y voir fleurir, en fait d'institutions, que des tribunaux et des hôpitaux. Même des gens intelligents et bien portants s'y précipitent. Le besoin éperdu de médecins et d'avocats est le signe le plus sûr d'un enseignement public défaillant et vulgaire. C'est pourquoi ce besoin finit par affecter tous les secteurs de la société. À bien y réfléchir, c'est une honte, et la preuve décisive d'une absence d'éducation, que ce qui est juste pour soi-même ne puisse être fixé que par d'autres, que nous érigeons ainsi en despotes de notre âme, faute d'en être nous-mêmes capables.

Socrate alors s'emballe. Son ton fiévreux étonne l'assistance :

— Honte à celui qui non seulement passe l'essentiel de sa vie dans les tribunaux, tantôt comme accusé, tantôt comme plaignant, mais, comble de vulgarité, trouve parfaitement normal de se vanter d'être un expert en injustice ! Honte à celui qui se rengorge parce qu'il est capable de s'insinuer dans les sinuosités du sens, de se déporter à bon port par les portes qui importent, si assoupli par l'en dessous des assauts qu'en vitesse il évitera que justice soit faite ! Et tout ça pour

172

des enjeux insignifiants, dépourvus de toute valeur, parce que notre homme ignore que la vie véritable s'ordonne à la beauté de sa vérité immanente, sans qu'il faille avoir recours à un juge indifférent qui ronfle et vaticine.

— Dieux, ponctue Amantha, quelle diatribe!

— Et, reprend Socrate, j'en dirai autant de ceux qui sont toujours fourrés chez leur médecin, et singulièrement chez leur psy. Bien sûr, bien sûr, si vous êtes blessé dans un accident, si une épidémie vous cloue au lit avec une fièvre de cheval, si un chromosome mal formé vous noircit la cervelle, il faut vous soigner. Et celui dont un drame originaire infecte l'organisation symbolique, entravant son devenir-Sujet, a bien raison de s'allonger sur le divan d'un analyste. Mais, bien souvent, il s'agit, à y regarder de près, de notre paresse, d'une goinfrerie qui dissimule l'inappétence pour toute vérité, d'une mélancolie dépressive induite par notre lâcheté politique, de l'impuissance névrotique où nous plonge l'infecte acceptation du monde tel qu'il est. C'est tout cela qui impose aux subtils descendants de Charcot, de Freud, de Lacan, de classer, par la science des noms compliqués, nos humeurs marécageuses, les vapeurs de nos nuits blafardes : psychose maniaco-dépressive, névrose d'angoisse, paranoïa, hystérie, phobie, névrose obsessionnelle, syndrome d'abandon, dépression sévère, asthénie psychique... N'est-ce pas un panorama savant de la honte moderne?

— Oui, dit Glauque, ces noms à eux seuls font de nous les rêveurs d'une Nuit des vampires.

— Il n'y a qu'à voir, ajoute Amantha, le paquet de films gores et glauques où fourmillent les fous, qui font symbole de notre fascination pour ce qui décompose les sujets.

— Ah! s'exclame Socrate, revenir aux temps d'Asclépios, avant même Hippocrate! Cette médecine bon enfant qu'on voit chez Homère... Dans le chant 11 de l'*Iliade*, je crois, Eurypyle est blessé, et pour le soigner une femme lui donne un remède inventé par Patrocle : du vin de Pramnos saupoudré de farine et de fromage râpé. Aujourd'hui on dirait qu'un remède de ce genre ne fait qu'augmenter la fièvre. Dans Homère, tout le monde en est enchanté, même le malade!

— Socrate! intervient Amantha. Je dois vous gronder. Vous mélangez tout. Dans le texte d'Homère, c'est à Machaon qu'on donne ce vin au fromage, et non à Eurypyle. Et il est vrai que, dans un autre passage, Patrocle soigne Eurypyle, mais avec de la racine écrasée, et non du vin enfariné.

— N'importe. J'aime cette médecine attentive et campagnarde.

— Elle est fort agréable, plaisante Glauque, tant qu'on n'en meurt pas.

— La diététique actuelle a certes l'avantage de suivre pas à pas l'évolution objective du patient et d'y adapter son régime. Mais souvenons-nous du fondateur de cette discipline, Hérodios de Mégare. C'était un grand sportif. Devenu dépressif et constamment malade, il créa ce mélange d'exercices corporels et de médecine par les plantes si fort à la mode aujourd'hui. Vous connaissez ces gens en survêtement bleu pâle qui courent en soufflant comme des bœufs le long des rues, harnachés d'appareils à mesurer la tension, la respiration, la sudation et les battements du cœur. Ils boivent de l'eau de source garantie sans pesticide. Ils saluent à genoux le lever du soleil. Ils dégustent des pétales de pivoine en poudre. Ce sont les descendants de notre Hérodios.

— Hérodios lui-même, demande Glauque, que lui est-il arrivé ?

— Avant d'abrutir ses disciples, son invention diététique – et c'est justice – l'a longuement tourmenté lui-même. Il était atteint, croyait-il, d'un « cancer spécial », à évolution lente. En réalité, c'était un mélancolique doublé d'un paresseux. Il a eu beau combiner la marche sur la pointe des pieds, le sommeil en plein jour, un régime végétalien privilégiant la salade de pissenlits sans huile et des cataplasmes de boue des Indes, il a fini par mourir de son « cancer spécial ». Encore jeune, il avait renoncé à tout pour se soigner. Mais, durant sa longue vie, l'angoisse l'a constamment tenaillé, parce qu'il n'avait pas fait le nombre de pas requis sur le bout des orteils, ou qu'il avait par inadvertance mangé dans ses pissenlits une petite limace, des choses de ce genre.

— Eh bien ! Voilà une vie et une mort pleinement diététiques ! commente Amantha.

— Hérodios n'a pas compris que ce qui permet de surmonter la mélancolie est de faire ce qu'on sait devoir faire, non pour soi-même, mais sous l'injonction de l'Idée du Vrai. Dès qu'on est saisi par cette exigence, on comprend qu'il est absurde de passer sa vie à être malade et à se soigner. N'importe quel ouvrier le comprend, mais les gens riches, dont tout le monde envie le prétendu bonheur, sont toujours fourrés dans des cliniques.

— Comment, demande Glauque, expliquez-vous cette bizarrerie ?

— Quand un ouvrier est malade, il demande au médecin de le guérir – antibiotiques, anti-inflammatoires, opération s'il le faut – et de signer un arrêt-maladie couvrant le temps où la faiblesse du corps interdit de manier la pioche sur un chantier ou de multiplier mécaniquement les gestes sur une chaîne de montage dans le vacarme des tôles et des compresseurs. Notre ouvrier ne s'accommode pas d'une diététique interminable et émolliente accompagnée de sermons psychologiques et moraux, de douches à tout bout de champ et de thérapie de groupe où l'on vocifère le cri primal du nouveauné. Pour lui, la médecine est en dialectique avec le travail, auquel il faut revenir. Il ne voit aucune lumière dans une vie passée, sous un bonnet en poil de chèvre garantie bio, à soigner des terreurs nocturnes ou des paralysies inexplicables. Il a donc tendance à dire au médecin : « Ne vous occupez pas de moi, occupez-vous de ma maladie. Vous êtes là pour me guérir, non pour faire main basse sur mon existence. Vous devez agir en sorte que je n'aie plus besoin de vous. »

— Et, dit Glauque, en tant qu'ouvrier, il a bien raison.

— Pourquoi « en tant qu'ouvrier » ? Crois-tu que la médecine rationnelle ait à considérer la classe sociale du malade ?

— C'est que le type qui vit de ses placements en Bourse ne pense pas, dès qu'il est malade, à retourner au travail.

— Je ne crois pas qu'il pense à grand-chose ! Ni au travail qu'il ne fait pas, ni à quelque engagement sous l'impératif d'une Idée, chose dont il s'abstient très soigneusement. On pourrait évidemment lui citer ces vers, autrefois bien connus :

> Quand on a les moyens de vivre sans rien faire
> On doit être un penseur, non une tête en l'air.

— Qui a fait ces vers de mirliton ? demande Amantha, scandalisée.

— Un type bien oublié, un nommé Phocylide.

176

— En plus, dit Glauque, on doit essayer de penser même si on est pauvre.

— Surtout si on est pauvre, rectifie Socrate. Mais n'allons pas nous embarquer dans une querelle avec Phocylide, nous nous ferions siffler ! C'est bien vrai, en tout cas, que la plupart des riches ne croient nullement que pensée et justice doivent occuper leur immense temps libre. Ils ont plutôt la manie de soigner d'avance toutes les maladies qu'ils risqueraient d'avoir, et sont terrorisés dès qu'ils ont envie, inexplicablement, de se gratter le mollet.

— Très juste ! s'emballe Glauque. Bichonner son corps, être « en forme », c'est le credo des classes supérieures. On les voit souffler au tennis, faire des pompes sur leurs bureaux, s'exercer au golf sur leurs terrasses, se faire remodeler le visage, comme la créature de Frankenstein, chez les pontes de la chirurgie esthétique.

— Ils feraient mieux d'étudier la philosophie, de lire de vrais livres, d'apprendre par cœur des poèmes ou de réviser les mathématiques qu'ils ont oubliées depuis le temps où ils suaient sur les équations différentielles pour être reçus aux concours de l'« élite ». Et encore mieux d'enquêter modestement et attentivement sur ce qu'est la vie de l'énorme majorité de leurs concitoyens. Ce fétichisme du corps, cette obsession de la santé font partout obstacle à l'incorporation aux vérités, même les plus anodines. On vous parle philosophie, vous répondez « mal de tête », on vous parle peinture, vous énumérez vos plaies et bosses, et si l'on en vient à la musique sérielle, alors là c'est l'épopée des diarrhées et des lumbagos !

— J'en ai vu des types comme ça ! approuve Amantha. Je ne peux pas les piffer.

177

— Le légendaire Asclépios pas plus que toi. En tant que médecin, il n'aimait que les gens bien portants. Une maladie, disait-il, n'est qu'une exception localisée et provisoire dans la santé générale. Le malade, d'après lui, devait vivre au plus près de sa vie ordinaire. S'il fallait donner des remèdes ou opérer à vif des organes, il le faisait vite et bien. Ce sont là, disait-il, des actions locales sur fond de Grande Santé. Il avait lu Nietzsche : la vie est vitesse. Rien ne devait traîner. Pour lui, la mort était le résultat d'une installation indue dans la maladie. À un type qui lui objectait que tout le monde finit par mourir, il a répondu : « C'est parce que, quand on est vieux, on est fatigué par le temps qui passe. Alors on valorise le sommeil et la maladie plutôt que l'action et la santé. » Il a eu un jour ce mot absurde en apparence et profond en réalité : « La mort n'a rien à voir avec le corps, la maladie, tout ça. S'il n'y avait pas le Temps, nous serions tous immortels. »

— C'était une sorte de philosophe.

— Mais aussi un politique ! Il a inventé une vision du monde appropriée aux États militaires de nos ancêtres. Tu te souviens, au chant 4 de l'*Iliade*, quand Pandaros blesse Ménélas ? Tous se précipitent, et

> De leurs bouches avides ils sucent la blessure
> Ils en boivent le sang infecté et impur
> Puis versent sur la plaie de douces drogues dures.

— Oh, Socrate ! gronde Amantha. Quel charabia ! Ce n'est pas une citation, c'est une parodie ! Et comme presque toujours, vos références sont fausses. Au chant 4, c'est le seul Machaon qui fait tout ça, et pas « tous » les Grecs.

— Ma professeure chérie, accepte ma contrition pour ces contrefaçons. Ce qui en tout cas est vrai, c'est que, pour les disciples d'Asclépios, guérir un guerrier était le relever pour le combat en utilisant les moyens les plus internes possibles à sa puissance native. Entretenir les maladies imaginaires d'un vieux et riche rentier, ou se dévouer à la remise en forme d'un jeune cadre accablé par le stress, très peu pour eux!

— Eh bien, dit Glauque admiratif, cet Asclépios voyait loin.

— Mon cher, nous parlons de notre Asclépios, celui dont nous ferons une des icônes de la médecine communiste. Tout le monde n'est pas d'accord. Eschyle, Euripide et même le vieux Pindare prétendent premièrement qu'Asclépios était fils d'Apollon, et deuxièmement qu'il s'est engagé un jour à soigner un très vieux riche dont il savait qu'il était déjà cliniquement mort, uniquement parce que la famille lui avait payé d'avance une somme énorme. Ils disent même que, pour le punir de sa rapacité outrecuidante, Zeus l'a foudroyé.

Chez Glauque, le logicien reprend le dessus :

— Ça ne tient pas debout. Étant donné ce que nous avons dit sur la signification des dieux, à savoir qu'ils sont les noms poétiques de l'autorité immanente du Vrai, nous ne pouvons valider en même temps les deux anecdotes, de Pindare et des autres. Si Asclépios est le fils d'Apollon, il ne peut pas être un médecin corrompu et menteur. Et s'il est un médecin corrompu et menteur, il ne peut pas être le fils d'un dieu.

— Démonstration impeccable, se réjouit Socrate. Félicitations, mon ami !

Amantha, qui commence à s'ennuyer ferme, veut qu'on retourne à ce qui, dans tout ça, la passionne, à savoir la politique :

— C'est bien joli, ce culte d'Asclépios. Mais un pays sous la règle de notre politique a besoin de vrais médecins, non ? Et un vrai médecin doit avoir de l'expérience. Il doit connaître les ressorts cachés du bien-être corporel, OK, mais aussi toutes les maladies, tous les états pathologiques. S'il n'a « soigné » que des militaires qui pètent la santé, je ne lui ferai pas confiance.

— J'y ai pensé aussi, dit Glauque, montant dans le train en marche. Ce qui vaut pour les juges doit valoir pour les médecins. Un bon juge, c'est quelqu'un qui en a vu de toutes les couleurs, depuis le jeune prolétaire qu'on arrête et qu'on cogne uniquement parce qu'il fume un joint au pied de son immeuble jusqu'au serial killer issu du grand monde et qu'on démasque sur le tard, en passant par tous les malfrats petits et grands. S'il n'a rencontré que des petits bourgeois innocents et apeurés, il ne vaudra pas grand-chose.

— Il me semble, dit Socrate après un temps de réflexion, que tu appliques la même grille logique à deux problèmes très différents. Commençons par les médecins. Les meilleurs sont ceux qui, engagés dès le plus jeune âge dans la maîtrise scientifique de leur art, ont en outre l'expérience de la plus grande variété possible de corps en mauvais état, y compris le leur propre : il est très utile qu'ils aient été personnellement atteints de maladies graves et nombreuses et ne soient pas de ces gens dégoûtés par la souffrance des autres, parce que eux-mêmes, pour parler comme Amantha, « pètent la santé ». Si c'était le corps du médecin qui soignait le corps du malade, il serait interdit au médecin d'avoir une constitution fragile et de tomber constamment malade. Mais c'est la puissance intellectuelle du médecin qui soigne le corps du malade. Et il est vrai que cette puissance intellectuelle, qui

180

relève du Sujet, serait inapte à toute thérapeutique du corps si elle était atteinte d'une maladie, non du corps, mais de la pensée. Le juge est un cas tout différent. Définissons-le provisoirement comme un Sujet qui prétend évaluer les actions d'un individu. Un Sujet qui, dans sa jeunesse, n'a fréquenté que des esprits corrompus, commettant avec eux tous les délits possibles, n'a aucune chance de devenir capable d'évaluer correctement les actions criminelles d'autrui, contrairement au médecin qui diagnostique les maladies de ses clients à partir de ce qu'il a appris des siennes. En tant que futur Sujet, le juge, s'il doit discerner de façon impartiale, du seul point de sa qualité subjective propre, tout ce qui comparaît devant la norme de justice, doit être resté dans le plus grand éloignement possible des formes ordinaires de la corruption. C'est d'ailleurs pour ça que les jeunes filles et les jeunes gens dont la droiture est évidente, comme vous, chère Amantha et cher Glauque, ont une sorte de simplicité qui les expose aux ruses des gens injustes : ils ne trouvent pas en eux-mêmes les affects typiques qui animent les corrompus. Au fond, un bon juge ne doit pas être un jeune homme. Aux lisières du grand âge, c'est tardivement qu'il est parvenu au savoir de ce que c'est que l'injustice. Il ne l'a pas connue comme un mal intimement logé dans sa subjectivité propre, mais il l'a étudiée, lentement, comme un mal installé chez d'autres. C'est scientifiquement, et non empiriquement, qu'il a construit sa pensée concernant la nature exacte de ce mal.

— Vous voulez dire, résume Amantha, que le juge parfait tire sa science d'une sorte d'intuition intellectuelle qui le rapporte à un objet extérieur, et non de l'introspection fondée sur une expérience personnelle ?

181

— Tu le dis mieux que moi. Fondamentalement, le juge est d'une absolue droiture. Il a, si l'on peut dire, la rectitude du Sujet qu'il doit devenir. Il forme un vif contraste avec ce genre d'individu rusé et méfiant qui a beaucoup trempé dans des affaires louches et se voit lui-même comme particulièrement habile et expérimenté. Quand un type comme ça fricote avec ses semblables, il se montre malin et circonspect, tout simplement parce qu'il agit selon des modèles de comportement qu'il trouve en lui-même et qui reflètent ceux de ses interlocuteurs et complices. Mais, aux prises avec des gens d'un certain âge à la droiture éprouvée, c'est la sottise profonde de ce faux malin qui se découvre. On voit qu'il est méfiant sans raison valable et qu'il est totalement ignorant de ce que c'est qu'un caractère bien trempé, faute d'en trouver le modèle en lui-même. Cela dit, comme il fréquente plus souvent des canailles que des gens honnêtes, sa réputation est bien plus celle d'un grand connaisseur de la vie réelle que du parfait ignorant qu'il est en vérité. Nous n'allons pas choisir ce genre d'individu pour occuper la fonction de juge, si du moins la norme de cette fonction doit être un mixte de sagesse et de compétence. Nous prendrons celui dont nous parlions pour commencer, celui qui participe de la qualité propre d'un Sujet. La corruption ne peut produire un savoir qui porte simultanément sur elle-même et sur la vertu, tandis que la vertu, étayée par un naturel que l'éducation consolide, peut, avec le temps, parvenir à une vraie science, tant de la corruption que d'elle-même. C'est donc le vertueux qui acquiert une compétence universelle, et non le corrompu.

— Mais, s'inquiète Glauque, quelles conséquences pour notre programme éducatif?

— Tu n'as qu'à déclarer que dans notre pays la médecine et l'appareil judiciaire doivent être conformes au modèle que nous avons sommairement présenté. Il en résultera que la grande masse des gens verront leurs possibilités physiques et morales portées à leur maximum. Les autres, les malades chroniques, les infirmes, les paresseux, les corrompus, on ne les laissera pas tomber, on s'acharnera au contraire à ce qu'ils puissent tirer de leur corps des gestes inconnus et utiles, et de leur esprit, de nouvelles lumières. Cela prendra le temps qu'il faut, mais d'un temps de ce genre nous ne serons jamais avares.

— Vous parlez, me semble-t-il, dit Amantha, sourcils froncés, d'une pratique qui n'a pas bonne réputation chez les démocrates occidentaux, celle des « camps de rééducation » qui ont fleuri dans les États socialistes du XXᵉ siècle.

— Je suis convaincu que tout « camp » est une détestable idée, ou vaine, ou criminelle. Mais comment se passer de l'idée de rééducation ? Au vu de ce que l'éducation actuellement dominante produit de réactionnaire, de purement conservateur ou même de totalement nul, que faire d'autre que rééduquer ?

— Et les jeunes, alors ? demande Glauque.

— Ils ne se mettront pas dans le cas d'avoir affaire à la justice et aux juges s'ils sont imprégnés de cette culture musicale, littéraire et poétique, simple et dense à la fois, dont nous avons dit qu'elle favorise une existence faite d'enthousiasme et de mesure. Ne peut-on pareillement dire qu'un jeune qui combine cette culture et les exercices physiques adéquats n'aura très souvent nul besoin non plus de la médecine et des médecins ?

— Ça se pourrait. Tout le problème est de doser comme il faut la culture littéraire, d'un côté, et le sport, de l'autre.

— Eh oui, ce n'est pas simple. Dans le sport et dans tout ce qui demande un effort physique, il faut, à mon avis, viser à l'éveil de la forme d'énergie propre au Sujet, plutôt que se soucier de la vigueur du corps. Notre idéal n'est pas l'athlète ordinaire qui s'exerce à des travaux violents et observe un régime uniquement pour développer sa force brute. Pour nous, c'est de la forme subjective qu'il s'agit, non de la force corporelle.

Socrate fait une pause. La nuit est d'un noir d'encre, et, comme enveloppée dans ce manteau opaque, Amantha se couche à même les dalles et s'endort aussitôt. Toujours immobile sur son fauteuil, tel un dieu égyptien, Thrasymaque semble s'enfoncer dans son propre silence.

— Est-ce que vous pensez, se lance Glauque, qu'une éducation fondée d'une part sur la poésie et la musique, d'autre part sur le sport, vise à former séparément l'esprit et le corps ?

— Eh bien non. C'est au devenir-Sujet de l'individu que les deux disciplines doivent s'employer. Tu auras remarqué que les purs sportifs, ceux qui vont tous les jours dans les salles de musculation, sont brutaux et grossiers, et que les fanatiques de la musique, ceux qui écoutent tous les jours des ballades en fumant des joints, sont quand même bien ramollis ?

— Oui, j'ai vu ça, et alors ?

— On pourrait pourtant argumenter ainsi. Premièrement, la brutalité des sportifs procède d'une énergie affective qui, bien orientée, deviendrait un beau courage, mais qui, surtendue par la répétition des exercices, n'est qu'une dureté informe. Deuxièmement, la douceur fade du fanatique de poèmes mis en musique procède d'un naturel contemplatif propice à la philosophie, qui, bien orienté, serait calme et précis, mais qui, trop détendu, s'abîme en une inacceptable mollesse.

— Tout est affaire de dosage, alors ?

— Disons de mesure, ou d'équilibre des disciplines. Parce que, souviens-toi : nous avons dit que nos gardiens, nos citoyens communistes, devaient combiner un réel courage dans l'ordre de l'affect, avec, dans l'ordre de l'esprit, un authentique naturel philosophe. Tout le problème est d'harmoniser les deux, ce qui donne au Sujet constance et tempérance. S'il y a discordance, l'individu se révèle au contraire lâche et brutal. Et, si je puis dire, tu connais la musique !

— Comment ça ? s'étonne Glauque.

— Parmi tes copines et tes copains, dit Socrate, j'en connais qui déambulent nuit et jour, l'écouteur vissé sur l'étroit conduit des oreilles tel un entonnoir pour y faire couler le tam-tam hypnotique de leurs musiques chéries. Ce faisant, je l'admets volontiers, ils endorment en eux la pulsion coléreuse qui constitue la deuxième instance du Sujet. Ils sont comme un fer qu'un feu mélodique ramollit, et ainsi, de loups inutilisables qu'ils étaient, ils finissent par ressembler à des lapins angoras : pelucheux, tendres, civilisés… Mais, s'ils continuent à dissoudre leur vie dans cette nappe sonore, certes infiniment suave, le principe même du courage venant à disparaître, c'est le Sujet en eux qui perd tout ressort, et quand la guerre éclate ou qu'il faut affronter une dure répression, ils ne sont plus, comme Homère le dit de Ménélas, que des « combattants exsangues ».

185

— Vous les décrivez comme si on y était, ces appendices cornus de leur baladeur ! On dirait ma copine Pénélope !

— Mais, parmi tes copines et tes copains, il y en a d'une tout autre espèce. Laissant tomber la musique savante, pour ne pas même parler de la politique ou de la philosophie, ils ne quittent le stade ou la salle de musculation que pour suivre un régime spécial « mise-en-forme ». Et il faut avouer qu'ainsi devenus costauds et sûrs d'eux-mêmes ils peuvent faire preuve d'un courage exemplaire face aux envahisseurs comme face à la police des réactionnaires fieffés qui s'abritent derrière les mots « démocratie » ou « république ». Cependant, privés de tout accès aux arts, à supposer même qu'en tant que Sujets ils désirent apprendre, comme ils ignorent ce que c'est qu'un savoir ou une recherche, qu'ils n'ont aucune pratique de la discussion argumentée, ni de rien qui relève de la culture générale, leur désir intellectuel est frappé d'asthénie irrémédiable, il est comme sourd et aveugle. Le manque d'entraînement les rend incapables d'éveiller et d'entretenir des sensations qui soient vraiment différenciées. Ils deviennent presque certainement incultes et ennemis du langage rationnel, inaptes à se servir d'arguments quand il faut rallier les autres ou critiquer les adversaires. Comme des animaux furieux, quelles que soient les circonstances, c'est par la violence qu'ils cherchent à s'emparer de ce qu'ils désirent. Ils stagnent dans une vie coupée de toute connaissance, et donc infiniment maladroite.

— Portrait tout craché de mon ami Cratyle, celui qui est le fils du bien connu Cratyle !

— Si le grand Autre a proposé à l'espèce humaine deux types fondamentaux d'exercices, le sport d'un côté, les arts de l'autre, je crois pouvoir conclure qu'il ne l'a pas fait à partir d'une distinction stéréotypée entre le Sujet et le corps. Il l'a fait pour que le degré de tension dans le Sujet des deux qualités cruciales, le courage et la philosophie, puisse être exactement dosé en fonction des circonstances.

— Alors là ! Vous m'en bouchez un coin ! s'écrie Amantha, soudain réveillée. Vous retombez sur vos pieds philosophiques après une sacrée cabriole.

— Mais c'est l'enfance de l'art ! Toi-même, tu savais d'avance que celui qui adapte aux exigences du devenir-Sujet, selon des proportions adéquates, la culture physique et la culture poético-musicale est comme le suprême musicien de son âme, et bien meilleur connaisseur des harmonies les plus subtiles qu'un accordeur de pianos à queue !

— Je le savais, je le savais, marmonne Amantha, peut-être, mais c'est vous qui le dites.

— En tout cas, dans notre futur pays communiste, quiconque exercera, quand ce sera son tour, des fonctions dirigeantes dans le domaine de l'éducation devra veiller à cette harmonie affective s'il veut que notre politique soit sauve.

— Mais que dirons-nous, poursuit Glauque, toujours amateur de listes complètes et de programmes achevés, concernant les concours de gymnastique, la danse acrobatique, la chasse à courre, les courses de formule 1, les paris sur le foot, les jeux Olympiques, la…

— Rien du tout, mon ami, rien du tout ! coupe Socrate. Nous appliquerons nos principes à tout ce bazar, et nous verrons bien.

Là-dessus, il s'arrête comme un réveil cassé, tousse et semble un court instant gagné par le plus étrange et le plus intense désarroi.

CHAPITRE 6

La justice objective
(412c-434d)

La fatigue déjà se faisait sentir. L'abondance des détails n'y était pas pour rien : citations de Simonide ou de Pindare, contestation d'Homère, différentes espèces de gymnastique, modes musicaux, folies du désir, médecine, diététique… Tout ça dans les entrailles de la nuit… Amantha ne s'était-elle pas rendormie ? N'avions-nous pas un Glauque inattentif, un Polémarque couché, un Thrasymaque buté ? Socrate décida d'en venir à l'essentiel.

— Mais qui donc commande ? demande-t-il d'une voix sombre et puissante.

Tous sursautent. Socrate insiste :

— Les vieux, les jeunes ? Les intellectuels, les militaires ? Les politiciens professionnels, les citoyens quelconques ? Qui donc commande ? Qui donc, à la fin ?

— Eh bien, dit Glauque d'une voix pâteuse, je n'en sais rien. Les meilleurs, je pense.

— Ah ! Les meilleurs ! Qu'est-ce que c'est, en politique, les meilleurs ? Le meilleur technicien automobile, c'est celui qui sait s'occuper du moteur et réparer toutes les pannes, non ?

Glauque se dévoue dans le rôle du béni-oui-oui :

— Là, ce n'est pas trop difficile de vous approuver.

— Donc, les meilleurs, au regard des enjeux de notre discussion, sont ceux qui font avancer le processus politique et savent, quand il le faut, surmonter les difficultés ou se sortir des impasses. Pour cela, j'imagine qu'ils doivent être éclairés, capables, et surtout soucieux du bien public. Mais ce dont on est soucieux est essentiellement ce qu'on aime. Et ce qu'on aime par-dessus tout est ce dont on identifie les intérêts aux siens propres et dont on croit qu'on partage le destin, chanceux ou malchanceux. Non ?

— Oui, dit Glauque, résigné.

— De la masse des individus qui s'incorporent au processus politique se dégageront ceux qui, tout bien considéré, ont montré tout au long de leur existence un zèle exceptionnel dans l'activation de ce processus et dans le refus catégorique d'en contrarier le devenir.

— À coup sûr, ponctue Glauque, voilà les gens qu'il nous faut.

— Il est intéressant de les suivre dans tous les âges de la vie pour observer comment ils restent fidèles aux maximes de notre politique, sans les trahir ni les abandonner. Même quand les circonstances leur proposent l'ivresse de la corruption ou leur imposent la violence nue, comment s'arrangent-ils pour persévérer dans leur orientation subjective, laquelle se résume ainsi : faire ce qui assure le mieux possible la continuité du processus politique ?

— Qu'entendez-vous au juste par l'abandon d'un principe ? demande Amantha. « Trahir », je comprends. Mais « abandonner » ?

— Bonne question... Il me semble que notre entendement abandonne une opinion soit volontairement, soit involontairement. Volontairement, quand nous comprenons qu'elle est fausse. Involontairement, quand elle est vraie.

Amantha reste perplexe :

— Le cas de l'abandon volontaire d'une opinion fausse est trivial. Mais je ne comprends pas ce que peut bien signifier l'abandon involontaire d'une opinion vraie.

— Comment ça ? Tu es quand même bien persuadée que c'est involontairement que nous sommes privés de ce qui nous est cher, et volontairement que nous nous débarrassons de ce qui nous déplaît ? Or, n'est-ce pas évidemment pour nous une chose détestable que de s'égarer loin du Vrai, et une chose très précieuse que d'être incorporé à une vérité ? Je serais bien étonné si tu pensais que soutenir des opinions adéquates à l'Être n'est pas, justement, une forme d'immanence au Vrai.

— C'en est une, concède Amantha. Votre argument est valide : ce n'est qu'involontairement que peut venir à nous manquer une opinion vraie.

— Et nous endurons cette perte sous l'effet d'un évanouissement, d'un enchantement ou d'une violence.

— Là, je décroche ! intervient Glauque. Qu'est-ce que c'est que ces distinctions ?

— Dieux du ciel ! rugit Socrate. Serait-ce que je me mets à parler comme les poètes tragiques ? Soyons donc plats : je dis, premièrement, qu'une opinion vraie s'évanouit chez ceux qu'un argument trompeur persuade de sa fausseté, ou, tout simplement, chez ceux qui l'oublient. En effet, victime d'un discours captieux, ou sous l'effet de l'usure du temps, cette opinion disparaît d'elle-même. Deuxièmement, je dis qu'une opinion vraie est annulée par violence quand la douleur, physique ou morale, entraîne un bouleversement des convictions. Et troisièmement, je dis que c'est par enchantement qu'une opinion vraie est dissoute quand ce qui opère est le charme des voluptés ou les obscurs tourments de la peur.

— D'après mon expérience, approuve Amantha, il est vrai que les charmes et les tourments nous enchantent.

— Chère Amantha, voilà un sérieux renfort ! En ce qui concerne la densité de la moindre expérience de vie, qui oserait rivaliser avec une jeune fille ? Mais tirons les conséquences de notre accord momentané. On cherchera la fréquentation de ceux des acteurs du processus politique qui tiennent ferme sur leur maxime essentielle : ce qu'il faut faire est toujours ce qu'on pense être de nature à renforcer le processus. Les dirigeants pourraient du reste monter, sur ce point, des sortes d'épreuves de subjectivation politique, et ce, pourquoi pas, dès l'enfance. Imaginons par exemple qu'on engage les jeunes dans des situations particulièrement propices à l'oubli ou aux enchantements. On verra bien alors qui se souvient des maximes de l'action et ne se laisse pas corrompre, et qui préfère les agréables opportunités à la continuation du processus du Vrai. On peut aussi confronter ces jeunes à des labeurs, des souffrances et des combats, et faire des constats du même ordre. On peut enfin les exposer à l'errance, à l'erreur ou à l'illusion, et voir comment ils s'en tirent.

— On peut faire mieux, ou pis, s'enflamme Glauque. Je pense aux jeunes chevaux qu'on jette dans les tourbillons de la fureur et du vacarme pour tester leur courage. Pourquoi ne pas mener nos jeunes gens, filles et garçons mêlés, là où se passent des choses absolument effrayantes, puis les exposer subitement à la séduction des plus enveloppantes voluptés ?

On verra bien alors s'ils traversent impavidement terreurs et tentations. Puisqu'ils sont destinés à garder l'intensité créatrice du processus politique, qu'au moins ils soient de bons gardiens d'eux-mêmes et de la formation artistique qui fut la leur dès l'enfance : que leur existence se déploie dans un bon rythme et une exacte harmonie, et qu'ainsi il n'y ait nulle distinction entre le service qu'ils se rendent à eux-mêmes et celui qu'ils rendent à la communauté politique. C'est sur la base de ce genre d'épreuves, réparties de l'enfance au grand âge, que se révéleront d'eux-mêmes, unanimement reconnus, les plus aptes à créer pour tous les autres les conditions exaltantes d'une nouvelle politique!

Alors Amantha :

— Quel enthousiasme, cher frère! On dirait que vous nous préparez une cité idéale où le Bien l'emporte irrésistiblement!

— Au prix tout de même de rudes épreuves et d'arides contradictions, remarque Socrate. Il y a un empereur philosophe fameux, Marc Aurèle, qui a lu la version donnée par ton frère Platon – dans le dialogue intitulé *Politeia* – de ce dont nous sommes en train de discuter. Il n'en pensait pas du bien, ce Marc Aurèle, de nos idées! Il écrit noir sur blanc : « N'espère rien de la Cité de Socrate. » Voilà un interdit vraiment impérial! Mais, contre lui, nous gardons cet espoir, oui! Nous désirons une nouvelle politique, le communisme. Et c'est, ce sera bien plus qu'un désir.

— Cette espérance est magnifique, insiste Amantha. Je redoute cependant qu'elle ne contienne une forte dose de mensonge.

— N'y a-t-il pas, dans toute représentation politique, dit Socrate soudain plein de gravité, quelque chose comme

195

un mensonge utile, un mensonge nécessaire, un mensonge vrai ? Je pense à une histoire que m'a racontée il y a longtemps un marin phénicien. « Dans beaucoup de pays, disait-il, la société est sévèrement répartie en trois classes sociales qui ne se fréquentent guère. Il y a d'abord les financiers, les grands propriétaires, les hauts magistrats, les chefs militaires, les présidents de conseils d'administration, les politiciens et les maîtres de la communication, presse, radio et télévision. Il y a ensuite la foule des métiers intermédiaires : employés de bureau, infirmières, petits cadres, professeurs, animateurs culturels, intellectuels incertains, représentants de commerce, psychologues, plumitifs, vendeurs qualifiés, ingénieurs de petites entreprises, syndicalistes provinciaux, fleuristes, assureurs indépendants, instituteurs, garagistes de banlieue, j'en passe et des meilleurs. Il y a enfin les producteurs directs : paysans, ouvriers, et singulièrement ces prolétaires nouveaux venus qui arrivent aujourd'hui en foule du continent noir. Notre mythologie, à nous autres Phéniciens, consiste à dire que cette répartition est naturelle et inévitable. C'est comme si un dieu avait façonné les habitants de notre pays à partir d'un mélange de terre et de métal. D'un côté, comme ils sont tous faits de la même terre, ils sont tous du même pays, tous phéniciens, tous obligatoirement patriotes. Mais, d'un autre côté, l'apport métallique les différencie. Ceux qui ont de l'or dans le corps sont faits pour dominer, ceux qui ont de l'argent, pour être de la classe moyenne. Quant à ceux d'en bas, le dieu les a grossièrement mélangés de ferraille. Seulement, d'après certains, le mythe ne s'arrête pas là. Un jour, disent ces prédicateurs subversifs, viendra une sorte de contre-dieu dont la forme nous est encore inconnue. Un seul homme ? Une femme d'une radieuse beauté? Une équipe? Une idée, étincelle mettant le feu à toute la plaine? Impossible de le savoir. Toujours est-il que ce contre-dieu fera fondre tous les Phéniciens, peut-être même l'humanité entière, et qu'il les refaçonnera de telle sorte que tous sans exception seront composés désormais d'un mélange indistinct de terre, de fer, d'or et d'argent; ils auront alors à vivre indivisés, relevant tous d'une identique appartenance à l'égalité du destin. »

— Voilà en effet un beau mensonge! s'exclame Glauque.

— Mais la formation de notre politique, l'éducation qui l'accompagne, ne sont-elles pas comme le contre-dieu du Phénicien? Laissons donc cette fiction faire son chemin comme il plaît au devenir de la vie anonyme. Quant à nous, demandons-nous d'emblée ce que devient la société si on suppose qu'il n'y a plus ni or, ni argent, ni ferraille, ni haut, ni bas, mais seulement des égaux pour lesquels il n'existe pas de tâches qu'il faille réserver à tel ou tel groupe inférieur, mais seulement ce que tous doivent faire au profit de tous.

Amantha n'est pas convaincue :

— Mais ceux qui, momentanément, occupent des postes de responsabilité, comment allons-nous organiser leur surveillance? Il serait tout de même honteux de faire comme ces mauvais bergers qui, pour protéger leurs troupeaux, dressent en férocité des chiens, lesquels, finalement, affamés et d'un caractère vicieux, s'en prennent aux moutons et, de chiens de garde qu'ils étaient, deviennent cela même dont ils devaient nous défendre : des loups.

Glauque renchérit :

— Bien parlé, chère sœur! Il faut par tous les moyens empêcher ceux dont le tour est venu d'occuper des fonctions militaires de nous faire des coups de ce genre. Car ils pourraient fort bien, sous prétexte qu'ils disposent de la force, substituer, à leur fonction supposée de bienveillants protecteurs de tous les habitants du pays, celle, bien plus séduisante, de despotes avides et cruels.

— Le meilleur moyen, remarque Socrate, la précaution suprême, c'est de donner à tout le monde l'éducation adéquate. L'idée communiste doit commander aux fusils.

— Ne l'ont-ils pas reçue, dans notre plan, cette éducation? s'étonne Glauque.

— Nous n'en savons encore rien, mon ami. Nous pouvons seulement dire que, pour que ces dirigeants militaires provisoires manifestent, dans les rangs de l'armée comme à l'égard de ceux que ladite armée protège, le plus complet désintéressement et la plus subtile douceur, il faut qu'ils aient eu la chance de recevoir une authentique éducation, quel qu'en soit le concept.

— Mais, insiste Glauque, ne faut-il pas aussi contrôler leur richesse, qu'ils ne possèdent pas des palais, des troupeaux, des voitures de luxe, des vases antiques, des femmes ravissantes, des parfums ou des bijoux? S'ils ont tout cela, ils en seront si entichés et si soucieux que le pouvoir les rendra aussi méfiants qu'arrogants.

— C'est à une échelle bien plus vaste que se situe le problème, et la décision politique ne peut ici qu'être absolument radicale. Il faut abolir la propriété privée. Aucun des membres de notre communauté politique ne possédera en propre un logement, encore moins un atelier ou un dépôt de marchandises. Tout sera collectivisé.

— Et les femmes, les enfants? interroge Amantha.

— Entre amis on partage tout. La nourriture requise pour les travailleurs, hommes ou femmes, qui sont aussi des militants du collectif, voire des soldats appelés à le défendre, sera distribuée égalitairement sur une base hebdomadaire. On veillera à ce que, au regard des désirs, il n'y ait ni le manque, qui les exaspère, ni l'excès, qui en émousse la vigueur. On encouragera que les repas, singulièrement à la mi-journée, soient pris en commun. De façon générale, on facilitera tous les projets d'organisation collective de cette part du temps que tissent les simples nécessités de la survie. On traitera par étapes le difficile problème de la suppression de la monnaie. L'argument principal qui impose cette mesure est que tout Sujet dispose de la capacité, identique en lui et en l'Autre, de participer ici-bas à la construction de quelques vérités éternelles. On peut alors parler d'une monnaie de l'Absolu qui rend vaine la monnaie comptable. Il est démontré que l'argent, en son sens usuel, est la cause de la plupart des crimes commis tant par les individus que par les États, alors même qu'en tout Sujet réside une incorruptible lumière. On organisera donc la vie matérielle de telle sorte que soit peu à peu restreinte la circulation des capitaux, et qu'on ait de moins en moins d'occasions de manier de l'argent, que ce soit sous la forme immédiate de l'or, sous la forme intermédiaire des pièces et des billets, qu'on retirera à la longue de la circulation, ou sous la forme immatérielle des traites, des ordres et autres supports informatisés, dont on proscrira l'usage spéculatif. Ce sont là des décisions inévitables pour qui veut assurer le salut de notre communauté politique. Car, dès que des individus ou des groupes s'approprient les terrains, les immeubles, les ateliers, les mines, les capitaux, ils ne suivent plus que leur intérêt propre, deviennent avares et égoïstes, et, de militants et défenseurs de la communauté qu'ils étaient, ils se comportent désormais comme une oligar-

199

chie prétendant exercer un pouvoir sans partage. Haïssant la collectivité et haïs de ses membres, persécuteurs dont le tour viendra d'être persécutés, passant leur vie entière à redouter les rivaux de l'intérieur plutôt que les ennemis de l'extérieur, ils conduisent sans doute à sa perte leur propre groupe de parvenus, mais entraînent le plus souvent dans ce désastre la communauté politique tout entière.

Glauque sent que le moment est venu de placer une de ces harangues dont il a le secret. Il démarre sur les chapeaux de roue :

— Qu'allez-vous répondre, Socrate, si l'on vient vous dire que les citoyens de votre communauté politique, et spécialement ceux dont ce sera le tour d'exercer des fonctions dirigeantes civiles ou militaires, seront malheureux comme des cailloux ? Et, qui plus est, malheureux de leur propre fait, dans le plus complet assentiment à une condition abjecte ? Quoi ! Voilà des gens qu'on peut identifier à la communauté elle-même, prise selon sa vérité, et qui ne tirent de cette position aucun avantage ! Quel contraste avec nos chefs habituels, gros propriétaires fonciers, bâtisseurs de superbes villas dont on admire le mobilier, la piscine, les parterres de fleurs ou les tableaux, introduits dans les milieux d'affaires, intimes des producteurs de télévision, contrôlant des flux financiers… En somme, disposant dans la société d'une solide position. Les vôtres, Socrate, sont tout juste nourris et ne touchent, si j'ai bien compris, pas le moindre fifrelin. Ils n'ont aucune possibilité ni de faire une croisière dans les pays du Sud sur le yacht d'un ami, ni de se payer des putes de luxe, ni de jeter l'argent par les fenêtres pour leur seul plaisir, ni même de corrompre leurs adversaires, comme font tous ceux dont l'opinion envie le luxe, le pouvoir et le bonheur. Franchement ! On dirait que tout le monde, dans notre communauté, n'a nulle autre fin dans l'existence que de faire le mieux possible son devoir!

— Magnifique! applaudit Socrate. Tu pourrais citer pour conclure le poète français Alfred de Vigny :

> Fais énergiquement ta longue et lourde tâche
>
> Dans la voie où le Sort a voulu t'appeler,
>
> Puis après, comme moi, souffre et meurs sans parler.

Les choses ne sont pas loin de ressembler à ta description. Et sais-tu ce que je répondrais à celui qui me parlerait comme tu viens de le faire?

— Moi, en tout cas, je resterais coi.

— Eh bien, tu vas voir! Je vais être plus bavard que toi. D'abord, je lui dirai que s'il avait suivi le chemin de pensée qui est le nôtre depuis la tombée de la nuit, il trouverait sans mal une réponse à toutes ses questions. Il n'y aurait certes rien de surprenant à ce que nos gens, sous la règle communiste, soient en définitive particulièrement heureux. Cependant, nous n'avons pas en vue, quand nous explicitons cette règle, le bonheur d'une classe sociale particulière, mais celui de toute la communauté sans exception. Notre méthode, depuis le début, revient à penser que c'est dans ce type d'être-ensemble que nous trouverons ce qu'est la justice, comme nous trouverons l'injustice dans les communautés qu'une politique déplorable avilit. Or, dirait Shakespeare, « juste ou injuste, telle est la question ». Puisque, pour le moment, nous cherchons la forme heureuse de la communauté, nous refusons catégoriquement d'y sélectionner une étroite minorité de privilégiés. Nous voulons avoir une vue d'ensemble. Nous nous occuperons, tout de suite après, des formes qui s'opposent à ces principes.

201

Monsieur le contradicteur, ajouterai-je, permettez-moi une comparaison. Imaginez que nous sommes en train de peindre une statue et que nous passons soigneusement sur ses yeux un fond noir. Un quidam s'approche et nous critique violemment : « Comment! Vous peignez les yeux en noir, ces suprêmes joyaux de la face humaine? C'est la pourpre royale qui s'impose! Vous devriez savoir qu'aux plus belles parties du vivant on réserve les plus belles teintes. » N'aurions-nous pas raison de lui rétorquer calmement ceci : « Admirable monsieur! Ne croyez pas que notre intention soit de peindre les yeux d'une statue de façon si purement ornementale qu'à la fin ils n'aient d'yeux que le nom. Idem pour les autres parties du corps. Notre but est la perfection du tout, et, pour ce faire, nous devons attribuer à chaque partie la teinte qui lui revient. » Suite à quoi je passerai du corps humain au corps politique : « Ne nous forcez pas, cher contradicteur, à distribuer aux dirigeants provisoires de notre pays communiste des jouissances qui en feraient tout ce qu'on veut, sauf des dirigeants. Après tout, on pourrait aussi bien imaginer que, quand une femme part travailler à la campagne – comme tout le monde doit le faire réguliè- rement –, elle porte une magnifique robe longue, des chaus- sures à talon aiguille, une couronne d'or, et qu'elle ne monte sur son tracteur que pour parader dans les rues des villages quand ça lui chante. Ou que les types qui sont dans leur semaine d'artisanat s'étalent près du feu, fumant des joints, buvant du whisky et ne s'occupant de la glaise et du tour que lorsque leur propre bavardage les fatigue. Et tous les autres feraient pareil : bamboche, glandoche, bandoche et cinoche. C'est pour le coup que la société ne serait plus, de A jusqu'à Z, que jouissance! Eh bien, ce n'est certes pas ce que nous désirons. Car le résultat serait que, à l'instar de la production agricole sabotée, de l'artisanat inexistant et de l'industrie ruinée, plus aucune des pratiques dont résulte la communauté n'aurait la moindre existence, faute que ceux qui s'y engagent en respectent la forme. »

Ajoutons entre nous que l'argument, quand il s'agit de ces pratiques productives, n'a pas la même force que quand on considère la pratique politique proprement dite. Que des cordonniers d'occasion fassent de très mauvaises chaussures, corrompus qu'ils sont au point de n'être cordonniers qu'en apparence, c'est très désagréable, mais ce n'est pas encore un désastre pour le pays. En revanche, que ceux qui ont à un moment donné la garde des prescriptions communistes, et donc de la communauté politique tout entière, n'assument ces fonctions dirigeantes qu'en apparence et nullement dans le réel de leurs actions, cela risque fort d'entraîner la ruine totale de cette communauté, alors même que ces gens, et eux seuls, avaient une occasion exceptionnelle de régler mieux encore l'organisation collective dans la visée du bonheur de tous. Nous formons de véritables dirigeants, issus des masses populaires, et qui ne peuvent en aucun cas nuire à notre politique. Alors, si quelqu'un vient prétendre qu'ils doivent être des paysans en goguette ou de perpétuels fêtards, ou qu'ils doivent siéger, non au cœur du pays, mais dans de vagues commissions parlementaires, nous lui dirons : « Halte-là ! Ce n'est pas de politique que tu parles ! » En politique, il faut examiner avec soin si le choix des dirigeants a lieu en vue de leur accorder, avec le pouvoir, les jouissances les plus intenses possible, ou si nous avons en vue le bonheur à l'échelle du pays tout entier. Dans cette seconde hypothèse, il faut que le peuple persuade de gré ou de force ceux dont c'est le tour d'être dirigeants, à tous les niveaux, d'être d'excellents ouvriers à cette tâche. Il doit du reste en aller de même pour tous les membres de la communauté politique, car, dans un pays communiste, nul ne peut prétendre qu'il n'est responsable de rien. Dans ces conditions, le pays, agrandi, pacifié, disposant d'une organisation collective de premier ordre, verra ses diverses composantes participer selon leur désir propre au bonheur général.

— Ça alors! s'écrie Amantha. Tout est bien qui finit bien! Je sens que se répand partout l'odeur de l'eau de rose! Que sont ces « composantes » de la communauté politique dont nous n'avons pas entendu parler jusqu'à présent?

— Hé, jeune fille, sourit Socrate, n'as-tu pas entendu parler des riches et des pauvres?

— Justement, que deviennent-ils dans votre belle construction?

— Il me semble que nous devons fonder notre société communiste au-delà de la contradiction entre richesse et pauvreté. L'une et l'autre corrompent les citoyens.

— Comment cela? s'étonne Glauque.

— Supposons qu'un ouvrier du bâtiment devienne soudain très riche. Crois-tu qu'il va continuer de bon cœur à surveiller la coulée du béton et à racler la terre avec sa pelle pour un salaire misérable? À supposer qu'on l'y force, ne sera-t-il pas jour après jour plus enclin à saboter le travail ou à s'absenter en invoquant de mystérieuses maladies?

— Il deviendra un mauvais ouvrier, en somme.

— Exactement. Mais, symétriquement, si son salaire est si bas qu'il ne peut même plus s'acheter des vêtements chauds et de bonnes chaussures alors qu'il gèle sur le chantier, son zèle s'en ressentira et il n'aura aucune envie de transmettre à ses fils le goût pour ce genre de travail dont, cependant, toute la collectivité a le plus pressant besoin.

— Et, là encore, il devient un mauvais ouvrier.

— Tu l'as dit. Il est donc requis – c'est une partie importante de leur vision égalitaire du monde – que les dirigeants, quels qu'ils soient, évitent ces deux calamités.

— Quelles calamités? demande Amantha, les cheveux en bataille. Je suis paumée, là.

— La richesse en l'absence de tout travail et la pauvreté alors qu'on travaille dur.

— D'accord, dit Glauque d'un ton docte. Mais il y a un point qui me chiffonne. Si notre pays idéal, dominé par la politique communiste, se voit interdire toute accumulation de capitaux privés, comment pourra-t-il se défendre contre un État riche et puissant qui fait financer par les grosses fortunes du pays des bandes de mercenaires dotés d'armes ultra-modernes?

— Une petite fable pour te remonter le moral. Imagine un boxeur maigre et rapide, extraordinairement doué pour les parades et les coups aussi violents qu'inattendus. Suppose que ce champion s'astreigne à un entraînement quotidien très intense. Ne crois-tu pas qu'il sera de taille à tenir tête à trois adversaires gras, ignorants et mal entraînés?

— Les trois à la fois? Difficile…

— Il peut faire semblant de prendre la fuite, se retourner, estoquer celui qui le suit de plus près et déjà s'essouffle, repartir, revenir vif comme l'éclair, abattre le suivant…

— Mais, s'exclame Amantha, c'est de l'histoire romaine, ça! C'est le dernier des Horaces tuant séparément les trois Curiaces au fil d'une course-poursuite.

— Eh oui. Tite-Live et Corneille se sont souvenus de moi :

> Resté seul contre trois, mais en cette aventure
> Tous trois étant blessés, et lui seul sans blessure,
> Trop faible pour eux tous, trop fort pour chacun d'eux...

Et Amantha d'enchaîner, ravie :

> ... Il sait bien se tirer d'un pas si dangereux ;
> Il fuit pour mieux combattre, et cette prompte ruse
> Divise adroitement trois frères qu'elle abuse.

— Bravo ! sourit Socrate, ta mémoire est bien entraînée. À ce propos, crois-tu que la jeunesse dorée des quartiers riches, qui s'entraîne au tennis et soigne sa forme en courant dans les bois, soit prête à partir à la guerre et à s'y faire trouer la peau pour la Patrie et la Vertu ?

— Ces mecs-là ? Jamais ! Dans le temps, ils étaient officiers de réserve, mais, aujourd'hui...

— Je pense donc que la jeunesse de notre pays communiste tiendra facilement le terrain face aux mercenaires des oligarchies décadentes.

— On pourrait aussi pratiquer une diplomatie à bascule, intervient Glauque. Supposons que nous ayons à nos frontières deux États potentiellement dangereux. Nous envoyons à celui qui nous semble le plus faible une ambassade solennelle où figurent tous nos dirigeants du moment. On commence par leur dire une vérité : « Chez nous, il est interdit d'accumuler richesses et trésors. Vous, au contraire, vous ne pensez qu'à ça. » Puis nous faisons une habile transition : « Laissons de côté pour le moment ces questions idéologiques. » Et enfin nous dévoilons notre pensée : « Si vous signez un pacte avec nous, tous les biens de l'ennemi – le troisième larron de cette affaire – sont à vous, nous ne demandons absolument rien. » Il est certain que nos inter- locuteurs préféreront s'allier à nous, les loups ascétiques et maigres, contre des moutons gras et affaiblis, plutôt que d'entreprendre seuls une guerre incertaine contre des loups déterminés à combattre et chez qui il n'y a rien à piller.

— Tu parles! intervient Amantha. À ce petit jeu, un de nos voisins va accumuler sur le dos des autres toutes les richesses, agrandir démesurément son territoire, financer une énorme armée, devenir dans le monde un pays hégé- monique et nous tomber dessus pour nous détruire sans la moindre hésitation.

— Chère fille, tu es bien bonne d'appeler « pays » un tel appareillage de richesses et de violence. Du point de vue de la politique, ne mérite le nom de « pays » que celui dont nous tentons de définir l'organisation.

— Et pourquoi donc? dit Amantha interloquée.

— C'est qu'il nous faut, pour les États ordinaires, un nom qui se rapporte à leur multiplicité. Un nom qui vise une unité, comme « pays », ne leur convient pas, car ils contiennent tous au moins deux ensembles ennemis l'un de l'autre, celui des riches et celui des pauvres.

— Et la classe moyenne? objecte Glauque.

— Sauf lors d'épisodes révolutionnaires rares et limités dans le temps, la prétendue « classe moyenne », surtout dans les démocraties, constitue la base de masse du pouvoir des riches. Ce qui est la preuve qu'en réalité il y a bien deux ensembles dans tous ces « pays », eux-mêmes subdivisés en une foule de sous-groupes. Ces « pays » sont des marquete- ries de ghettos. On s'y marie entre gens du même groupe,

207

on ignore tout de la vie des autres, et l'État plane au-dessus de tout cela comme une puissance séparée de tous en apparence, aux mains des riches et de leurs vassaux en réalité. Voilà pourquoi il importe que nos futurs diplomates ne traitent pas les autres puissances comme si elles composaient chacune un pays. Avec cette vision des choses, nous irions dans le mur. Si, en revanche, nous pensons ces puissances comme des multiplicités, si nous nous glissons dans leurs conflits internes, promettant aux uns le pouvoir, à d'autres la richesse, à d'autres encore la liberté, nous aurons toujours beaucoup d'alliés et peu d'ennemis. Notre pays sera partout considéré, parce que en lui brillent la justice et l'élan de la pensée, comme le plus grand de tous, si petit soit-il en apparence. N'aurait-il même en permanence que cent mille soldats, on ne trouverait aucun autre pays qui puisse en venir à bout, ni dans son voisinage, ni sur la terre entière.

— Toute cette « diplomatie » me paraît d'un cynisme dégoûtant, dit Amantha, la mine en effet dégoûtée. Ça sent son pacte germano-soviétique, ça sent son Staline !

— Ah ! enfin ! s'exclame Socrate. J'ai cru que vous alliez me laisser m'enfoncer dans le réalisme gâteux ! Bien sûr qu'on ne peut pas raisonner ainsi ! C'est pourquoi l'échelle de notre construction ne peut être en réalité que l'univers entier des hommes, même si nous commençons, comme toujours, en un lieu déterminé.

— De toute façon, remarque Glauque, tous ces règlements que nous inventons ne doivent pas masquer la grande idée, l'idée unique, ou plutôt suffisante, qu'il y a derrière.

— Et qui est ? demande un Socrate plein de curiosité.

— Instruire et éduquer. Si c'est au terme d'un processus éducatif libre et maîtrisé que la jeunesse prend la relève de ceux qui vont partir, elle résoudra aisément tous ces problèmes de détail, y compris ceux dont nous n'avons pas dit grand-chose, comme tout ce qui concerne l'intimité familiale : mariage, sexualité, enfants, héritage, etc.

— Tu as bien raison. Si nous déployons dès le début une politique réellement fondée sur des principes, tout se passera sur le modèle d'un cercle qui se dilate. Une éducation adéquate formera le bon naturel de tous. Et, à leur tour, soucieux de transmettre à leurs enfants l'éducation qu'ils ont reçue, les habitants de notre pays l'amélioreront au passage, conscients qu'ils seront de ses imperfections comme de sa valeur. Le résultat sera que chaque génération l'emportera sur ses devancières.

— À nous voir si pimpants et supérieurs, les vieux l'auront dans l'os ! plaisante Amantha.

— En résumé, la préoccupation majeure des dirigeants doit être de ne pas laisser se corrompre ou s'effondrer le système éducatif. Quand on connaît l'importance décisive qu'ont, pour les adolescents, les différentes sortes de rythmes, de danses, de chansons, laisser tout cela à l'abandon, en dehors de toute réflexion et de toute incitation narrative, est une absurdité. Ce désintérêt cynique est bien adapté au monde du marché capitaliste qui a pour unique souci d'inonder la jeunesse de nouveaux « produits », comme on dit, et non de désirer pour elle la force subjective et le courage de la pensée. Pour nous, il est faux, en politique, que « tout ce qui bouge est rouge », et il est faux, dans l'art, que la « nouveauté » soit par elle-même un critère du jugement.

— Pourtant, coupe une Amantha réjouie, Homère, dès le début de l'*Odyssée*, déclare :

209

Des aèdes le chant n'a rien de ce qui vaut
Si tous ne jugent pas qu'il est le plus nouveau.

— Eh bien, riposte Socrate,

Ce « tous » me paraît être un ensemble de veaux.

L'apparition de nouveaux genres dans la musique est sans doute inévitable et souhaitable. Mais on ne saurait y assister comme à un implacable destin. Je suivrai là-dessus, une fois encore, mon maître en musique, le grand Damon…

— … lui-même élève de Pythoclidès de Céos, et inventeur du mode lydien relâché, dit Amantha d'une voix enfantine, comme si elle récitait une leçon.

— Parfaitement, grogne Socrate, le grand, le très grand Damon ! Il a dit ceci, que vous devez vous enfoncer dans le crâne : tout changement massif des musiques à la mode exprime un changement dans les dispositions les plus importantes de l'État.

— Comment se passe cette relation bizarre ? demande Glauque.

— Par « insinuation simple ». On fredonne, on écoute, on répète. Le nouveau rythme se coule dans la vie quotidienne et s'y renforce. Il passe – rapidité, négligence, brutalité – dans les rapports ou les contrats qui lient les particuliers. Il s'avance à la fin jusqu'aux lois et principes que, si j'ose dire, les politiciens font danser aux sons de la nouvelle musique, aussi débauchés et irresponsables que des adolescents dans la fumée assourdissante d'une boîte de nuit. C'est bien pourquoi nous devons désirer et soutenir les musiques créatrices et profondes qui, à leur manière, illustrent, par leur beauté et l'émotion qu'elles dégagent, la puissance de l'Idée telle qu'elle se donne dans la visitation passagère de la bigarrure sonore. C'est à ces musiques que nous devons confier la passe, toujours un peu mélancolique, de l'adolescence.

— Vous n'entrez guère dans les détails, regrette Glauque.

— Que veux-tu dire?

— Eh bien, tout le savoir-vivre qu'il faut inculquer aux jeunes, filles et garçons : se taire quand parlent les plus âgés, leur céder la place dans l'autobus, s'occuper de ses parents malades, écouter les profs avec un minimum d'attention et de respect, se couper les cheveux, se nettoyer les ongles, cirer ses chaussures, ranger sa chambre, partager le repas familial au lieu de se bourrer de pizzas, avachi devant la télé…

— Il serait proprement stupide de légiférer sur ces broutilles. Des lois écrites sur la longueur des cheveux et la couleur du cirage? Quelle sottise! Si un individu reçoit de son éducation une orientation décisive, celle-ci marquera de son empreinte toute sa vie adulte. Une influence de cet ordre, bonne ou mauvaise, finit par réaliser la fin qui lui est propre. Qu'y peuvent les règlements tatillons et les décrets interminables? Rien du tout! La loi doit sceller le devenir réel des choses, non s'imaginer le définir.

Alors le juriste et l'économiste, qui, chez Glauque, ne dorment jamais que d'un œil, se réveillent :

— Que direz-vous pourtant des contrats commerciaux, des factures des fournisseurs, de la réglementation des produits dérivés et de la fixation du taux de change? Et, dans un autre ordre d'idées, des plaintes pour injures, de l'étendue des pouvoirs d'un tribunal, des contentieux de voisinage? Et les impôts, la taxation des activités portuaires, l'organisation du mouillage des bateaux de plaisance ou le prélèvement pour le Trésor public d'une part des plus-values sur les transactions immobilières? Ne faut-il pas des lois précises sur tout cela?

— Mon cher ami, si les gens sont honnêtes, ils trouveront de gré à gré le règlement qui convient. Et s'ils ne le sont pas, ils organiseront la fraude à grande échelle et corrompront les élus pour voter des lois qui les servent. Les gens qui passent leur vie à faire et refaire une foule de projets de lois sur ces questions s'imaginent qu'ils vont arriver à un ordre juridique parfait, ce qui est ridicule. Ils sont comme ces malades un peu déprimés qui cherchent tous les jours un nouveau remède miracle plutôt que de changer leur style de vie, origine véritable de leur tourment. Ils ne font qu'aggraver les symptômes et continuent cependant à prendre tous les cachets dont un « ami » de rencontre leur a vanté l'efficacité.

— Ouais! J'en connais! jette Glauque. Ils pensent que leur pire ennemi est celui qui leur conseille de ne plus boire autant, d'arrêter de fumer d'énormes cigares puants et de ne plus avaler des platées de bœuf gras et de haricots à la crème.

— Si tout le pays faisait comme ces « malades », tu n'en serais pas enchanté. Mais n'est-ce pas exactement ce que font les États qui, fort mal gouvernés, n'en interdisent pas moins aux citoyens, sous peine de mort, de modifier en quoi que ce soit les institutions et les lois établies, en même temps que passe pour un type vraiment bien, un vrai sage qu'il faut combler d'honneurs, celui qui flatte agréablement les habitants de ce déplorable État, devine leurs désirs et s'efforce de les satisfaire, tout ça de façon absolument servile, en vue non pas du service public, mais de la prochaine élection à laquelle il compte bien être candidat?

— Oui, accorde Glauque, nous connaissons ce genre de démagogues.

— Que diras-tu de la foule de gens qui acceptent de prendre soin d'un État de cette espèce et se mettent avec ardeur à son service ? Ne sont-ils pas courageux et pleins de bonne volonté ?

Mais Glauque n'est guère sensible à l'ironie :

— Quand même ! On ne peut pas excuser ceux qui se laissent tromper par les avis de la foule, au point de se prendre pour de grands politiques uniquement parce que des larbins vantent leurs personnes à la télévision et que des gogos les applaudissent dans des meetings.

— Tu es impitoyable ! Mais ces gens sont peut-être tout simplement ignorants des lois les plus élémentaires de la quantité. Même nains, ils se prendraient pour des géants si tout le monde leur affirmait qu'ils mesurent plus de deux mètres ! Ne les accable pas. Ils sont surtout comiques, avec leur manie de légiférer et de multiplier les amendements, les codicilles et les décrets d'application, dans l'espoir jamais éteint de fixer une limite aux malversations financières dans les contrats et dans toutes les affaires bourbeuses que nous évoquions tout à l'heure. Ils ne se doutent pas un seul instant qu'ils ne font que couper la tête de l'hydre.

— Vous voulez dire que dans un État, quel qu'il soit, un vrai législateur n'a pas à se mettre martel en tête quant à ce genre de réglementation : si l'État est déplorablement gouverné, c'est inutile, ça n'apporte aucune amélioration ; s'il est admirablement gouverné, ou bien tout un chacun sait ce qu'il faut faire, ou bien c'est une conséquence automatique des dispositions établies. Alors maintenant, quel peut bien être notre programme en matière de législation ?

— Nous n'avons rien à faire. C'est la Raison universelle, dont chez nous Apollon est l'image, qui va se mettre au travail. Car il s'agit des principes, qui sont bien antérieurs aux lois, en sorte que nous pouvons dire que si les lois sont humaines, les principes ont quelque chose de divin.

— De quoi va-t-il nous parler, dit la provocante Amantha, cet Apollon rationnel?

— Du temple intérieur que chacun, en tant que Sujet, bâtit pour abriter les vérités auxquelles il s'incorpore; de l'incertaine fidélité qui nous lie à ces vérités; des honneurs qu'il faut rendre à ceux qui furent les héros d'une telle fidélité; des cérémonies funèbres dans lesquelles on parle de ces héros avec ferveur, même et surtout si c'est comme coursier, femme de ménage, ajusteur, ouvrier agricole ou caissière qu'ils ont donné toute leur mesure; des démons et génies malfaisants qui propagent les simulacres du Vrai, encouragent la trahison et découragent les militants. Sur tous ces points, c'est la pensée du générique, ou Raison universelle, qui, installée par nous au centre de notre univers, doit, cas par cas, guider nos efforts.

— Ainsi, dit Amantha avec une exceptionnelle gravité, notre nouveau pays reçoit le sceau de sa fondation.

— Sans doute, sans doute, tempère Socrate. Il ne nous reste plus qu'une toute petite question à régler.

— Laquelle? s'étonne Glauque.

— La seule qui nous importe, à vrai dire, et sur laquelle nous n'avons pas avancé d'un iota : où est la justice? Procure-toi un puissant projecteur, cher ami, réveille et appelle à l'aide Polémarque, Thrasymaque, toute la troupe, puis, sous la direction d'Amantha, éclairez tous les recoins de notre interminable discussion pour y découvrir où se cache la justice, où se dissimule l'injustice, en quoi elles diffèrent et à laquelle des deux il faut consacrer sa vie pour être heureux, aussi bien caché dans la solitude qu'exposé au regard des hommes et des dieux.

— Vous parlez pour ne rien dire! s'exclame Amantha. Vous aviez promis, hier soir, de vous engager personnellement dans cette recherche. Vous avez même déclaré que vous ne seriez qu'un philosophe renégat si vous ne veniez pas au secours de la justice de vive force et par tous les moyens.

— Mince alors! dit Socrate en frappant dans ses mains. J'avais oublié! C'est bien vrai, ce que tu dis. La justice est comme un spéléologue perdu dans le gouffre de notre discours, et je dois diriger les opérations de sauvetage. Mais vous faites partie de l'équipe, non?

— Oui, oui, sourit Amantha, on vous aidera.

— Allons-y! Si notre politique s'accorde à ce réel dont nous avons disposé le concept, elle sera réfléchie, courageuse, sobre et juste. À supposer que nous découvrions en elle l'une de ces vertus, il faudra que les autres soient celles que nous n'avons pas découvertes.

— C'est comme un jeu de cartes un peu idiot, se moque Glauque. Il y a quatre cartes sur la table, nous savons que ce sont les quatre as, et nous cherchons l'as de cœur. Nous retournons les cartes une à une. Si l'as de cœur est l'une des trois premières cartes retournées, c'est bon, nous nous arrêtons. Mais s'il n'est pas une de ces trois cartes, inutile de retourner la quatrième : c'est lui! Moralité : bien qu'il y ait quatre cartes, dans le pire des cas on gagne en trois coups.

— Formidable! s'incline Socrate. Traitons nos quatre vertus comme tes quatre as. Je retourne la première carte et je reconnais au premier coup d'œil ce qui est réfléchi, ou sage, ou bien pensé. J'y vois même une sorte d'étrangeté.

— Ce doit être un drôle de truc, pour que ça vous paraisse étrange, s'étonne Amantha. Un Socrate bluffé, je veux voir ça !

— Qu'une politique soit réfléchie – ou sage, ou bien pensée – revient à ceci que les réunions qu'elle convoque délibèrent de telle façon que ce qu'elles décident est bien ce que la situation exige, non ?

— Là, Socrate, intervient Glauque, pour une fois vous nagez dans le sens du courant. Vous nous expliquez qu'en politique il faut faire ce qu'il faut... Qui va contredire ce genre de truisme ?

Socrate fait celui qui n'a rien entendu et poursuit sa route comme un mulet entêté :

— Cependant, la capacité à délibérer exige une forme de savoir rationnel. Dans les réunions de la vraie politique, l'ignorance et la rhétorique n'ont aucune valeur.

— On vous suit ! raille Amantha.

— Mais des savoirs rationnels, il y en a des tas, tous nécessaires au pays. Un bon informaticien, par exemple. Est-ce que sa capacité à déboguer un ordinateur ou à trouver ce que contient son disque dur fera de lui un militant politique averti ?

— Non, répond Glauque un peu mécaniquement, cela ne fait de lui qu'un informaticien averti.

— Et le dessinateur industriel qui trace impeccablement le plan d'une machine, ou le peintre en bâtiment dont la science des couleurs lisses et brillantes fait l'admiration de tous. Est-ce que leur savoir-faire rationnel est celui que requiert une vraie réunion politique ?

— Non, ils sont juste bons dans leur spécialité.

— Ah! tu as lâché le mot. La politique n'est pas et ne peut pas être une spécialité. On délibère en politique non sur un objet particulier, mais sur toutes les situations auxquelles sont confrontés les habitants du pays. Et la compétence en la matière est *a priori* celle de tous et non de quelques-uns. En sorte que la sagesse des délibérations et des décisions est une vertu qui doit résider non dans quelques citoyens spécialement formés, mais dans tout esprit qui répond aux conditions générales de notre communisme et se sait partie prenante de notre destin collectif.

— Alors, s'enthousiasme Amantha, chez nous, il n'y aura pas de politiciens!

— Non, il n'y en aura pas. Et le savoir politique sera celui qui, à un moment donné, par le nombre de ceux qui en disposent, enveloppe absolument tout autre savoir technique ou spécialisé. C'est en effet à la population tout entière que revient ce savoir, unique en son genre, qui mérite le nom de sagesse politique et gouverne tant la délibération que les décisions qui en résultent.

— Et le courage, alors?

— Il peut nous sembler que découvrir où se cache le courage dans la société n'est pas difficile. Pour savoir si un État est lâche ou courageux, il suffit de considérer la part de lui-même qui est engagée dans les grandes guerres. Que ceux qui restent à l'arrière soient lâches ou corrompus n'a pas grande influence quant au fait que l'État soit l'un ou l'autre. C'est du moins ce que tout le monde pense et dit : le courage de son armée est seul à donner la mesure du courage d'un État.

217

— Et, pour une fois, tout le monde a raison, conclut Glauque, épanoui.

— Tu es tombé dans le piège, jeune homme! Tout le monde a tort, et toi avec! Tu as tout simplement oublié deux choses. D'abord, que dans notre vision politique il n'y a pas d'armée séparée, et que tout le monde est requis de participer à la défense du pays face à des agressions injustifiables. Ensuite, que notre courage est bien plutôt celui de désirer la fin des guerres et de nous engager sans réticence dans un projet de paix perpétuelle, tout en étant prêts à résister si un État veut nous détruire.

— Comme disait Mao, coupe Amantha : « Première-ment, nous n'aimons pas la guerre, deuxièmement, nous n'en avons pas peur. »

— Tout à fait. Et ça veut dire que la clef intellectuelle du courage réside dans tout le corps politique. Il s'agit d'une opinion vraie sur ce qu'il importe de craindre, mais aussi sur ce qu'il est possible d'espérer par-delà une ferme résistance opposée à tout ce qui prétendrait contrarier cette espérance. En ce sens, le courage doit appartenir à tous. On peut dire paradoxalement qu'il a une fonction conservatrice.

— Il conserve quoi, le courage? interroge Glauque, déconcerté.

— Un bon rapport subjectif – une opinion droite, si tu veux – au regard de tout ce que l'éducation a réussi à chan-ger en une loi, prescrivant les choses et les circonstances qu'il est licite de craindre. Le courage assure dans le long terme la garde de cette opinion, faisant que, dans la joie comme dans la peine, qu'on soit en proie au désir ou à la peur, on ne puisse se soustraire à la bonne loi.

— C'est passablement embrouillé, tout ça! proteste Amantha. Vous ne pourriez pas éclaircir cette histoire d'opinion qui est une loi éducative par ailleurs inusable? Filez-nous une de ces images dont vous avez le secret, « images » qui, selon vous, n'imitent rien ni personne.

— Tes désirs sont des ordres, jeune fille! Imaginons un teinturier…

— Comment ça, un teinturier? dit Glauque stupéfait.

— Tu vas voir. Quand un teinturier veut qu'un lainage soit pourpre, il commence par choisir dans l'arc-en-ciel des couleurs un tissu tramé du seul blanc, et ce n'est qu'après l'avoir très soigneusement préparé, afin qu'il puisse absorber l'éclat le plus vif, que notre homme l'imprègne de teinture pourpre. Quand on teint ainsi une étoffe, la teinture est indélébile, et vous pouvez laver à grande eau, même avec du savon, l'éclat de la couleur est ineffaçable. Si l'on procède autrement, que le support soit de couleur ou blanc, mais mal préparé, vous savez ce qui arrive : tout s'efface au premier lavage et on a l'air parfaitement ridicule. Maintenant, imaginez que notre travail éducatif, visant à ce que tous les habitants du pays puissent être des gardiens de notre politique, soit du même genre que celui du teinturier; que, pour la pourpre de nos principes, il faille des Sujets bien préparés. C'est à cette préparation que nous servent, en direction de la jeunesse, aussi bien la littérature, la musique et les mathématiques que l'histoire des révolutions ou les sports de combat. Posons donc que les principes fondamentaux de notre politique sont une teinture pour l'âme, et que le but du protocole éducatif que nous avons proposé est seulement de préparer les jeunes à prendre la couleur des principes, de façon qu'elle soit indélébile, en vue d'acquérir, à partir de leur bon fond naturel et de leur éducation, une opinion inébranlable sur ce qu'il faut redouter et finalement sur toutes les questions importantes, opinion que n'effaceront ni ce redoutable savon capable de tout laver – je veux dire la jouissance aveugle, plus efficace pour nettoyer le Sujet de tout ce qui contribue à sa valeur que ne le sont la cendre ou la brosse –, ni non plus le trio de la douleur, de la peur et du désir égoïste qui composent à eux trois la formule chimique d'un terrible détergent. Je nomme « courage » cette espèce de puissance qui tient en sa garde, quelles que soient les circonstances, l'opinion droite et légitime sur ce qu'il faut craindre ou ne pas craindre, interdisant que les péripéties de l'existence en délavent l'éclat. Est-ce que, ami Glauque, cette définition te convient ?

— Je n'en ai en tout cas aucune autre à proposer. J'imagine que le savoir instinctif qu'ont les animaux ou les idiots de ce qui les menace, n'étant lié à aucune détermination éducative, est à vos yeux trop limité pour mériter le nom de courage ?

— Tu imagines bien. C'est du reste pourquoi on peut dire que le courage est une vertu politique, au sens où Aristote, cet élève de ton frère Platon, un garçon brillant mais que je n'aime guère, déclare sur tous les tons que l'être humain est un « animal politique ». Discuter ces points demanderait un exposé séparé. Pour le moment, tâchons de revenir à notre souci primordial : la justice.

— Mais, objecte Glauque, nous n'avons retourné, dans ce jeu, que les cartes « sagesse » et « courage ». Il nous en reste deux et nous ne savons pas laquelle est « justice ». J'aimerais que vous retourniez « sobriété », et qu'ensuite ce soit, par obligation, le tour de la justice.

— La sobriété, qu'on appelle aussi « tempérance », « mesure », « modération », ressemble plus que les deux premières vertus – sagesse et courage – à une relation harmonieuse, à un accord, une sorte de consonance subjective. Elle est une organisation efficace du Sujet, qui domine l'attraction exercée par le désir des jouissances courtes. C'est ce qui est sous-entendu dans les expressions à peu près incompréhensibles comme « se dominer » ou « être maître de soi », et plus généralement dans ce que le langage détient comme traces de cette vertu particulière.

— Pourquoi dites-vous de l'expression « se dominer » qu'elle est incompréhensible ? intervient Amantha. Je la comprends très bien, moi !

— Elle est ridicule ! Celui qui se domine est aussi bien dominé, et celui qui est dominé, pareillement, se domine, puisque c'est d'un individu identique à soi qu'on parle dans ce genre d'expression toute faite. Comment le même être pourrait-il, au même instant et relativement au même être, nommément lui-même, être à la fois dominant et dominé, maître et esclave ?

— Mais, s'obstine Amantha, l'expression « être maître de soi » ne s'applique pas vraiment au même être, car elle suppose la division du Sujet. Il y a en l'être humain, considéré comme Sujet, deux parties, l'une meilleure, celle qui s'incorpore à une vérité, l'autre moins bonne, celle qui a pour norme les pulsions individuelles. Quand celle qui est par nature la meilleure domine la moins bonne, on dit alors que le Sujet concerné se domine en tant qu'il domine en lui la part strictement individuelle, et c'est un éloge. Quand, sous l'influence d'une éducation médiocre et de fréquentations douteuses, la meilleure partie est affaiblie au point que la passion du Vrai s'incline devant l'instinct de mort, on blâme le Sujet concerné, quelquefois même on l'injurie, et on déclare en tout cas qu'il ne se domine pas et qu'il est dépourvu de toute réelle sobriété.

— Eh bien, maugrée Socrate, imagine un pays modelé par notre politique, et tu verras qu'on doit en faire l'éloge, car il relève de ton premier cas : il est maître de lui-même, puisque, d'après toi, mérite cette appellation tout ce en quoi la meilleure part l'emporte sur la mauvaise.

— J'imagine, Socrate, j'imagine! On ne peut cependant imaginer qu'à partir de ce dont on a l'expérience. Dans votre pays miraculeux, on trouvera sûrement des désirs de jouissance, ne serait-ce que parmi les enfants qui font des caprices, les adolescentes qui traînaillent en fumant leur clope, ou pas mal de ces jeunes couples bien installés, prétentieux, et qui ne parlent que de leurs vacances en Perse.

— Tu nous sous-estimes, Amantha. Tu sous-estimes le bonheur incomparable qu'induit le plein exercice de l'intelligence quand l'action est à sa hauteur. Nous ferons droit à ces désirs sans objet limité, ces désirs infinis qui sont simples en apparence uniquement parce qu'ils ont en eux-mêmes l'exacte mesure de leur valeur créatrice, étant compatibles avec les opinions vraies et la pensée pure. Chez nous, pratiquement tout le monde ajoutera à la secrète bonté naturelle propre aux humains ce qu'en éclaire une éducation raffinée. Aujourd'hui la domestication des énergies collectives par le Capital encourage partout les pulsions égoïstes et leur infâme stérilité. Nous œuvrons pour que s'organisent et deviennent largement majoritaires ces désirs liés à la pensée qui, dans le monde actuel, sont l'apanage d'une minorité combattante encerclée.

— C'est donc bien de notre vision politique, s'exclame Amantha, gagnée par l'enthousiasme, qu'il faut dire qu'elle permet que la collectivité soit maîtresse de ses pulsions et de l'obsession menaçante des jouissances courtes !

— Et nous pourrions donc dire, renchérit Glauque, que la société que nous édifierons assumera la plus calme et la plus affirmative sobriété.

— Remarquez, ajoute Socrate qui ne veut pas être en reste, que c'est dans cette même société, où tout un chacun exerce à son tour des responsabilités gouvernementales ou militaires, que l'accord entre dirigeants et dirigés est constamment garanti grâce à la pure et simple suppression de la question qui partout et toujours engendre la démagogie, quand ce n'est pas la guerre civile, à savoir la question : « Qui doit commander ? »

— Mais alors, remarque Glauque, on peut dire que la sobriété est la vertu non pas seulement des dirigeants, mais aussi bien des dirigés, et…

— … et qu'ainsi, coupe Socrate, nous avons eu raison de dire que cette sobriété était une harmonie, une consonance. Elle s'étend de façon absolue au pays tout entier et anime l'accord de tous ceux qui y vivent, quelles que soient les fonctions qu'à un moment donné ils occupent, et quels que soient les talents particuliers qui sont les leurs, intellectuels ou physiques, de prestance ou d'habileté, d'exactitude ou d'invention, poétiques ou mathématiques… La sobriété, parce qu'elle contredit les pulsions égoïstes, donne toute sa vitalité à l'accord entre tous quant à la domination exercée par ce qu'il y a de meilleur sur ce qui est de moindre valeur, qu'il s'agisse de l'individu ou de l'État.

— Beau travail! souffle Glauque. Nous avons reconnu et défini, dans notre futur pays, trois des vertus cardinales : la sagesse, le courage et la sobriété. Notre quatrième carte, notre quatrième as, est à coup sûr la justice.

— Alors, chers amis, c'est le moment de sonner du cor et de crier : « Taïaut! Taïaut! » Tels de redoutables chasseurs, encerclons le fourré et appliquons-nous à ne pas laisser s'enfuir la justice. Pas question qu'elle disparaisse dans les fumées de l'incertitude. Il est certain qu'elle est dans les parages, pauvre biche terrorisée par nos concepts qu'elle sait aiguisés sur la meule de la logique. Marche en avant, mon Glauque! Tâche de la débusquer! Si tu la vois, fais-moi signe!

— J'aimerais bien… Pour le moment, je n'y vois goutte. Peut-être que je la reconnaîtrai si vous me la montrez, c'est bien tout ce dont je suis capable.

— Bon, je fonce sous les arbres, je m'écorche aux ronces, et tu marches dans mes traces.

— Entendu, passez devant!

— L'endroit est peu avenant. Des lianes et des cactus partout. Ombres épaisses. Pas de chemin tracé… Avançons lentement… Ah! Glauque! Je tiens la piste. La justice est à nous!

— Où? Comment? Est-elle encore vivante?

— Et en très bonne forme, mon cher, c'est nous qui étions de parfaits idiots.

— C'est dur à avaler! grogne Glauque comme s'il avait réellement, et non dans la seule métaphore, livré son pantalon aux orties.

— Mais c'est malheureusement vrai. Cette diable de justice se roule à nos pieds depuis un moment, voire depuis le tout début de notre discussion. C'est nous qui ne l'apercevions pas. Nous offrions le spectacle grotesque de gens qui cherchent partout leur clef alors qu'ils la tiennent à la main. Nous ne regardions pas dans la direction où, tout près de nous, se tenait la justice, mais vers un horizon vague et éloigné. La justice n'était cachée que pour notre regard perdu dans le rêve romantique des lointains.

— J'ai beau regarder à mes pieds, objecte Glauque, piteux, je ne vois toujours rien.

— Songe à notre longue conversation. J'ai bien l'impression que nous parlions de la justice sans parvenir à déchiffrer clairement ce que pourtant nous en disions nous-mêmes, fût-ce dans la forme du non-dit de notre dire.

Amantha, qui, durant les dernières répliques, tirait férocement sur ses mèches emmêlées, n'y tient plus :

— Vous en faites, des façons, Socrate! Plutôt que de la comparer à une pauvre biche, dites ce que vous avez à dire de la justice. Qu'est-ce que ce labyrinthe de ce que nous avons dit sans savoir que nous le disions, tout en disant que nous savions, sans toujours le dire, tout ce qui est dit, mal dit ou non dit dans ce qui a été dit et redit?

Socrate lève les bras au ciel :

— Ne te fâche pas, effrayante demoiselle! C'est toi qui vas me dire si j'ai raison. Quand nous avons commencé à examiner les fondements de notre politique, ce qui avait pour nous valeur de principe concernait les contraintes subjectives qui se révèlent plus fortes que la modification des situations. Cette sorte d'obligation générale, ou du moins une forme particulière de cette obligation, définit, je crois, la justice. Or, ce que nous avons alors établi et que nous avons plusieurs fois rappelé – tu dois t'en souvenir, chère Amantha – est que tout individu doit acquérir la capacité

225

de remplir n'importe quelle fonction dans la société, sans pour autant qu'on le décourage de suivre le chemin dont il s'imagine qu'il est le plus approprié à ses qualités naturelles. Nous avons dit en somme que la justice consiste en ceci : chacun peut perfectionner les aptitudes particulières qu'il se reconnaît, tout en se préparant, avec la même intensité, à devenir ce que Marx appelait un « travailleur polymorphe », un animal humain qui, de maçon(ne) à mathématicien(ne), de femme ou d'homme de ménage à poète, de soldat(e) à médecin, de mécanicien(ne) à architecte, ne laisse en dehors de son champ d'action aucune des possibilités que l'époque lui propose.

— Nous n'avons rien dit de tel, proteste Amantha. En tout cas, nous n'avons jamais défini la justice en ces termes.

— Sais-tu pourquoi je pense que c'est évident ?

— Non. Mais je suis certaine que vous allez nous le dire.

— Dans la série des vertus, la justice vient en quelque manière comme le plus-un des trois autres. À la sagesse (ce qui est bien pensé), au courage (la science de ce qu'il convient de redouter), à la sobriété (le contrôle des pulsions), la justice prodigue la puissance réelle et le lieu de cette puissance, lieu où ces vertus, une fois activées, développent leur efficacité subjective. Nous serions certes bien en peine de décider laquelle des quatre vertus est la plus importante pour assurer la perfection de notre pays communiste. Mais nous sommes certains que, sans la capacité de chacun à remplacer de façon créatrice et efficace n'importe quel autre pour n'importe quelle tâche, capacité combinée en chacun au libre perfectionnement de talents particuliers, les autres vertus n'auront ni localisation précise, ni ouverture universelle. Or, seul le lien dialectique de la localisation et de l'ouverture assure à quelque disposition subjective que ce soit sa vitalité sociale ou collective. C'est au fond ce lien dialectique lui-même dont le processus réel a pour nom « justice ».

— On dira alors, intervient une Amantha très concentrée, sourcils froncés, que la disponibilité d'un individu pour toute *praxis*, paradoxalement jointe au développement de son *exis*, ou disposition propre, réalise l'idéal de la relation de cet individu à la totalité sociale.

— Et du coup, note Socrate, l'injustice sera soit d'empêcher la compétence universelle de tous, soit, au nom de cette universalité, d'interdire que tous puissent cultiver ce qui, en eux, leur apparaît comme des capacités singulières.

— Double crime, conclut Glauque : que tous ne puissent pas être comme tous les autres, ou que tous ne puissent pas être différents de tous les autres.

— Injustice par défaut d'homogénéité collective, injustice par excès de cette même homogénéité, dit Amantha.

Puis, continuant dans sa veine un peu pédante :

— Ou encore : injustice selon l'égalité, injustice selon la liberté.

Et Socrate, emporté par le lyrisme des abstractions :

— Le crime contre les droits du Même ne saurait faire oublier le crime contre les droits de l'Autre.

— Et inversement! sourit Glauque, pour une fois le plus jovial de tous.

CHAPITRE 7

La justice subjective
(434d-449a)

— Ne perdons pas de temps, dit Socrate, étrangement énervé. Nous sommes loin du but. Admettons, sans examen supplémentaire, que tout pays où la vie des gens est réglée par ce que nous venons de dire mérite d'être proclamé juste. Nous tenons là au moins une forme provisoire, une sorte d'idée de la justice, idée appropriée à la vie collective. Si cette forme se montre transposable à l'individu pris en lui-même comme unité, si l'on convient que là aussi le nom de justice est le nom adéquat, nous pourrons conclure que notre enquête a abouti.

— La fameuse méthode de l'isomorphie, remarque Amantha.

— Une isomorphie ne se constate pas, elle se prouve. Peut-être devrons-nous nous contenter d'une similitude. Quel était notre espoir au début de notre recherche? C'était que, en clarifiant l'intuition de ce qu'est la justice dans le plus vaste des ensembles qui la contient, il serait ensuite plus facile de savoir ce qu'elle est dans le plus petit de ces ensembles, nommément l'individu. Et comme il nous semblait que ce « plus vaste » était un pays, nous avons rassemblé nos forces pour définir la meilleure politique que puisse mettre en œuvre la population d'un pays, convaincus que là où tout est conforme à une vérité politique, là se trouve forcément la justice. Ce que nous avons mis en évidence dans ce vaste ensemble qu'est un pays, transposons-le dans ce plus petit élément de l'existence qu'est l'individu. S'il y a une flagrante similitude, c'est parfait. Si quelque chose de différent apparaît dans le terme minimal, nous reviendrons vers le terme maximal pour y poursuivre notre labeur de pensée. Peut-être alors, par un va-et-vient entre les deux termes, pays et individu, en les frottant l'un contre l'autre comme deux silex, ferons-nous jaillir l'étincelle de la justice et serons-nous en état d'utiliser sa clarté à nos propres fins.

— Il me semble, pontifie Glauque, que vous avez défini la méthode et qu'il ne nous reste plus qu'à nous y conformer.

— Suis-moi bien. Si de deux choses on affirme qu'elles sont identiques bien que l'une soit plus grande et l'autre plus petite, sont-elles dissemblables en raison de ce qui justifie que compte non tenu de leur différence de taille on les déclare identiques, ou bien plutôt faut-il alors les dire semblables ?

— Semblables ! répond Glauque comme un militaire claque des talons.

— Et donc, pour tout ce qui relève de l'Idée de justice, un individu juste ne différera en rien d'une juste collectivité, il lui sera tout à fait semblable ?

— Tout à fait, ponctue Glauque au garde-à-vous.

— Mais nous avons bien établi qu'une politique est juste quand elle rend possible que n'importe qui soit capable de remplir l'une quelconque des trois grandes fonctions par lesquelles un pays continue d'exister : production, défense et direction, ce qui exige que cette politique unifie, dans son processus, la sobriété, le courage et la sagesse, vertus requises à divers titres par les trois fonctions. Non ?

— Si ! clame Glauque.

— Donc, si nous découvrons dans l'individu, considéré provisoirement comme Sujet, les mêmes dispositions formelles, activées par les mêmes affects, sera-ce à bon droit que nous lui attribuerons les mêmes noms que ceux qui nous ont semblé convenir à notre pays idéal ?

— À très bon droit ! rugit Glauque.

— Eh bien, tout est facile, maintenant ! Il nous suffit de savoir si un Sujet – au niveau individuel – est ou non composé, comme le lieu politique, des trois instances qu'au niveau collectif nous avons articulées à partir des trois fonctions fondamentales : produire, défendre, s'orienter.

— Facile, facile… Je ne crois pas du tout que ce soit facile. C'est plutôt le moment de citer Spinoza…

— En latin, coupe Amantha. C'est bien plus sublime : « *Omnia praeclara tam difficilia quam rara sunt.* »

— Je ne sais pas si les choses que j'ai à dire sont « *praeclara* », sourit Socrate. En vérité, je crois bien que non. Avec les méthodes qui sont pour le moment les nôtres dans la discussion de ce soir, nous ne parviendrons pas à une précision suffisante. Le chemin qui mène au but est plus long et plus sinueux. Mais peut-être faut-il pour le moment nous contenter de débats préliminaires et de recherches introductives.

— C'est bien assez, soupire Glauque. Ça m'épuise, ces arguments tordus !

— D'accord, concède Socrate, adoptons la voie la plus courte et la plus dégagée. Nous verrons bien quand s'imposera de passer la vitesse supérieure. Il y a d'abord une argumentation empirique assez facile, sans doute trop facile : il faut assurément que chaque individu porte en lui les mêmes dispositions formelles, les mêmes caractères, si vous voulez, que ceux qu'on remarque dans le pays dont il est citoyen. Car d'où peuvent venir ces dispositions, sinon des individus ? Parlons un instant comme on fait au comptoir des bistrots : « Ceux qui habitent chez les Thraces, les Scythes, tous ces gens des pays là-haut, vers le nord, sont coléreux et violents, tout le monde le sait. Vers chez nous, ni trop au nord, ni trop au sud, on aime causer, discuter, savoir plein de choses. Et chez les Méridionaux, les Phéniciens ou les Égyptiens, il n'y en a que pour l'or, l'argent, les stocks de blé, les bateaux pleins d'amphores de vin ou d'olives et les statues taillées dans l'ivoire. » Tout ça, mes amis, vient bien du tempérament des gens, et c'est devenu une caractéristique nationale.

— Beurk ! crache Amantha. On ne va quand même pas reprendre les arguments des ploucs racistes.

— Bon, bon, se replie Socrate. On va chercher quelque chose de plus fin. La difficulté est de savoir si l'inlassable cupidité des Phéniciens, le goût du loisir intellectuel des Athéniens et la courageuse férocité des Scythes procèdent de la même source, ou si nous avons là une preuve empirique de l'existence de trois instances subjectives, distinctes et spécialisées. En somme, première hypothèse : le savoir nous vient par une voie différente de celle qu'emprunte l'entêtement coléreux, et différent aussi de ces deux voies est le chemin du désir, quel que soit son objet – nourriture, sexe, etc. Deuxième hypothèse : à chaque fois qu'une activité nous requiert, peu importe laquelle, c'est le sujet tout entier, et en quelque sorte indivis, qui s'y engage. Construire une argumentation rigoureuse qui force à choisir une de ces possibilités est un véritable défi.

— Que vous allez relever, bien sûr ! s'exalte Amantha.

— Il faut partir d'assez loin. Il est tellement vrai que l'Un comme tel, purement identique à lui-même, ne peut simultanément faire et endurer des choses contraires, par les moyens du même et dans la visée du même, que si nous observons une telle simultanéité nous saurons que ce n'est pas de l'Un qu'il s'agit, mais d'une multiplicité.

— Un exemple ne serait pas de trop, demande timidement Glauque.

— Est-il possible qu'une chose une, même qu'elle-même, soit au même instant et dans la totalité d'elle-même en repos et en mouvement ?

— Certainement pas.

— Vérifions pas à pas que nous sommes d'accord, pour ne pas nous contredire en avançant. Si un adversaire, partisan de la dialectique des apparences, venait nous dire : « Voyez, ce type-là, sur le trottoir d'en face, est immobile, bien planté sur ses jambes, mais il dit "oui" avec sa tête et il se tourne les pouces. Donc, il est à la fois au repos et en mouvement », que lui répondrais-tu, mon fidèle Glauque ?

— Facile ! C'est ce que je dis toujours à mes amis entichés d'Héraclite : le type en question bouge certaines parties de son corps et laisse les autres au repos. Il n'y a là rien qui ressemble à une contradiction.

— Note que ton argument passe du couple mouvement-repos au couple Un-Multiple. Ton contradicteur pourrait alors chercher et trouver un meilleur contre-exemple. Une toupie, tiens ! Elle est tout entière et au même moment au repos et en mouvement quand, son centre, qui n'est qu'un point sans étendue, restant fixe, elle tourne sur elle-même en totalité.

— Mais non ! Il faut distinguer dans la toupie l'axe et la circonférence. Si l'axe est droit, on peut dire que la toupie est immobile du point de vue de son axe et se meut d'un mouvement circulaire du point de vue de son bord. On remarque du reste que plus on se rapproche de l'axe, plus le mouvement circulaire est lent, en ceci qu'un point proche de l'axe accomplit dans le même temps un chemin beaucoup plus petit qu'un point situé sur le bord de la toupie. On peut dire que la toupie combine un principe de mouvement et un principe d'immobilité qui demeurent distincts sans que soit menacée l'unité de la toupie.

— Excellent, élève Glauque ! Quelles que soient les apparences de contradiction tirées de notre expérience sensible, nous ne nous laisserons pas déstabiliser et nous n'admettrons jamais qu'une chose une et même qu'elle-même puisse simultanément, par l'entremise du même et dans la visée du même, faire, être ou endurer au même instant des choses contraires.

— Je ne suis pas certaine, doute Amantha, qu'une vulgaire toupie d'enfant suffise à prouver cette variante du principe de non-contradiction. Aristote, le brillant élève de mon frère Platon, trouverait ça bien léger.

— Tu sais que je n'aime pas cet Aristote. Ah ! il fera son chemin ! Mais je ne l'aime pas. Cependant, tu n'as pas tort. Il faudrait ici réfuter toutes les objections possibles pour assurer le principe, et surtout bien définir les contextes dans lesquels il est valide. On perdrait un temps fou. Admettons que le principe de non-contradiction est vrai, et avançons. S'il apparaît, à un moment quelconque de notre démarche, qu'il est faux, nous conviendrons que toutes les conséquences que nous en avons tirées sont nulles et non avenues.

— Bien forcés! plaisante Amantha.

— Revenons au « concret », comme disent les politiciens et les journalistes dès qu'on leur parle d'égalité ou de vérité. Dire oui et dire non, accepter et dédaigner, attirer et repousser, qu'il s'agisse d'action ou de passion, ce sont bien là, en tout cas, des couples de termes contraires?

— Bien entendu, dit Glauque en haussant les épaules. C'est comme désirer et ne pas désirer. La faim, la soif, tous les désirs, et aussi la volonté, ou le souhait, forment des couples de contraires avec ne pas désirer, écarter loin de soi, ne pas vouloir, espérer que non, et ainsi de suite. Si je désire quelque chose, c'est que le Sujet que je suis va vers ce qu'il désire, ou attire à lui l'objet de son désir. Par exemple, si je veux qu'on me fournisse de la drogue, je me dis oui à moi-même avant même que le dealer m'ait posé la question, tant je suis impatient qu'il satisfasse mon désir. Mais si je veux me sevrer, il faudra que je me dise brutalement non à moi-même avant d'envoyer balader le tentateur. Dans tout ça, on trouve toujours les deux couples de contraires les plus importants : l'activité et la passivité dans l'action, oui et non dans le langage.

— Fais bien attention! dit Socrate, l'index pointé en l'air. Prends un désir tout à fait classique : la soif, tu viens de la nommer. Constitue-t-elle pour le Sujet un désir plus variable que nous le croyons, un désir dont il faudrait dès le début fixer ou déterminer les variations? Désire-t-on une boisson plutôt froide ou plutôt chaude, boire beaucoup ou peu? En somme, la soif est-elle soif d'une boisson déterminée, ou bien tout ça n'est-il qu'un ensemble de causes extérieures sans relation essentielle avec la soif comme désir ? S'il fait chaud, à la soif s'ajoutera du dehors le désir de fraîcheur ; s'il fait froid, celui de chaleur. Si je suis éreinté et en sueur, à la soif s'ajoutera le désir de beaucoup d'eau ; si je suis reposé, un fond de verre suffira. Mais la soif en tant que telle ne sera le désir que de son corrélat naturel, la boisson en tant que telle, tout comme la faim en soi est le désir de nourriture et non, par elle-même, le désir violent d'un certain pâté de lièvre.

— D'accord, dit Glauque, les sourcils froncés. Chaque désir, pensé en lui-même, n'a de rapport qu'à la généralité de son objet naturel et ne se montre désir d'un objet déterminé que sous l'effet de circonstances extérieures.

— Ne risques-tu pas, cher ami, de voir ta belle certitude s'effondrer si un ami de Diogène – tu sais, le gars qui dit partout, contre la prétendue « théorie des Idées » de ton frère Platon, qu'il connaît bien le cheval mais pas du tout la caballéité – vient te glisser à l'oreille : « Mon petit Glauque, ce n'est jamais la Boisson avec un grand B qu'on désire, mais un grand verre de vin blanc, et ce n'est pas non plus la Nourriture qui comble notre faim, mais une excellente omelette aux champignons. Car on désire naturellement les bonnes choses, et non les infâmes ratatouilles. Si la soif est un désir, c'est le désir d'une liqueur délicieuse et non d'un bol de pisse d'âne, et il en va de même pour tout ce qui mérite le beau nom de "désir". »

— J'avoue que je serais assez embêté, dit piteusement Glauque.

— Essayons pourtant de tenir ferme sur le principe que voici : parler de la détermination de ce qui est tel qu'il est dans son rapport à autre chose n'est admissible que dans la mesure où cet autre chose est lui-même déterminé; mais ce qui est tel qu'il est par lui-même n'a rapport à autre chose qu'en tant que cet autre chose est aussi par lui-même tel qu'il est.

— Alors là, proteste Amantha, je ne pige rien! C'est du jargon platonicien à l'état pur.

— Voyons ça, jeune fille. Tu n'as pas compris qu'un existant qu'on dit « plus grand » n'est déclaré tel qu'au regard d'un autre existant?

— Vous me prenez pour une imbécile?

— Certainement pas. De cet autre existant on dira alors qu'il est, lui, plus petit?

Amantha se contente de hocher la tête d'un air accablé. Socrate s'enfonce encore :

— Et un existant beaucoup plus grand n'est tel que rapporté à un autre qui est, lui, beaucoup plus petit. D'accord?

Pour tout commentaire, Amantha lâche :

— C'est lamentable.

Socrate persévère sous le sarcasme :

— Et ce qui, dans le passé, a été plus grand ne l'a été que dans son rapport à ce qui était plus petit que lui, tout comme, dans le futur, ce qui adviendra à une supériorité ne le pourra qu'en relation à l'advenir, hors de lui, d'une infériorité?

Amantha s'échauffe :

— Vous allez continuer comme ça longtemps?

Socrate ne se démonte pas, il insiste très placidement :

— On dira de même que le plus n'est tel qu'en relation au moins, le double, à la moitié, et ainsi de tous les couples conceptuels de ce genre : le plus lourd au plus léger, le plus rapide au plus lent…

— Et le plus chaud au plus froid, coupe Amantha, singeant Socrate, ainsi que le vinaigre le plus acide à l'huile la plus douce, ce qui fait tout le sel de cette salade.

Mais Socrate, de plus en plus calme sous l'orage, change soudain subtilement de direction :

— Et le savoir, alors ? N'est-ce pas la même dialectique ? Celle que tu appelles une salade ? Le savoir en soi est savoir de ce qui est connu en soi, ou, si tu veux, de ce dont on pose que c'est ce dont le savoir est savoir. Mais *ce* savoir particulier l'est de ce qui est particulièrement connu, ou de ce dont on pose que c'est l'objet déterminé dont *ce* savoir est le savoir.

Amantha se demande dans quel traquenard elle va tomber et riposte un peu plus faiblement :

— Vous l'avez déjà dit, tout ça ! Si je sais, je sais ce que je sais, oui, on a compris !

— J'aime bien me répéter. Et, cette fois, je prends un exemple indiscutable. Quand a surgi, dans l'histoire des groupes humains, un vrai savoir-faire portant sur la construction des bâtiments, n'est-ce pas pour le distinguer des autres savoirs qu'il a fallu lui donner le nom d'architecture ?

— Certainement, concède Amantha.

— Ce savoir était déterminé dans sa différence d'avec les autres, pour autant que cette détermination le définissait comme savoir d'un objet lui-même déterminé auquel les autres savoirs n'avaient pas à se rapporter pour être identifiés. Le même principe a permis la classification générale des savoirs et des savoir-faire au fur et à mesure de leur apparition historique.

— Je vois, et je crois comprendre, dit Amantha soudain intimidée.

— Tout à l'heure, tu déclarais ne rien comprendre. Récapitulons une dernière fois. Un existant en relation avec quelque chose en général, un « objet = x », dirait mon collègue Kant, reste exclusivement, en tant qu'un et considéré selon cet Un, autodéterminé, ce qui ne contredit nullement qu'en relation avec quelque chose de déterminé il soit alors lui-même surdéterminé, à condition bien entendu de ne pas entendre, par « surdéterminé », que l'existant en question prend sur lui les déterminations de ce avec quoi il est en relation – ce qui serait le cas si l'on disait par exemple des absurdités du genre « le savoir de ce qui est utile ou nuisible à la santé est de ce fait, en tant que savoir, utile et nuisible », ou encore « est bon et mauvais le savoir supposé du Bien et du Mal » –, et d'expliquer avec précision que lorsqu'un savoir, mettons la médecine, est manifestement le savoir d'un couple déterminé de termes contraires, nommément la santé et la maladie, et que de ce fait même il est impossible de l'identifier au savoir en soi dont l'objet – le « su » en soi, ou le « connaissable » en soi – est tout autre, on doit alors absolument donner à ce savoir, qui est un savoir déterminé, non pas le nom simple de « savoir », mais, en relation avec l'objet déterminé qui s'ajoute au pur savoir, le nom surdéterminé et donc composé de « savoir médical ».

Amantha s'éponge le front et soupire :

— J'abandonne. Vous avez sûrement raison.

— Ça t'a donné soif! Revenons à la soif, justement. Elle fait indubitablement partie de ce genre de l'être où ce qui est n'est tel que d'être en relation avec quelque chose. La soif en effet est soif…

— … de la boisson, complète Glauque, tout content.

241

— Oui, mais comme nous l'avons dit, quand on pense la soif comme relation avec une boisson déterminée, elle est elle-même une soif déterminée, tandis que la soif pensée en elle-même n'est pas soif d'une boisson abondante ou limitée, bonne ou mauvaise, en un mot soif d'une boisson déterminée, mais, selon sa nature intrinsèque, exclusivement Soif de la Boisson en soi.

— Vous allez nous répéter ça combien de fois ? s'indigne Amantha. On dirait le refrain d'une chanson triste.

— Le chant du concept n'est jamais triste. Donc, considéré comme Sujet, celui qui a soif ne souhaite que boire, c'est à cela qu'il tend, c'est vers quoi il se porte.

Amantha reste vindicative :

— Oui, bien sûr, d'accord, c'est clair, on a compris, on approuve, on s'incline. Où voulez-vous en venir exactement ?

— Nous y sommes. Si quelque chose contrarie de façon immanente la pulsion du Sujet assoiffé, il s'agit forcément de l'action, interne au Sujet, d'autre chose que de cette pulsion qui entraîne l'assoiffé vers le boire comme s'il était un animal. Nous avons en effet admis que rien ne peut produire au même moment, par la même partie de lui-même et en vue du même objet, des effets contraires.

— Hé ! glisse Amantha. Héraclite vous a déjà condamné. Il stigmatise ceux qui « ne comprennent pas l'accord profond de ce qui est en conflit avec soi-même ».

— Tu me jettes toujours Héraclite dans les jambes. C'est ton chéri, Héraclite ? L'exemple qu'il donne de « l'accord des mouvements opposés », le tir à l'arc, est pourtant débile. Il prétend que l'archer repousse et attire l'arc du même mouvement. Mais non ! Une de ses mains pousse le bois de l'arc vers l'avant, tandis que l'autre tire la corde et la flèche vers l'arrière. Héraclite, comme toujours, prend pour une contradiction unique la combinaison de deux opérations séparées. L'unité des contraires, leur fusion, ça n'existe pas!

— Tout de même, objecte Glauque, l'archer unifie bien les deux mouvements.

— Il ne le fait qu'en tant qu'il a deux mains! Le deux est donné et s'impose à l'un. Ce n'est pas l'Un qui produit en lui-même le déploiement contradictoire du Deux. Voyez-vous, cette histoire de l'Un, du Deux, et finalement de la négation, est très subtile. Revenons, pour y voir clair, à notre assoiffé.

— Ah, celui là, maugrée Amantha, s'il a encore soif, je vais lui tordre le cou!

— Vous m'accorderez, poursuit imperturbablement Socrate, qu'il existe des gens qui, à un moment donné, ont soif et qui, cependant, dans l'immédiat, refusent de boire?

— J'en ai vu des tas, opine Glauque.

— Que penser de ces gens? Il faut bien que, subjectivement, coexistent en eux et la pulsion de boire, et l'interdit qui bloque sa satisfaction immédiate. Il faut aussi que l'interdit soit différent de la pulsion et plus puissant qu'elle.

— Oui, concède Glauque, si l'on admet les considérations logiques que vous développiez à l'instant, et qui impliquent l'antériorité structurale du Deux dès qu'il y a apparence de contradiction.

— Ces interdits, quand ils se manifestent, ne procèdent-ils pas d'un agent rationnel, alors que pulsions et addictions procèdent plutôt soit du corps, soit d'inflexions pathologiques du psychisme? Si c'est le cas, il ne serait pas déraisonnable de soutenir que nous identifions bien là deux forces subjectives distinctes. Nommons « rationnelle » la première, à l'œuvre dans nos raisonnements, et « pulsionnelle » la seconde, à l'œuvre dans la sexualité, l'appétit, la soif et les autres désirs, clairement séparée de la pensée pure et liée à toute la gamme des satisfactions et des voluptés. Il y a donc bien dans tout Sujet deux instances distinctes. Reste à examiner le cas des affects non pulsionnels comme l'ardeur, l'audace, l'indignation... Forment-ils une troisième instance ? Ou, sinon, à laquelle des deux autres faut-il les identifier ?

— Peut-être, risque Glauque, à la pulsionnelle, non ?

— Comment alors interpréterais-tu l'histoire du nommé Léontios, fils d'Aglaïon, qu'on m'a racontée il y a quelques années ? Ce type-là revenait du Pirée par le mur nord, comme nous hier soir, et voilà qu'entre ce mur et celui qui va à Phalère il voit tout un tas de cadavres : il longeait le lieu des supplices. Le spectacle rappelait les pires films *gore*. Certains des morts étaient en voie de décomposition, d'autres portaient des traces de torture, d'autres encore étaient mutilés, bras arrachés, ou la gorge ouverte barbouillée de sang. De grosses mouches bleues dévoraient les yeux fixes de ces malheureux laissés sans sépulture comme des pestiférés. Alors Léontios devient le théâtre d'un conflit tragique. Une pulsion morbide le pousse à regarder de près l'épouvantable scène. Pendant un moment, il lutte contre lui-même et réussit à se couvrir le visage de son manteau. Mais, vaincu par son désir, il finit par ouvrir grands les yeux et, courant vers les horribles morceaux humains qui jonchent le sol, il hurle : « Regardez-moi, pauvres suppliciés sanglants ! regardez-moi bien ! C'est moi qui vous offre maintenant le plus lamentable spectacle ! » Cette anecdote n'est-elle pas une vraie mise en scène des trois instances? Le Désir qui l'emporte sur la Pensée, et l'Affect qui ne sait trop qui servir?

— On voit tout de même, commente Glauque, que Léontios est en colère d'avoir cédé à un désir morbide. En ce sens, l'Affect se range du côté de la Pensée, même s'il n'a pu empêcher sa défaite.

— Et c'est ce qu'on remarque souvent. Lorsqu'en lui les désirs se jouent des arguments rationnels, le Sujet se traite de tous les noms et se révolte contre ce qui, dans sa propre subjectivité, lui fait ainsi violence. C'est une sorte de guerre civile interne : l'Affect prend le parti de la Pensée contre le Désir. En revanche, nous n'observons guère le contraire ni en nous-mêmes, ni chez les autres.

— Quel contraire? dit Glauque, les yeux ronds.

— Qu'on se mette en colère contre soi-même parce que la Pensée s'oppose victorieusement à la furie d'un désir, cela ne correspond pratiquement à aucune expérience. Vois ce qui se passe quand quelqu'un, qu'on suppose n'être pas complètement corrompu, est persuadé d'avoir mal agi : il n'arrive pas à s'indigner d'avoir faim, froid, ou de devoir supporter de grandes douleurs, parce qu'il pense qu'au vu de sa propre indignité tout cela n'est qu'un juste retour des choses. Si, au contraire, c'est lui qui subit l'injustice, le voici qui s'échauffe, se révolte, engage le combat pour ses convictions, supporte la faim, le froid, les tourments de toutes sortes, oui, le voici prêt à tous les revers, non pas cette fois parce que le sentiment de culpabilité lui fait penser qu'il les mérite, mais, tout au contraire, parce qu'il sait que pour vaincre l'injustice il faut savoir échouer et tirer les leçons naturelles des échecs successifs. Il peut s'engager héroïquement dans l'alternative entre victoire et mort, mais il peut tout aussi bien, rappelé à lui-même comme le chien l'est par le berger, trouver l'apaisement d'un repli provisoire où méditer les injonctions rationnelles de sa pensée, avant de repartir au combat, armé d'idées neuves.

— Nous avons nous-mêmes, approuve Glauque, comparé ceux qui ont pour fonction de garder notre pays communiste tantôt à des bergers, tantôt à des chiens fidèles.

— Certes, mais nous voici à l'exact opposé de ce que nous soutenions tout à l'heure. Nous pensions que l'Affect était une dépendance du Désir. Ce n'est plus du tout notre position, s'il est vrai, comme nous venons de l'affirmer, qu'à chaque fois que le Sujet est en état d'insurrection interne l'Affect prend les armes en faveur de la Pensée.

— Vous avez en effet viré de bord, constate Amantha. Reste à savoir si, du coup, l'Affect est une dépendance de la Pensée, ce qui ramènerait la structure du Sujet à une contradiction simple, Pensée *versus* Désir. Ou si, poursuivant l'analogie quelque peu foireuse entre les trois fonctions d'une politique et l'organisation interne du Sujet, vous posez qu'il y a réellement une troisième instance subjective, cet insaisissable Affect, laquelle soutient plutôt la Pensée que le Désir, sauf si elle a été complètement pourrie par un système éducatif à la noix.

— J'opte pour la structure à trois termes ! s'enthousiasme Glauque.

— Encore faut-il prouver, intervient prudemment Socrate, que l'Affect est différent de la Pensée, comme il nous a semblé qu'il l'était du Désir.

— J'ai une preuve, annonce triomphalement Glauque : les petits enfants. Ils hurlent de colère, ils s'esclaffent, ils courent partout, ils sont rouges de rage, ils ont un affect du diable, alors que la pensée est encore chez eux tout à fait chétive.

— Bien vu! s'exclame Socrate. Tu pouvais aussi penser aux animaux. Les plus féroces, ceux dont l'affect est très développé, les taureaux, les coqs, ou même les loups, ne sont pas les plus malins, qui sont plutôt les singes, les perroquets ou les renards.

— Je proteste, s'écrie Amantha, je proteste solennellement contre cette vieillerie dogmatique qui traite les enfants comme des animaux. C'est du platonisme vulgaire, messieurs, c'est bon pour la poubelle.

— Eh bien, dit Socrate conciliant, pour te faire plaisir, je vais citer Homère :

> Se frappant la poitrine avec ses grosses mains
> Ulysse apostrophait sa colère d'humain
> Par des mots tout chargés de l'esprit le plus fin.

Dans ce passage…

— …. L'*Odyssée*, chant 20, accommodé à votre sauce, commente Amantha.

Socrate garde son sang-froid, bien que l'irrite vivement la mémoire saturée de poèmes d'Amantha :

— Dans ce passage, donc, le vieil Homère nous dit clairement qu'il y a deux instances différentes, et que l'une se dresse contre l'autre : celle qui, avec subtilité, opère la distinction entre le meilleur et le pire, et celle qui n'est que colère aveugle. Nous avons cette fois la Pensée contre l'Affect.

— Bravo! conclut Amantha. Vous m'avez bien eue, une fois de plus. Bravo!

— Non sans mal! souffle Socrate. Il a fallu ramer! Mais nous voici à peu près d'accord : il y a autant d'instances dans les individus, considérés un à un comme Sujets, que de fonctions dans un pays, et il y a une sorte de similitude entre ces instances et ces fonctions. Dire que la politique d'un pays est sage – ou vraiment pensée – se dira d'un individu pour les mêmes raisons, et désignera les mêmes déterminations que quand il s'agit de la politique.

— Et, copie Glauque, dire qu'un individu est courageux renvoie aux mêmes causes et aux mêmes circonstances qui font qu'on attribue cette qualité à la politique d'un pays.

— Et le parallélisme, conclut Amantha, vaut pour tout ce qu'implique le mot « vertu » pris dans son sens de « détermination pleinement positive ».

— Dans ces conditions, se réjouit Socrate, nous pouvons dire qu'un individu est juste de la même manière que l'est une politique, un pays, voire un État.

— Tel est bien le but que vous poursuiviez depuis des heures ! se réveille Polémarque.

— Nous n'avons pas oublié, poursuit Socrate, qu'une politique est juste pour autant que l'articulation qu'elle établit entre les trois fonctions principales – produire, protéger, diriger – autorise tout un chacun à prétendre à toutes.

— Certes pas ! s'exclame Glauque.

— Ainsi, lorsque chacune des trois instances dont l'articulation nous constitue comme Sujets tendra à nous rendre capables de tout ce qui donne sens à la vie, nous serons justes, car nous ferons tout ce qu'il nous revient de faire et dont nous nous réjouissons de pouvoir enfin le faire.

— Comme est alors agréable le sentiment d'exister ! dit Amantha, radieuse.

— L'instance rationnelle, dans ces conditions, devra dominer, continue Socrate, puisque sa vertu propre, la sagesse, lui impose de prendre soin du Sujet tout entier et que, dans cette tâche, l'Affect ne peut qu'être – et doit être – un fidèle lieutenant. Or, nous l'avons vu, l'éducation de base, faite de littérature, de poésie, de musique et d'exercices physiques, organise précisément l'accord entre Pensée et Affect, alimentant la tension de l'une par de splendides discours et de profonds savoirs, et apaisant l'autre par le rythme et l'harmonie des poèmes les plus denses et des créations musicales les plus élevées. Ces deux instances ainsi éduquées, sachant ce qu'est leur véritable fonction, prendront dans toute la mesure du possible le contrôle du Désir, lequel est certes la force motrice de l'activité subjective, et donc, dans tout Sujet, l'instance la plus importante, mais qui, livré à lui-même dans le monde tel qu'il est, ne s'oriente que vers l'argent et la propriété conçus comme moyens universels de toutes les jouissances. Pensée et Affect veilleront sur le Désir pour qu'il n'en vienne pas, obsédé par la répétition des plaisirs immédiats, à se renforcer sans mesure, et, oublieux de sa vertu propre et de toute l'économie subjective, à prétendre asservir les deux autres instances et à prendre le pouvoir sur le Sujet tout entier, ce qui, comme le Désir n'a en réalité pas les moyens d'un tel pouvoir, provoque dans la vie de tous d'irréparables désastres.

— Il me semble, objecte Glauque, que vous avez tout ramené aux conflits intérieurs du Sujet. Il y a quand même aussi des ennemis extérieurs. Un pays doit se défendre contre sa dislocation dans d'irrationnelles guerres civiles, c'est entendu, mais aussi contre les envahisseurs.

— Tu as parfaitement raison, s'exclame Socrate, fier de son élève. Mais n'est-ce pas là encore l'alliance de la Pensée et de l'Affect qui est décisive? La première analyse la situa-

tion et évalue le risque, le second permet des réponses énergiques, voire des combats sans merci. L'Affect matérialise
les décisions de la Pensée. C'est du reste cette alliance qui
justifie qu'on dise de quelqu'un qu'il est courageux. L'Affect
lui fait traverser sans faiblir les circonstances, qu'elles soient
agréables ou pénibles, parce qu'il obéit aux instructions de
la Pensée quant à ce qu'il faut craindre ou ne pas craindre.
La sagesse, quant à elle, procède directement de la Pensée, si
faible qu'en soit la puissance apparente, à la fois par l'intermédiaire des instructions qu'elle donne à l'Affect et par le
savoir qu'elle dispense quant à ce qui convient tant à chaque
instance prise en elle-même qu'à la structure que compose la
triplicité de ces instances. Et enfin il y aura tempérance, il y
aura sobriété, de ce que le Désir, qui est la plus importante
puissance réelle, acceptera cependant que son énergie soit
orientée par l'alliance de la Pensée et de l'Affect. Le Désir
reconnaîtra, comme le fait l'Affect, qu'à vouloir contester
la fonction dirigeante de la Pensée on expose le Sujet tout
entier à la ruine de son organisation intérieure. Et cette harmonie à la fois locale – par l'adéquation de chaque instance
à sa fonction subjective propre – et globale – par la pérennité
de la structure grâce à laquelle la direction de la Pensée, maté-
rialisée par l'Affect, oriente le Désir –, n'y reconnaissons-
nous pas, enfin, la définition, pour un Sujet, de la justice?

— Nous y sommes arrivés! dit Glauque comme quelqu'un
que stupéfie sa propre victoire.

— Oui, chers amis, nous avons réalisé le rêve qui nous a
poussés, au cœur de la nuit, quand le clapotis des eaux du
port et le bruit du vent dans les mâts nous faisaient escorte, à
présenter l'esquisse de ce que pourrait être un pays qu'anime
une vraie politique. Nous avons compris que la norme, à

l'échelle du pays tout entier, était que soit universalisée de façon cohérente l'aptitude aux trois fonctions que requiert toute vie collective : produire, protéger, diriger. Cela nous a permis de disposer d'une image convenable de ce qu'est la justice en général : un rapport réglé entre trois instances subjectives qui représentent respectivement l'énergie vitale – le Désir –, la direction mentale – la Pensée – et la médiation agissante – l'Affect.

— Un rêve qui est la réalisation de quel désir ? demande malicieusement Amantha.

— Laisse donc Freud tranquille. Pensée, Affect et Désir, ce n'est ni le conscient, le préconscient et l'inconscient, ni le Moi, le Surmoi et le Ça. Ma topique est meilleure, quoique plus ancienne.

Mais voici que Socrate s'exalte à son tour et se lance dans une de ces périodes éloquentes qu'on redoute d'autant plus que c'est avec une sorte de volupté qu'on s'égare dans leur syntaxe :

— La vraie justice, mes amis, a les mêmes caractéristiques, qu'il s'agisse de la vie collective ou de la vie personnelle, sauf que, dans ce dernier cas, on ne se réfère pas à des actions qu'on peut observer du dehors, mais à celles qu'on peut véritablement dire intérieures, parce qu'elles concernent le Sujet et ses trois instances constitutives, Pensée, Affect et Désir, quand ledit Sujet, loin d'autoriser aucune des dites instances à faire localement ce qui relève manifestement d'une autre, ou à bouleverser globalement la structure tripartite, soutient tout au contraire sa propre économie en s'organisant lui-même, en créant une discipline subjective dans l'exercice de laquelle il apprend comment on devient ami de soi-même, en faisant sonner les trois instances comme le ferait au piano un accord parfait, avec le *do* grave de la Pensée, le *mi* médian de l'Affect, le *sol* dominant du Désir et le *do* aigu de la Justice qui enveloppe l'ensemble, oui, Sujet musicien de lui-même, liant entre elles toutes ses composantes et faisant ainsi surgir, de la multiplicité qu'il est, l'Un qu'il est capable d'être, en sorte que, sobre autant qu'harmonieux, quoi qu'il fasse, soit dans le domaine de la production matérielle ou des soins du corps, soit dans l'une des quatre procédures génériques, politique, art, science ou amour, soit dans les relations amicales avec des particuliers, il repère et nomme juste et beau le type d'action qui fait une fois encore retentir en lui l'accord de cette musique subjective dont l'autre nom, relié au savoir qui préside aux actions de ce genre, est « sagesse », tout en même temps qu'il repérera et nommera injuste le type d'action qui ne fait entendre que des discordances informes et dont le second nom, relié aux opinions qui y président, est « ignorance ».

— Si cette phrase dit quelque chose, elle dit vrai, annonce énigmatiquement Amantha.

— Si, en effet, répond Socrate sur le même ton, il s'agissait d'affirmer que nous avons découvert ce qu'est la justice, à la fois dans l'individu juste et dans la juste politique communiste, nous pourrions dire qu'il s'en faut de beaucoup qu'on puisse nous accuser de mentir.

— Mais comment donc! sourit Amantha.

— Alors, par Zeus, rétorque Socrate, affirmons-le!

— Je suis avec vous, dit la jeune fille : affirmons-le!

— À quel jeu jouez-vous? s'inquiète Glauque.

— Au jeu obscur des conclusions indivises, répond Socrate.

Mais la lanterne de Glauque n'en est pas éclairée. C'est cependant avec courage qu'il relance :

— Il ne nous reste plus, en somme, qu'à définir l'injustice.

— Cette question est dans son détail assez compliquée, car si la justice est une, l'injustice est multiforme. Mais aussi bien elle est très simple dès lors qu'on se place à un niveau suffisamment général pour y définir l'injustice comme une sorte de sédition dans la disposition subjective, une dispersion mal réglée, une confusion funeste, la révolte d'une instance particulière contre la structure globale du Sujet afin d'en prendre le contrôle, et ce, de façon tout à fait aventuriste, puisqu'on sait qu'une action à la fois efficace et légitime suppose une discipline rigoureuse quant à la délimitation et à la répartition des fonctions dirigeantes, si bien que nous parlons d'injustice, de dysfonctionnement, de lâcheté, d'ignorance, bref, de comportement vicié, quand le Sujet n'est plus que trouble obscur et course errante.

— Cette fois, dit Amantha dont on ne sait si elle est admirative ou critique, on peut affirmer que si cette phrase définit univoquement quelque chose, il faut que ce soit l'injustice.

— Si, en effet, rétorque Socrate, lui aussi mi-figue mi-raisin, nous déclarons que nous avons défini de façon irréprochable la différence entre les actions justes et les actions injustes, que nous avons disposé dans la lumière de l'évidence ce que signifient les expressions « être juste » ou « être injuste », on ne pourra guère nous reprocher de n'avoir tenu nul compte des concepts sous-jacents aux mots « justice » et « injustice ».

— Aussi bien, dit Amantha en s'inclinant devant Socrate, n'ai-je pas pensé une seule seconde à vous le reprocher.

— Alors, par Zeus, déclarons-le !

— Absolument, approuve Amantha : déclarons-le !

253

— Ne recommencez pas vos jeux, gémit Glauque, avançons, avançons!

— Il me vient une idée à fort pouvoir didactique, dit Socrate. Le couple justice-injustice me semble ne différer en rien du couple santé-maladie, si ce n'est par le fait que le premier est au Sujet ce que le second est au corps. La santé n'est que le résultat de pratiques saines, tout comme la justice l'est de pratiques justes, et les pratiques injustes engendrent l'injustice comme ce qui est toxique engendre la maladie.

— On peut être plus précis, intervient Glauque d'un ton sévère. La santé n'est que le maintien dans le corps d'un rapport ordonné entre ses éléments constitutifs, qu'il s'agisse des grandes fonctions physiologiques, des systèmes hormonaux ou des agrégats cellulaires. Une maladie bouleverse ces rapports, comme on le voit dans la prolifération cellulaire cancéreuse, l'hyperthyroïdie ou l'insuffisance respiratoire. De même, la justice, vous nous l'avez démontré, n'est rien d'autre que le maintien de rapports consonants et efficaces entre les trois instances du Sujet. Et l'injustice est soit une confusion fonctionnelle locale qui déqualifie telle ou telle instance au profit d'une autre, soit une subversion globale qui détruit toute possibilité d'orienter le Désir dans la voie d'une véritable création subjective. On peut donc conclure que la justice est la santé du Sujet, tandis que la santé est la justice du corps.

Tout le monde applaudit à cette splendide intervention. Quand le calme revient, Socrate tente de reprendre la conduite des opérations:

— Il ne nous reste qu'à examiner s'il est plus avantageux d'être juste, même si personne ne s'en aperçoit, que d'être injuste, même si on est sûr de pouvoir l'être impunément.

Mais Glauque, boosté par le succès de sa conclusion appro-batrice, veut montrer qu'il s'y entend aussi en réfutations sonores et en longues périodes rhétoriques :

— Je trouve tout simplement comique, mon cher Socrate, que quelqu'un comme vous pose cette question alors que vous savez pertinemment que, même avec un libre accès aux plus grandes jouissances (boissons, nourritures, richesses illimitées, femmes voluptueuses, pouvoir absolu...), nul ne peut supporter de vivre quand son corps est complètement délabré, et que vous savez donc aussi parfaitement, comme vos définitions de la justice et de l'injustice en font foi, qu'il est encore plus impossible de supporter l'existence quand ce qui est au principe du Sujet est errant et corrompu, et cela, quand bien même on pourrait faire tout ce qu'on veut, sauf précisément ce qui nous délivrerait du vice et de l'injustice.

— J'avais la vocation d'un acteur comique, convient Socrate, mais j'ai préféré le spectacle philosophique. Puisque nous en sommes venus au point où il est absolument évident que les choses sont comme nous le disons, ce n'est pas le moment d'abandonner.

— Qui a dit qu'il fallait abandonner ? s'offusque Glauque.

— Au regard de l'unique forme où se pense la vertu, je vois qu'il y a multiplicité des vices. Et ça, il faut le penser, il faut nommer, classer, ordonner. À première vue, au milieu de l'infinité des vices possibles, j'en vois quatre qui méritent qu'on s'y attarde.

— Quatre ? Pourquoi quatre ? s'étonne Glauque.

— Autant de politiques bien définies, avec leurs dévia-tions propres, autant de Sujets qui y correspondent, non ? Or, en comptant notre politique, il y a en tout cinq grandes formes politiques : quatre mal formées et une seule excellente.

— Alors, donnez-nous les noms de ces politiques.

— Pour ce qui est de celle que nous souhaitons, le nom immortel est : communisme. Qu'il y ait un ou plusieurs dirigeants n'a, dans ce cas, aucune importance, puisque tout le monde peut être appelé à toutes les fonctions. En ce sens, du reste, ce serait plutôt comme une aristocratie universelle. Aristocratie, puisque tout est orienté par la pensée la plus raffinée et la plus étendue. Universelle, puisque de cette pensée n'importe qui peut et doit être le porteur. Le metteur en scène français Antoine Vitez a proposé la formule « élitaire pour tous ». J'en ai essayé une autre : « aristocratisme populaire ». Dans tous les cas, cette cinquième politique est bonne et vraie. Comme l'est le Sujet qui s'y constitue. Les quatre autres politiques sont des formes manquées et le Sujet qui en résulte est un Sujet mal formé.

— Et quels sont les noms de ces déviations ? s'impatiente Glauque.

CHAPITRE 8

Femmes et familles

(449a-471c)

Il fait de plus en plus sombre. De-ci de-là, les lampes à huile inscrivent de courts cercles où combat une lumière fluctuante. Socrate s'apprête à énumérer, dans l'ordre logique et historique qui règle leur interdépendance, les quatre politiques insuffisantes, quand Polémarque touche l'épaule nue d'Amantha. La dure jeune fille se cabre, puis comprend que son voisin ne veut qu'attirer son attention. Elle se rapproche et il lui murmure à l'oreille :

— Allons-nous le laisser franchir l'obstacle comme s'il ne l'avait pas même vu ?

— Il faut absolument l'en empêcher, rétorque Amantha.

— Qui faut-il empêcher de faire quoi ? se retourne Socrate.

— Vous, dit Amantha, de nous prendre pour des benêts !

— Diable ! qu'ai-je donc fait ?

— Vous nous traitez avec une impardonnable légèreté, permettez-moi de vous le dire, répond une Amantha, très remontée. Vous passez par-dessus une question de la plus haute importance uniquement pour n'avoir pas à vous mouiller. Croyez-vous pouvoir vous tirer d'affaire en lâchant comme ça, au détour de la conversation, que, s'agissant des femmes et des enfants, il est évident – je cite votre formule – « qu'entre amis on partage tout » ?

— Mais, chère Amantha, n'est-ce pas vrai ?

— À moins qu'il ne s'agisse d'une cochonnerie, moi, en tant que jeune femme, je ne sais même pas ce que cette phrase veut dire : que s'agit-il au juste de « partager » ? Il y a bien longtemps que nous vous tannons pour que vous nous exposiez vos vues sur la différence des sexes, la procréation et l'éducation des enfants en bas âge. À tous les coups, vous vous montrez allusif et fuyant.

— Elle a raison, intervient Polémarque. Une fois, vous vous êtes pratiquement moqué de nous, je vous cite : « Je suis comme le vieux Tolstoï. Quand on l'interrogeait sur ce qu'il pensait de tout ça, il répondait que le fin mot sur les femmes, il ne le lâcherait qu'au moment de fermer le couvercle ! »

— Vous n'allez pas passer à l'étude des quatre politiques non communistes sans nous avoir expliqué en long, en large et en travers tout ce qui se rattache au sexe, continue Amantha, de plus en plus véhémente.

— J'avoue, dit Glauque, que moi non plus je ne vous laisserai pas passer outre cette question fondamentale sans crier gare.

Et voici que même Thrasymaque ressuscite, sans doute parce qu'il a entendu le mot « sexe », qui plus est dans la bouche d'une femme :

— Te voilà dans de beaux draps, Socrate, triomphe-t-il. Quand on en vient enfin aux questions concrètes, je l'ai toujours dit, Socrate se défile !

Ainsi pressé de toutes parts, notre héros prend un air suppliant :

— Que faites-vous là, mes amis ? Quelles arguties mettez-vous une fois de plus en branle, aux lisières les plus ténébreuses de la vie collective? Je croyais bien en effet avoir astucieusement contourné ces questions sexuelles, et qu'ainsi vous vous contenteriez de mes brèves allusions égalitaires. Vous réveillez un essaim de guêpes, on va y passer les deux jours qui viennent!

— Et alors, dit Thrasymaque, tout à fait réveillé et tout à fait sarcastique. Crois-tu que nous passons la nuit dans cette villa pour ronfler à notre aise ou écouter des lieux communs? Si le sexe vient à l'ordre du jour, tu dois nous expliquer ta théorie sexuelle, un point c'est tout.

— Mais, se défend Socrate, sur ce genre de sujet la discussion est toujours démesurée.

— S'agissant du sexe, cher ami, répond Thrasymaque, bien décidé à remuer le fer dans la plaie, il n'y a pas de mesure qui tienne. La vie entière ne suffit pas à faire le tour du sujet, tant il passionne tout le monde. Ne te mets pas à notre place. Réponds à nos questions, pour une fois, expose ta doctrine sur l'éducation des femmes, sexe compris. Ne joue pas au philosophe constipé, ne recule pas devant les histoires de nudité et de baise. Dis-nous aussi ce qu'il faut faire avec l'épouvantable corvée que représentent les bébés et les tout-petits. Tu verras bien nos réactions.

— Il a raison, Socrate, confirme Glauque. Vos auditeurs, cette nuit, sont des gens instruits, à l'esprit ouvert, prêts à accepter les nouveautés les plus révolutionnaires. Laissez de côté vos soupçons et vos craintes.

— Tu crois me rassurer en disant cela, mais tu ne fais qu'augmenter mon angoisse. Si j'avais une complète confiance en moi-même quant au savoir réel sous-jacent à ce que je dis, tes encouragements tomberaient à pic. Devant un auditoire amical et compétent, ou bien tu connais réellement quelques vérités concernant des sujets importants et proches de tes préoccupations les plus chères, et alors tu peux parler de façon à la fois tranquille et hardie, ou bien tu parles sans disposer de la moindre certitude et en élaborant plus de questions que de réponses, ce qui est ma façon de faire, et tu te trouves alors dans une situation non pas ridicule – ce serait un sentiment puéril –, mais risquée et instable, car il se pourrait bien que tu sois en train non seulement de t'égarer loin, très loin de la vérité, mais aussi d'entraîner tes amis à ta suite, qui plus est sur des questions à propos desquelles ce genre d'égarement coûte très cher. À raison de ce que vous voulez me forcer à dire, je m'agenouille tout tremblant devant le grand Autre, juge éminent des choses du sexe. Nous savons bien qu'aux yeux de l'Autre tuer quelqu'un sans le vouloir est une faute moins grave que tromper les gens sur ce qui, en matière de vie collective, est noble, bon et juste. Quitte à s'exposer à cette seconde faute, comme vous désirez que je le fasse, mieux vaudrait avoir affaire à des ennemis qu'à des amis. C'est pourquoi me pousser dans mes retranchements n'est pas bien, non, ce n'est pas bien.

Glauque salue cette tirade d'un franc éclat de rire :

— Mon cher Socrate, même si votre discours nous exile du pays de la vérité, nous vous acquitterons du délit d'homicide et, dans la même sentence, du délit de tromperie. Parlez sans crainte d'avoir à boire la fatale ciguë.

Socrate impressionne alors son public par un long silence, visage immobile et fermé. Puis il se détend et, tout sourire :

— Il est vrai que, selon nos lois, quiconque est acquitté de meurtre retrouve une complète innocence. Il en sera de même pour moi si vous m'acquittez du délit de tromperie, n'est-ce pas ?

— Bien sûr, approuve Glauque. Vous n'avez plus aucune raison de vous taire.

— Hélas! Metteur en scène philosophique des rôles masculins, il faut bien que j'en vienne, pour que la pièce puisse être jouée, aux rôles féminins...

— Et c'est très différent, n'est-ce pas? ironise Amantha.

— Pas tant que ça, jeune fille, pas tant que ça! Après tout, notre pensée du développement en chacun des capacités dirigeantes n'a aucun rapport avec le sexe. Elle suppose au contraire que nous attribuions aux femmes une nature et des façons d'être à peu près semblables à celles des hommes, quitte à voir ensuite si ce principe peut réellement fonctionner.

— C'est en effet à voir de près, grince Glauque.

— Tu es niais, à la fin! s'insurge Amantha. Compare les dirigeants provisoires de notre pays communiste à de subtils et fidèles chiens de garde du paisible troupeau composé par les citoyens ordinaires – dont ils sortent, les « gardiens », dont ils ne sont qu'un détachement. Est-ce que ton idée, par hasard, est que les chiennes ne sont bonnes qu'à porter des chiots, et que les fonctions de protection et d'orientation doivent être réservées aux mâles?

— Je n'ai pas dit ça, mais...

— Alors, mon vieux, si tu penses que les femmes peuvent faire le boulot comme les hommes, est-ce que tu ne dois pas les nourrir, les entraîner et les éduquer exactement comme les hommes?

— Socrate, quémande Glauque, c'est vraiment ça que vous pensez?

— J'y suis contraint... Si nous attendons des femmes, quant au destin de la collectivité, les mêmes services que des

263

hommes, nous devons leur donner la même éducation de base. Nous avons fondé celle de nos « gardiens », ce qui veut dire de tous nos citoyens, sur la littérature, la musique et les exercices physiques, et il n'y a aucune raison de changer ce programme sous prétexte qu'on s'adresse à des femmes. Il en ira du reste de même lorsque nous parlerons plus tard de l'enseignement supérieur, notamment des mathématiques et de la dialectique. Ce sera bon pour tout le monde !

— Elles feront aussi la préparation militaire ?

— Absolument. Nous espérons mettre fin, pour toujours, à la monstruosité de ces boucheries qu'on appelle « guerres ». Mais si on nous attaque, nous nous défendrons.

— Avec des femmes au premier rang, approuve Amantha.

— Nous l'avons toujours dit.

— Mais quand même ! s'obstine Glauque. Il y a la pudeur, il y a la différence des sexes, il y a le désir. Il est courant de voir les hommes s'entraîner à poil, se doucher dans les vestiaires en faisant des plaisanteries plus ou moins salaces, tout ça... Vous voyez de belles jeunes femmes nues au milieu de ces bandes de rigolos ? Franchement, vous voyez ça ?

Socrate adopte alors un ton mi-sévère, mi-songeur :

— Mon cher Glauque, il n'y aura pas, il n'y aura jamais, chez nous, quelques femmes nues au milieu d'un troupeau de mâles. Il y aura sans aucun doute l'amour d'une femme et d'un homme, dans l'abri de leur vie privée. En dehors de quoi il y aura l'humanité tout entière, vieux, noirs, lourds, blancs, légers, femmes, bigles et bossus, jeunes, jaunes, bilieux, radieux, tous les corps possibles aussi mêlés que différents, corps dont la nudité éventuelle ne signifiera rien d'autre que le partage des mêmes exercices exigeant la nudité (exigence à mon avis très rare). Chaque individu surmontera comme il le peut, mais avec un identique enthousiasme, les différences particulières de tel ou tel de ces exercices communs.

Alors Amantha se souvient de ses lectures secrètes :

— Notre cher Aristophane, s'il voyait un de ces « très rares » exercices mixtes et nus, y trouverait de quoi muscler le discours furieux de son coryphée. Vous vous souvenez, dans *Lysistrata*?

> Si mâle mâlement vous ne tenez pas ferme
> Et donnez prise à ces guenons
> C'est sûr qu'elles vont de leurs mains nues porter le germe
> De la plus sale insurrection.
>
> Elles vont, ces beautés, affûter des couteaux
> Pour nous les couper sans façons
> Et transporter chez nous de la merde par seaux
> Pour en remplir nos caleçons.
>
> Qui ne l'a jamais vue s'enfonçant droit la trique
> Et chevauchant son possesseur
> Reste ignorant de quoi son épouse électrique
> Est capable en fait de noirceur.

— Eh bien, se moque Socrate, je vois que ton répertoire est étendu. Mais ce n'est pas Aristophane qui va nous détourner d'affirmer que les femmes peuvent et doivent, nues si la bizarrerie de la circonstance l'exige, piloter nos avions de chasse, commander nos divisions de chars d'assaut ou régenter sous les vagues, furtivement, nos sous-marins nucléaires. En vérité, cacher ou montrer telle ou telle partie du corps ne relève que de la contingence des coutumes. Il est stupide de monter au plafond parce qu'une femme montre ses cuisses, mais il ne l'est pas moins de faire des lois, comme les Français, pour interdire qu'une femme se couvre les cheveux avec un foulard. Seuls les gens creux comme des noix trouvent risible ou scandaleux ce qui n'est qu'une coutume différente de la leur. On doit soupçonner celui qui veut absolument qu'on s'indigne de futilités de ce genre, et non de ce qui est véritablement insensé ou nuisible, de nourrir des desseins tout à fait opposés au Bien tel qu'il procède des vérités disponibles.

— Ce type de phraseur est en général un facho qui s'ignore, dit sèchement Amantha.

— Mais nous, ce qui nous importe, c'est de nous mettre d'accord sur le point de savoir si nos idées sont praticables ou non, et, pour cela, de convoquer un interlocuteur qui va les discuter, gai comme un pinson ou sérieux comme un pape, en cherchant à savoir si la branche femelle de l'espèce humaine est capable de partager tous les travaux de la branche mâle, ou aucun, ou quelques-uns seulement, et dans quel groupe de travaux il faut mettre tout ce qui a rapport à la guerre.

— Avec une méthode aussi nouvelle et aussi subtile, ricane Amantha, on est sûr d'aboutir à une conclusion magnifique.

— Moque-toi! riposte Socrate. Joue-nous plutôt le rôle de l'interlocuteur opiniâtre, le gars qui pense qu'avec lui on va se planter.

— Volontiers.

Et Amantha prend la voix flûtée d'un professeur de droit :

— Cher Socrate, cher Glauque, point n'est besoin que d'autres contestent vos conclusions, vous vous contredisez bien assez vous-mêmes. Lorsque vous avez résumé la vraie nature d'un pays et de son État, vous avez mis en avant la division du travail et reconnu que le goût pour tel ou tel métier relevait des dispositions naturelles de chacun.

— Certes, objecte Socrate, mais, souvent sous ton aiguillon, nous avons rectifié notre analyse dans un sens communiste : tout le monde doit pouvoir s'occuper de tout.

— Certainement pas au point de passer outre une différence naturelle et symbolique aussi cruciale que la différence des sexes, reprend Amantha, pédante pour deux. Nierez-vous, messieurs, le caractère pour ainsi dire ontologique de cette différence ?

— Pas du tout, jette Glauque. Les femmes et les mecs, ça n'a pratiquement rien de commun.

— Alors, messieurs, le lacet de la contradiction se resserre sur votre argument et en étrangle la vitalité. Il est absurde de soutenir, d'une part, qu'il faut que l'État soit dirigé de la façon la plus appropriée possible à son unique nature, et que, pour ce faire, on doit former, issu des larges masses de travailleurs ordinaires, un personnel aussi homogène que compétent, et, d'autre part, qu'on peut dans tout cela ne tenir aucun compte de la différence, tant objective que subjective, entre les hommes et les femmes. Peux-tu, mon cher frère, éclairer pour nous tous cette inconséquence ?

— Comme ça, de chic, je n'y vois pas clair.

— Et vous, Socrate ?

— Je vous répète depuis le début que la question des sexes est un labyrinthe pire que celui du Minotaure...

— Il lui a fallu du reste une femme, au mec Thésée, pour s'en sortir.

— Eh oui, Ariane, l'éternelle abandonnée...Vous comprenez pourquoi je suis tenté, moi, d'abandonner cette discussion ?

267

— Mais vous ne le ferez pas, affirme Amantha.

— Ah, tu me connais trop bien. Après tout, qu'on tombe dans la mare aux canards ou dans l'océan Pacifique, il n'y a rien d'autre à faire que nager. Jetons-nous à l'eau et espérons que, comme le poète Arion de la légende, un dauphin nous prendra sur son dos et nous déposera sains et saufs sur le rocher du cap Ténare.

— Quelle équipée! se moque Amantha.

— Une seule femme est déjà, pour un homme, une équipée sauvage. Alors, toutes les femmes à la fois…

— Courage, Socrate! Affrontez ces monstres!

— Si tu m'en donnes l'ordre… Voyons, récapitulons la difficulté. Si des êtres vivants ont des natures véritablement différentes, il est peu probable qu'ils conviennent identiquement pour des tâches identiques. Or, les hommes et les femmes ont effectivement des natures différentes. Donc, nous ne pouvons conclure, comme nous l'avons fait, qu'éduqués identiquement les hommes et les femmes rempliront avec une identique efficacité d'identiques tâches dirigeantes. C'est bien ça?

— Tout à fait, répond Glauque, et je ne vois pas du tout comment nous allons nous en sortir.

— La fausse dialectique, celle qui se ramène au maniement habile des contradictions, a décidément un sacré pouvoir.

— De quoi vous nous parlez, là? s'étonne Glauque.

— Bien des gens se précipitent dans ce genre de dispute sans même le vouloir, et s'imaginent dialectiser pour de bon alors qu'ils ne font que se quereller. Pourquoi? Parce qu'ils sont incapables de résoudre un problème à partir de la multiplicité immanente des idées qu'il contient. Pour eux, le processus qui consiste à contredire un interlocuteur reste purement verbal, si bien que la discussion tout entière relève de la sophistique querelleuse, et non de la dialectique.

— Bien, bien, ronchonne Amantha, mais quel rapport avec nos histoires sexuelles ?

— Nous risquons fort nous aussi d'être involontairement victimes de pseudo-contradictions. Nous fondant sur l'évidence supposée des mots « homme » et « femme », nous objectons à nous-mêmes, avec un enthousiasme suspect, qu'à des natures aussi différentes ne sauraient convenir des fonctions identiques, sans avoir préalablement examiné quelle idée nous nous faisons et de cette différence, et de cette identité, ni quel type de relation nous avons à l'esprit quand nous attribuons à des natures différentes des fonctions différentes, et des identiques à des identiques.

— Vous pouvez nous donner d'autres exemples que celui des hommes et des femmes ? questionne Glauque, quelque peu égaré.

— Demande-toi d'abord si, parmi les mâles de l'espèce humaine, les chauves et les chevelus sont de même nature ou constituent deux ensembles contradictoires. Ensuite, ayant constaté que leur différence est bien réelle, tires-en la conclusion qu'il faut interdire aux chauves la pêche à la ligne si l'on voit que nombre de chevelus y excellent.

— Vous plaisantez !

— Pas du tout. Je veux souligner ceci : quand nous déterminons une différence entre les gens, il faut aussitôt prendre garde qu'il ne s'agit pratiquement jamais d'une différence absolue. Cette différence est en rapport avec les fonctions au regard desquelles nous posons qu'elle a de l'importance.

Il est certain, par exemple, que « chauve » ou « chevelu »
constitue une différence significative au regard de la qualité
« client d'un coiffeur », mais insignifiante quand il s'agit
de pêche à la ligne. Si nous disons que quelqu'un est naturellement doué pour la médecine et tel autre pour le tir à
l'arc, cela ne veut pas dire qu'ils sont en tout différents. Il
se peut fort bien qu'ils soient identiquement doués pour les
mathématiques. Quand nous affirmons que, dans l'humanité prise comme un tout, le sous-ensemble des femmes diffère de celui des hommes, il faut préciser au regard de quel
savoir-faire, de quelle fonction nous pensons cette différence
pour finalement attribuer le monopole de ladite fonction à
l'un ou l'autre sexe. S'il apparaît que les sexes ne diffèrent
qu'en ce qui concerne le processus matériel de la reproduction – les femelles portent l'enfant et accouchent, les mâles
se contentent de décharger leur semence dans le ventre de la
femelle –, nous ne verrons là rien qui puisse nous convaincre
qu'homme et femme diffèrent quant au savoir-faire politique,
et nous maintiendrons notre point de vue : les « gardiens »
chargés à un moment donné de la direction des affaires du
pays peuvent aussi bien être des gardiennes.

— Je ne suis pas certaine que cela suffise à clouer le bec
à tous les gros machos pour qui les femmes ne sont bonnes
qu'à coudre, cuire, lessiver, torcher les mômes, passer l'aspi-
rateur et écarter les cuisses ! proteste Amantha.

— Eh bien, demandons une fois de plus à notre contradicteur, le disciple d'Aristophane et de toute la clique réactionnaire, de nous indiquer le savoir-faire ou la fonction qui,
dans l'ordre politique, ne convient qu'aux hommes, et pour
quoi les femmes n'ont aucun don naturel. J'attends.

— Il va se débiner, grince Amantha. Il va pleurnicher, comme Glauque tout à l'heure, que la question est délicate et que, comme ça, de chic, il ne peut pas répondre.

— Alors, dit Socrate conciliant, prions-le de nous suivre dans les méandres de la démonstration par laquelle nous allons établir qu'en ce qui concerne l'administration d'un pays il n'existe aucune fonction qu'il faille réserver à un sexe particulier.

— Allez-y ! Je joue le réac, dit Amantha, hilare.

— Quand tu dis que quelqu'un est doué dans un domaine déterminé et qu'un autre ne l'est pas, ne veux-tu pas dire que le premier comprend ce dont il s'agit avec facilité, pendant que l'autre sèche lamentablement ?

— Et qu'est-ce que c'est que c'est que je dirais d'autre ? brame Amantha.

— Et aussi que celui qui est doué est capable, après de courtes études, d'inventer bien au-delà de ce qu'on lui a appris, alors que le nul, après des études interminables, ne parvient même pas à se souvenir de ce qu'on lui a inculqué ?

— Il est naze, le gars Socrate. Un gars qui trouve seulement à dire que si le nul il est nul, alors l'intello ramène sa fraise, je te jure que c'est trop !

— On peut aussi dire que chez l'un, le corps est au service de l'intelligence, tandis que chez l'autre il y fait obstacle ?

— Socrate, tu nous noies le poisson dans la bouillaque, là ! C'est quoi, ton « intelligence » ? Tu fais quoi, avec ton intelligence ? Au pieu il faut triquer, pas intelliger !

— Mais dans tout ce dont nous parlons, mon cher marlou, justement, en quoi le sexe intervient-il ?

— On l'a dit il y a longtemps : penser c'est bien, mais bander c'est mieux. D'où que le sexe, il est partout !

271

— Autant dire qu'il n'est nulle part. Avec les critères que nous utilisons, on voit très nettement que, dans beaucoup de domaines, nombre de femmes sont meilleures que beaucoup d'hommes, mais qu'aussi bien nombre d'hommes sont supérieurs à bien des femmes. Si bien qu'on ne peut rien conclure, sinon qu'il ne saurait y avoir, pour ce qui concerne l'administration d'un pays, de tâche propre aux femmes en tant que femmes ou propre aux hommes en tant qu'hommes. Les dispositions naturelles ont été uniformément réparties entre les deux sexes, et, de ce fait, les femmes sont naturellement aptes à toutes les fonctions, comme les hommes.

— On voit pourtant des tas de nanas nulles en maths, et très peu, peut-être même zéro, qui sont, je sais pas, moi, général en chef, tente assez médiocrement Amantha dans le rôle du misogyne acculé.

— Mais ces différences proviennent manifestement de préjugés qui ont pendant des siècles influencé l'éducation des filles au détriment de l'égalité entre les sexes. Quant à nous, nous poserons que toute fonction est accessible aux femmes comme aux hommes. Nous dirons le plus simplement du monde qu'il y a des femmes douées pour la médecine et d'autres moins, des femmes qui aiment la musique et d'autres qui ne l'aiment guère, des femmes tout à fait tentées par l'art de la guerre, d'autres que ça dégoûte, des femmes philosophes et d'autres qui préfèrent la sophistique, des femmes courageuses et des femmes craintives... tout comme les hommes. Notre conclusion impérative sera que rien ne doit empêcher quelque femme que ce soit d'occuper à son tour une fonction dirigeante. Il y a chez les femmes comme chez les hommes un naturel approprié à la défense du pays, et si ce naturel a longtemps semblé plus faible chez les femmes, c'est parce qu'on a délibérément organisé chez elles son atrophie par de brutales ségrégations éducatives et d'insidieuses propagandes sur la prétendue « faiblesse » du sexe féminin.

— Alors que tout le monde constate que nous sommes plus résistantes que les hommes ! triomphe Amantha, redevenue elle-même.

— C'est bien vrai. Et il n'y a rien de meilleur en politique que l'engagement de toutes ces femmes aussi résistantes que remarquables. Or, cette excellence féminine sera exaltée, dès l'enfance, par la littérature, la poésie, la musique et les exercices physiques, tels que nous en avons esquissé l'usage dans notre programme scolaire.

— Ce qui implique que, s'il le faut, nous nous mettions nues, comme les mâles, dit Amantha non sans coquetterie.

— Évidemment. Une femme qui est forcée de se mettre nue parce que telle ou telle tâche au service de la collectivité l'exige aura sa vertu militante comme vêtement. Quant aux hommes qui seraient tentés de faire alors des plaisanteries graveleuses, nous en dirons, comme Pindare, que

> C'est des journées trop tôt, avant qu'il ne soit mûr
> Que du doux fruit du rire ils éveillent l'enflure.

Ces mâles rient bêtement de cela même qu'ils font, sous le prétexte ridicule qu'une femme le fait aussi. Ils feraient mieux de s'en tenir au proverbe : « L'utile est aussi beau que le nuisible est laid. »

— Et de se réjouir silencieusement, complète Amantha, de ce que l'utilité d'un exercice puisse trouver son emblème dans la nudité féminine, depuis toujours icône de la beauté.

Sur ce point, Socrate ne contredira pas la jeune fille.

— Voilà qui clôt ce chapitre, à mon avis. La vague soulevée par cette vieille histoire du rôle des femmes et de leur éducation ne nous a nullement submergés. L'égalité absolue entre hommes et femmes de ce point de vue est non seulement pour nous une question de principe, mais nous sommes en état de prouver que c'est ce qu'il y a de plus utile pour la collectivité tout entière.

Mais Glauque ne pense pas, lui, que le législateur communiste soit au bout de ses peines :

— Il reste une seconde vague qui pourrait bien, cette fois, nous noyer pour de bon.

— Laquelle ?

— Que devient, dans votre construction, cette unité primordiale de la société qu'est la famille ? Qui va s'occuper des enfants ? Accessoirement, que devient, dans ce contexte, l'égalité entre les femmes, qui portent l'enfant à naître dans leur ventre, qui nourrissent le fœtus avec leur propre sang, qui accouchent dans la douleur, qui allaitent le bébé, et les hommes qui n'ont rien fait dans cette histoire que baiser et jouir ? Mais surtout, dans votre construction, que devient la famille ? La famille, on le sait, est le lieu où se concentrent les richesses et où, de façon absolument indue, elles sont transmises à des héritiers privés et non à la communauté tout entière, même s'il s'agit d'usines, de banques, de trésors artistiques, d'immeubles, de forêts... La famille me semble absolument nécessaire pour l'éducation des enfants, en même temps que, solidaire de la propriété privée dans ce qu'elle a de pire, elle est le pilier de l'ordre inégalitaire, et du reste aussi le fétiche de toutes les politiques réactionnaires sans exception. Qu'avez-vous à dire de ce paradoxe, Socrate ?

— Souvenons-nous, ajoute Amantha, du beau livre d'Engels, *L'Origine de la famille, de la propriété privée et de l'État*. Cette « origine » est commune aux trois termes et détermine le triomphe oppressif le plus solide de toute l'histoire de l'humanité. Nous avons décidé d'abolir l'appropriation privée de tout ce qui possède un usage et une valeur pour la collectivité tout entière. Nous avons décidé de dissoudre l'État dans l'exercice polyvalent de toutes les fonctions publiques par tous et toutes à tour de rôle. Qu'est-ce qui pourrait nous faire hésiter devant cette idole réactionnaire qu'est la famille ? Il faut en prévoir la complète disparition. La famille est ce qui donne corps aux idées proprement obscènes de patrimoine, d'héritage, d'hérédité, de supériorité par la naissance, de sang, de race, d'inégalités inévitables… Gide a raison de s'exclamer : « Familles, je vous hais ! » Eh bien, Socrate, vous ne dites mot ?

Socrate en effet reste assis, comme absent. Il s'éponge le front. Le silence se prolonge et les jeunes gens, soucieux, n'osent le rompre. Socrate finit par murmurer presque entre ses dents :

— Votre frère aîné, Platon, a cru pouvoir parler en mon nom sur cet étrange et presque intraitable sujet qu'est la famille. Il part, c'est vrai, de quelques imprudences verbales de ma part et me fait dire en gros ceci, je cite de mémoire : « Les femmes seront communes à tous. Aucune ne vivra particulièrement avec aucun homme. Les enfants aussi seront communs. Le père ne connaîtra pas son fils, ni le fils son père. » Oui, mais alors, qu'est-ce qui organise la rencontre amoureuse, le lien sexuel, l'ordre symbolique de la filiation ? La réponse que Platon m'attribue est : l'État, toujours l'État, encore l'État. Tu as très justement cité Engels, chère fille.

Qu'est-ce qui s'est passé depuis? En Union soviétique, on a aboli la propriété privée, mais on a renforcé l'État, qui devait dépérir, et la famille est restée suffisamment forte pour que les enfants des cadres du Parti soient des privilégiés héréditaires. Et d'après le Socrate de ton frère, dans la trop fameuse « Cité idéale », on abolit la propriété privée et la famille, mais l'État sort de ces abolitions doté de pouvoirs exorbitants. À partir de l'axiome selon lequel les enfants appartiennent à la communauté tout entière, on en vient, dans la ligne de cet antifamilialisme platonicien, à ce qu'il faut bien appeler des horreurs. Les mariages sont décidés par l'État, qui organise un tirage au sort truqué de façon que se mettent en couple les plus belles bêtes humaines, comme on fait pour les chiens de race ou les bœufs de labour. Tout ça pour être sûr d'obtenir de « beaux enfants ». Du reste, les nouveau-nés chez qui on observe un handicap, même léger, sont assassinés discrètement par la police. L'inceste frère-sœur est légal, voire recommandé, car on attend de la consanguinité entre deux adultes beaux et intelligents que leur descendance le soit aussi. Le nombre d'enfants est fixé par l'État. Si on ne l'atteint pas, ça se passe comme pour les objectifs fixés par les plans quinquennaux en Union soviétique : on enquête, on trouve des coupables et on les châtie. Et si on dépasse la norme, on n'est pas promu héros national, comme le mineur Stakhanov du temps de Staline. On est aussi puni.

— Après tout, dit Amantha, les enfants, ce n'est pas comme le charbon. Faut-il absolument décorer un champion de la baise ou une femme qui est enceinte tous les dix mois?

— Ce n'est pas drôle! s'insurge Socrate, mais toujours à voix basse et le visage immobile. Rappelons-nous que, dans

276

cette Cité idéale, les vieux ont le droit pratiquement illimité de taper sur les jeunes. Songez que, pour dresser les enfants au service de l'État, Platon prétend qu'il faut les emmener dès l'âge de cinq ans au cœur de la bataille, afin qu'ils s'habituent à l'impassibilité quand on égorge, qu'on éventre, qu'on décapite, qu'on patauge dans le sang en piétinant des cadavres démembrés. Non, tout ça n'est pas drôle.

— Le génial psychanalyste français Jacques Lacan – Glauque est fier de disposer de cette référence –, pourtant grand admirateur et de Platon, et de vous, a dit que la Cité idéale ressemblait « à un élevage de chevaux bien tenu ». Vous êtes d'accord avec lui, en somme ?

— Je peux comprendre que votre frère, irrité par cette espèce de résistance de la famille à tout zèle révolutionnaire, se porte aux extrêmes et ne voie d'issue que dans l'étatisation presque intégrale des liens privés et la disparition de l'intime. Que la fraternité militante dans le Parti soit plus importante que les solidarités familiales, oui, je peux comprendre qu'on le souhaite. Mais je ne peux désirer les conséquences désormais connues de cette vision. Que les enfants dénoncent leur père comme « contre-révolutionnaire » en sachant qu'on va l'exécuter, et cela non par peur, mais dans l'exaltation du devoir politique, je peux y voir une sorte de terrible esthétique du nouveau monde, une vision paroxystique de l'« homme nouveau ». Mais il demeure qu'il y a là quelque chose de monstrueux, et qui n'a aucune chance de durer.

— On a pourtant revu ça dans les années soixante du XXe siècle, rappelle Amantha. Certains groupes révolutionnaires prônaient une vie entièrement collective dans des appartements communautaires, avec une sexualité ouverte, publique, sans exclusive. Le désir avait par lui-même raison,

277

y consentir était ce qu'il y avait de plus moral. On était tous frères et sœurs, et on baisait aveuglément, sans égard aucun pour l'identité du partenaire du moment. C'était comme ça, au moins au début, chez les Weathermen américains, des jeunes courageux qui voulaient rallier à la révolution les prolétaires blancs de Chicago, et qui, désespérés par l'échec de leurs tentatives, en sont venus à poser des bombes par-ci, par-là, avant de finir leur vie en prison. J'envie parfois cette époque.

— Tu n'as pas raison, dit Socrate. Non. Tout ça est funeste, tout ça ne mène à rien. Chers amis, moi, Socrate, je ne paierai pas ce prix pour la nécessaire dissolution de la famille telle qu'elle est. Non et non. Profitant de l'occasion qui m'en est donnée par Badiou, je m'élève ici solennellement contre l'interprétation de ma pensée par votre frère Platon.

— Mais quoi, alors ? s'angoisse Glauque. On est dans l'impasse ?

— On peut toujours commencer par limiter drastiquement l'héritage. Ce ne sera déjà pas si mal. En peu de générations, tout ce qui le mérite reviendra à la propriété collective. Pour le reste, admettons-le, cette question de la famille et de la dialectique de l'intime et du public est la croix du communisme, parce que l'amour, qui est lui aussi vérité, exige le retrait, exige que lui soit accordée une part d'invisible. Nous ne pouvons nous engager dans la voie qui, au nom du très réel fardeau réactionnaire qu'est la vie familiale, prétendrait supprimer toute distinction entre vie publique et vie privée. La menace n'est d'ailleurs pas seulement du côté des entreprises communistes. La démocratie corrompue, qui est le régime politique du capitalisme crépusculaire, adore aussi la « transparence », et les hommes politiques étalent au grand jour leurs amourettes, voire leurs orgies. La volonté d'en finir avec les secrets créateurs de l'amour était flagrante dans les pays où on déclarait que la politique était « au poste de commandement », qu'elle devait tout emporter avec elle. Mais elle est tout aussi active dans les pays où c'est l'argent qui est au poste de commandement : la secrète gratuité de l'amour exaspère les capitalistes qui alors gouvernent, ils préfèrent de beaucoup les juteux profits publics de la pornographie. Dans les deux cas, on récuse qu'il faille pour toutes les vérités non politiques un retrait, un silence, un abri séparé. C'est aussi vrai, après tout, de l'artiste ou du mathématicien. Or, cette question du retrait, de la séparation entre vie privée et vie publique, a depuis les origines de l'humanité la vie familiale comme forme dominante. Même les plus grands amoureux ne peuvent échapper à la nécessité de créer cette forme d'abri pour leur intimité. Et c'est de cet amour doté d'un abri que découle aussi que les enfants soient reçus, quand ils naissent, dans le don d'une intimité, et non exposés sans merci au tumulte de l'indifférence publique. C'est pourquoi, en fin de compte, la suppression de la famille est à la fois nécessaire et extraordinairement difficile. Portons cette croix, jeunes gens, et passons outre. Nous la porterons tant que le mouvement réel n'aura pas suscité, sur ce point, l'idée qui nous fait défaut.

— En somme, dit Amantha ironiquement, la puissance intime de l'amour vous conduit, s'agissant de la famille, à la maxime de Wittgenstein : « Ce dont on ne peut parler, il faut le taire. »

— Disons plutôt que nous attendons le jour où, s'agissant de la famille dans son lien si obscur avec l'amour et l'enfance, nous pourrons enfin penser que ce dont on ne peut parler, il faut le faire.

CHAPITRE 9

Qu'est-ce qu'un philosophe?

(471c-484b)

La nuit était dans son second moment, quand le silence de la terre acquiert l'épaisseur d'un tapis. Tous les invités de Céphale étaient rentrés chez eux, sauf quelques-uns, trop ivres, qui dormaient à même les dalles bleues du patio. Seuls Socrate, Amantha et Glauque survivaient à la puissance de ces heures délaissées qui composent le vestibule du matin. Pas tout à fait, pourtant : Polémarque était encore là, aussi silencieux qu'attentif. Et sur un fauteuil de cuir, à quelques mètres, Thrasymaque veillait, peut-être : il baissait la tête, les yeux clos, si bien qu'il était impossible de savoir s'il dormait ou si, tel un espion expérimenté, il enregistrait toute la discussion sans en avoir l'air. Après l'échec de Socrate sur ce que pouvait être une conception communiste de la famille, personne ne semblait vouloir prendre la parole. Socrate lui-même buvait à petites lampées une coupe de vin blanc des îles, comme si la discussion était terminée. Amantha, après sa sortie nostalgique concernant les communautés politiques et sexuelles, s'était couchée sur un divan, mains derrière la tête, mais yeux grands ouverts. Glauque allait et venait à pas lents. Des mots finirent par sortir à petite allure de son épaisse bouche d'adolescent :

— Si nous continuons à nous enfoncer dans une exposition systématique de tous les règlements conformes à ce

que vous avez appelé la cinquième politique et qu'Amantha a très tôt désigné par le nom de communisme, nous oublierons carrément la question essentielle dont vous avez différé l'examen, il y a un bon moment, pour vous lancer dans ces détails sur les femmes et la famille, tout de même un peu oiseux et qui n'ont pas abouti à grand-chose. Que nous ne parvenions pas à traiter de points comme le mariage, l'héritage, la sexualité, pose une question bien plus vaste, à savoir : cette cinquième politique est-elle possible ? Et quels sont les moyens, si elle est possible, de la rendre effective ? Évidemment, si l'on suppose que la politique communiste est réelle, il s'ensuit, pour le pays, des avantages considérables. J'en vois même que vous n'avez pas mentionnés. Par exemple, le courage des soldats engagés dans une bataille y serait soutenu par la certitude de n'être pas abandonnés, car la fraternité politique et l'habitude des actions collectives font que le mot « camarade » aurait pour tous la même force que les vieux mots « frère », « père » ou « fils » ont dans les familles. Si, en outre, comme vous l'avez proposé, les femmes participaient au combat, soit derrière les troupes d'assaut, pour épouvanter l'ennemi, soit comme réserve en cas de coup dur, soit même en première ligne, nous deviendrions tout simplement invincibles. Que, par ailleurs, chez eux, tous les habitants du pays puissent, sous condition d'une telle politique, savourer mille jouissances dont vous n'avez pas soufflé mot, je le vois aussi. Alors, Socrate, puisque je vous donne quitus de votre rapport sur les infinies supériorités de notre communisme, n'en parlons plus. Centrons désormais toute l'argumentation sur les deux problèmes non résolus. Un : cette politique est-elle possible ? Deux : si c'est le cas, où, quand et comment ?

Socrate, surpris, repose son verre :

— Ma parole ! Tu mènes contre mon discours une véritable attaque brusquée. Tu n'accordes donc jamais de circonstances atténuantes à celui qui hésite ? Depuis le début de notre discussion, j'ai échappé de justesse aux effets ravageurs d'une tempête théorique concernant mon féminisme, je me suis noyé dans une autre concernant la famille, et voici que – sans en être conscient, je veux bien – tu déchaînes contre moi la plus énorme et la plus périlleuse de toutes les tempêtes de ce genre ! Quand tu en auras été témoin, tu m'accorderas pleinement les circonstances atténuantes : tu comprendras mes hésitations, ma peur non seulement d'avancer une idée violemment paradoxale, mais de procéder en outre à sa complète justification.

— Plus vous vous déroberez de la sorte, plus nous serons hors d'état de tolérer que vous ne nous disiez pas comment notre cinquième politique peut advenir dans le réel. Ne nous faites pas perdre notre temps : parlez !

— Je vois… Pour commencer, il faut nous rappeler que nous en sommes venus à ce point fatal parce que nous enquêtions sur ce que peuvent bien être la justice et l'injustice.

— Quel rapport avec ma question ?

— Aucun, aucun… Mais admettons que nous ayons en effet découvert, comme nous le croyons, ce qu'est la justice. Penses-tu que nous poserions comme un axiome que l'homme juste ne doit différer en rien de cette justice essentielle et doit être en tout point tel qu'elle est ? Ou bien nous contenterions-nous d'une proximité maximale avec elle, en sorte que ce juste puisse être dit participer de l'essence de la justice plus que les autres hommes ?

— J'adopterais plutôt la deuxième position.

— C'est que nous avons mené notre enquête sur ce qu'est la justice, ce que serait le juste achevé si d'aventure il existait, ou aussi bien sur ce qu'est l'injustice et le plus injuste des hommes, uniquement en vue de construire un paradigme de tout cela. Par l'exacte considération de ces deux types humains et de leur apparence vivante quant au bonheur et à son opposé, nous espérions que s'exercerait, sur nous et à propos de nous-mêmes, une contrainte rationnelle : avoir à reconnaître que plus nous leur ressemblerions, plus notre destin serait semblable au leur. Nous n'avions pas pour but de prouver que ces types humains peuvent exister dans le monde empirique. Imaginons un peintre fameux, capable de créer sur la toile un véritable paradigme de l'humanité, de penser et de représenter à la perfection les composantes du plus admirable des hommes. La grandeur artistique de ce peintre serait-elle diminuée s'il lui était impossible de prouver qu'un tel homme paradigmatique peut exister dans le monde réel ?

Glauque flaire un piège :

— Euh... Je ne crois pas, mais...

— Nous avons, nous, proposé dans l'ordre du concept un paradigme de la vraie communauté politique, s'empresse de couper Socrate. Penses-tu que cette proposition perdrait de sa valeur sous prétexte que nous sommes incapables de prouver qu'on peut établir dans le monde un ordre politique conforme à nos dires ?

— Je ne sais trop. Il me semble...

— C'est la vérité, un point c'est tout. Mais si, uniquement pour te faire plaisir, je dois m'efforcer de prouver que notre cinquième politique est praticable – en indiquant les moyens adéquats et l'exacte mesure de cette praticabilité –, je te demanderai de m'accorder, comme condition de cette preuve, le même type d'évidence que tout à l'heure.

— Quelle évidence ? se méfie Glauque.

— Je soutiens qu'il n'est pas possible de faire exactement ce qu'on dit. Ma conviction est que la nature impose à l'action des inerties et des résistances telles qu'elle reste toujours inférieure au discours – si, bien entendu, le critère choisi est la participation à l'idée du Vrai. On peut avoir un avis opposé. Mais toi, m'accordes-tu cet axiome ?

— Certainement, dit Glauque, surtout soucieux de ne pas retarder une fois encore l'argumentation de Socrate sur la possibilité du communisme.

— Ne me contrains donc pas à soutenir que ce que j'ai fait exister en tant que proposition dans le langage peut aussi exister intégralement en tant qu'œuvre dans la réalité empirique. Si nous sommes capables de trouver les moyens concrets de fonder une communauté politique aussi proche que possible de nos propositions théoriques, considère alors que nous aurons prouvé, comme tu le demandes, la praticabilité de ces propositions. En tout cas, moi, je serai très content d'une démonstration de ce genre.

— Je le serai aussi, dit Glauque qui trouve ce préambule bien long et bien précautionneux.

— Après quoi, continue Socrate, il me semble que nous pourrions nous attacher à un sérieux travail de recherche en deux étapes. Premièrement, montrer ce qui dysfonctionne dans les pays qui ne sont pas organisés selon nos principes. Deuxièmement, découvrir, cas par cas, un changement par lui-même insignifiant, mais dont l'effet serait de reconfigurer toute la communauté politique soumise à notre examen et de la rendre conforme à notre paradigme communiste. L'idéal serait que ce changement porte sur un point, sur deux à la rigueur. En tout cas, ces points doivent être aussi peu nombreux que possible. Et surtout, considérés dans la perspective de l'ordre établi où nous les identifions, ils doivent n'avoir aucune importance apparente. Je dirais même que, aux yeux de l'État que nous désirons révolutionner, le point d'application du changement n'existe pour ainsi dire pas. Il est absolument étranger à ses préoccupations ordinaires, et c'est ce qui va nous servir. Ce qu'il nous faut est un point inexistant et unique, mais réel, dont l'identification et la relève vont tout changer, faisant advenir la vérité du corps politique. Oui! Changeons ce seul point aux lisières du néant, et nous pourrons montrer qu'alors la totalité de l'État concerné change absolument. Ah! ce n'est ni facile ni rapide d'identifier et de traiter ce point. Mais c'est possible.

— De quoi parlez-vous exactement? demande un Glauque égaré.

— Me voici convoqué au lieu où déferle ce que nous avons appelé la plus énorme vague capable de secouer et de renverser notre barque lancée sans précaution sur l'océan des discours rationnels. Il faut parler pourtant, même si ma maladresse m'expose à être trempé jusqu'aux os par la rieuse vague des railleries et des ronflements du mépris. Prenez garde à ce que je vais dire...

— Mais dites-le, à la fin, s'impatiente Amantha, au lieu de nous étourdir à grand renfort de métaphores aquatiques chargées de nous convaincre du terrible danger que vous courez en nous parlant! Danger que, franchement, je ne crois pas de nature à faire reculer un moustique...

— Tu me forces, belle jeune fille coléreuse, à jeter les dés. Voici. Il faut que, dans tous les pays, ce soient des philo-

sophes qui exercent les fonctions dirigeantes. Ou, inversement, il faut que ceux qui sont appelés à exercer les fonctions
dirigeantes…

— C'est-à-dire, coupe Amantha, selon nos principes
communistes, tout le monde.

— … que tous ceux-là, c'est-à-dire en effet tout le monde,
deviennent philosophes. Le deviennent authentiquement,
autant que le requiert l'action collective. Il faut en somme
que convergent dans le même Sujet la capacité politique et
la philosophie. Sans une lutte acharnée contre la tendance
naturelle à séparer absolument la fonction – qu'on croit positive – du mouvement politique et la fonction apparemment
critique – et donc négative – de la philosophie, il n'y aura
aucune relâche, chers amis, dans les maux qui accablent non
seulement tel ou tel peuple, mais, j'en suis convaincu, l'humanité tout entière. Qui plus est, la communauté politique dont
nous sommes en train d'établir la rationalité intrinsèque n'a
aucune chance de se montrer possible empiriquement, ni de
voir la lumière du jour dans un pays déterminé, tant que
n'aura pas été expérimentée cette articulation – immanente à
l'action collective – de la politique comme pensée pratique et
de la philosophie comme formalisation d'une Idée.

— C'est donc ça, s'exclame Glauque, que vous avez si
longtemps hésité à dire !

— Je voyais bien que j'allais contre l'opinion dominante,
au point de rendre très difficile qu'on puisse croire tout simplement à notre projet politique. Et encore moins à ce qu'il
emporte avec lui de représentation du bonheur. Car, pour
la philosophie, le bonheur est créé, en tout individu, par le
processus subjectif – la vérité – auquel il participe. Ce qui est
dur à entendre quand on est un citoyen ordinaire.

289

— Le point délicat, chicane Amantha, ne me semble pas être cette histoire de bonheur. Je sais que vous y tenez, au bonheur, au bonheur du juste, qui doit être plus heureux que l'injuste, et tout ça. Moi, j'ai toujours trouvé ça un peu fumeux, pardonnez-moi. Pour associer le bonheur à quasiment n'importe qui, il suffit d'en changer la définition, et hop! le tour est joué. Si on dit « le bonheur, c'est l'Idée », alors il n'est pas difficile de « prouver » que l'Idée, c'est le bonheur.

— Comme tu y vas! s'amuse Socrate. C'est quoi, alors, le point délicat?

— Puisque, communisme oblige, n'importe quel ouvrier doit pouvoir participer à la direction du pays, et puisque quiconque participe à la direction du pays doit fusionner la pensée politique et l'Idée philosophique, vous postulez que n'importe qui peut devenir un profond philosophe. Vu la réputation de la philosophie – abstraite, coupée des réalités, utopique, totalitaire, incompréhensible, dogmatique, coupeuse de cheveux en quatre, vieillerie, purement destructrice, remplace la religion en moins bien, etc. –, vous allez vous faire lyncher dans les médias, ou bien on vous mettra au rancart en tant que vieille barbe archaïque.

— Mais c'est vous deux, chers amis, proteste Socrate, qui m'avez poussé à dire le fond de ma pensée!

— Tant mieux! confirme Glauque. Et je ne vais pas vous lâcher, croyez-moi, comme fait ma chère sœur, au premier tournant. Je ferai pour vous tout ce que je peux. Vous aurez mes vœux, mes encouragements, mes félicitations. Je me soumettrai à votre terrible interrogatoire socratique avec la meilleure volonté du monde. Avec un pareil appui, n'hésitez pas! Montrez aux sceptiques, et notamment à cette Amantha du diable, de quel bois vous vous chauffez!

— Je vais essayer, puisque tu me proposes une sorte de grande alliance. Pour commencer, il me semble nécessaire, si nous voulons trouver le moyen d'échapper à la meute médiatique, académique et partisane dont Amantha prédit qu'elle va me mettre en pièces, de définir le prédicat « philosophe » dont nous prétendons qu'il doit convenir à quiconque accède à des fonctions dirigeantes. Une fois clarifié ce point, nous pourrons nous défendre en montrant l'adéquation de la philosophie à ce qu'un vrai processus politique exige de chacun. Nous conforterons cette démonstration par son corrélat négatif : si quelqu'un récuse la philosophie au nom de la politique, c'est que la politique dont il parle n'est pas la vraie politique.

— Voilà qui mérite pour le moins d'être expliqué, grogne Amantha.

— Eh bien, suivez-moi. Vous verrez bien si, errant de-ci, de-là, je finis par trouver le chemin.

— Héraclite, dit Amantha d'un ton peu amène, a écrit ceci : « Il faut aussi se souvenir de celui qui oublie où mène le chemin. »

— Ah, ce phraseur ! répond Socrate exaspéré. Il aurait mieux fait de se taire.

— Allez-y, intervient Glauque, pas de querelles latérales, droit au but !

Socrate reste silencieux plusieurs minutes. L'attente est perceptible, elle épaissit le temps. Puis, très abruptement :

— Faut-il que je vous rappelle ce dont la réminiscence devrait être extrêmement vive en vous ? Quand nous parlons d'un objet d'amour, nous posons que l'amant aime cet objet en totalité. Nous n'admettons pas que son amour en sélectionne une partie et en rejette une autre.

Les deux jeunes semblent stupéfaits. C'est Amantha qui prend sur elle d'exprimer leur désorientation :

— Cher Socrate ! Quel rapport entre cette excursion du côté de l'amour et la définition du philosophe ?

— Ah ! les voilà bien, nos jeunes amoureuses ! Incapables de reconnaître que, comme l'a dit le grand poète portugais Fernando Pessoa, « l'amour est une pensée ». Je vous le dis, jeunes gens : qui ne commence pas par l'amour ne saura jamais ce que c'est que la philosophie.

— Admettons, dit Glauque-le-prudent. Reste que cette histoire d'objet n'est pas simple. Lacan n'a-t-il pas dit que tout objet du désir est précisément un objet partiel, un morceau du corps de l'autre, comme le sein, la verge, le regard, le caca…

— Ce sont là les objets de la pulsion, et non du désir. Et le désir n'est pas l'amour. Que l'objet soit partiel n'exclut nullement que ce soit à la totalité qui supporte cette partialité que, finalement, désir et amour se rapportent. Mais songez plutôt à votre expérience, jeunes filles et jeunes garçons qui parcourez le monde sous l'aiguillon du désir. Experts en amour, vous devriez savoir tout ce qui d'un jeune homme, par exemple, émeut et séduit quiconque est d'une sensibilité érotique, quel que soit son sexe, et le convainc qu'un tel objet est digne en totalité de son attention et de sa tendresse. N'est-ce pas ainsi que vous en usez, mes chers discutailleurs, à l'égard des beaux garçons ? Les défauts partiels ne vous empêchent nullement de vous emballer pour le jouvenceau tout entier. A-t-il le nez camus, vous direz qu'il a l'air attendri et gracieux. L'a-t-il crochu, vous le direz royal, bec d'aigle, impérial ! Et si ce nez, ni camus ni crochu, n'attire l'attention de personne, c'est que le jeune godelureau est parfaitement proportionné. Si l'éphèbe a le cuir tanné par le soleil, vous dites qu'il est viril comme un mousquetaire, et s'il est tout blanc, qu'il est oisif comme un dieu. Vous parlez même d'un teint blafard comme d'un « teint de miel ». Ces astuces verbales sont bien le propre d'un amant qui trouve des mots gentils pour faire l'éloge d'un pâlichon dès lors que celui-ci lui plaît. Tous les prétextes vous sont bons et vous mobilisez toutes les ressources du langage pour qu'aucun de ces jeunes aimés ne vous échappe.

— Si vous me recrutez comme dragueur professionnel, dit Glauque, j'accepte, uniquement pour l'avancée de notre discussion.

— Hypocrite ! lance Amantha. Tu ne penses qu'à ça !

— Alors, intervient Socrate, changeons de sujet. Un ivrogne fait comme vous, les jeunes amoureux, non ? Il trouve toutes sortes de prétextes pour siffler un litre d'une infâme piquette. Et celui qui a la passion des honneurs ? S'il ne peut pas être général et commander à dix mille hommes, il sera heureux d'être lieutenant et de commander à trente. S'il ne peut être officier, il trouvera d'immenses vertus au grade de caporal qui commande à cinq soldats. Et si personne ne veut de lui comme caporal, il sera quand même ravi, simple soldat, de réprimer d'un air martial des gamins qui jouent devant la caserne. Dans la vie civile, si aucun personnage important ne lui prête la moindre attention, il sera content que ses subordonnés au bureau, des gens insignifiants qu'il connaît à peine, lui lèchent les bottes. Et si cela même n'a pas lieu, il jouira tous les matins de l'humble salut quémandeur du mendiant du coin.

— Et la philo, dans tout ça ? risque Glauque.

293

— J'y viens. Tu m'accordes que dire de quelqu'un qu'il désire quelque chose, c'est rapporter son désir à la forme entière de la chose et non à une partie seulement, le reste étant exclu du champ du désir ?

— Oui, je vous l'accorde.

— Si donc nous disons que le philosophe est celui qui désire la sagesse, il ne s'agira pas d'un choix entre différentes composantes de cette sagesse, mais de sa forme entière. Observons alors un jeune, fille ou garçon, qui n'est pas encore en possession des principes à partir desquels distinguer ce qui importe et ce qui n'a aucune valeur. Supposons qu'« il ou elle », comme disent les anglophones, n'ait aucun goût pour les savoirs théoriques. Nous ne l'appellerons ni « scientifique » ni « philosophe », pas plus que nous n'appellerons « gros mangeur », ou « affamé », ou « gourmand », celui qui n'a aucun goût pour la nourriture. « Anorexique » lui irait mieux. Si, en revanche, nous voyons un jeune qui veut incontestablement goûter à toutes les sciences, que le savoir décidément attire et qui s'y exerce insatiablement, n'est-ce pas lui rendre justice que de l'appeler « philosophe » ?

Glauque sent alors monter irrésistiblement en lui le désir de formuler une objection qu'il juge imparable :

— Il y en aura, du monde, à qui convient votre définition ! Et des gens qu'on ne s'attendrait pas à trouver là. D'abord, les amateurs de cinéma grand public, vu l'entrain qu'ils mettent à voir tout ce qui est nouveau, tous les gros films hollywoodiens et tous les petits navets français prétentieux qui viennent de sortir, et dont ils jurent que c'est ça qui, avec les séries télévisées, nous donne une vraie connaissance du monde contemporain. Ensuite, tous les gens qui, en été,

294

courent les festivals. Eux aussi jurent que là, au moins, ils apprennent, ils se cultivent, ils sont dans les délices de l'Idée musicale. C'est plutôt bizarre de décerner à tous ces gens le grade de philosophe. Ils ne seraient sûrement pas volontaires pour suivre une argumentation comme la nôtre, et l'idée d'y passer sa nuit les ferait fuir au grand galop. Pourtant, de la passion pour les nouvelles connaissances, ils en ont ! Ils galopent d'une église romane de campagne à un château perdu dans les collines, et d'une salle de sous-préfecture aux ruines d'un théâtre antique, pourvu qu'on y entende des opéras, des quatuors, des concerts d'orgue, des pianistes ou même des poètes qui s'accompagnent à la guitare. On dirait qu'ils ont loué leurs oreilles à tous les organismes culturels de province ! Allons-nous appeler « philosophes » tous ces maniaques du divertissement vacancier, tous ces saisonniers des savoir-faire mineurs ?

— Ne méprise pas ainsi ceux qui sentent obscurément qu'il ne faut pas se soustraire à la puissance de l'art. C'est une position tout à fait antiphilosophique.

— C'est la morgue d'un intellectuel petit-bourgeois, oui ! éructe Amantha.

— Allons, du calme, les enfants ! Cela dit, mon cher Glauque, nous ne les appellerons pas philosophes, tes estivants. Il ne s'agit que d'une vague ressemblance.

— Et comment allez-vous identifier les vrais philosophes ? insiste Glauque.

— Ce sont ceux qui n'ont de passion que pour un seul spectacle : celui que leur offre la venue dans le monde des vérités.

— C'est bien beau, mais vous devriez donner quelques détails.

— Tu as raison, ce sont les détails qui comptent en philosophie, mais ce sont aussi eux qui lui donnent son air brous-
sailleux et impénétrable. Évidemment, avec toi, les choses
iront plus vite. Commençons par un grand classique : la
théorie des oppositions binaires. Le beau, par exemple, est le
contraire du laid. Il y a donc là deux notions distinctes.

— Pour l'instant, remarque Glauque, c'est trivial.

— Il en va de même des couples juste-injuste, bon-mau-
vais, et, finalement, de tout ce qui relève de ce que ta sœur et
toi avez appris à nommer les Formes. Chaque Forme consi-
dérée en elle-même, dans l'ordre de l'être, est une. Mais elle
est aussi bien multiple, de ce que, dans l'ordre de l'apparaître, on la voit universellement mélangée aux actions, aux
corps et à d'autres Formes. C'est grâce à tout l'appareillage
de ma théorie des Formes, ou des Idées, ou de ce qui de l'être
s'expose à la pensée, ou de l'essentiel, ou de l'être-en-vérité,
ou des vérités, que je peux proposer une nette distinction
entre ceux dont tu parlais tout à l'heure – les festivaliers
impénitents, les groupies de cantatrices, ceux qui courent les
expositions et ceux aussi qui se pressent aux finales des tour-
nois de tennis – et ceux dont nous cherchons en ce moment
la définition, lesquels seuls méritent le nom de philosophes.

— Comment procédez-vous, s'excite soudain Amantha,
pour passer de la théorie métaphysique des Formes à la définition du philosophe ?

— Les amateurs de spectacles, de concerts, de tableaux,
de compétitions sportives, jouissent d'un aigu pianissimo de
cantatrice, du vibrato d'un violoncelle, de l'acuité d'un cro-
quis, de la somptuosité d'un coloris, d'un beau corps athlé-
tique en pleine action, de tout ce qui est ouvragé et séduisant
dans ce qu'on propose à leurs facultés sensibles. Mais cette

expérience empirique ne permet pas à leur entendement de concevoir la vraie destination de la pensée.

— On pourrait vous objecter : quelle importance ? dit Amantha, agressive. Puisqu'ils ont la jouissance…

— La jouissance, peut-être. Mais la vie, chère amie ? La vraie vie dont parle Rimbaud ? Celle dont il prétend qu'elle est absente ? L'ont-ils, cette vraie vie ? Imagine que quelqu'un admette l'existence de belles choses, mais ne puisse admettre qu'existe comme but et résultat d'un processus de pensée l'être-beau de ces choses. Supposons que ce même quelqu'un soit incapable de suivre un ami qui, engagé dans le processus, se propose de l'amener avec lui, fraternellement, jusqu'à son terme, et de métamorphoser ainsi son opinion empirique en pensée rationnelle. Crois-tu que ce quelqu'un vive, éveillé, la vraie vie ? Ne crois-tu pas plutôt que sa vie n'est qu'un songe ?

— Ce n'est pas si facile, objecte Amantha, comme l'ont vu Shakespeare dans *Hamlet*, Calderon dans justement *La vie est un songe*, Pirandello un peu partout, de distinguer rêve et réalité.

— Attention ! Tu cites trois auteurs de théâtre, trois spécialistes de la vie jouée, représentée, fallacieuse. Qu'est-ce que le rêve, d'après toi, qu'on dorme ou qu'on ne dorme pas ?

Amantha réfléchit quelques secondes, puis :

— C'est croire que ce qui ressemble à quelque chose n'est pas un semblant, mais la chose même.

— Exactement. Est un antirêveur celui qui admet l'existence de l'être-beau comme tel. Celui qui est capable de contempler cette beauté essentielle qui fait que sont dites « belles » les choses qui en participent. Celui qui ne confond ni les choses belles qui existent avec leur être-beau, ni l'être-beau avec les choses existantes qui, étant belles, participent

297

de cet être. De cet antirêveur, ne dirons-nous pas qu'il vit en plein éveil, et non enseveli dans le songe?

— Oui, mais il se pourrait qu'il soit poète aussi bien que philosophe. Mallarmé ne dit-il pas que :

> […] le poète a pour geste humble et large
> De l'interdire au rêve, ennemi de sa charge.

— Acceptons cette alliance, soupire Socrate. Je dirais en tout cas que l'entendement de notre antirêveur, en tant qu'il connaît l'être de ce qui existe, mérite le nom de pensée pure. Tandis que l'entendement du rêveur, en tant qu'il s'en tient à la seule existence de ce qui apparaît, nous lui donnerons le nom d'opinion.

— Là, dit Glauque, on a tout bouclé.

— Je t'en fiche, du bouclé! proteste Amantha. Nous ne savons toujours pas ce qu'est réellement une opinion. Nous n'avons nous-mêmes là-dessus qu'une opinion! « Dialectiser », c'est votre mot d'ordre, Socrate, non? Or, nous avons défini l'opinion sans discuter de façon immanente une orientation différente de la nôtre. Nous avons été analytiques et non pas dialectiques. On dirait de l'Aristote! Si quelqu'un se fâche contre nous et nous traite de « dogmatiques pourris » ou de « totalitaires véreux » parce que nous lui avons collé l'étiquette caca d'oie « opinion », et pas l'étiquette rouge « connaissance », aurons-nous de quoi l'apaiser et le convaincre sans qu'il s'imagine que nous le tenons *a priori* pour un valet de l'impérialisme américain?

— Ah! dit Socrate, c'est notre devoir d'en être capables! Notre collègue chinois appelle ça « la juste résolution des contradictions au sein du peuple ». La meilleure chose à faire est de lui poser des questions, à ce type que nous avons

298

vexé. Nous lui garantirons que, s'il a un réel savoir, personne ne cherchera à le minimiser. Nous serons tous au contraire ravis de fréquenter quelqu'un qui sait quelque chose.

— Ce serait super, dit fielleusement Amantha, si mon frangin jouait le rôle du type vexé. Vous lui poseriez directement les questions, et on aurait le dialogue *live*!

— Et pourquoi pas? rétorque Glauque courageusement. Tout ce qui va dans le sens du « dialectiser » me convient. Allez-y, Socrate, allez-y!

Suit un échange dense et vif dont Amantha, les yeux brillants, enregistre toutes les péripéties. Socrate ouvre le feu :

— Dis-moi donc, jeune homme qui prétends avoir des connaissances réelles : un type comme toi, qui connaît, connaît-il quelque chose ou rien?

— Quelque chose, évidemment, dit un Glauque plein de superbe.

— Qui existe ou qui n'existe pas?

— Qui existe. Comment diable pourrait-on connaître quelque chose qui n'existe pas?

— Te semble-t-il donc clairement établi que, quels que soient les circonstances, les contextes ou les perspectives, ce dont l'existence est incontestable, ou absolue, est absolument connaissable, et que ce qui n'existe pas ne l'est d'aucune façon?

— C'est tout à fait clair.

— Notre accord sur ce point est crucial. Maintenant, si une chose est d'une nature telle qu'elle est et tout en même temps n'est pas, ne se tiendra-t-elle pas dans une sorte de milieu entre l'existence pure et l'inexistence absolue?

— Le mot « milieu » me convient.

— Note bien le contenu de notre unité de pensée en ce point de notre dialectiser : cette chose dont nous parlons est quelque part entre le minimum et le maximum d'existence.

— Je n'ai pas donné mon aval à la légère, proteste Glauque. Je soutiens comme vous qu'une chose comme celle dont nous parlons, si son existence est avérée, se tient entre l'absoluité pleine de l'être et la pureté vide du néant.

— S'il faut rapporter la pensée pure à l'être et, de toute nécessité, la non-pensée au néant, on ne pourra rapporter à notre « milieu » ontologique qu'un « milieu cognitif » entre pensée et non-pensée. En somme, il nous faudra le chercher quelque part entre la science et l'ignorance. À supposer, bien entendu, qu'un tel « milieu » existe.

— Je ne vois pas où le chercher ailleurs.

— Est-il donc raisonnable de donner à ce « milieu » cognitif suspendu entre pensée et non-pensée, ou, par dérivation, entre science et ignorance, le nom d'opinion ?

— Quand une définition est claire, il n'y a pas à chicaner sur les noms, dit Glauque, fier de sa formule.

— Cette « opinion », si elle existe, est-elle identique à la science ?

— Nous venons de dire que non. Elle n'est ni savoir ni ignorance. Elle est au milieu.

— Les objets du savoir et de l'opinion sont par conséquent différents ?

— Voyons, Socrate ! Vous traînez, là ! Sautons les questions triviales.

— Oui, mais attention ! La science se rapporte par nature à l'existant, afin de connaître l'être de cet existant... Zut ! J'ai sauté cette fois un chaînon important. Je dois d'abord, avec ton aide, dialectiser une différence.

— Laquelle ? demande Glauque qui commence à souffrir.

— Parmi les choses qui existent, il y en a d'un genre spécial que nous appelons les facultés. C'est grâce à elles que je suis capable de ce dont je suis capable, et qu'en est capable quiconque a les mêmes capacités que moi. À titre d'exemple, citons la vue ou l'ouïe. Tu connais parfaitement, je suppose, la Forme à laquelle je réfère le mot « facultés » ?

— Pas de problème, soupire Glauque. On en a souvent parlé.

— Oui, mais il y a tout de même une difficulté : je ne peux identifier une faculté ni par sa couleur, ni par son contour, ni par rien de ce genre. Ces critères-là valent pourtant pour des tas d'objets. Je n'ai qu'à m'en servir pour conclure aussitôt, dans ce que le sapeur Camember appelait « le fort de mon intérieur », que ces objets sont différents les uns des autres. Mais ça ne marche pas dans le cas des facultés. Car, pour en identifier une parmi les autres, je ne dois prendre en considération que deux propriétés : ce à quoi elles se rapportent et le processus qu'elles permettent de mener à bien. C'est selon ces deux critères qu'on les a nommées « vue », « ouïe », « toucher », et ainsi de suite. Les facultés qui se rapportent à la même chose et qui organisent le même processus, je les déclare identiques, et différentes si ne sont les mêmes ni l'objet ni le processus. Et toi, comment fais-tu ?

— Pareil, murmure Glauque.

— Alors, très cher, revenons à nos moutons. La science, tu dis que c'est une faculté, la science ? Ou tu la classes autrement ? Et l'opinion, où la mets-tu ?

— Je reconnais, dit Glauque en reprenant courage, dans la science dont le nom le plus général est « savoir », non seulement une faculté, mais la plus importante de toutes. Quant à l'opinion, c'est à coup sûr une faculté : avoir la capacité d'opiner, c'est justement en quoi consiste l'opinion.

— Tu as en outre confirmé à l'instant qu'à tes yeux la science, ou, si tu préfères, le savoir, n'est pas la même chose que l'opinion ?

Glauque est tout à fait remonté :

— Un être pensant ne peut soutenir que sont identiques l'infaillibilité et l'errance. Le savoir absolu diffère nécessairement de l'opinion versatile.

— Ces deux facultés diffèrent en effet par leur processus et doivent donc aussi différer par ce à quoi elles se rapportent. Le savoir, c'est clair, se rapporte à l'existant et le connaît dans son être. L'opinion, nous savons seulement qu'elle organise l'opiner. Mais quel est son objet propre ? Le même que celui du savoir ? Est-il possible que ce qui est su soit identique à ce à propos de quoi on ne fait qu'opiner ?

— C'est impossible, s'exclame Glauque, d'après cela même sur quoi nous nous sommes mis d'accord. Si chaque faculté singulière se rapporte naturellement à un objet différent de celui de toute autre faculté, et si opinion et savoir sont des facultés différentes, il s'ensuit que le su et l'opiné ne peuvent être identiques.

— Par conséquent, si n'est su que l'existant, ce à propos de quoi on opine est autre que l'existant.

— Reçu cinq sur cinq.

— Dans ces conditions, poursuit Socrate en se grattant le menton, signe chez lui d'une grande perplexité – réelle ou feinte –, il faut conclure que l'objet de l'opinion, étant la part d'être de ce qui se soustrait à l'existence, n'est autre que le non-être.

Glauque, catégorique et impérial :

— Absolument impossible. On ne saurait opiner le non-être, Socrate ! Réfléchissez ! Celui qui opine rapporte son opinion à quelque chose. Il ne saurait opiner tout en n'opinant rien. L'opineur opine sur une chose clairement comptée comme une. Or, le non-être n'est pas *une* chose, mais auc-*une*.

— C'est exact. Du reste, c'est à l'ignorance et non à l'opinion que nous avons assigné comme objet le non-être après avoir assigné l'être à la pensée. Et nous avons pu le faire uniquement parce que l'ignorance est une faculté purement négative, alors que l'opinion affirme son objet.

— C'est pourtant bizarre, à la fin ! s'interroge Glauque. Nous avons démontré que l'opinion, ne se rapportant ni à l'être ni au non-être, n'est ni un savoir ni une ignorance.

— Et voilà ! dit Socrate ravi. Dirons-nous alors qu'elle transcende l'opposition pensée pure-ignorance sur l'un de ses bords ? Qu'elle est plus claire que la pensée ou plus obscure que l'ignorance ?

— Allons donc ! dit Glauque en haussant les épaules.

— Si je comprends bien ton geste, tu considères comme évident que l'opinion est plus obscure que la pensée et plus claire que l'ignorance.

— Bien sûr. Elle est, nous l'avons déjà dit, entre les deux. Au milieu.

— Et nous avons ajouté que si nous trouvions une chose dont l'apparaître soit d'être tout en n'étant pas, cette chose, occupant une position médiane entre l'être pur et l'absolu néant, ne relèverait ni du savoir ni de l'ignorance, mais de ce qui se tient entre les deux. Eh bien, nous savons maintenant que cet entre-deux est ce que nous appelons « opinion ».

— Voilà une question réglée, dit Glauque, plein d'enthousiasme.

— Sauf, grince Amantha, que vous ne l'avez pas encore trouvée, cette « chose » qui serait l'objet de l'opinion. Je veux la voir, cette « chose » entre l'être et le non-être, qui ne se laisse ramener, en toute rigueur, à aucun des deux. Montrez-la-moi !

— Tu as raison, dit Socrate, conciliant. Tout est encore au conditionnel. Si nous la trouvons, cette fameuse « chose », alors nous dirons à juste titre qu'elle est la Forme de ce à quoi se rapporte l'opinion. Nous assignerons les extrêmes, être et néant, aux facultés extrêmes, pensée pure et ignorance totale, et le terme intermédiaire, encore indéterminé, à la faculté intermédiaire : l'opinion.

— Il s'agit donc d'une classification purement formelle, souligne Amantha.

— Pour aller plus loin, que Glauque endosse à nouveau la défroque de notre cher contradicteur, l'homme qui refuse catégoriquement d'admettre l'existence du beau en soi ou de quoi que ce soit qui ressemble à une Idée du beau en soi. Allez, Glauque ! Joue-nous le rôle de ce type qui nie que puisse apparaître une vérité de la beauté telle qu'elle demeure identique à elle-même dès qu'advenue à sa propre éternité. Le type qui ne croit qu'aux beautés variables et multiformes, l'amateur d'illusions spectaculaires, celui qui se révolte dès qu'on parle de l'unité du beau, du juste – bref, de tout ce qu'une Forme relève et affirme.

— Je suis prêt ! se vante Glauque.

— Mon très cher, parmi les multiples beautés que tu allègues, en est-il une seule dont on puisse dire qu'elle n'a absolument aucun défaut ? Même question pour les décisions justes ou les actions louables.

— Non, évidemment. Il est toujours possible de trouver un petit défaut aux belles œuvres, et pour tout le reste à l'avenant.

— Pareillement, ce qui est double peut sous un certain angle être vu comme une moitié, ou ce qui de prime abord est grand, apparaître ensuite minuscule. Toute détermination de ce genre peut se renverser en son contraire, non ?

— Oui, car chaque chose participe toujours aux deux déterminations opposées, c'est affaire de point de vue ou d'échelle.

— Ah, dit brusquement Amantha, ça me rappelle la devinette de l'homme qui n'est pas un homme, lequel, voyant sans le voir un oiseau qui n'est pas un oiseau perché sur un bout de bois qui n'est pas en bois, lui lance sans lui lancer une pierre qui n'est pas une pierre !

— Eh oui, sourit Socrate, ce sont là jeux d'enfants. Toutes ces qualités sensibles sont équivoques. Pour aucune d'entre elles il n'est possible de décider avec certitude qu'elle est ou qu'elle n'est pas, ou qu'elle est et n'est pas, ou que ni elle n'est ni elle n'est pas.

— Je pense, conclut Glauque, qu'il faut disposer ces notions équivoques entre ce qui, de l'être, s'expose à la pensée et l'absolu néant. Car elles ne sont pas assez obscures pour qu'on les puisse déclarer plus inexistantes que le néant, ni assez claires pour être plus existantes que l'être

— Parfait ! admire Socrate. Nous avons découvert, semble-t-il, que les nombreuses idées que se fait le plus grand nombre, concernant le beau et les autres choses de ce genre, apparaissent dans l'intervalle immense qui sépare le non-être de ce qui est absolument. Cependant, nous avons assumé, toi et moi, que si tel est l'apparaître d'une chose, il nous faut la rapporter à l'opinion et non à la pensée pure. Car c'est à la faculté médiane que revient la saisie de ce qui erre dans les régions médianes de l'existant. Nous pouvons donc conclure. Considérons ceux pour qui les choses belles ne sont qu'un obstacle au-delà duquel rien ne se montre qu'on puisse nommer le beau-en-vérité. Ceux qui sont incapables de suivre quelqu'un qui veut leur indiquer le chemin des vérités. Ceux pour qui maintes actions sont justes, mais qui n'ont pas la moindre idée de ce qu'est la justice. Tous ceux, en somme, qui s'abandonnent à la casuistique des faits sans jamais remonter au principe. De ces gens, nous dirons qu'ils ont, sur ce qui apparaît dans le monde, des opinions, mais nulle connaissance de ce à propos de quoi ils opinent.

— Vous redites merveilleusement tout ce qui déjà fut dit, glisse Amantha.

Socrate fait de la main gauche le geste de chasser une mouche.

— Considérons maintenant, enchaîne-t-il, les amateurs d'un tout autre spectacle que nous nommerons le spectacle essentiel : les choses, pensées selon la singularité de leur être, traversent les avatars de l'apparaître dans la permanente ré-affirmation de cette singularité. De ceux qui participent à un tel spectacle, nous dirons, je suppose, non qu'ils opinent, mais qu'ils savent.

— Les bienheureux ! s'exclame Amantha.

— De ces « bienheureux », chère Amantha, nous affirmons qu'ils aiment, qu'ils chérissent ce à quoi se rapporte la pensée pure. Des autres, qu'ils se préoccupent uniquement de l'opinion. Nous avons déjà dit de ces gens – appelons-les

« doxiques », puisque le mot « opinion » est celui qu'on utilise pour traduire le grec *doxa* –, qu'ils aiment et chérissent
le timbre suave des chanteuses, le coloris des papiers peints
de luxe, le chatoiement des opales aux doigts des jeunes filles
élégantes, les téléphones portables en platine iridié, mais
qu'ils ne supportent pas que le beau-en-vérité soit absolument réel. Commettrions-nous une erreur en appelant ces
doxiques « amis de l'opinion » plutôt qu'amis de la sagesse?

— Et « amis de la sagesse » est l'étymologie de « philosophes », dit sentencieusement Glauque.

— Ces non-philosophes, ajoute Amantha, on en fera un
proverbe : « Tout ce qui n'est que doxique est toxique. »

Socrate la regarde d'un œil mauvais, puis :

— Les doxiques seront-ils furieux que nous les appelions
« amis de l'opinion »?

— « Philodoxes » versus « philosophes », résume
Glauque. S'ils sont furieux, je leur ferai remarquer qu'il
n'est permis à personne de s'irriter contre le Vrai.

— Mais voici l'essentiel, reprend Socrate : ceux qui chérissent en chaque chose son être propre, ce sont eux qu'il
faut appeler philosophes, car ils échappent à la tentation de
rester de simples philodoxes.

Amantha n'est pas satisfaite. Elle tourne en rond, tritu-
rant sa chevelure en désordre, l'air soucieux. À la fin, elle
explose :

— Vous croyez être arrivés, messieurs? Vous croyez
qu'avec votre définition nous avons beaucoup avancé? Que
de raisonnements tordus pour distinguer les philosophes de
ceux qui ne le sont pas!... Je vous le dis : nous ne sommes
pas sortis de l'auberge! Il faut encore que vous raccordiez
tout ça à notre question initiale : la différence entre la vie

juste et la vie injuste. Et comme d'après vous cette question elle-même suppose qu'on fasse un énorme détour par le problème de l'État et de la politique communiste, il nous faut montrer que la définition du philosophe entretient un rapport rationnel avec l'action politique.

Amantha s'arrête de tourner, éclatante, braque ses grands yeux sur Socrate et poursuit :

— Voici ma demande, mon défi. J'ai bien compris que, pour vous, un philosophe est capable d'atteindre l'universalité de ce qui demeure identique à soi jusque dans le processus de sa propre variation. J'ai aussi compris que le philodoxe est incapable de cette saisie, et du reste la juge inutile, voire nuisible. Comment maintenant prouver que la détermination collective de notre cinquième politique exige que la masse des humains soit du côté de la philosophie ?

— Je te répondrai ceci : du philosophe, homme de l'universalité immanente à ce qui demeure au-delà de son propre devenir, ou du philodoxe, homme de l'errance sans mesure entre l'être et le néant, lequel est le plus apte à tenir ferme sur les principes communistes et à protéger les institutions dans lesquelles ces principes s'incarnent ? Quand il s'agit de monter la garde auprès de l'Idée et que le choix est entre un aveugle et un voyant, y a-t-il place pour le doute ?

— Quand vous présentez les choses ainsi, proteste Amantha, la décision est prise avant toute discussion. C'est un choix forcé.

— Ma comparaison te gêne, peut-être ? Mais quelle différence peux-tu bien voir entre les aveugles et ceux qui, se privant des ressources de la pensée pure, ne peuvent avoir accès à l'être des existants ? Ces gens, si même ils sont susceptibles de devenir des Sujets, ne disposent au départ d'aucun paradigme clair qui leur permettrait, comme les grands peintres, de contempler ce qui relève absolument du Vrai, de s'y référer constamment, et d'en avoir la vision la plus exacte possible afin d'établir dans notre monde tel qu'il est les principes créateurs de tout ce qui est beau, juste ou bon.

— Mais, demande Glauque, si ces principes sont déjà établis par quelques penseurs du passé ?

— Alors nos visionnaires auront à en assurer la permanence et le salut par une garde intellectuelle sans défaut. Ce dont évidemment nos « aveugles », livrés à l'opinion, sont incapables. C'est donc bien ceux dont la pensée pure accède à l'être-vrai de chaque existant, et non les ténors médiatiques de l'opinion, que nous établirons comme gardiens, militants, dirigeants…

— Travailleurs ordinaires aussi bien, insiste Amantha.

— Bien sûr, travailleurs ordinaires assignés, chacun à son tour, à la garde des principes et des institutions. Ces ouvriers sont du reste des gens d'expérience qui, même au niveau de la pragmatique quotidienne, l'emportent de loin sur les ineptes bavards du show télévisuel.

— C'est quand même une vraie question, dit Glauque, soudain soucieux, de savoir comment le simple ouvrier, devenu gardien de notre communisme, pourra combiner la pensée pure et le savoir-faire empirique.

— Tu veux dire : être à la fois philosophe de l'Idée et officier de l'action collective. Pour éclairer ta lanterne, je crois qu'il faut revenir sur ce qu'est le naturel philosophe. Nous verrons alors qu'il est compatible avec le savoir-faire militant, et que rien ne s'oppose à ce que n'importe quel travailleur ordinaire, ainsi formé, soit capable d'établir ou de garder les institutions dans lesquelles nos principes s'incarnent.

— Allons-y alors, sourit Amantha, pour un énième portrait en pied du philosophe !

— Ne te moque pas ! C'est un enjeu crucial pour la philosophie que d'arriver à définir ce qu'est le naturel philosophe. Ce naturel comporte à coup sûr l'amour de tout savoir installé dans l'éclaircie de cette part éternelle de l'être qui s'expose à la pensée pure et qui, de ce fait même, reste étrangère à la dialectique du naître et du mourir. Et nous savons aussi que la philosophie obéit aux lois de l'amour : c'est tout entière qu'on l'aime, cette part de l'être qui se révèle identique à la pensée qu'on en forme, parce qu'elle est elle-même une Forme. Aucun philosophe authentique ne peut renoncer à la moindre parcelle de ce qui lui est ainsi révélé, qu'elle soit importante ou minuscule, que sa valeur soit considérable ou minime. En quoi le philosophe diffère, comme nous l'avons vu, du fanatique des honneurs et de l'obsédé des satisfactions immédiates.

— Mais, questionne Glauque, outre ce trait essentiel qui concerne le savoir, n'y a-t-il pas des caractéristiques plus psychologiques du philosophe ?

— La psychologie, la psychologie… Ce n'est pas mon affaire ! Cependant, on peut dire que le philosophe est, quant à ce qui lui importe vraiment, d'une absolue sincérité et qu'il ne peut inclure dans son discours ni le double jeu ni le mensonge.

— Ça me semble assez cohérent.

— Comment ça, « semble » ou « assez cohérent » ? La plus implacable nécessité impose que celui qui a un naturel amoureux chérisse tout ce qui touche de près l'être aimé, tout ce qui l'environne et lui plaît. Or, y a-t-il quoi que ce soit de plus proche de la sagesse philosophique et de plus séduisant pour elle que les vérités qui brillent de-ci de-là dans le monotone tissu des opinions ? Certainement pas. Il est donc rigoureusement impossible que le naturel philosophe se complaise dans le faux. La conclusion de tout cela, c'est que, dès la jeunesse, le naturel philosophe se construit, grâce à la puissance d'un authentique amour du savoir, comme tension vers les vérités quelles qu'elles soient.

La véhémence de Socrate laisse Amantha et Glauque bouche bée. Le maître poursuit sur sa lancée :

— Nous savons que celui chez qui les désirs sont fortement dépendants d'un unique objet est moins porté à en désirer d'autres, comme un torrent dont le cours, canalisé dans une seule direction, s'y précipite furieusement. Il est donc logique de supposer que celui...

— ... ou celle ! note Amantha.

— Ou celle, concède Socrate, dont les désirs ont pour objet les vérités et tout ce qui s'y rapporte se tourne vers les plaisirs les plus purement subjectifs. Pour lui...

— ... ou pour elle ! note encore Amantha.

— Ou pour elle, admet Socrate, même les plaisirs du corps doivent avoir une sorte de résonance intellectuelle. Si du moins ce jeune homme ou cette jeune fille (ajoute-t-il précipitamment) sont des philosophes authentiques, et non des philosophes académiques, des philosophes de salon ou des philosophes de télévision.

— Pourriez-vous en dire plus sur cette authenticité ? demande une Amantha un tantinet provocante.

— J'entends par là un type humain foncièrement désintéressé. Car la pulsion tournée vers l'enrichissement et les dépenses d'apparat est la dernière qu'on puisse encourager chez le philosophe. Elle corrompt nécessairement le mouvement propre de la pensée, elle fait obstacle à toute incorporation dans un processus de vérité.

— Me permettrez-vous, cher maître, intervient Amantha, sinon une critique, du moins une nuance? Il me semble qu'on peut aboutir à la même conclusion à partir de prémisses moins moralisantes. Certes, on doit supposer dans le naturel philosophe une moindre exposition que chez tout autre à ce qui est incompatible avec l'essence libre de la pensée. Je suis d'accord qu'il n'y a rien de plus opposé à une subjectivité philosophique que la petitesse d'esprit. Mais pourquoi? Tout simplement, me semble-t-il, parce que le philosophe cherche la logique générale des choses, qu'elles soient humblement naturelles ou qu'elles appartiennent aux plus sublimes constructions de l'esprit. Cette recherche est complètement bloquée si on est mesquin, jaloux, envieux ou carriériste.

— Eh oui! admire Socrate. J'ajouterai encore un argument : considérons une femme ou un homme qui, résidant parfois dans la magnificence de l'intelligence active, parvient à dominer le simple flux temporel et à contempler cette part de l'Être qui s'expose à la pensée. Serait-il cohérent de croire qu'un individu ainsi transfiguré par les pouvoirs d'un Sujet tient encore pour essentielle sa simple survie animale?

— Votre exemple nous apprend que non, dit gravement Glauque.

— Une femme et un homme de ce genre auront donc surmonté la peur de la mort. Inversement, un lâche que cette peur tenaille ne peut participer au vrai naturel philosophe. On peut ajouter que l'harmonie intérieure, le désintéressement, l'amour de la liberté, le courage, la capacité à porter sur soi-même un jugement sans complaisance, que tout cela barre la route à l'injustice comme au vil esprit de concurrence qui fait de l'autre, surtout s'il vous est supérieur, un rival à abattre. C'est pourquoi, si nous voulons discerner ce qu'est un Sujet philosophe, c'est très tôt qu'il faudra, dans l'examen qu'on fait d'un individu quelconque, prêter attention au rapport contradictoire entre justice et arrivisme social, ou entre jugement argumenté et enflure rhétorique.

— Mais rien du côté du savoir ? s'inquiète Glauque.

— Bien sûr, bien sûr ! On cherchera à développer la qualité de base, celle dont n'importe quel enfant est abondamment pourvu : la facilité à apprendre. On ne peut guère s'attendre à ce que quelqu'un s'enthousiasme pour une pratique qui l'ennuie et dans laquelle ses grands efforts ne sont récompensés que par des progrès minuscules.

— Et la mémoire ? questionne Amantha. C'est mon point faible, la mémoire.

— Tout de même, gronde Socrate, si tu ne retiens rien de ce que tu apprends, ou si tu oublies constamment l'essentiel, tu vas rester vide de toute connaissance positive. Tu vas alors te décourager et, finalement, prendre en horreur cela même que tu as entrepris de faire. Nous n'inscrirons pas les âmes oublieuses dans le registre où figurent les vrais philosophes.

— Et les qualités esthétiques ? s'entête Amantha. Un philosophe peut-il être un grossier personnage, quelqu'un qui n'a aucun charme ?

— Tu touches là, répond Socrate, à la question capitale de la mesure. Les gens dont tu parles sont en réalité dépourvus de tout sens de la mesure. Or, je vous le dis : c'est de la mesure que la vérité est parente, et le sans-mesure lui reste étranger.

— Votre philosophe, récapitule Glauque, est donc un esprit rationnel plein de mesure et d'élégance, acceptant

313

d'accompagner le devenir naturel d'une Idée adéquate au réel qui en soutient l'existence. On voit alors que toutes les qualités que nous avons requises pour identifier le naturel philosophe sont étroitement liées les unes aux autres, et sont toutes nécessaires à un Sujet que définit sa participation pleine et entière au mouvement par lequel l'être s'expose à la pensée.

— Serait donc, à ton avis, pratiquement soustrait à toute critique quelqu'un doté de ce naturel philosophe, qui poserait sa candidature à une fonction exigeant précisément une bonne mémoire, de la facilité à apprendre, de la hauteur de vue, une certaine élégance, du goût pour les vérités et pour la justice, un grand courage et pas mal de sobriété ?

— Un candidat idéal ! se moque Amantha.

— Mais ne désirons-nous pas que tous les habitants du pays dont nous sommes en train d'imaginer le destin sous le signe de la cinquième politique soient de ce format ? Qu'ils aient, tous, toutes les qualités du naturel philosophe ? Car c'est à eux, à eux seuls, à eux tous, nos amis du vaste peuple, qu'il faut confier les tâches requises pour l'organisation d'une vie collective enfin libérée, enfin digne de l'Idée que l'humanité peut se faire d'elle-même au-delà des simples obligations de sa survie.

— Que tous soient philosophes ?

— Tous sans exception, dit Socrate à voix basse. Oui, sans exception aucune.

CHAPITRE 10

Philosophie et politique
(484b-502c)

Le « Tous philosophes! » de Socrate avait traversé l'ombre comme un appel étouffé. On y sentait plus de lasse obstination que de gloriole. D'ailleurs, Socrate restait là bouche bée, silencieux et se grattant la cuisse gauche avec une fourchette. Au bout de quelques minutes, Glauque n'y tint plus et voulut sonder jusqu'où allait l'incertitude de son maître :

— Cher Socrate, commence-t-il, personne n'a rien à opposer à vos arguments. Mais vous êtes-vous parfois demandé ce que ressentent ceux qui n'osent plus rien dire après que votre merveilleuse subtilité les a coincés dans quelque aporie? Ils sont convaincus que leur inexpérience est telle, quand il s'agit de votre jeu favori – le jeu des questions-réponses –, que l'accumulation de petits écarts de parole les entraîne à la fin jusqu'à d'énormes erreurs totalement contraires à leur conviction initiale. Ils se sentent comme un joueur d'échecs médiocre que l'attaque de l'adversaire, longtemps masquée dans son développement coup par coup, surprend à la fin, si bien qu'il ne sait plus où fourrer son roi et n'a plus qu'à le coucher pour signifier sa défaite. Vos auditeurs finissent aussi par se sentir paralysés, incapables de dire quoi que ce soit au terme de cette partie d'échecs qui se joue avec des arguments en lieu et place de pièces de bois. Mais ne croyez pas qu'ils en concluent que la vérité est de votre côté. Pas du tout! Car s'ils succombent au jeu symbolique des arguments, ils se font fort de montrer que des faits réels pourraient bien leur donner raison. Tout le monde peut constater, disent-ils, ce qui arrive à ceux dont l'engagement philosophique est sérieux, ceux pour qui la philosophie n'est pas une discipline académique qu'on laisse tomber après s'y être frotté dans sa jeunesse.

— Et qu'est-ce qui leur arrive? dit Socrate, l'œil luisant.

— Il y a deux possibilités, prétendent vos interlocuteurs quand ils parlent dans votre dos. La plupart de ces « philosophes » deviennent des gens étranges, pour ne pas dire pervers. Et la petite minorité qui garde le sens de la mesure ne retire de cet exercice intellectuel dont vous êtes le grand défenseur qu'une évidente incapacité à se mêler de politique et à occuper des fonctions dirigeantes dans l'État.

— Et toi, cher Glauque? sourit Socrate. Tu penses qu'ils ont tort de dire tout ça dans mon dos, quand ils ruminent leur défaite aux échecs? Ou qu'ils ont bien raison?

— J'y perds mon latin. J'aimerais bien savoir ce que, vous, vous en pensez.

— Pas de problème! Ils disent la vérité, rien que la vérité. Toute la vérité, peut-être pas.

— C'est quand même gratiné, ça! explose soudain Amantha. Vous nous prouvez par a + b que les pays ne sortiront de leur détresse que si tous leurs habitants deviennent philosophes. Puis vous lâchez sans crier gare que les philosophes sont politiquement débiles! Comment elle marche, alors, votre cinquième politique?

— Je ne peux répondre à ta question, chère fille, autrement que par une image.

— Vous me faites souvent le coup. Moi, je dis : méfiance, méfiance !

— Laisse-le parler, à la fin ! s'indigne Glauque.

— Bah ! dit Socrate. Je reconnais bien là mon Amantha. Elle me pose une vraie colle et par-dessus le marché elle se moque de moi. Mais, très chère, écoute d'abord mon petit discours imagé. Tu n'en seras que plus à l'aise pour rire de ma médiocrité poétique.

— Allez-y, ne tenez pas compte de ma sœur ! dit Glauque, furieux.

— C'est juste une petite aventure maritime. Il y avait une fois un pétrolier dont le capitaine était un gars costaud, un brave homme dont l'unique défaut était d'être sourd comme un pot et myope comme une taupe. Ah ! et puis aussi : ses connaissances en matière de navigation étaient aussi faibles que sa vue était basse. Vu son impéritie, les marins ne cessaient de se disputer pour savoir qui allait tenir la barre, bien qu'aucun d'entre eux ne sût piloter un navire. Il y avait un trou dans la soute, si bien que le bateau laissait derrière lui une grande traînée de mazout. On discutaillait depuis des jours sur ce qu'il fallait faire pour colmater la fuite, sans parvenir à quoi que ce soit. L'opinion générale, à bord, était du reste qu'il n'était nul besoin de savoir quoi faire pour le faire, ni de le faire pour apprendre peu à peu quoi faire. Le résultat était que ni on ne savait, ni on ne faisait. Et tout le monde continuait le siège du capitaine en vociférant son opinion, la meilleure étant, de l'avis unanime, celle de celui qui vociférait le mieux, afin que le pauvre homme leur confie la barre et le soin de boucher le trou. Un jour, l'un d'entre eux arriva à convaincre le capitaine et prit sa place. Aussitôt, une clique de marins particu-

319

lièrement brutale et organisée se jeta sur le vieux capitaine, le roua de coups et l'enferma dans la cale. Quant au nouveau, ils le réduisirent à l'impuissance en lui offrant de fumer de l'opium, de renifler de la coke ou de siffler des bouteilles de vodka. Après quoi, ils raflèrent tout ce qu'ils purent dans les cabines et décidèrent de vendre la cargaison de fuel dans le premier port qu'ils rencontreraient, pour se partager l'argent et mener la bonne vie. On transformerait pour l'occasion le pétrolier en fumerie, en gargote et en lupanar. Mais comment se diriger vers un port ? Le pétrolier, privé de toute direction compétente, zigzaguait comme le bateau ivre de Rimbaud. Ce qui n'empêchait nullement le parti vainqueur de vanter tous ceux qui le ralliaient ou l'aidaient à consolider son pouvoir : quels grands marins ! disait-on. Quels pilotes sensationnels ! Même quand le navire finit par s'échouer dans une baie crasseuse, que sa coque creva et que le fuel visqueux empoisonna des milliers d'oiseaux sur toute la côte, ils continuèrent à se vanter d'être des navigateurs de premier ordre. Ils n'avaient pas la moindre idée qu'il faille, pour diriger la course d'un grand navire, un certain savoir concernant les saisons, les astres, les vents, les cartes marines, les fonds, les communications radio… Non, ils pensaient qu'avoir l'assentiment d'une majorité de marins était bien suffisant. Inutile d'avoir des idées. Nuisible, même !

Voilà mon histoire, chers amis. Supposons maintenant que, dans un tel contexte, surgisse un vrai capitaine unissant la vision intellectuelle de ce que c'est que la navigation à une expérience pratique prolongée. Quelqu'un qui sache s'adresser aux marins de façon à les convaincre de s'organiser pour que le bateau soit réparé puis réellement animé et orienté vers la destination qu'on lui a choisie. Comment croyez-vous que la clique anarchique au pouvoir va le traiter? Ne vont-ils pas le disqualifier en le traitant d'intello fumeux, d'idéaliste ringard et d'idéologue archaïque?

— Probable, oui, dit Amantha, si on voit comment vous êtes traité dans la presse et à la télévision.

— Telle est donc bien l'image du sort que l'état actuel de l'opinion et de ceux qui la gouvernent réserve au vrai philosophe. Si quelqu'un s'étonne que le philosophe, tel que nous désirons que le devienne tout le monde, ne soit guère honoré par l'opinion dominante, racontez-leur l'histoire du pétrolier, et ils comprendront que ce qui, dans notre situation, serait vraiment étonnant, et je dirais même carrément bizarre, serait qu'on porte au pinacle nos quelques philosophes qui tiennent bon dans la tourmente!

— Eh bien, susurre Amantha, voilà un pétrolier qui ne sert pas qu'à ravitailler les bagnoles.

— Tu as quelque chose contre les pétroliers de l'esprit? réagit Socrate.

Puis, se tournant vers Glauque :

— Et que ton ami des opinions vulgaires ne nous bassine plus avec son lieu commun selon lequel les gens versés en philosophie sont inutiles aux larges masses populaires! Car s'ils sont inutiles, que ton ami s'en prenne aux dirigeants qui sont incapables de les employer, et non aux philosophes eux-mêmes. Après tout, ce n'est pas au capitaine de supplier les marins de bien vouloir accepter son autorité. Pas plus qu'il n'est raisonnable, comme le prétend un faux poète et vrai menteur, que

À la porte des riches stationnent tous les sages.

321

La vérité, c'est que c'est au malade, riche ou pauvre, de sonner chez le praticien. Et c'est à celui qui est égaré dans le labyrinthe de la vie d'écouter celui qui sait s'y orienter. Il est absurde de voir un dirigeant capable supplier ceux qui, dans une situation désastreuse, ont besoin de lui, de consentir à ce qu'il prenne en mains cette situation. Dans les « démocraties » parlementaires, ceux qui sont au pouvoir ressemblent aux marins ivres de notre pétrolier, et ceux que ces marins traitent d'inutiles, d'intellos et de gens « coupés des réalités » sont justement ceux qui pourraient être, si on les écoutait, de vrais capitaines.

— Mais, objecte Glauque, le reproche le plus violent qu'on fait à la philosophie me semble avoir pour cause non pas tant la mise à l'écart des vrais philosophes par les ignorants que l'impression douteuse que font ceux qui s'appellent « nouveaux philosophes », qu'on voit pérorer à la télévision et se faire photographier dans les magazines. Ce sont eux qui font dire à pas mal de mes amis que les philosophes sont des types sans foi ni loi, des espèces de charlatans médiatiques. C'est cette perversion du titre de « philosophe » qu'il faudrait expliquer. Et surtout, il faudrait montrer que tout cela n'engage pas la responsabilité de la vraie philosophie.

— Rude programme!

— On peut tout de même reprendre ce qui a déjà été dit du vrai philosophe, proteste Amantha. En tout cas du philosophe doté, comme vous l'exigez, d'un esprit rigoureux et d'une solide allergie à toutes les formes de corruption. Vous avez rapporté tout cela au concept de vérité, dont vous avez dit que, à défaut de le prendre pour guide dans l'ensemble de l'expérience, le soi-disant philosophe n'est qu'un imposteur, à jamais séparé de la philosophie véritable.

— Absolument, confirme Socrate. Nous nous défendrons en assumant que l'authentique amant des savoirs, celui dont le combat spirituel s'oriente vers le réel de l'être, ne saurait s'attacher aux innombrables particularités dont l'existence n'est attestée que par le lien, lui-même fluctuant, entre la variété des opinions et le mouvement des apparences. Il va bien plutôt suivre sa voie sans que ni sa volonté ni son amour ne faiblissent, jusqu'à ce qu'il maîtrise la nature effective de ce vers quoi il a tourné sa pensée et à quoi il s'est incorporé en tant que Sujet. Car, ce faisant, cessant d'être en proie aux seules douleurs de l'enfantement, il donne naissance – lui et d'autres avec lui – à une vérité neuve, et peut jouir de ce point où la vraie vie et la vraie connaissance sont indiscernables.

— Ah, Socrate! admire Amantha. Vous n'êtes pas pour rien le fils d'une sage-femme!

— Mais, continue Socrate, tout le reste en découle. Peut-on imaginer qu'un tel homme, dans les discussions importantes, tolère l'hypocrisie ou le mensonge? Peut-on imaginer que, quand la vérité marche en tête, ce soit pour diriger la procession des ignominies? N'est-elle pas plutôt le coryphée de tous ceux chez qui la droiture et la sobriété font barrage à la corruption? Mais nous n'avons pas besoin de décrire une fois de plus le système des qualités propres au naturel philosophe. Vous vous rappelez l'un et l'autre que nous avons cité le courage, la grandeur d'âme, l'acceptation des disciplines du savoir, le travail de la mémoire… J'en étais là quand Glauque a objecté que j'avais raison, mais que, si on passait du discours au réel, on voyait bien que la plupart de ceux qui se déclarent philosophes sont des corrompus notoires. Nous devons donc faire face à cette accusation. C'est pourquoi nous ressassons ce portrait du vrai philosophe : il s'agit de le distinguer des imposteurs nuisibles.

— J'ai bien compris, dit Glauque. Mais, comme je l'ai expliqué, il y a deux cas différents. Il y a ceux dont le naturel philosophe a été corrompu et qui, de ce fait même, sont devenus entièrement inutiles, notamment pour ce qui concerne la politique. Mais il y a aussi ceux qui imitent délibérément le naturel philosophe pour en usurper les pouvoirs. Quel est le type subjectif de ces gens qui, singeant une manière d'être et de penser dont ils sont indignes et qui est hors de leur portée, se comportent en toutes circonstances de telle sorte qu'ils produisent dans l'opinion ce discrédit quasi universel qui s'attache à la philosophie proprement dite ?

— Ah, cher ami ! Il faut commencer par un paradoxe redoutable. Le naturel philosophe existe au départ chez tout le monde. Or, il est chez presque tous corrompu. Pourquoi ? Parce que les qualités mêmes qu'il exige, si elles se développent sans lien entre elles, interdisent que le naturel philosophe parvienne à maturité. Oui, mes chers. Le courage, la tempérance, l'acceptation des disciplines du savoir, tout cela conspire à la corruption de la philosophie, qui, cependant, requiert et organise ces qualités.

— Alors là, franchement, grogne Amantha, on est dans le pot au noir !

— Et je vais aggraver mon cas : tout ce qu'on considère communément comme des biens, la beauté, l'aisance, la santé, une société politiquement bien organisée, tout cela contribue à brimer et affaiblir le naturel philosophe. La

324

nature elle-même éclaire ce paradoxe. Regardez les semences des plantes ou les petits des animaux : s'ils ne trouvent ni la nourriture, ni le lieu, ni la saison qui leur conviennent, ils souffrent d'autant plus de ces privations qu'ils étaient au départ plus naturellement vigoureux. C'est une évidence dialectique : le mal est plus contraire au bien qu'il ne l'est au moins bien. Une excellence originaire mal traitée devient pire qu'une médiocrité soumise aux mêmes conditions.

— Je vois où vous voulez en venir, dit Amantha, les yeux mi-clos, à votre dada, l'éducation.

— Tu lis en moi comme dans un livre. Bien sûr ! Admettons que tous les individus sans exception aient au départ, virtuellement, comme dirait notre collègue Gilles Deleuze, la même excellente capacité philosophique, à quelques nuances près. Si le milieu idéologique et éducatif que leur propose l'État est détestable, cette excellence va se changer en son contraire, et les meilleurs seront les pires : la nuance de supériorité intellectuelle deviendra une exagération quasi illimitée de la turpitude. Après tout, on sait bien qu'un tempérament modéré, s'il ne fait certes pas d'étincelles du côté du bien, reste au moins incapable de grandes vilenies. Tout ça pour dire que si le naturel philosophe, tel que nous l'avons défini, rencontre un environnement éducatif adéquat, c'est sûr qu'il s'orientera dans l'existence de façon affirmative. Dans le cas contraire, semé sur une terre ingrate et cultivé en dépit du bon sens, il sera voué à tous les défauts qu'entraîne une désorientation profonde.

— À moins, sourit Amantha, qu'il ne rencontre au hasard des chemins un maître tel que vous.

— Ça ne suffira pas ! Il faut encore qu'un événement le saisisse : passion amoureuse, insurrection politique, bouleversement artistique, que sais-je? Car le mal est global, il a sa source dans l'ensemble de la situation. Il ne faut pas croire que les jeunes gens sont corrompus parce qu'ils sont malencontreusement tombés sur de mauvais maîtres, sur des sophistes endurcis, lesquels ne sont après tout que de simples marchands de rhétorique. Non, non! Les moralistes patentés qui déplorent à la télévision ces mauvaises rencontres et les politiciens qui dénoncent dans leurs meetings l'action de ces soi-disant philosophes sont eux-mêmes, en dernier ressort, les plus grands des sophistes, ceux qui organisent en permanence le tapage propagandiste chargé de désorienter la jeunesse et de la vouer à la misère du nihilisme.

— Mais où? quand? comment? demande Glauque, prêt à en découdre séance tenante avec l'armée des corrupteurs.

— Tout simplement par cette rumeur constante, quotidienne, partout répandue, terrorisante avec douceur, amicalement contraignante, convivialement implacable, qu'on appelle « liberté d'opinion ». À la télévision, dans les théâtres, les journaux, les réunions électorales, quand les intellectuels officiels pérorent, et même quand on se réunit avec des copains et des copines pour boire un coup et bavarder, que voit-on? Qu'entend-on? Tout le monde blâme ou applaudit des déclarations, des idées, des actions, des guerres, des films, tout ça dans un désordre privé de tout principe rationnel à valeur universelle. Il y a une joyeuse et sinistre exagération vaguement coléreuse aussi bien des huées que des applaudissements. On dirait que les grandes surfaces vitrées des immeubles répercutent partout dans la ville la même rumeur, conflictuelle en apparence, consensuelle en réalité, faite de toutes ces opinions si âprement contrastantes qu'aucune ne l'emporte, sinon celle qui prescrit : « Je suis en tout cas libre de dire n'importe quoi. » Et c'est ce « n'importe quoi » qui vient à bout du naturel philosophe. Que peut devenir en effet la pensée d'un jeune homme ou d'une jeune fille face à la puissance de la rumeur disparate qui emporte au loin et désagrège toute idée de vérité ? Que peut là-contre un enseignement scolaire lui-même disparate et d'avance acquis au libre tourbillon des jugements anonymes ? Les jeunes n'en viendront-ils pas à juger comme le fait la rumeur dominante, s'agissant de ce qui est beau ou laid, moral ou immoral, à la mode ou ringard ? Ne finiront-ils pas par verser leur seau d'eau dans le flot bourbeux, dont Internet est le symbole, des informations incontrôlables et des appréciations sans fondement ?

— Vous ne croyez guère en nos capacités de résistance, grince Amantha.

— Mais ceux qui résistent, on va les traiter comme il faut ! Si vous n'êtes pas un démocrate consensuel, un partisan acharné de la « liberté d'opinion », prenez garde ! Vous allez avoir des lois scélérates vous interdisant de faire ceci ou cela, on vous traînera dans la boue, on créera des commissariats et des prisons pour punir la rébellion de la jeunesse, et, à l'horizon, il peut y avoir, quand la situation se tend, la mort, comme celle dont certains prédisent qu'on me l'infligera.

— Ne peut-on tout de même, demande Glauque, opposer à cette tyrannie de l'opinion la transmission, clandestine au besoin, de la philosophie des vérités ?

— Je te l'ai dit, cela ne peut suffire. Nul n'a changé ni ne changera, par de simples leçons de morale, un caractère que les opinions dominantes ont figé. La philosophie n'est active que si la divine politique l'est d'abord, si quelque événement brise la routine consensuelle, si quelque initiative organisée montre ce que c'est qu'être irréductible à la « démocratie » ambiante. Quand l'action réelle, celle qu'ordonnent des principes et non des opinions, existe localement, alors l'idée philosophique peut en dégager la valeur universelle. Tout ce qui, dans les États corrompus par le déguisement démocratique du pouvoir des riches et des arrivistes, peut sauver la pensée et la justice relève d'un dieu secret.

— Et quel est ce dieu caché providentiel ? demande brutalement Amantha.

— L'événement imprévisible, le surgissement d'un mot d'ordre et d'une organisation collective que rien ne laissait prévoir dans la simple rumeur composite des opinions et de leur prétendue liberté.

— Mais alors, quel est le destin du naturel philosophe qui n'a pas la chance de rencontrer son événement-dieu ?

— Renseigne-toi auprès des philosophes mercenaires ou des discoureurs médiatiques. Leurs règles d'action, qu'ils appellent volontiers un « savoir », et même une « pensée », ne font que synthétiser l'état circonstanciel de la rumeur dominante. Leur « philosophie » flatte ce qui existe et règne. Imagine un homme qui a pour métier de nourrir un gros animal au poil épais et aux dents longues. Il en observe avec attention les comportements instinctifs et les appétits. Il apprend à l'approcher et à le toucher sans prendre de risques. Il sait interpréter ses cris et moduler sa propre voix de telle sorte que la bête qui l'entend soit douce ou furieuse. À cette observation empirique, notre homme donne le nom de « science de la vie ». Il écrit dans la foulée un gros traité de ladite « science », qu'il enseigne à l'université comme si elle était le *nec plus ultra* de la modernité. Il ignore absolument ce qui, dans les désirs de l'animal, ses habitudes, ses grognements, ses réactions, mérite d'être appelé « juste » ou « injuste ». La vérité intime, l'intériorité de son cobaye, il s'en fiche complètement. Seul a pour lui de l'importance l'équivalent des opinions, à savoir les comportements répétitifs et les réactions stéréotypées de la grosse bête. Notre professeur en science de la vie appelle « bonnes » les choses qui semblent faire plaisir à cette bête, et « mauvaises » celles qui la fâchent. Tout professeur qu'il est, il reste incapable de justifier ces noms, tout simplement parce qu'il confond le juste et le beau avec les nécessités physiologiques de la survie. Sa « science » n'est que sophisme, parce qu'il ignore la différence essentielle entre nécessité et vérité. Pensez-vous que ce personnage puisse être un précepteur utile pour la vraie vie que nous tentons de définir ?

— Certainement pas! s'exclame Glauque.

— Mais ce professeur de « science de la vie » est-il vraiment différent de ceux qui appellent « science politique » la connaissance empirique des appétits indifférenciés d'une population soumise à la dictature des opinions versatiles ? Vous connaissez ces gens qui font des sondages pour savoir ce qui possède une valeur politique, comme d'autres, tenants de la « science esthétique », mettent en pourcentages la musique ou la peinture pour en évaluer la qualité. Un homme de cette espèce, un professeur de science politique qui soumet à la loi du nombre une chose aussi délicate qu'un grand projet de service public, vaut-il mieux que notre dresseur d'ours, ou qu'un sociologue qui confie le droit d'évaluer un poème à une majorité de téléspectateurs ? Dans tous les cas, faute de proposer des critiques argumentées et d'aller au fond des choses, ces gens servent uniquement à confirmer dans l'esprit public qu'une opinion majoritaire est, de cela seul qu'elle est majoritaire, belle et bonne, et qu'il vaut mieux s'y rallier. Or, vous et moi pouvons prouver sans mal que cette conclusion est ridicule. Si l'on avait confié à la loi des opinions majoritaires la question du mouvement des planètes, on croirait encore aujourd'hui que c'est le Soleil qui, se levant et se couchant, tourne autour de la Terre.

— C'est mon exemple favori, ponctue Glauque, tout content, quand je veux expliquer à un copain ce qui oppose une vérité à une opinion.

— Mais cet argument, pourtant très fort, parvient-il à détourner tous tes copains du culte du nombre, du mécanisme électoral majoritaire et du dogme de la « liberté d'opinion » ?

— J'avoue que, souvent, ils sont impressionnés pendant quelques minutes, mais qu'ensuite ils répètent que « quand même, la démocratie, la liberté de dire ce qu'on veut, c'est ce qu'il y a de mieux dans le monde moderne ».

— C'est qu'il faudra un long travail et presque une mutation de l'humanité pour que tout le monde admette que ce qui opère la synthèse de la création et de l'éternité est la beauté neuve, plutôt que la multiplicité des objets que l'opinion déclare beaux. Et, plus généralement, que c'est la mathématique de l'être qui importe et non l'existence de multiples particularités.

— Mais que faire, alors, tant que tout ce travail n'a pas été mené à son terme ?

— En tout cas, ne pas s'étonner des critiques qui fusent contre les philosophes, qu'elles viennent de ceux qui ne croient qu'aux opinions dominantes ou des politiciens démagogues qui ne veulent qu'être réélus.

— Ça doit être dur, dit Amantha en hochant la tête, d'être philosophe au sens où vous l'entendez. Comment résister à de telles pressions ?

— C'est encore plus difficile que tu ne crois, chère fille. Imagine un jeune, visiblement doué du goût intellectuel pour ce qui vaut la peine d'être pensé et vécu. Il a été bien souvent un enfant qu'on croit exceptionnel, il se fait remarquer dans sa classe d'âge. Du coup, ses parents et tout son entourage veulent le pousser vers des carrières brillantes et lucratives. Ils vont à la fois le flatter et se servir de lui. Ils aiment en lui sa future puissance. Les qualités du naturel philosophe – goût des disciplines du savoir, mémoire, courage, grandeur d'âme –, ils vont le persuader de les engager dans les sordides rivalités du monde des affaires, des médias ou de la politique ordinaire. Et si d'aventure ce jeune prodige est né dans un État impérial riche et arrogant, le risque est très grand que la corruption de ses qualités natives le pousse, comme ce fut le cas du jeune Alcibiade, pourtant mon ami, vers la fascination pour le pouvoir. Il va à la fin, notre jeune bien né, nourrir de folles espérances, jusqu'à imaginer qu'il peut réunir tous les peuples sous sa houlette et imposer au monde entier la loi de ses désirs.

— Vous avez été marqué, dit Amantha, par ce qui est arrivé au magnifique Alcibiade. Vous l'aimiez, je le sais. Mais si grandiose et incurable était son ivresse que, quand vous vous approchiez de lui pour lui murmurer la vérité – qu'il était en train de perdre la raison et qu'il ne pouvait la

331

retrouver qu'en s'y dévouant de façon désintéressée et définitive –, il avait bien du mal à tolérer cette intervention de
son vieux maître.

— Ah, dit doucement Socrate, il sentait bien pourtant
la force de mes arguments. Il y avait en lui une secrète
connivence avec ma pensée. Mais son entourage s'épouvan-
tait à l'idée de perdre les avantages liés à ses succès politiques et militaires. Ces parasites qui grouillaient autour
de lui ont tout mis en œuvre pour le détourner de mon
enseignement. Et, quant à moi, ils n'ont reculé devant
aucun moyen pour m'abattre. Ils m'ont tendu des pièges,
ils m'ont calomnié, ils ont comploté pour que je sois traîné
devant les tribunaux. Et c'est comme ça qu'Alcibiade a peu
à peu renoncé à devenir philosophe !

— Quelle tristesse ! Quelle poisse ! commente Amantha.
Vous aviez sacrément raison de dire que les qualités qui
font le philosophe se changent en leur contraire dès que
captives d'un milieu pourri. Il suffit que l'opinion tienne
lieu de vérité et qu'on fasse briller aux yeux des jeunes le
pouvoir de l'argent et des relations haut placées.

— Hélas, répond mélancoliquement Socrate, l'exemple
d'Alcibiade est typique. Le philosophe détourné, adultéré,
changé en son contraire, est bien l'homme qui, au bout du
compte, énergique et talentueux comme il est, fait le plus
de dégâts dans la vie publique.

— Mieux vaut en somme, conclut Amantha, un travailleur ordinaire, un ouvrier courageux, intelligent, ayant
de vrais principes, qu'un « philosophe » de ce genre. Je l'ai
toujours pensé.

— Certes, dit Glauque. Cependant, nous ne pouvons
pas nous passer d'intellectuels pour soutenir dans les larges

masses notre projet communiste. Où les trouver? Il y a quelque chose de désespérant, Socrate, dans le soin que vous mettez à décrire l'ampleur de la corruption des esprits.

— Le désespoir n'est pas mon fait. Il nous reste une minorité qui grandira et l'emportera, si même elle est encore composée de singularités excentriques. Il y a des esprits éduqués, forcés par l'exil ou les persécutions à demeurer fidèles à la philosophie, des gens ordinaires, nés dans un petit pays et qui, soustraits à la séduction de la puissance, ont réussi à lier une expérience politique indépendante et une formation intellectuelle de premier ordre. Il y a des ouvriers, venus de très loin, qui, pour éclairer à leurs propres yeux leur expérience douloureuse, sont devenus philosophes; d'autres qui, dégoûtés par un métier trop dépendant des opinions établies, se sont révoltés et ont rejoint du même mouvement de petits groupes activistes et la méditation des penseurs contemporains; d'autres encore ne seraient jamais entrés dans le labyrinthe de l'Idée communiste si une santé fragile ne les avait détournés des carrières à la mode. Dans certains pays, des filles se sont précipitées avec le plus grand succès vers la philosophie et la politique, dans la fureur où les mettait le fait d'avoir si longtemps été tenues pour incapables d'y exceller. Moi-même, vous le savez, je n'ai tenu mes engagements critiques que sous l'injonction de mon démon intérieur. À nous tous nous composons une troupe qui, assurément, a l'avenir pour elle.

— Ne pourrait-on pas, s'impatiente Glauque, imaginer un programme éducatif qui élargisse votre troupe bizarre aux dimensions de la société tout entière?

— En tout cas, rompons avec la vision des choses qui domine. Aujourd'hui la philosophie est une affaire d'adolescents, lesquels l'abandonnent dès qu'on en vient aux difficultés véritables.

Alors Amantha, toujours brusque :

— C'est quoi, ces difficultés ?

— La dialectique, chère Amantha, la dialectique ! Tous ces nigauds et nigaudes se mettent qui à commercer, qui à pérorer à la radio, qui à se spécialiser dans des domaines purement techniques, qui à se présenter aux élections cantonales, qui à écrire une thèse sur le commerce des peaux de crocodile au VIIe siècle... Ils croient faire beaucoup en lisant quelques essais sur les opinions du moment ou en assistant à des conférences mondaines. Quand ils sont vieux, ils s'éteignent plus vite que le soleil dans le poème de Hugo, *La Fin de Satan* : « Le soleil était là qui mourait dans l'abîme... » Et, à la différence de notre bon vieux soleil réel, ils ne se rallument plus. Nous ferons le contraire de tout ça. La philosophie dès l'enfance, oui, mais à condition d'en venir à la dialectique le plus tôt possible, de s'y consacrer au cœur même de la pratique politique. C'est finalement la vie tout entière qui sera ainsi placée sous le signe de l'Idée, et tous les êtres humains pourront jouir, jusqu'à l'âge le plus avancé, de l'existence comme de ce qui leur a permis d'être celui qu'ils sont devenus et dont ils ont de bonnes raisons d'être fiers.

Glauque sent que le ton presque triomphant de Socrate masque une inquiétude, ou plutôt une incertitude fondamentale quant au destin réel de la philosophie et du philosophe. Et c'est délibérément qu'il remue le fer dans la plaie :

— Je dois admettre, cher Socrate, que vous dissertez avec une conviction qui fait plaisir à voir. Mais je suis convaincu que l'immense majorité de ceux qui vous écoutent, ou même de ceux qui, de siècle en siècle, prendront connaissance de vos idées dans les dialogues de mon révéré frère Platon, voire ceux…

— Arrête de faire l'acteur ! dit Amantha, exaspérée.

— Ça va ! Disons que la majorité des gens vous tiendront tête avec une conviction au moins aussi inébranlable que la vôtre. Ils refuseront absolument de vous faire confiance, Thrasymaque le tout premier.

— Ah, riposte Socrate, regarde-le qui dort, il a l'air d'un gros bébé, notre Thrasymaque ! Ne va pas me brouiller avec ce tout nouvel ami dont je n'ai du reste jamais été l'ennemi. Je ferai tout ce que je peux pour le convaincre, lui et tous les autres. En tout cas, j'essaierai de leur servir à quelque chose dans cette autre vie où, nés une seconde fois, ils participeront une seconde fois, comme aujourd'hui, à des discussions dialectiques.

— Vous les renvoyez aux fameuses calendes grecques ! se moque Amantha.

— Calendes qui ne sont rien au regard de la totalité du temps. Quoi qu'il en soit, ne soyons pas surpris que l'opinion dominante ne soit guère modifiée par nos arguments. Les gens n'ont pas encore vu apparaître, dans un monde matériel déterminé, l'Idée dont nous débattons. Ils ont toujours, sous le nom de « socialisme », entendu de belles phrases cultivant symétries subtiles et consonances verbales ingénieuses, et non des développements hasardeux comme ceux dans lesquels nous nous aventurons. Quant à un type humain qui consonerait, cette fois réellement, avec les vertus essentielles constitutives d'un sujet-de-vérité et qui serait en quelque sorte, par ses actions comme par ses déclarations, un type humain auquel on confierait la direction d'un pays tel que celui dont nous tentons de penser l'existence, eh bien, les gens n'ont jamais vu un seul individu qui soit conforme à ce type. *A fortiori*, ils ne peuvent pas imaginer un monde où s'y conformer serait la règle générale. C'est pourquoi je redoutais de m'étendre sur ces problèmes. Cependant, soumis à la vérité, j'ai fini par dire qu'aucun pays, aucun État et même aucun individu ne parviendra à faire tout ce dont il est capable avant que ne soit élargi à la dimension du peuple entier le groupe actuellement restreint des philosophes. Je parle bien entendu des seuls vrais philosophes, ceux qui ne se sont laissé corrompre ni par les opinions dominantes, ni par les pouvoirs, qu'ils soient financiers, politiques ou médiatiques. Ceux dont on dit qu'ils sont « archaïques », « inutiles », voire « dangereux ». Cet élargissement relève d'une nécessité elle-même déployée à partir du hasard d'un événement, et tous y seront entraînés, qu'ils le veuillent ou non. Si l'on nous fait l'objection qu'une telle élévation de la conscience publique ne semble pas s'être produite dans des contrées lointaines, ni même n'est envisagée comme possible dans le futur par les esprits qu'on dit les plus informés, nous répondrons que la rationalité de notre hypothèse ne dépend pas de l'Histoire ni de la prédiction scientifique, mais de ceci qui est vraiment fondamental : il suffit de pouvoir penser que le hasard de circonstances mêlées, et sans doute violentes, ouvre la possibilité d'une politique conforme à l'hypothèse communiste pour que cette possibilité soit celle qui, pour nous, et finalement pour tous, prenne la valeur d'un principe d'action.

Glauque reste sceptique :

— Vous n'arriverez que bien difficilement à convaincre de tout cela une fraction de l'opinion suffisamment large pour qu'elle fasse basculer le rapport de forces idéologique dans nos contrées démocratiques.

— Ne sois pas si sévère pour l'opinion. Si les ouvriers, les employés, les paysans, les artistes et les intellectuels sincères ont du mal à croire à la puissance de notre Idée, c'est à cause des faux philosophes qui ont pignon sur rue et qui, serviteurs de l'ordre dominant, mettent toute une rhétorique au service de cet ordre en déversant sur les politiques d'émancipation, telles que la philosophie les valide au nom de l'Idée du communisme, leurs injures conventionnelles : utopie! vieillerie! totalitarisme! idéalisme criminel! Mais que la passion des individus de devenir le Sujet dont ils sont capables soit éveillée par la conjonction du labeur pensif des militants, de la fidélité des philosophes à ce labeur et de quelques secousses imprévisibles qui affaiblissent momentanément l'organisation propagandiste et répressive des États, et les peuples verront l'avenir sous des couleurs entièrement différentes. Non seulement ils seront alors aisément convaincus que notre projet est le meilleur, comme, au niveau de la philosophie, nous sommes en train de le démontrer, mais les masses, s'emparant de l'idée, en feront, pour reprendre les termes de Mao, « une bombe atomique spirituelle ».

L'expression fait mouche, et tous font silence, un silence vibrant, comme si la bombe en question allait exploser d'un moment à l'autre. Terreur intellectuelle? Conviction naissante? Doute profond? Qui pourrait en décider dans ce salon du Pirée qu'éclaire, venu du large, un matin transparent?

En tout cas, même Thrasymaque, qui dormait, s'ébrouc et regarde Socrate fixement comme s'il lui posait sans mot dire une question difficile.

CHAPITRE 11

Qu'est-ce qu'une Idée?

(502c-521c)

Après le long et incertain plaidoyer de Socrate pour la philosophie et les philosophes dans leur relation controversée à la politique, on avait d'abord fait silence, puis on avait bu et mangé quelques fruits. Même Thrasymaque, qui, comme nous l'avons vu, s'était réveillé en entendant parler de « bombe atomique », avait joyeusement trinqué avec la petite société sans se départir du sourire de qui n'en pense pas moins.

Mais voici que Thrasymaque se rendort, qu'Amantha, après un séjour dans la salle de bains, reparaît tout à fait pimpante, que Glauque se frotte les mains d'impatience… Socrate comprend qu'il faut relancer l'action.

— Le problème central, dit-il abruptement, est maintenant de déterminer les modalités, les appuis mathématiques et tous les exercices intellectuels qui scandent la formation de ceux qui seront appelés à des fonctions dirigeantes, ce qui veut dire, oui, chère Amantha, pratiquement tout le monde, et de fixer les étapes de cette formation. Au passage, je dois avouer que c'est par opportunisme que je n'ai presque rien dit, au tout début de cette discussion, de questions qui dérangent, en particulier de la façon dont les militants de notre politique s'installeront au pouvoir. Cela dit, je me rends compte que mon opportunisme ne m'a fait gagner qu'un peu de temps : nous n'éviterons pas d'avoir à justifier une position très ferme sur tous les points délicats. Vous admettrez que pour ce qui concerne la direction politique collective, la formation de l'humanité militante, il faut tout reprendre de zéro. Zéro, à vrai dire, ce n'est jamais exactement rien. Nous avons déjà causé de ceux (oui, oui, comme va nous le rappeler Amantha, c'est à peu près tout le monde) qui sont appelés à devenir, un temps, dirigeants politiques. Nous avons déjà proclamé qu'ils devaient manifester leur amour de la chose publique en toutes circonstances, qu'elles soient délicieuses ou douloureuses, et ne jamais céder sur ce principe, que le prétexte à la dérobade soit la dureté du travail, la peur panique ou un renversement des rapports de forces ; qu'il fallait former aussi longtemps que possible les incapables, et, d'un même mouvement, accorder, à ceux qui surgissent de toutes ces épreuves purs comme de l'or fondu dans un brasier, non seulement des postes de responsables, mais des médailles et des honneurs publics durant la vie comme après la mort.

Socrate se tourne alors vers Amantha :

— Nous avons bien dit quelque chose de ce genre, mademoiselle, non ?

Et Amantha :

— Autant que je m'en souvienne après six ou sept heures de discours épuisants, je crois que oui. Mais il me semble que vous aviez sérieusement édulcoré votre pensée, que vous marchiez sur des œufs.

— C'est l'opportunisme dont je parlais. J'avais peur d'en venir au fait. Mais allons ! De l'audace ! Persistons et signons ! Qui faut-il établir, au titre de dirigeants politiques exactement appropriés à nos principes ? Des philosophes. Ça y est. J'ai osé.

— Comme vous dites ! persifle la belle Amantha. Mais nous étions au courant ! On vient d'en parler pendant près de deux heures !

— Je sais, je sais. On a posé le principe du lien fondamental entre l'Idée philosophique et la pensée-pratique politique. Mais une difficulté demeure. Ces philosophes issus de la masse des gens ordinaires ne seront, dans les circonstances normales, pas bien nombreux si nous ne nous fions qu'à leurs capacités spontanées. Ce serait une disposition naturelle composée d'éléments qui coexistent rarement dans le même Sujet, et qui, nativement, sont en général séparés.

— Comment ça, grogne Amantha, de quoi parlez-vous ?

— Ne te fais pas plus bête que tu n'es, jeune fille. Tu sais bien que, souvent, ceux qui sont doués pour le savoir, qui ont une bonne mémoire, qui sont vifs et perspicaces, qui ont tout ce qu'il faut de ce côté, sont en revanche dépourvus de cette vigueur généreuse de la pensée rationnelle grâce à laquelle on parvient à vivre dans le calme et l'endurance d'une discipline. Bien au contraire, leur vivacité les mène au gré des vicissitudes de l'existence, et toute endurance les abandonne. Symétriquement, les caractères endurants et stables, ces gens auxquels on fait le plus confiance, ces gens que la peur, à la guerre, laisse stoïques à leur poste, voire indifférents, tu verras qu'ils sont, hélas, tout aussi dépourvus de réaction, et bien lourdauds face aux exigences du savoir ; on les croit complètement abrutis quand on les voit ronflant et bâillant dès qu'il faut faire marcher leurs petites cellules grises. Or, nous avons dit que la norme est bel et bien d'avoir part à ces deux dimensions de la vraie vie – la vivacité et l'endurance –, et qu'une formation politique rigoureuse et complète vise à consolider un Sujet doté de cet équilibre.

Car c'est bien cet équilibre qu'en chaque individu de notre communauté politique nous désirons couvrir d'honneurs et de grades. Le problème est qu'il s'agit d'un équilibre difficile à évaluer. Il faut bien entendu soumettre nos candidats aux épreuves dont nous parlions tout à l'heure : durs travaux, périls pressants, voluptés tentatrices. Mais nous voici forcés de les faire aussi s'exercer à de nombreux savoirs afin de juger s'ils sont capables de supporter les savoirs suprêmes ou s'ils ont peur de la pensée, comme ceux qui, effrayés par l'effort physique, jettent l'éponge au bout d'un tour de piste. Dans ce dernier cas la formation doit encore se poursuivre. Nous ne lui fixons aucune limite dans le temps afin de donner leurs chances à tous les individus sans exception.

— Belle organisation pédagogique ! ponctue Amantha, et qu'il faut certainement tenter de mettre en place. Mais c'est quoi, ces « savoirs suprêmes » dont vous parlez avec gourmandise ?

— Ah, dit Socrate, pour éclairer ce point, il faut revenir en arrière. Lorsque nous avons distingué les trois instances du Sujet, nous avons rendu compte des vertus cardinales que sont la justice, la sobriété, le courage et la sagesse. Je vous avais déjà dit que, pour parvenir à connaître à fond ces dispositions subjectives, il existait un autre circuit de la pensée, nettement plus long, dont le parcours aboutissait à une complète maîtrise de leur évidence. Il était cependant possible, avais-je ajouté, d'aller de l'avant par le circuit court, en tirant nos démonstrations de ce qui venait d'être dit. Vous, les jeunes, vous avez comme il se doit préféré qu'on aille vite. Du coup, ce que je vous ai raconté sur ces vertus manquait sérieusement de précision à mes propres yeux, si même aux vôtres c'était plutôt plaisant, ce que vous allez démentir ou confirmer.

344

— Tout le monde a trouvé cela formidable.

— Merci, chère Amantha. Mais je suis moins content que toi. Dans ce genre de recherche, une mesure qui ne saisit pas en son entier l'être de ce dont il s'agit n'est jamais que médiocre. L'inachevé n'est mesure de rien. Parfois cependant, à peine la recherche a-t-elle commencé qu'il y en a certains pour estimer que c'est suffisant et qu'il n'y a aucune raison d'aller plus loin.

— Et comment ! approuve Glauque. Il y a plein de gens qui, par simple paresse, ressentent les choses comme vous dites.

— Alors, reprend Socrate, déclarons que c'est de cette molle inclination que doit tout particulièrement se garder le dirigeant politique ou le militant qui a des principes. Il faudra donc, chers amis, qu'ils empruntent l'un et l'autre le long circuit et qu'ils affrontent les difficultés et les peines non seulement de l'entraînement physique, mais de l'entière compréhension intellectuelle. Sinon, ils ne parviendront jamais à la maîtrise de ce savoir dont je soulignais qu'il est à la fois le plus élevé et le plus adéquat à ce qu'ils sont, ou devraient être.

Glauque marque une certaine surprise :

— Comment ? Les vertus cardinales ne sont pas les suprêmes vertus ? Quelque chose s'élève au-dessus de la justice, du courage, de la sagesse et de la sobriété ?

— Oui, dit Socrate avec gravité, oui, bien au-dessus. Mais même en ce qui concerne les vertus cardinales, qu'elles ne soient pas l'enjeu suprême de la pensée ne nous autorise nullement, ni à nous contenter de la contemplation d'une esquisse, comme nous l'avons fait jusqu'à présent, ni à renoncer à parvenir au plus complet achèvement. Je vous le redis : l'inachevé n'est mesure de rien. Nous serions des personnages comiques et nous mériterions le sort qu'Aristophane nous inflige dans sa pièce *Les Nuées* – j'y figure comme un charlatan grotesque – si nous bandions tous nos muscles pour traiter, de façon aussi claire et exacte que possible, des enjeux de pensée minuscules, tout en même temps que nous traiterions par-dessous la jambe les enjeux les plus élevés.

Mais Glauque ne lâche pas si facilement prise :

— Formidable! Pour résumer, vous nous dites quelque chose dans le genre : « Ce qui est le plus important est plus important que ce qui est moins important. » Voilà une tautologie superbe, ou je ne m'y connais pas! Et comment je dois la saluer, moi, le disciple, le jeunot? Je dois dire : « Oui, certes! », ou « Assurément! »? Ou bien vous préférez « Mais bien sûr! »? Il y a encore : « Mais comment donc! », « C'est juste! », « Rien de plus assuré! », « Absolument! », et pas mal d'autres. Vous avez lu les comptes rendus de dialogues rédigés par mon frère Platon? Tous les jeunes y parlent comme ça, tous des béni-oui-oui. Mais moi, je vais pour une fois vous poser une vraie question : croyez-vous, Socrate, que nous allons nous contenter de ce genre de lieux communs méthodologiques? Croyez-vous que vous allez pouvoir continuer sur ce ton sans nous dire ce qu'est ce savoir suprême dont vous parlez à mots couverts et dont nous ignorons l'objet?

— Je ne crois rien du tout, dit Socrate en colère. Tu n'as qu'à m'interroger!

— Mais c'est exactement ce que je fais!

— Ce que tu fais semblant de faire. Car tu m'as entendu, en de multiples occasions, m'expliquer sur ce point. Aujourd'hui, ou bien tu as tout oublié, ou bien, comme ça t'arrive, tu cherches des chicanes capables, à ta grande satisfaction, de déstabiliser ton vieux maître. Mais tu ne m'auras pas, je t'ai percé à jour. Vous m'avez tous ici entendu bien des fois dire que le savoir suprême concerne l'idée du Vrai. Vous savez tous parfaitement que la justice et les autres vertus cardinales ne sont utiles au déploiement d'un Sujet qu'autant qu'elles sont rationnellement liées à cette idée suprême. Et à l'instant où nous sommes, le rusé camarade Glauque sait bien ce qui va arriver : je vais répéter ces convictions. Mais, aujourd'hui, j'ajoute, pour ne pas radoter comme vous avez de plus en plus l'air de croire que je le fais, une contradiction énigmatique. D'une part, nous connaissons imparfaitement l'idée du Vrai. D'autre part, si nous ne la connaissions pas, à supposer même que nous ayons de tout le reste la science la plus parfaite, ce serait pour nous comme nul. Sans l'Idée, nous n'avons rien. Je n'imagine pas qu'il y ait à vos yeux un gain véritable, pour le Sujet, dans l'acquisition de tout, exception faite du Vrai, ou dans la connaissance de tout, excepté le Vrai. Car alors le Sujet ne connaîtrait de l'univers rien qu'on puisse, faute de l'idée du Vrai, déclarer à coup sûr et véritablement beau ou bon.

— Triste vie que la vie sans cette Idée ! opine Amantha.

Mais Socrate est lancé et n'écoute plus personne.

— Comme vous le savez, la plupart des gens disent : « Le plaisir, il n'y a que ça de vrai ! » Bien sûr, quelques snobs prétendent que c'est l'intelligence qui est notre vraie ressource, ou la ressource du vrai. Le plus drôle est que ces snobs, qui définissent la vérité à partir de l'intelligence, sont incapables d'expliquer ce qu'est l'intelligence. Ils finissent par dire que l'intelligence, c'est l'intelligence... du Vrai. On tourne en rond.

— Ils nous font marrer, glousse Glauque.

— Et d'autant plus qu'ils nous méprisent de ne pas savoir ce qu'est la vérité, pour ensuite nous refiler leur « définition » de l'intelligence, qui suppose que nous savons tout de la vérité ! Ils nous bassinent avec leur sentence pompeuse « Toute intelligence est intelligence du vrai », comme s'ils parlaient à des gens qui comprennent instantanément ce dont il s'agit dès qu'ils entendent les mots « vrai » ou « vérité ». Alors qu'une minute avant ils nous accusaient de n'y comprendre goutte !

— C'est à se rouler par terre !

— Cela dit, les gens de l'autre clique, ceux qui bornent au plaisir le domaine du vrai et de l'authentique, ont beau être majoritaires, ils divaguent autant que la petite bande des snobs. Car ils sont bien obligés de concéder qu'il y a des plaisirs fallacieux. Si bien qu'au bout du compte ils ont sur les bras le paradoxe de choses précises, certaines voluptés par exemple, qui sont à la fois vraies et fausses. Vraies en ce que nous expérimentons sans l'ombre d'un doute leur puissance subjective, fausses en ce que les effets désastreux de cette puissance restent pendant longtemps invisibles. C'est du reste pourquoi cette histoire du plaisir qui est le vrai et le bien des Sujets donne lieu encore aujourd'hui, bien après la mort de son plus ardent défenseur, le redoutable Démocrite, à d'interminables discussions.

— D'accord, renvoyons les deux cliques dos à dos, concède Glauque. Cela dit, nous n'avons pas avancé d'un pouce quant à notre fameuse « idée du Vrai », dont il me semble d'ailleurs qu'on simplifierait bien la situation en l'appelant tout bonnement « la Vérité ».

— Et pourtant..., songe Socrate.

Après un silence, et comme s'il se réveillait :

— Partons de ce que nous voyons tous les jours. Dès qu'il s'agit de justice ou d'élégance morale, la plupart des gens se contentent des apparences. Que ces apparences ne soient que néant ne les empêche nullement d'y ajuster leurs actions, leurs désirs et leur manière d'être. Mais dès qu'il est question de la Vérité, plus personne ne se fie aux apparences. On cherche le réel de ce qui est, et dès lors tout le monde se met à mépriser l'opinion. Nous retrouvons là notre contradiction du début : cette Vérité, tout Sujet la poursuit ou en fait le principe de son action. Mais il ne peut guère que deviner, de façon très générale, ce qu'elle est. La Vérité inflige au Sujet le tourment d'une aporie spéculative, parce qu'il est incapable de clarifier ce qu'elle est essentiellement, ou même de s'y rapporter par une croyance solide comme celle qui lui donne accès à tout le reste. Ce reste, au demeurant, privé d'une relation claire à la Vérité, le Sujet n'en a plus un usage réglé. Sans l'idée du Vrai, en effet, le Sujet ne peut même plus distinguer, dans l'immense étendue du visible, les choses qui lui sont authentiquement utiles.

Amantha alors, toujours impétueuse, éclate :

— Si cette idée du Vrai, cher Socrate, a les qualités et les innombrables effets que vous lui attribuez, est-il bien raisonnable, comme vous semblez vous y résigner, qu'elle reste pour le Sujet presque indiscernable et en tout cas enveloppée dans une ombre épaisse, y compris pour ceux qui tiendront entre leurs mains, fidèles à notre cinquième politique, le sort matériel et spirituel du pays tout entier ?

Socrate pose tendrement sa main droite sur l'épaule de la jeune femme :

— Sois sans crainte, toi qui aimes la lumière. Tu as parfaitement raison. Si les existants justes et beaux sont tenus séparés de ce par quoi ils existent aussi en vérité, celui qui en a la responsabilité, ignorant le lien immanent à l'idée du Vrai de la justice et de la beauté, sera incapable d'en garantir et la durée, et les effets. Tel un devin-philosophe – si un personnage de ce genre peut exister –, je prophétise que toutes les vertus cardinales seront largement méconnues tant que leur lien à la Vérité ne sera pas éclairci. Notre conception politique – notre « cinquième politique », notre communisme – ne trouvera sa forme organisée et définitive que si les gens détiennent le savoir de cette éclaircie.

— C'est bien mon souci, insiste Amantha. Car cette idée du Vrai, cette fameuse Vérité dont tout dépend, je n'arrive pas à savoir ce que vous en pensez, vous, Socrate. Est-ce un savoir ? Est-ce l'expérience intime de la joie ? Ou quelque chose que je n'imagine même pas ?

— Ah ! jeune fille ! Je me doutais bien que, s'agissant d'un problème crucial, les opinions des autres ne te suffiraient pas.

— Cessez de jouer la montre, Socrate ! Ce n'est pas de moi qu'il s'agit, mais de vous. Je ne trouve pas juste que vous sachiez parfaitement m'expliquer les dogmes des autres, mais que vous restiez bouche cousue quand on vous demande d'expliquer les vôtres. En plus, vous vous occupez de cette histoire de Vérité depuis un temps infini, ce qui aggrave votre cas.

— Mais, riposte Socrate, trouverais-tu juste qu'on parle de ce qu'on ne sait pas comme si on le savait ?

— C'est là encore une diversion. Je n'ai pas dit « comme si on le savait ». J'ai demandé que vous vouliez bien parler de ce que vous croyez comme quelqu'un qui le croit.

— Allons ! Tu sais bien que, détachées du savoir, les croyances sont toutes misérables ! Les meilleures sont aveugles. Vois-tu une différence sensible entre des aveugles qui marchent droit par hasard et des croyants qui, par hasard, croient quelque chose de vrai ? T'obstines-tu à vouloir contempler personnellement des choses misérables, aveugles et difformes, plutôt que d'écouter de la bouche d'autrui des choses pleines d'éclat et de beauté ?

Amantha, déçue, ne répond pas. Elle boude dans son coin. Après un temps de silence, Glauque, irrité, saute sur la scène :

— Nom d'un chien, Socrate ! Ne capitulez pas comme si vous étiez au bout du rouleau ! Vous avez éclairci les idées très difficiles de la justice, de l'harmonie subjective et des autres vertus cardinales. Faites de même pour l'idée du Vrai, je vous en supplie !

— Je ne crois pas en être capable. En la matière, un zèle indécent et impuissant prête à rire. Aussi, chers amis, quitte à vous décevoir, je vous propose d'abandonner pour l'instant la question du Vrai, conçue comme question ontologique. Ce qu'est une vérité en elle-même est un problème d'une telle difficulté que le vif élan intellectuel qui est le nôtre, cette nuit, ne nous portera pas jusqu'à la représentation que je me fais de sa solution. Pour vous être agréable, je veux bien, cependant, vous parler du fils du Vrai, celui qui lui ressemble le plus. Si ça ne vous suffit pas, laissons tomber.

— Il faudra bien s'en contenter, maugrée Glauque. Vous paierez une autre fois votre dette en nous parlant du père.

— Souhaitons que je puisse un jour vous rembourser ce capital paternel et que vous soyez capables d'en faire bon usage. Je n'aimerais pas qu'il faille éternellement, comme aujourd'hui, nous contenter des intérêts filiaux. Recevez-les tout de même, ces intérêts, ce fils du Vrai-en-soi. Faites bien attention qu'involontairement je ne vous trompe sur leur valeur en vous remettant des comptes falsifiés.

— On vous aura à l'œil! s'exclame Glauque. Voyons ces comptes.

— Pas si vite! Accordons-nous sur la méthode d'exposition et souvenez-vous de ce qu'au début de la nuit, comme souvent dans le passé, nous avons soutenu. Nous affirmons l'être de beaucoup de choses belles, de beaucoup de vérités et de bien d'autres multiplicités; nous les identifions toutes par la pensée rationnelle. Pour ce faire, nous affirmons aussi l'être du beau en soi, du vrai en soi, et de même pour tout ce dont nous avons posé l'être-multiple. Nous subsumons cet être-multiple sous l'unique idée qui lui correspond, insistant sur son unicité et la nommant le ce-qui-est. Et nous soutenons aussi que les multiplicités immédiates sont exposées au voir mais non au penser, tandis que nous appelons « idée » – d'autres parfois disent « essence », mot que je n'aime guère – ce qui de ces multiplicités elles-mêmes est exposé dans son être au penser et non au voir seul. À ce bref rappel ajoutons une trivialité : nous percevons le visible par la vue, l'audible par l'ouïe, et les autres multiplicités immédiates par les sens appropriés. Supposons maintenant, pour faire court, qu'un ouvrier ait créé nos sens. Nous remarquons alors que cet ouvrier s'est bien plus appliqué au service de la puissance du voir et de l'être-vu qu'aux autres dispositions sensibles.

— Je n'ai rien remarqué de tel, dit Glauque.

— Fais bien attention : faut-il à l'ouïe et à la voix un supplément d'un autre genre pour que l'une entende et que l'autre se fasse entendre, si bien qu'en l'absence de ce troisième terme l'une n'entendra pas et l'autre ne sera pas entendue?

— Je n'ai pas remarqué, répète Glauque, qu'outre l'ouïe et la voix il faille encore autre chose pour entendre ou être entendu.

— Il me semble que ce supplément, bien d'autres sensations, tout comme l'ouïe, ne le requièrent pas non plus. Peut-être même s'en passent-elles toutes. Tu vois une exception ?

— Je n'en remarque aucune, s'enfonce Glauque.

— Eh bien, tu te trompes ! La vue et le visible exigent un supplément.

— Mais je ne vois pas lequel, gémit Glauque.

— La vue a son siège dans les yeux, d'accord ? La présence de la couleur marque les objets visibles, d'accord ? Si pourtant ne s'y ajoute pas un terme d'un troisième genre, expressément destiné à ce que la perception visuelle existe, la vue ne verra rien et les couleurs resteront invisibles.

— Mais, dit Glauque désespéré, quel est donc ce mystérieux troisième terme ?

— Tu l'appelles la lumière.

— Oui, bien sûr ! intervient Amantha.

— La grandeur de ce mot, « lumière », indique que la relation entre la sensation du voir et la puissance du visible est qualitativement supérieure à celle qui conjoint les autres sens à leur domaine propre. À moins que vous ne méprisiez la lumière ?

— Qui donc, sourit Amantha, peut se résigner à vivre dans une éternelle pénombre ?

— Et qui donc nous dispense cette lumière infiniment précieuse ? Qui donc est le maître – parmi tous les Autres que le ciel dissimule – de cette subtile médiation grâce à laquelle c'est aussi parfaitement que possible que la vue peut voir et que le visible est vu ?

— Vous ne seriez pas, dit Glauque, en train de nous parler du soleil, régent naturel du visible?

— Évidemment! Mais prenons garde à la nature exacte du lien entre la vue et ce dieu-soleil. La vue en elle-même n'est pas identique au soleil, pas plus que ne l'est son organe, que nous appelons l'œil. Cependant, si je peux m'exprimer ainsi, l'œil est le plus solaire des organes des sens. On peut croire en effet que la puissance du voir est dispensée par notre dieu-soleil quand il envoie dans l'œil une sorte de fluide lumineux. On constate aussi que le soleil n'est pas la vue, puisqu'il en est une des causes, mais que, cependant, la vue le voit.

— Tout ça est indiscutable. Et alors?

— Alors, le voilà, ce fils du Vrai dont je vous annonçais la venue! C'est le soleil, que la Vérité engendre comme son symbole préféré. Car la place qu'occupe la Vérité dans le lieu éternel du pensable, au regard de la pensée et de ce que la pensée pense, est exactement la même que celle du soleil dans le lieu empirique du visible au regard de la vue et de ce que la vue voit.

— Le problème, dit Glauque en s'esclaffant, c'est que, pour le moment, je ne suis pas sûr de voir ce que vous pensez!

— Écoute-moi bien. Tu sais que si l'on se tourne vers ce dont les couleurs ne baignent plus dans la franche lumière du jour, mais seulement dans les lueurs errantes de la nuit, alors les yeux voient si trouble qu'on peut les dire aveugles, et que la vue est privée de toute pureté. Si c'est vers ce que le soleil baigne de son éclat qu'on se tourne, alors les yeux voient distinctement, et, bien qu'ils soient les mêmes que pendant la nuit, il est cette fois évident qu'ils participent d'une vue tout à fait pure.

— Certes, certes, grommelle Amantha. J'imagine que vous allez nous proposer, entre le soleil et l'idée du Vrai, une analogie, ou une « isomorphie », comme vous dites. D'un côté, la vue, le visible et le soleil. De l'autre, la pensée, le pensable et la Vérité. Mais je voudrais bien savoir comment elle fonctionne exactement, et dans le détail, cette analogie.

— Tu es bien impatiente, jeune fille!

— Et vous, pardonnez-moi de vous le dire, bien lent!

— Ah, sourit Socrate, ce que ton frère Platon appelle mes « longs détours »... Mais tu as raison. Coupons vers l'analogie, passons sans désemparer de l'individu en tant qu'il voit au Sujet en tant qu'il pense. Quand un Sujet se tourne vers l'éclaircie réciproque de l'Être et de la Vérité, il pense et il sait tout ce qui se tient dans cette éclaircie, et il est lui-même dans l'éclat de la pensée. Quand, en revanche, il se tourne vers ce qui est mélangé d'ombre, vers ce qui n'est que génération et corruption, vers la chaude vie immédiate plutôt que vers l'étoile prise aux rets du calcul, il devient la proie des opinions inéclairées, au point que, ballotté en tous sens par ces opinions inconsistantes, on dirait que le pouvoir de penser l'abandonne et qu'il n'est plus tant un Sujet qu'un animal humain aux abois.

— Quel désastre! s'épouvante Glauque.

Mais Socrate poursuit comme dans un rêve spéculatif :

— Ce qui fait don simultanément aux êtres connus d'un savoir véridique et aux êtres connaissants de la puissance d'un tel savoir, c'est, soyez-en sûrs, l'idée du Vrai. Elle est ce à partir de quoi il peut y avoir science et exactitude dès lors que l'entendement y accède. Cependant, si sublimes que soient en effet cette connaissance et cette exactitude, ce n'est qu'à poser l'idée du Vrai comme distincte et plus sublime encore que nous pouvons en prendre la mesure. Nous l'avons dit : s'il est tout à fait juste de considérer que la lumière et la vue coappartiennent à la forme du soleil, il ne l'est pas de les identifier au soleil lui-même. Nous dirons aussi bien : il est juste de considérer que la science et le savoir véridique coappartiennent à la Vérité, il ne l'est pas de les identifier à la Vérité elle-même. Car, à la qualité propre de la Vérité, il convient d'attribuer une fonction plus générale.

Amantha s'extasie :

— Décidément, pour vous, la valeur de la Vérité est proprement incalculable, si elle produit la science et tous les savoirs exacts et si, en outre, elle se situe elle-même à un rang plus élevé encore !

Et Glauque :

— Je vois bien que votre valeur suprême n'est pas du tout, mais alors pas du tout identique au plaisir.

— Espèce d'âne ! ricane Amantha. Socrate a balayé dès hier soir cette identification !

Socrate les entend-il ? Il s'est levé, les yeux fermés, et parle lentement, doucement, comme un murmure dans le matin des lumières.

— Le soleil ne fait pas seulement don au visible de la puissance passive d'être vu, mais aussi de ces déterminations actives que sont le devenir, la poussée de la sève ou la nourriture. Et ce, bien que lui, le soleil, exception lumineuse qui fait tout notre ciel diurne, ne soit rien de tout cela. De même, ce n'est qu'autant qu'il est en vérité que le connaissable peut être dit connu dans son être. Mais c'est aussi à la Vérité qu'il doit non seulement d'être connu dans son être, mais son être-connu lui-même, soit ce qui, de son être, ne peut être dit « être » qu'autant qu'il est exposé à la pensée.

La Vérité elle-même, cependant, n'est pas de l'ordre de ce qui s'expose à la pensée, car elle est la relève de cet ordre, se voyant ainsi conférer une fonction distincte selon l'antériorité comme selon la puissance.

Et Glauque, tout sourire :

— Quelle divine transcendance !

Socrate semble alors se réveiller :

— Transcendance ? Est-ce à cela que tu réduis… Mais peu importe ! Tout est de votre faute. Pourquoi m'avoir forcé à expliciter mes convictions sur ce point ?

— Continuez, cher Socrate, dit Amantha, apaisante, continuez. Ne faites pas attention aux plaisanteries de mon frère.

Et comme elle veut à tout prix relancer la machine-Socrate :

— Vous disiez que soleil et Vérité règnent, l'un sur le genre et le lieu du visible, l'autre sur le genre et le lieu du pensable. Je me représente parfaitement ces deux déclinaisons de l'être, ces deux formes, plutôt : le visible et le pensable. Mais comment s'articulent-elles, ces formes, dès lors qu'on les dispose dans leur élément générique, la lumière pour l'une, la Vérité pour l'autre ?

— Eh bien, d'accord, cède Socrate, je vais tenter d'éclairer notre lanterne sur ce point, le plus obscur de tous. Mais je vous préviens : plus de tirades lyriques ! Des schémas, des proportions, de la mathématique.

— Nous voici prévenus, soupire Amantha.

— Soit un segment AB, qu'un point C divise en deux parties inégales, AC et CB. La partie AC représente ce qui, de l'être, est disposé dans le visible. La partie CB, ce qui s'en expose à la pensée.

357

— Le sensible et l'intelligible, en somme.

— On prétend que ton frère Platon résume ainsi ma doctrine. C'est bien plus compliqué, mais passons. On conviendra (c'est un choix symbolique arbitraire, mais efficace) que l'on a AC/CB = 1/2 : relativement au même être – une multiplicité quelconque –, la dignité de ce qui s'en expose à la pensée est le double de celle qui s'attache à son apparition sensible.

— C'est, commente Amantha, que ce qui d'un être s'expose à la pensée enveloppe, et en un certain sens redouble, ce qui en est immédiatement donné dans le visible.

— Pourquoi pas? Mais continuons. Selon le critère du clair et de l'obscur, un point D partage le segment AC – le visible – en deux parties dont le rapport est à nouveau égal à 1/2. Le segment AD représente les images. J'entends par là ce qui va des ombres à nos grands écrans de cinéma en passant par les reflets sur les eaux, les miroirs et tous les corps polis et brillants.

— Et, bien entendu, ponctue Glauque, que AD ne soit que la moitié de DC signifie le peu de dignité ontologique de ces fantomatiques copies. Mais que représente DC?

— Les objets visibles du monde, ce qui s'expérimente, ce qui est là. D'abord tout ce qui relève de nous, les vivants, mais aussi les plantes et l'entière catégorie des outils, par exemple. Vous admettrez sans difficulté qu'opère ici une division fondée sur la vérité ou son absence, dont le principe est que le rapport entre une chose-qui-ressemble-à-une-autre et cette autre à laquelle elle ressemble est le même que le rapport que, étant donné un contenu quelconque, soutient l'opinion qu'on en a au savoir qu'on en construit.

— « Sans difficulté », sourit Glauque, c'est beaucoup dire !

— On y verra plus clair en divisant à son tour le segment du pensable. Soit le point E situé entre C et B, de telle sorte que CE/EB = 1/2. La section CE représente ce que je nomme la pensée analytique. Le Sujet s'y déploie en se servant comme d'appuis imagés des objets réels de la section précédente. Il est alors contraint de conduire sa recherche à partir d'hypothèses et de conclure sans parvenir au principe de sa conclusion. Dans la seconde section, EB, le Sujet parvient au principe anhypothétique, certes à partir d'une hypothèse, mais sans avoir besoin d'appuis imagés, puisque sa méthode engage les Formes, et elles seules.

— Je n'y comprends rien, lâche Glauque.

— Reprenons donc. Comment opèrent ceux qui s'occupent de géométrie ou d'arithmétique ? Ils supposent l'existence de la suite des nombres entiers, des figures planes, des valeurs angulaires et de bien d'autres choses liées au problème qui est le leur. Ils utilisent tout ce matériel comme s'il s'agissait de données bien connues et suffisamment claires, pour que, si on les adopte comme hypothèses initiales, on ne soit nullement obligé d'en rendre compte, pas plus à soi-même qu'aux autres. Ensuite, partant de ces données, ils explicitent tout ce qui en découle de façon immanente, et parviennent par voie de conséquence au résultat qu'ils avaient en vue.

— Bien, bien, dit Amantha, on a fait des maths, nous aussi !

— Tu t'es donc toi aussi servie de formes visibles et tu as argumenté à leur propos, bien que ce ne soit pas elles que visait ta pensée, mais d'autres, purement pensables, auxquelles les schèmes visibles ne font que ressembler. La démonstration mathématique concerne en effet le Carré en soi, ou la Diagonale en soi, et non la diagonale que tu as maladroitement dessinée. Toutes ces figures, modelées dans l'espace ou tracées sur des surfaces visibles, et dont il peut exister des ombres ou des reflets dans l'eau, les mathématiciens s'en servent comme si elles étaient des images à partir desquelles on peut parvenir à l'intuition de ces êtres qui, eux, ne se laissent saisir que par la pensée analytique; c'est tout cela que représente la première section de l'être-pensable. Le Sujet, lorsqu'il s'y applique, est contraint de se servir d'hypothèses sans pouvoir parvenir au principe, incapable qu'il est de s'élever au-dessus des hypothèses.

— Pourquoi? s'inquiète Amantha.

— Parce qu'il se sert encore, comme d'appuis imagés, des objets réels que nous avons rangés dans la deuxième section du visible, ceux qui ont eux-mêmes leurs obscures images dans la toute première section. Ainsi, quoique établi dans la pensée, le Sujet est encore tributaire du visible et de la relation de ressemblance qui en est la loi.

— Vous êtes en train de dire du mal des mathématiciens, ma parole!

— Du mal à l'intérieur du plus grand bien! Mais apprenez maintenant ce que je nomme la deuxième section de l'être en tant qu'il s'expose à la pensée pure. Le chemin du raisonnement est ici fondé sur la seule puissance du dialectiser : mes hypothèses ne sont pas traitées comme des principes, mais comme étant et restant des hypothèses, qui servent d'appuis et de degrés, afin de parvenir à un principe universel anhypothétique. Quand on y arrive, le déploiement discursif se renverse en mouvement descendant qui parcourt toutes les conséquences du principe jusqu'à la conclusion, sans se servir jamais de rien de sensible, mais passant d'une Forme à une autre par des médiations elles-mêmes formelles, pour enfin conclure sur une Forme.

Glauque alors, comme souvent, entreprend de mettre en forme, c'est le cas de le dire, sa compréhension du discours du maître :

— Vous affirmez que faire théorie de l'être saisi dans son exposition à la pensée par les moyens du savoir que détient le dialectiser est plus approprié que de s'en remettre aux techniques scientifiques dont le modèle est la géométrie. Certes, les mathématiciens, qui traitent les hypothèses comme des principes, sont contraints de procéder discursivement, et non empiriquement. Mais leur intuitionner restant suspendu aux hypothèses et ne s'ouvrant nul accès au principe, ils ne vous paraissent pas avoir la pensée de ce dont ils font théorie, qui, pourtant, repris dans la lumière du principe, relève bien d'une pensée intégrale de l'être. Il me semble que vous appelez pensée analytique la procédure des géomètres et de leurs semblables, et que vous la distinguez de la pensée dialectique. Vous situez cette pensée analytique quelque part entre l'opinion, accordée à la section AD, et la pensée pure ou intellection dialectique, accordée à la section suprême EB. De là, du reste, que la section EC, à laquelle correspond cette pensée analytique, est de longueur égale à la section CD, à laquelle correspondent les objets de l'opinion. Vif contraste avec l'écart entre la section AD, à laquelle sont consacrées les images, et la section de la dialectique, EB, écart qui est comme de un à quatre. Le calcul montre aussi…

— Belle technique, excellent résumé ! coupe Socrate. Nous pouvons voir et nommer les choses ainsi (Socrate trace alors sur la nappe de la grande table, avec un morceau de charbon, le schéma complet des dispositions de l'être tel qu'il vient à l'apparaître et tel que peut s'y constituer un Sujet).

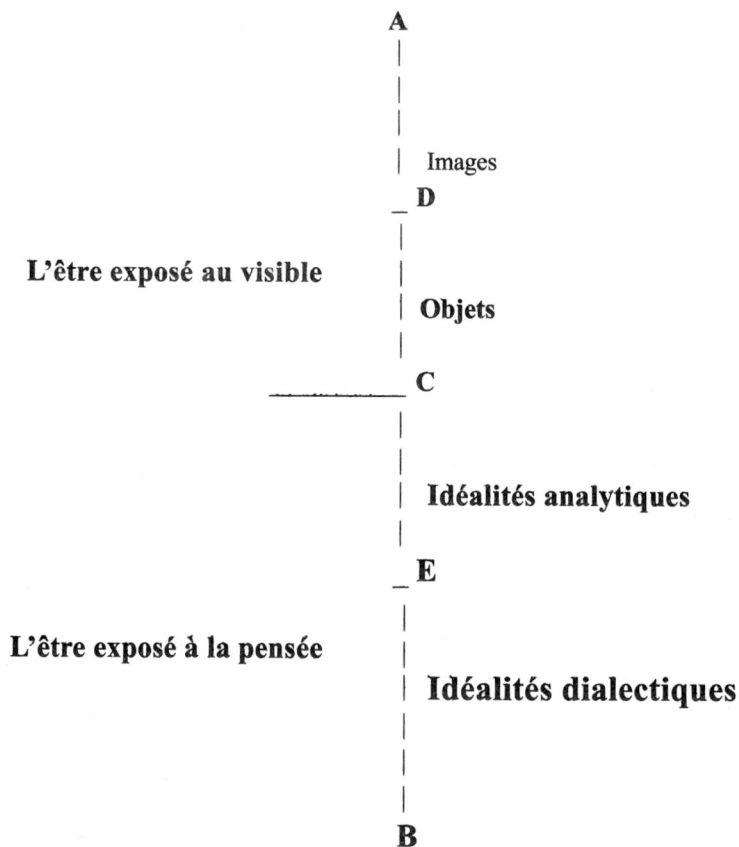

```
                              A
                              |
                              |
                              |
                              |  Images
                             _D
                              |
L'être exposé au visible      |
                              |  Objets
                              |
            _____ C
                              |
                              |
                              |  Idéalités analytiques
                              |
                             _E
                              |
L'être exposé à la pensée     |
                              |  Idéalités dialectiques
                              |
                              |
                              |
                              B
```

— Aux quatre sections, faites correspondre les quatre états qui en articulent la venue pour un Sujet. Pour la plus considérable, EB, parlons de pensée pure, d'intellection ou, mieux encore, de pensée dialectique. Pour celle qui vient ensuite, CE, nous emploierons pensée discursive, entendement ou, mieux encore, pensée analytique. Pour la troisième, DC, disons « certitude », et pour la dernière, AD, « supposition ». Nous supposons en effet qu'une image renvoie à quelque référent réel et nous sommes certains que les objets réels existent. L'existence des idéalités mathématiques est à son tour supposée dans la pensée analytique. Mais nous sommes certains de l'universalité des principes idéaux auxquels nous conduit la pensée dialectique. Cet ordre peut aussi se dire : plus un être se donne dans l'élément de la Vérité, plus le Sujet le pense dans sa propre clarté.

— En sorte, songe tout haut Amantha, que vérité objective et clarté subjective sont deux dimensions du même processus.

— Tu me tires un peu trop du côté de Descartes ! Mais, puisque tu parles de la lumière, je vais essayer de vous peindre un tableau, ombres et lumières mêlées.

— Après le mathème, retour au poème ! se moque Glauque.

— Pourquoi pas ? Imaginez une gigantesque salle de cinéma. En avant l'écran, qui monte jusqu'au plafond, mais c'est si haut que tout ça se perd dans l'ombre, barre toute vision d'autre chose que de lui-même. La salle est comble. Les spectateurs sont, depuis qu'ils existent, emprisonnés sur leur siège, les yeux fixés sur l'écran, la tête tenue par des écouteurs rigides qui leur couvrent les oreilles. Derrière ces dizaines de milliers de gens cloués à leur fauteuil, il y a, à hauteur des têtes, une vaste passerelle en bois, parallèle à l'écran sur toute sa longueur. Derrière encore, d'énormes projecteurs inondent l'écran d'une lumière blanche quasi insupportable.

— Drôle d'endroit! dit Glauque.

— Guère plus que notre Terre… Sur la passerelle circulent toutes sortes d'automates, de poupées, de silhouettes en carton, de marionnettes, tenus et animés par d'invisibles montreurs ou dirigés par télécommande. Passent et repassent ainsi des animaux, des brancardiers, des porteurs de faux, des voitures, des cigognes, des gens quelconques, des militaires en armes, des bandes de jeunes des banlieues, des tourterelles, des animateurs culturels, des femmes nues… Les uns crient, les autres parlent, d'autres jouent du piston ou du bandonéon, d'autres ne font que se hâter en silence. Sur l'écran on voit les ombres que les projecteurs découpent dans ce carnaval incertain. Et, dans les écouteurs, la foule immobile entend bruits et paroles.

— Mon Dieu! ponctue Amantha. Étrange le spectacle, plus étranges encore les spectateurs!

— Ils nous ressemblent. Voient-ils, d'eux-mêmes, de leurs voisins, de la salle et des scènes grotesques de la passerelle, autre chose que les ombres projetées sur l'écran par le torrent des lumières? Entendent-ils autre chose que ce que diffuse leur casque?

— Certainement rien, s'exclame Glauque, si leur tête est immobilisée depuis toujours en direction du seul écran, et leurs oreilles bouchées par les écouteurs!

— Et c'est le cas. Ils n'ont donc aucune autre perception du visible que la médiation des ombres, et nulle autre de ce qui est dit que celle des ondes. Si même on suppose qu'ils inventent des moyens de discuter entre eux, ils attribuent nécessairement le même nom à l'ombre qu'ils voient qu'à l'objet, qu'ils ne voient pas, dont cette ombre est l'ombre.

— Sans compter, ajoute Amantha, que l'objet sur la passerelle, robot ou marionnette, est déjà lui-même une copie. On pourrait dire qu'ils ne voient que l'ombre d'une ombre.

— Et, complète Glauque, qu'ils n'entendent que la copie numérique d'une copie physique des voix humaines.

— Eh oui ! Ces spectateurs captifs n'ont aucun moyen de conclure que la matière du Vrai est autre chose que l'ombre d'un simulacre. Mais que se passerait-il si, chaînes brisées et aliénation guérie, leur situation changeait du tout au tout ? Attention ! Notre fable prend un tour très différent. Imaginons qu'on détache un spectateur, qu'on le force soudain à se lever, à tourner la tête à droite et à gauche, à marcher, à regarder la lumière qui jaillit des projecteurs. Bien sûr, il va souffrir de tous ces gestes inhabituels. Ébloui par les flots lumineux, il ne peut pas discerner tout ce dont, avant cette conversion forcée, il contemplait tranquillement les ombres. Supposons qu'on lui explique que sa situation ancienne ne lui permettait de voir que l'équivalent, dans le monde du néant, des bavardages, et que c'est maintenant qu'il est proche de ce qui est, qu'il peut faire face à ce qui est, en sorte que sa vision est enfin susceptible d'être exacte. Ne serait-il pas stupéfait et gêné ? Ce sera bien pis si on lui montre, sur la passerelle, le défilé des robots, des poupées, des pantins et des marionnettes, et qu'à grand renfort de questions on tente de lui faire dire ce que c'est. Car à coup sûr les ombres antérieures seront encore, pour lui, plus vraies que tout ce qu'on lui montre.

— Et, remarque Amantha, en un certain sens elles le sont : une ombre que valide une expérience répétée n'est-elle pas plus « réelle » qu'une soudaine poupée dont on ignore la provenance ?

Immobile, agacé autant qu'émerveillé, Socrate fixe Amantha en silence. Puis :

— Sans doute faut-il aller jusqu'au bout de la fable avant de conclure quant au réel. Supposons qu'on contraigne notre cobaye à regarder fixement les projecteurs. Les yeux lui font atrocement mal, il veut fuir, il veut retrouver ce qu'il supporte de voir, ces ombres dont il estime que leur être est bien plus assuré que celui des objets qu'on lui montre. Alors de rudes gaillards payés par nous le tirent sans ménagement dans les travées de la salle. Ils lui font passer une petite porte latérale jusqu'ici dissimulée. Ils le jettent dans un tunnel crasseux par lequel on débouche en plein air, sur les flancs illuminés d'une montagne au printemps. Ébloui, il couvre ses yeux d'une main faible ; nos agents le poussent sur la pente escarpée, longtemps, toujours plus haut ! Encore ! Ils arrivent au sommet, en plein soleil, et là, les gardes le lâchent, dévalent la montagne et disparaissent. Le voici seul au centre d'un paysage illimité. L'excès de lumière dévaste sa conscience. Et comme il souffre d'avoir été ainsi traîné, malmené, exposé ! Comme il hait nos mercenaires ! Peu à peu, cependant, il essaie de regarder, vers les crêtes, vers les vallées, le monde éblouissant. Il est d'abord aveuglé par l'éclat de toute chose et ne voit rien de tout ce dont nous disons communément : « Cela existe, cela est vraiment là. » Ce n'est pas lui qui pourrait dire, comme Hegel devant la Jungfrau, et d'un ton méprisant, « *das ist* » : cela ne fait qu'être. Il essaie cependant de s'habituer à la lumière. Après bien des efforts, sous un arbre isolé, il finit par discerner le trait d'ombre du tronc, la découpe noire des feuilles qui lui rappellent l'écran de son ancien monde. Dans une flaque au pied d'un rocher, il arrive à percevoir le reflet des fleurs

366

et des herbes. De là, il en vient aux objets eux-mêmes. Lentement il s'émerveille des buissons, des sapins, d'une brebis solitaire. La nuit tombe. Levant les yeux vers le ciel, il voit la lune et les constellations, il voit encore se lever Vénus. Assis raide sur une vieille souche, il guette la radieuse. Elle émerge des derniers rayons et, de plus en plus brillante, décline et s'abîme à son tour. Vénus ! Enfin, un matin, c'est le soleil, non dans les eaux modifiables, ou selon son reflet tout extérieur, mais le soleil lui-même, en soi et pour soi, dans son propre lieu. Il le regarde, il le contemple dans la béatitude qu'il soit tel qu'il est.

— Ah, s'écrie Amantha, quelle ascension vous nous décrivez ! Quelle conversion !

— Merci, jeune fille. Ferais-tu comme lui ? Car lui, notre anonyme, appliquant sa pensée à ce qu'il voit, démontre que de la position apparente du soleil dépendent les heures et les saisons, et qu'ainsi l'être-là du visible est suspendu à cet astre, si bien qu'on peut dire : oui, le soleil est le régent de tous les objets dont nos anciens voisins, les spectateurs de la grande salle fermée, ne voient que l'ombre d'une ombre. Évoquant ainsi sa première demeure – l'écran, le projecteur, les images artificielles, ses compagnons d'imposture –, notre évadé involontaire se réjouit d'en avoir été chassé et prend en pitié tous ceux qui sont restés cloués sur leurs fauteuils de visionnaires aveugles.

— La pitié, objecte Amantha, est rarement bonne conseillère.

— Ah, répond Socrate en la fixant de ses petits yeux noirs et durs, tu es bien une jeune fille : violente et sans pitié. Revenons donc à la pensée pure. Dans le royaume des artifices, dans la caverne du semblant, qui donc avait le premier rôle ?

Qui pouvait se flatter de l'emporter sur les autres, sinon celui dont l'œil perçant et la mémoire sensible enregistraient les ombres passagères – repérant celles qui revenaient souvent, celles qu'on voyait rarement, celles qui passaient groupées ou toujours solitaires –, le plus apte en somme à percevoir ce qui allait survenir sur la surface contraignante du visible. Croyez-vous que notre évadé, après avoir contemplé le soleil, serait jaloux de ces devins du jeu des ombres ? Qu'il envierait leur supériorité et désirerait jouir des avantages qu'ils en retirent, si grands soient-ils ? Ne serait-il pas plutôt comme Achille dans l'*Iliade*, qui préférait cent fois être un serviteur attaché à la glèbe et à la charrue plutôt que de vivre, comme il le faisait, dans une somptuosité purement illusoire ?

— Oh ! Socrate ! Je vous vois avec ravissement vous cacher, vous aussi, derrière Homère, se moque Amantha.

— Je suis grec après tout, murmure Socrate, sur la défensive.

— Si nous imaginions, coupe Glauque redoutant une querelle, que notre évadé redescend réellement dans la caverne ?

— Il y sera forcé, dit gravement Socrate. En tout cas, s'il regagne sa place, ce sont cette fois les ténèbres qui, après l'illumination solaire, l'aveuglent soudain. Et si, avant même que ses yeux soient réaccoutumés à l'ombre, il entre en compétition avec ses anciens voisins, qui n'ont jamais quitté leur fauteuil, pour anticiper le devenir de ce qui est projeté sur l'écran, il sera à coup sûr le comique de la rangée. On murmurera partout qu'il n'est sorti et monté si haut que pour revenir myope et stupide. Conséquence immédiate : plus personne n'aura la moindre envie de l'imiter. Et si, hanté par le désir de partager avec eux l'Idée du soleil, l'Idée du Vrai visible, il tente, lui, de les détacher et de les conduire pour que, comme lui, ils sachent ce que c'est que le jour nouveau, je crois qu'on s'emparera de lui et qu'on le tuera.

— Vous y allez fort ! dit Glauque.

— C'est qu'un de ces devins minables dont se moquait hier soir ta sœur me l'a annoncé : on me tuera, moi, Socrate, parce qu'à soixante-dix ans je m'obstinerai encore à demander où est la sortie de ce monde obscur, où est le vrai jour.

Une sorte de mélancolie s'empare d'eux brusquement. Ils se taisent et, comme venu de très loin, on entend le bruit de la mer, ou peut-être est-ce le vent qui se lève. Socrate tousse, boit un verre d'eau, s'élance :

— Ce que nous devons maintenant faire, chers amis, est absolument clair : unifier la présentation imaginaire dont nous venons de nous délecter – l'histoire de celui qui s'évade du grand cinéma cosmique – et la présentation symbolique, ou plus précisément géométrique, que nous avons proposée il y a une heure, à savoir la ligne où sont marqués par des segments inégaux les quatre types de rapport au réel, de l'image à l'idée dialectique en passant par l'opinion et l'idée analytique.

— Ce n'est pas évident, remarque Glauque. On a deux mondes d'un côté, et quatre procédures de l'autre.

— Mais ce quatre est divisé en deux : le perceptible et le pensable. En gros, très en gros, on comparera d'abord ce qui se déploie visiblement comme apparence aux ombres que perçoivent les prisonniers du cinéma. Ensuite, on identifiera la lumière des projecteurs à la puissance du soleil. L'anabase de l'évadé dans la montagne et sa contemplation des cimes, posons que c'est l'ascension du Sujet vers le lieu de la pensée. Ces comparaisons, mes jeunes amis, sont conformes à ce que j'espère et que vous désirez tant connaître. Ce n'est que du point de l'Autre, et non de l'individu – cette pauvre chose, fût-il Socrate –, que se décide si mon espérance est fondée. Je peux seulement affirmer que tout ce qui une fois m'est apparu, quels que soient le temps et le lieu de cette expérience, se disposait selon un unique principe de son apparition. À l'extrême limite du savoir, presque hors de son champ, se tient ce que j'appelle faussement l'Idée de la Vérité. « Faussement », puisque je vous ai déjà dit que, soutenant l'idéalité de toute Idée, la Vérité ne pouvait être elle-même une Idée comme les autres. C'est du reste pourquoi il est très difficile d'en construire un concept. Cependant, si on y parvient, on se voit contraint de conclure que c'est selon cette « idée » que tout ce qui est s'expose à l'éclat de ce qu'il détient d'exactitude et de beauté. Et si l'on poursuit nos comparaisons, on dira qu'à la donation de la lumière et à l'action du seigneur de la lumière, tels que nous les expérimentons dans le visible, correspondent exactement, dans le registre de l'intelligible, la venue, selon l'idée du Vrai, tant des vérités particulières que de la pensée qui y correspond.

— Mais, dit Amantha, le front plissé, la comparaison est boiteuse.

— Ah, réplique un Socrate bizarrement tout joyeux, n'y aurait-il jamais d'accord possible entre une image géométrique et une image poétique ? M'accorderas-tu, au-delà de cette discordance, que ce n'est qu'à se plier aux injonctions de la Vérité qu'un individu peut agir rationnellement, que le contexte de son action soit public ou privé ?

C'est Glauque qui répond à la place d'une Amantha visiblement insatisfaite :

— Ça, en tout cas, on ne peut pas dire le contraire !

— Tu m'accorderas aussi sans résistance ni étonnement que les évadés du cinéma cosmique, ceux qui sont parvenus au sommet de la montagne et y ont contemplé le soleil, n'ont aucune envie de se mêler des bourbeuses affaires des hommes. Incorporés à un Sujet-de-vérité, ils ne désirent plus là-haut qu'un éternel séjour. Ce qui est après tout normal si notre allégorie cinématographique exprime bien le réel de tout ce processus. Non ?

— Oui! déclare Glauque, tétanisé.

— Que nul ne s'étonne, dans ces conditions, que celui qui passe brutalement d'une contemplation à hauteur de l'Autre aux petites histoires de la vie humaine ait l'air égaré et vaguement ridicule. Mal habitué à l'ombre où il est à nouveau plongé, le voici contraint de se défendre devant des tribunaux ou d'autres instances de l'État, lieux où il n'est question, en fait de justice, que de son ombre, ou tout au plus des objets artificiels qu'une lumière factice projette sur l'écran du monde. Il aura bien du mal à rivaliser, concernant ces images, avec ceux qui en sont les spécialistes, précisément parce qu'ils n'ont jamais eu l'intuition de la justice en soi.

— Absence d'étonnement ne vaut pas preuve, dit Amantha.

— Tu parles par énigmes, maintenant ? dit Socrate d'un ton pincé. Si tu t'engageais plus rationnellement dans notre problème, tu te rappellerais que la vue est perturbée de deux manières différentes par deux causes différentes, selon qu'on passe de la lumière à l'ombre ou de l'ombre à la lumière. Et peut-être, en te torturant les méninges, arriverais-tu à la conclusion que ces remarques sur la vue s'appliquent tout aussi bien au Sujet. Alors, ma chère, quand tu en verrais un si troublé qu'il est incapable de comprendre une notion usuelle, tu ne rirais pas bêtement, mais tu te demanderais si ledit Sujet, tiré brusquement hors d'une existence bien exposée à sa propre lumière, n'est pas tout simplement aveuglé par son inexpérience de l'ombre. Ou si, au contraire, passant d'une ignorance ténébreuse à un peu plus de lumière, il n'est pas ébloui par cet insupportable éclat. Dans le premier cas, tu saurais que tu as affaire à quelqu'un dont les affects et la vie entière appartiennent au bonheur. Dans le second cas, tu devrais plutôt plaindre le malheureux, mais s'il te venait l'idée cruelle d'en rire, ton rire serait moins risible que si l'avait suscité celui qui vient de l'en-haut lumineux.

— Je me repens, cher maître! s'incline Amantha, souriante.

— Que ton repentir ouvre ton esprit aux conclusions essentielles. D'abord à celle-ci : l'éducation n'est pas ce que certains prétendent qu'elle est. Je pense à tous ces psychologues et pédagogues qui se font fort d'introduire le savoir là où il n'est pas – dans un Sujet qu'on suppose vierge de toute disposition cognitive –, exactement comme on grefferait la puissance de voir sur un œil aveugle. Or, ce que nous venons de comprendre et de dire, c'est qu'en tout Sujet réside la puissance de connaître et l'appareil qui permet d'activer cette puissance. Imaginons un œil qui ne pourrait se tourner de l'ombre vers ce qui brille que grâce à un mouvement du corps tout entier. Nous pourrons alors nous représenter que ce n'est qu'au prix d'un élan total du Sujet qu'on s'arrache aux complexités du devenir, jusqu'à ce que soit supportable l'intuition indivise de l'être et de ce qu'il détient d'éclat immanent – cela même dont nous disons que c'est la Vérité.

— Quel « élan total », en effet, murmure Amantha.

— L'éducation n'est donc pas une affaire d'imposition, mais d'orientation. C'est, dirais-je, une technique de conversion. Il importe seulement de trouver le moyen le plus simple et le plus efficace pour que s'opère ce retournement du Sujet. Il ne s'agit nullement de lui imposer la vue, il l'a déjà. Mais comme elle est mal dirigée et ne se tourne pas vers les réalités adéquates, il faut à tout prix la réorienter.

— Mais comment ? demande Glauque. Quels sont les exercices, les techniques qui organisent cette réorientation ?

— Cette conversion, reprend Amantha. J'aime ce mot : « conversion ». J'aime que Socrate tente de le soustraire à son destin religieux.

— Il se peut, reprend Socrate, que la plupart des fonctions que l'on appelle « facultés subjectives » aient un air de famille avec les qualités du corps : on peut les faire exister dans celui à qui elles font d'abord défaut en utilisant toutes les ressources de la répétition : l'habitude, l'exercice… Mais la faculté que nous nommons « pensée » fait exception à tout parallélisme entre le Sujet et son support corporel. Relevant du registre de l'Autre, la pensée ne peut perdre sa puissance propre. Qu'elle soit utile et bénéfique ou, au contraire, inutile et nuisible, ne dépend donc que de l'orientation de cette puissance.

— Vous m'éclairez sur quelque chose qui m'a toujours frappé, intervient Glauque. C'est à propos des gens dont on dit qu'ils sont méchants, mais rusés. J'ai remarqué que, en dépit ou à cause de leur subjectivité misérable, ils ont la vue perçante et discernent avec la plus extrême finesse les objectifs abjects de leur action, comme les obstacles qui les en séparent. Vous nous expliquez que l'œil du Sujet, chez ces gens-là, n'est nullement aveugle, mais que, mal orienté, il est contraint de servir le mal.

— Eh oui! approuve Socrate. Si bien que nous avons le paradoxe suivant : plus ces gens y voient clair, plus ils sont pervers.

— Mais comment alors, s'inquiète Glauque, réorienter la vision subjective dans la bonne direction, celle que vous nommez parfois « incorporation à une vérité » ?

— Il y faut sans doute une préparation dont je peux te donner une image. Suppose que, dès l'enfance, on opère le naturel animal des individus en en retranchant, comme on fait pour libérer une montgolfière et accélérer son envol, ces masses de plomb que sont tout ce qui, en nous, se complaît au simple et passif devenir. Si l'on détournait ainsi l'œil subjectif des visions captives que lui proposent les produits du marché mondial : scintillants emballages de biscuits secs, poupées gonflables mimant des femmes nues, voitures partout nickelées, ordinateurs pour multiconversations débiles, bref, tout ce qui tourne cet œil vers la bassesse et l'insignifiance, si, cette ablation chirurgicale opérée, on le tournait au contraire vers les vérités, pour qu'il les voie, et qu'on incitait aussitôt l'individu tout entier à s'incorporer au Sujet qui les oriente, alors on s'apercevrait que, chez les mêmes individus dont tu parles, le même œil peut voir ces vérités avec la même netteté qui le tourne aujourd'hui vers le néant des choses mauvaises, et qu'ainsi on est en droit de supposer chez tous les individus sans exception une égale et positive puissance de la pensée.

— Tel est le fondement égalitaire de notre communisme, ponctue Glauque.

— Et il est subjectif bien plus qu'économique, ajoute Amantha.

— Certes, certes, dit Glauque, mécontent. Mais il faudra bien qu'il soit un jour les deux.

— Avançons pas à pas, les enfants! s'exclame Socrate. Une conséquence inéluctable de ce que nous venons de dire est que deux types d'individus seraient – ou, dans les néfastes conditions présentes, sont – inaptes aux fonctions dirigeantes. D'abord, ceux chez qui l'absence totale de formation et l'abandon où ils ont été laissés produisent une sorte d'indifférence cynique aux vérités. Ensuite, ceux qui, retranchés du carrousel social, consacrent, solitaires, toute leur vie à l'étude. Aux premiers fait défaut la norme unifiée à laquelle ils pourraient rapporter leurs actions publiques ou privées. Quant aux seconds, qui se croient transportés déjà de leur vivant dans les îles fortunées, ils refuseront tout net de s'occuper de politique.

— Mais alors, questionne Glauque, soucieux, il n'y aura personne pour animer notre cinquième politique?

— Cela dépend de notre travail. Quand je dis « nous », je veux dire : les pionniers de l'Idée communiste. Nous devons créer les conditions – puisque nous savons que la pensée de n'importe qui peut valoir celle de n'importe qui – pour que les larges masses se tournent vers ce savoir que nous avons déclaré fondamental, celui qu'oriente la vision du Vrai. Que tout le monde, de gré ou de force, sorte de la caverne! Que l'anabase vers la cime ensoleillée soit celle de tous! Et si une aristocratie minoritaire parvient seule au sommet et y jouit de l'Idée du Vrai, nous ne permettrons pas ce qu'on lui a presque toujours permis.

— Quoi donc? demande un Glauque fébrile.

— N'as-tu pas entendu parler de petites élites, organisées dans des partis politiques communistes, qui, ayant réussi au prix de grands sacrifices une sortie en force, se sont installées au sommet de l'État sans plus se soucier des gens d'en bas? Sans jamais retourner vers les ouvriers, les paysans, les simples soldats, pour vivre avec eux et, comme disait Mao, se « lier aux masses » ? Cette jouissance séparée du nouveau monde, nous ne la tolérerons pas. Il faudra redescendre auprès de ceux qui n'ont pu sortir ou qui ont flanché pendant l'ascension. Il faudra partager avec eux, dans l'élément novateur de l'idée, les travaux et médiocrités transitoires.

— Mais, objecte Glauque, n'est-ce pas injuste de priver d'une vie un peu meilleure ces révolutionnaires qui ont payé un lourd tribut pour vaincre, pour briser l'enfermement oppressif?

— Cher Glauque, ni « victoire », ni « récompense », ni même « sacrifice » n'appartiennent vraiment à notre vocabulaire. Notre principe n'est pas d'assurer à un groupe particulier de gens du pays, si méritants soient-ils, une vie exceptionnellement satisfaisante. Il s'agit pour nous qu'un tel type de vie se répande dans le pays tout entier. Nous voulons unir autour de ce principe l'écrasante majorité des gens en privilégiant la discussion et l'accord, sans reculer quand il le faut devant l'emploi de la force. L'essentiel est que tous s'emploient à communiquer aux autres le bilan de leur expérience et ce qui peut en être extrait d'utile à l'action générale. Si surgit, dans certaines circonstances historiques, une avant-garde éclairée, ce n'est pas pour qu'elle tourne son action vers ce qui lui plaît, mais pour qu'elle se mette au service d'une forme supérieure d'unité populaire.

— Quel splendide tableau ! dit Amantha, mi-figue, mi-raisin.

— C'est à Glauque que je répondais, dit sèchement Socrate. Et je n'ai pas fini. Appelons « philosophes » tous ceux – et ce peut, ce doit être, à la longue, n'importe qui – dont la disposition vitale est d'être orientés par une Idée. Alors, je te le dis, forcer nos philosophes à se soucier de ceux qui ne le sont pas encore, à se lier à eux, à soutenir en eux la réorientation de l'existence…

— La conversion ! coupe Amantha.

— Oui, d'accord, la conversion, eh bien, tout cela ne représentera pas la moindre injustice envers eux.

— La plus exacte justice, au fond, soutient Glauque.

— Parfaitement. Et l'argument décisif peut prendre la forme suivante que vous pouvez entendre, mes amis, comme une prosopopée de la Justice :

« Ô vous qui, tentant de vivre sous le signe de l'Idée, méritez le nom de philosophes, nous comprenons que, soumis au joug de l'une des quatre mauvaises politiques – celles qui se fondent non sur l'Idée, mais respectivement sur l'honneur militaire, la richesse, la liberté des opinions et le désir d'un seul –, vous ne soyez guère séduits par l'engagement dans les affaires publiques. C'est de façon personnelle et spontanée que vous avez acquis le naturel philosophique, non à cause d'un contexte politique dans tous les cas hostile à l'Idée, mais en dépit de lui. Il est juste, après tout, que celui qui s'est formé tout seul et qui, si je puis dire, ne doit sa nourriture à personne, ne veuille pas non plus la rembourser à quiconque, surtout pas à un État qui se soucie de sa recherche de l'Idée comme d'une guigne. Mais si vous êtes philosophes à raison du contexte politique nouveau que nous avons su créer, parce que notre boussole, pour orienter la vie collective, était l'Idée communiste, si, de ce fait même, vous avez déployé votre subjectivité active dans des conditions plus complètes et plus appropriées que n'ont pu le faire ceux qu'ailleurs on nomme philosophes, si, en somme, vous nous devez la capacité de circuler bien plus aisément entre l'Idée et la pratique, alors vous avez l'obligation de redescendre, chacun à votre tour, dans la maison commune et de vous habituer à regarder les ombres. Car, une fois cette habitude retrouvée, votre vision sera mille fois supérieure à celle des gens qui n'ont pas encore pu sortir du cinéma cosmique. Vous aurez la maîtrise de ce que sont les images, et de ce à quoi elles se réfèrent, puisque vous aurez eu l'intuition, vous, de ce que sont, dans l'élément de la Vérité, les procédures artistiques créatrices de beauté, les scientifiques créatrices d'exactitude, et les politiques de justice. Ainsi, cette communauté politique encore inconstituée, mais qui déjà est la vôtre et la mienne, vivra un réel éveil et ne sera pas de l'étoffe des songes, comme le sont aujourd'hui la plupart des États où l'on se bat pour des ombres, si bien que d'affreuses guerres civiles y ont pour enjeu le seul pouvoir, comme si c'était quelque chose d'important. En vérité, je vous le dis, la communauté politique dont les dirigeants avaient le moins le désir d'être dirigeants est la meilleure et la mieux protégée contre les guerres civiles. En revanche, sont les pires de toutes les communautés celles où gouvernent des gens avides de pouvoir. »

— Voilà, glose Amantha, une conclusion très forte, aussi convaincante qu'inattendue.

— Tu entends ta sœur, cher Glauque ? Es-tu convaincu, toi aussi ? Nos jeunes philosophes persisteront-ils, après nous avoir entendus, dans la voie de la bouderie solitaire et de la désobéissance ? Refuseront-ils éternellement de prendre part, chacun à son tour, au travail politique, étant entendu que la plupart du temps ils vivront comme tout le monde dans la fréquentation des vérités pures ?

— C'est sûr qu'aucun ne voudra ni ne pourra se défiler. Car c'est à des justes que nous ordonnons des choses justes. Il est cependant tout aussi sûr qu'ils n'iront au pouvoir que comme un chien qu'on fesse. Ce qui fera un joli contraste avec ce qu'on voit aujourd'hui dans tous les États sans exception !

— Tu as parfaitement raison, cher ami. C'est l'essence même de la question que tu mets en lumière. Si nous trouvons, pour ceux dont le tour est venu d'assurer une part du pouvoir, une vie bien supérieure à celle que leur propose ce pouvoir, alors nous aurons la possibilité qu'existe une vraie communauté politique. Car ne viendront au pouvoir que ceux pour qui la richesse n'est pas l'argent, mais ce qui est requis pour le bonheur, à savoir la vraie vie, pleine de riches pensées. Si, en revanche, courent aux affaires publiques des gens affamés d'avantages personnels, des gens convaincus que le pouvoir favorise toujours l'existence et l'extension de la propriété privée, aucune vraie communauté politique n'est possible. Ces gens se battent férocement pour le pouvoir, et cette guerre, où se mélangent passions privées et puissance publique, détruit, avec les prétendants aux fonctions suprêmes, le pays tout entier.

— Spectacle hideux ! gémit Glauque.

— Mais, dis-moi, connais-tu une vie capable d'engendrer le mépris du pouvoir et de l'État ?

— Bien sûr ! intervient Amantha. La vie du vrai philosophe, la vie de Socrate !

— N'exagérons rien, dit Socrate, ravi. Tenons pour acquis qu'il ne faut pas que parviennent au pouvoir ceux qui en sont amoureux. Dans ce cas, nous n'aurons que la guerre des prétendants. Voilà pourquoi il est nécessaire que se consacrent tour à tour à la garde de la communauté politique cette immense masse de gens que je n'hésite pas à déclarer philosophes : des gens désintéressés, instinctivement instruits de ce que peut être le service public, mais qui savent qu'existent bien d'autres honneurs que ceux qu'on tire de la fréquentation des bureaux de l'État, et une vie bien préférable à celle des dirigeants politiques.

— La vraie vie, murmure Amantha.

— La vraie vie, répète Socrate. Qui n'est jamais absente. Ou jamais complètement.

CHAPITRE 12

Des mathématiques à la dialectique
(521c-541b)

— La vraie vie, dit Glauque comme en écho affaibli des deux autres. Bien sûr. Mais comment amener tous les jeunes du pays à la concevoir ? Comment organiser leur anabase vers la lumière, sur le modèle de ces anges déchus dont on prétend qu'ils ont réussi à quitter les profondeurs infernales et à remonter vers le séjour céleste ?

— Ce n'est pas aussi facile que de jouer à pile ou face. Il s'agit de faire que, incorporé à un Sujet, l'individu, se détournant du jour obscur pour s'orienter vers ce qui est en vérité, obtienne les clefs de la vraie vie. C'est cette conversion que nous appelons la philosophie. Ta question revient à demander quel savoir a la puissance d'ouvrir à une telle réorientation de la pensée. Ou, pour le dire autrement : quelle est la science, chers amis, qui attire l'individu, au-delà de l'impermanence de toutes choses, vers l'être en soi ? Mais j'y pense : n'avons-nous pas dit que nos philosophes devaient être, dans leur jeunesse, de véritables soldats bien entraînés ?

— Oui, et alors ? dit Glauque, chagriné de voir venir encore une digression.

— Dans un programme d'études, ce qui est nouveau doit consolider les acquis. Il serait contre-productif que la science que nous cherchons soit totalement inutile à un soldat. Or, ces soldats – ou gardiens, militants, citoyens, dirigeants, tout ce que tu veux – ont commencé leurs études par les disciplines de l'esprit, littérature et musique, en même temps que les disciplines du corps, diététique, médecine et sport. On peut laisser de côté ces trois dernières. Elles concernent la croissance, l'entretien et le vieillissement du corps, nullement les vérités éternelles. La science que nous cherchons serait-elle la littérature ou la musique?

— Absolument pas! éclate Amantha. Rappelez-vous : nous avons dit que ces disciplines n'étaient là que pour faire contrepoids aux exercices physiques. Elles servent à fixer en chacun des habitudes utiles. Par exemple, les harmonies musicales valorisent et soutiennent l'harmonie intérieure. Une cadence sensible peut favoriser la régularité du comportement. Les poèmes, qu'ils soient mythologiques ou plus réalistes, transmettent des traits de caractère, et ainsi de suite : on cherche à dresser les tout-jeunes, à leur inculquer des façons d'être. Une science qui irait vers le Vrai, comme celle que vous cherchez, il n'y en a pas trace dans ces enseignements préliminaires.

— Tu nous le rappelles avec la plus grande exactitude : il n'y a rien là-dedans qui puisse nous servir à aller plus loin. Mais alors, mon exceptionnelle Amantha, dans quelle direction devons-nous chercher? Du côté des savoir-faire, des techniques? C'est le moment, je crois, de déclamer des vers tragiques, dit Socrate. Et là-dessus, marquant bien les pieds de l'alexandrin :

> Dans un si grand malheur, que nous reste-t-il? L'a-
> Rithmétique qui s'é-tend à tout l'être-là.

— Pitié! crie Amantha.

— C'est Corneille que notre maître arrange, commente Glauque, tout content d'avoir devancé sa sœur dans la pratique de l'érudition poétique.

— Je pense, reprend Socrate, un peu honteux de sa galéjade, à ce savoir vraiment commun auquel ont inévitablement recours les techniques, les disciplines analytiques et les sciences proprement dites, et que n'importe qui doit apprendre au tout début des études. Ce savoir primitif grâce auquel on sait compter jusqu'à trois, et même un peu plus loin : l'arithmétique élémentaire et les tables du calcul, spécialement la table de multiplication. N'est-il pas exact que techniques et sciences sont contraintes de supposer ces connaissances de base?

— Évidemment! dit Glauque en haussant les épaules.

— Même pour guerroyer, il faut savoir compter?

— Quelle question! Bien sûr.

— À ce compte, le Palamède que nous présentent Eschyle, Sophocle et Euripide…

— … pour ne rien dire de Gorgias, susurre Amantha, avec son *Éloge de Palamède,* que je trouve très brillant.

— J'ai bien assez parlé de Gorgias, coupe un Socrate plutôt raide, et ton frère Platon lui a consacré un dialogue entier. Restons-en là, si tu veux bien. Je disais que, pour nos trois tragiques comme pour toute une tradition, Palamède est l'inventeur de l'arithmétique. Très imbu de lui-même à cause de ce coup de génie, il prétendait avoir assigné leur ordre de bataille aux régiments grecs devant Troie, dénombré les vaisseaux, vérifié les stocks de farine, évalué les réserves en arcs et en flèches, et ainsi de suite. Il faisait comme si personne avant lui n'avait su compter. Ce qui, entre paren-thèses, fait d'Agamemnon un piètre général en chef qui ne sait même pas combien il a de pieds !

— Un général de comédie plutôt que de tragédie, opine Glauque. Il est évident que même un simple soldat doit savoir compter combien il a de paires de chaussettes dans son sac.

— Un soldat, bien sûr, et finalement un animal humain quelconque. Nul ne peut vivre en homme et ignorer le Nombre. Encore faut-il penser l'arithmétique dans sa vérité.

— Qui est… ? dit Amantha, un tantinet insolente.

— J'ai bien peur qu'il ne s'agisse d'un des savoirs que nous cherchons, ces savoirs dont l'essence est de nous introduire dans le royaume de la pensée pure. Ou plus précisément de nous orienter vers ce qui, de l'être, s'expose à la pensée pure. Il faut dire que, pratiquement, personne n'interprète ainsi l'arithmétique.

— J'ai moi-même bien du mal à vous suivre, avoue Glauque.

— Alors je vais essayer de clarifier mon point de vue. Je te propose d'opérer ainsi : je vais d'abord, tout seul, sépa-rer dans l'ordre du discours ce qui indique une orientation positive de ce qui nous en détourne. Cela fait, tu entreras en scène et, considérant cette première division, tu l'approu-veras ou tu la désapprouveras. On y verra alors plus clair concernant la légitimité de mes prédictions.

— Faisons comme ça, soupire Glauque, déjà découragé.

— Voici donc ma première division. Dans les objets qui nous sont accessibles par la perception, il y en a qui ne requièrent de la pensée pure aucun examen supplémentaire, et d'autres qui sollicitent vivement cette pensée. Quel est le principe d'une telle différence ? Dans le premier cas, la compréhension fondée sur la perception seule est suffisante, tandis que dans le second la perception ne produit rien qui permette de se prononcer sainement sur ce qui est.

— Je vois, dit Glauque. Vous voulez évidemment parler des objets vus de très loin, ou des dessins truqués comme les trompe-l'œil qui ornent certaines façades modernes.

— Tu n'as rien compris, dit gentiment Socrate. Les objets qui ne requièrent pas la pensée pure sont ceux qui n'induisent pas simultanément deux sensations opposées. Ceux qui induisent cette opposition immédiate, je les classe parmi les objets qui mobilisent la pensée pure. La raison en est que, dans ce cas, la perception n'éclaircit nullement la question de savoir si l'objet tombe sous un prédicat ou sous le prédicat contraire. Et cela n'a rien à voir avec la distance à laquelle se trouve l'objet.

— Vous ne pourriez pas donner un exemple ? dit Glauque, submergé.

— J'allais le faire. Regarde bien les trois premiers doigts de ma main droite, le pouce, l'index et le majeur. Que chacun d'entre eux apparaisse en tant que doigt, et donc tombe sous le mot « doigt », ne dépend en rien de sa position, médiane ou extrémale. Et ça ne dépend pas non plus de sa couleur claire ou sombre, de son épaisseur, boudiné ou décharné, ou de toute autre détermination de ce genre. Dans le réseau serré de ces différences secondaires, le Sujet n'est pas obligé de se tourner vers la pensée pure pour lui demander ce que c'est qu'un doigt. Et pourquoi ? Parce que la vue ne lui a jamais signifié qu'un doigt puisse être aussi et en même temps le contraire d'un doigt.

— En outre, dit Amantha, il faut bien avouer que la pensée, même pure, aurait du mal à se prononcer clairement sur ce que c'est que le contraire d'un doigt!

Socrate, ignorant la perfidie :

— Cependant, s'il s'agit de la taille des doigts, la vue en a-t-elle une vision adéquate? En tout cas, qu'un doigt soit en position médiane ou extrémale n'est plus du tout indifférent à la perception. Même chose pour le toucher dès qu'il s'agit de couples prédicatifs comme dur-mou ou épais-mince. De manière générale, les facultés sensibles – j'entends par là le fameux quintette : vue, ouïe, odorat, goût, toucher – ne peuvent apprécier correctement ce genre de déterminations. Et c'est là que nous retrouvons notre critère de contrariété. Car la faculté sensible qui est chargée, par exemple, d'évaluer la dureté d'un objet est aussi celle qui en évalue la mollesse. Cette faculté va donc annoncer au Sujet, à propos du même objet, que « mollesse » et « dureté » ne sont pas des prédicats distincts qu'une expérience sensible sépare nettement, mais plutôt des degrés situés dans une sorte de continuité sensible. Et comme ce continu relève d'une unique faculté, on pourra aussi bien dire qu'un même objet est perçu simultanément comme dur et comme mou. Dans ces conditions, le Sujet fait face à une aporie. Voilà une perception qui nous dit d'un objet qu'il est dur, mais, ce faisant, nous dit aussi qu'il est mou. Qu'est-ce que cela signifie? Et c'est pareil pour le lourd et le léger. Que signifie la distinction du lourd et du léger si nos facultés sensitives nous annoncent que le lourd est léger et que le léger est lourd?

— C'est Héraclite qui va être content, intervient Amantha. J'adore sa formule : « Vivre de mort et mourir de vie. »

Mais Socrate ne mord pas à cet hameçon provocateur. Il poursuit imperturbablement :

— Le Sujet ne peut qu'appeler à la rescousse le raisonnement et la pensée pure pour tenter de voir si ces annonces perceptives enveloppent une dualité ou une unité. S'il apparaît à la pensée qu'il y a en fait deux objets, il faut que chacun des deux soit un, et autre que l'autre. Pour autant que chacun des objets est un et que ce n'est qu'avec l'autre qu'il fait deux, le Sujet les pensera comme séparés. Car inséparés ils ne seraient pas pensables comme deux, mais seulement comme un. Appliquons ces remarques abstraites au cas de la perception visuelle. Nous avons dit que la vue avait du grand et du petit une vision qui ne les sépare pas, mais les conjoint. Pour éclairer un peu tout ça, la pensée pure est contrainte de concevoir le grand et le petit comme disjoints et non comme inséparés, et donc de contredire la vue. Nous avons ici une contradiction patente entre voir et concevoir. C'est cette contradiction qui nous pousse à rechercher ce que sont réellement, dans leur être, le grand et le petit. Nous avons du reste procédé ainsi, tout à l'heure, quand nous avons fait une « coupure épistémologique », pour parler comme notre vieil ami Bachelard, entre le perceptible et le pensable. Voilà ce que je voulais dire en distinguant les objets qui stimulent l'entendement et ceux qui le laissent au repos. Je définis comme stimulants ceux qui saturent la perception par deux déterminations contraires, et comme intellectuellement atones ceux dont la perception est univoque.

389

Glauque paraît à la fois soulagé et perplexe. Il s'en explique :

— Je crois comprendre enfin votre définition. Ce que je ne vois pas, mais alors pas du tout, c'est le rapport avec l'arithmétique !

— Dans quelle classe d'objets mets-tu le nombre et l'unité ?

— Je n'en sais fichtrement rien.

— Tu peux t'en faire une idée à partir de ce que nous avons dit sur le lien entre perception et contradiction. Si la vue ou quelque autre faculté sensible permet une saisie adéquate de l'Un tel qu'il est dans son être, c'est que l'Un n'est pas de nature à orienter notre désir vers ce qui, de l'être, s'expose à la pensée. On est dans le cas du doigt dont nous parlions à l'instant. Il se pourrait bien, cependant, que le cas de l'Un ne soit justement pas celui du doigt. Pour établir cette différence, il faut se demander si la perception de l'Un, sous la forme d'un objet, n'induit pas toujours quelque contradiction, au point qu'il n'apparaît pas plus un que multiple. La conséquence en serait, comme nous l'avons vu, que le Sujet, confronté à une aporie, devrait, pour trancher le débat, engager une investigation d'un tout autre type. Il devrait éveiller en lui-même l'entendement et se demander ce qu'est l'Un en soi. Et, au vu de tout ce processus, nous pourrions conclure, nous, que l'étude de l'Un est de celles qui convertissent les individus à la vision en vérité de ce qui est.

Amantha, ayant écouté cette tirade avec une moue sceptique, lance :

— L'arithmétique pour que l'individu devienne Sujet ? C'est tout de même assez gonflé !

— En tout cas, proteste Glauque, c'est sûr que la vue d'un objet, si clairement un qu'il soit, est truffée de contradictions. À chaque coup il s'émiette en parties. Nous voyons constamment la même chose à la fois comme une et comme infinie multiplicité.

— Ajoutons, reprend Socrate, que s'il en est ainsi de l'Un, il en ira de même pour n'importe quel nombre entier, lequel est une composition d'Uns. Or, l'arithmétique, le calcul portent sur les nombres. Il en résulte que ces sciences font mouvement vers quelques vérités.

— Tu vois! dit Glauque à sa sœur muette et souriante. Attends un peu la fin des raisonnements avant de mettre ton grain de sel. Nous avons bel et bien démontré que l'arithmétique supérieure est une des sciences que nous cherchons. D'une part, elle est nécessaire dans presque tous les domaines de l'action collective, par exemple pour combiner au mieux toutes les forces d'une armée en vue d'une attaque-surprise. Et, d'autre part, elle est nécessaire au philosophe, qui, pour devenir expert en théorie des nombres, doit apprendre à surmonter la puissance du devenir afin de saisir ce qui, de l'être, s'expose à la pensée. Or, les gardiens de notre communauté politique communiste – les militants, les ouvriers, les soldats, les dirigeants, tout le monde – sont à la fois hommes d'action et philosophes. Je pense donc qu'il faut pratiquement déclarer que l'étude de l'arithmétique supérieure, voire transcendante, est obligatoire. Tous ceux qui veulent vraiment trouver une place dans notre collectivité et tenir leur rang quand à leur tour ils exerceront des fonctions dirigeantes devront participer à cette étude et s'y exercer non pas superficiellement, pour n'en retenir que quelques recettes pratiques, mais jusqu'à ce qu'ils parviennent, par la pensée pure, à une compréhension synthétique de la nature des nombres. Oui, plus j'y pense, plus je vois à quel point cette science fait partie intégrante de notre projet politique.

— Merveilleuse exaltation de la jeunesse! s'écrie Socrate.

— Il y a quand même des conditions, je crois, marmonne Amantha. Après tout, quantité de gens, aujourd'hui, ont un véritable fétichisme du nombre. Regardez les élections, les sondages, et bien entendu la monnaie : c'est le nombre qui est partout au pouvoir. Je me méfie, oui, c'est le mot, je me méfie beaucoup du culte de l'arithmétique. Les plus rapaces des servants du capitalisme, les traders des banques, sont de redoutables arithméticiens, c'est tout dire. On est ici très loin du communisme, mes amis.

— Tu n'as pas tort, ponctue Socrate. Nous sommes sur une ligne de crête. À ma droite, une pragmatique du nombre qui le range avec le commerce, les banques, l'opinion asservie, les stupides majorités numériques. À ma gauche, la science formelle du Nombre, qui facilite l'incorporation de l'individu à un Sujet universel et dont la destination est de faire voir en vérité ce qui, de l'être, s'expose à la pensée. J'ai confiance dans les mathématiques. Elles ne disparaîtront pas dans leur asservissement monétaire et marchand. Leur étude désintéressée donne un élan aérien au Sujet en le forçant à dialectiser à propos de l'être des nombres, sans jamais accepter, dans le mouvement de cette dialectique, que les nombres renvoient à des corps visibles et palpables ou à des symboles sociaux comme la richesse et la célébrité.

— Oh là là! s'exclame Glauque. Vous les connaissez, les mathématiciens. Les « nombres » dont ils parlent, ce n'est sûrement pas ceux du commerce ! Ils sont d'un maniement très délicat. Si l'on prétend par exemple avoir trouvé un moyen rationnel de diviser l'Un, ils éclatent de rire et refusent tout net de vous croire. Si l'on fait mine de le diviser quand même, cet Un, eux le multiplient d'autant pour que jamais l'Un ne se montre sous les dehors, non de l'Un qu'il est, mais d'une multiplicité de parties.

— Tu les décris merveilleusement ! se réjouit Socrate. Ce que je te recommande, c'est de leur poser la question suivante : « Admirables savants, à propos de quels nombres discutez-vous qui soient tels que l'Un dont ils sont constitués soit absolument identique à tout autre Un qu'on imagine et ne puisse en être différencié, fût-ce par un écart infinitésimal ? » Que répondraient-ils, à ton avis, nos chers matheux ?

— Qu'ils parlent de nombres auxquels nous n'avons nul accès, si ce n'est par la pensée pure, et dont il est impossible de se servir ailleurs que dans le lieu qu'une telle pensée constitue.

Pour le coup, Socrate, visiblement fier de son jeune disciple, tape sur l'épaule de Glauque :

— Impeccable ! Tu vois donc que l'arithmétique supérieure nous est réellement nécessaire. Elle nous force, en tant que Sujets orientés vers le Vrai, à nous servir de la pensée pure.

— C'est bien l'effet qu'elle me produit, dit Amantha.

— En outre, reprend Glauque, les types qui ont la bosse des maths sont très vite excellents dans les autres sciences. Et les lourdauds, si on les force à s'acharner sur la démonstration des théorèmes et sur les exercices, eh bien, si ça ne leur sert à rien en apparence, on peut quand même voir qu'ils ont l'esprit bien plus vif qu'auparavant.

— Absolument. Le simple fait, du reste, que la théorie des nombres l'emporte en difficulté intellectuelle sur toutes les autres disciplines, aussi bien pour l'apprendre que pour inventer de nouvelles solutions, suffit pour qu'il faille que tout le monde s'y frotte. Sans cette science, nul espoir de devenir un esprit subtil.

— Hélas! sourit Amantha.

— L'affaire est faite, dit Socrate en se frottant les mains. La théorie des nombres, obligatoire pour tous les jeunes! Passons à la deuxième science requise dans notre programme général de formation des gens.

— À tout coup, gémit Amantha, c'est la géométrie.

— Tu as mis dans le mille!

— La géométrie, bien sûr, approuve Glauque. À la guerre, c'est essentiel! Pour faire le plan d'un campement, investir des places fortes, déployer une armée ou en resserrer les rangs, bref, pour toutes les manœuvres complexes qu'exigent les batailles et les déplacements, on voit tout de suite la différence entre celui qui est fort en géométrie et celui qui n'y comprend rien.

Socrate fait la moue :

— Franchement, pour tout ça on n'a besoin que de connaissances très élémentaires en calcul et en géométrie. Il faut plutôt considérer la géométrie dans sa totalité, et singulièrement sa partie la plus récente et la plus difficile, afin de déterminer si elle peut servir au but fondamental qui est le nôtre, nommément une saisie plus facile de l'Idée du Vrai. Car je vous le rappelle : découvrir tout ce qui contraint l'individu, dès qu'incorporé à un Sujet, à s'orienter vers le lieu où se tient la part de l'être qui dispense un bonheur essentiel, part à laquelle le seul impératif qu'on puisse dire philosophique est d'y avoir enfin accès, telle est bien notre visée proprement philosophique.

— Nous voici revenus, dit rêveusement Amantha, au motif de la conversion.

— Oui, absolument! Si la géométrie nous force à regarder en face ce qui, de l'être, s'expose à la pensée, elle nous convient. Si ce n'est que du devenir qu'elle s'occupe, elle ne nous convient pas. Cette question est obscurcie par la vision qu'ont de la géométrie élémentaire nombre de ceux qui l'utilisent. Les géomètres authentiques ne me contrediront pas : le plus souvent, on propage de cette science une interprétation diamétralement opposée à ce qui en constitue la vraie nature. On en parle en termes véritablement ridicules, parce que étroitement dépendants de nécessités empiriques. On ne fait que brandir les mots sonores de « duplication », « mise au carré », « construction le long d'une ligne », « addition des surfaces » et autres expressions du même genre, comme si la géométrie n'était qu'un tas de recettes pour manier habilement des figures sur une surface plane. Or, la mathématique n'est par nous cultivée qu'en vue de la pensée pure. Disons même plus précisément : en vue de la pensée pure de ce qui existe éternellement, et non de ce qui, circonstanciellement, naît et disparaît.

— Il y a la formule de Goethe, dit doucement Amantha : « Tout ce qui naît mérite de périr. »

— Pour une fois, répond Socrate, un poète, allemand de surcroît, a bien parlé, même si c'est au Diable qu'il attribue cette belle maxime. Soustraite à la malédiction de la naissance, et donc vouée à l'éternité, la géométrie oriente le Sujet vers la Vérité et donne forme à la part analytique de la philosophie en annonçant le mouvement par lequel nous tournons vers le haut ce qu'ordinairement nous laissons vivoter en bas.

— La conversion, toujours, murmure Amantha.

— En tout cas, nous insisterons pour qu'aucun des habitants de notre beau pays communiste ne néglige la géométrie. Elle a du reste des avantages secondaires non négligeables.

— Lesquels ? demande Amantha un peu agressivement.

— Ceux que Glauque a répertoriés : la guerre et tout ça. Mais, surtout, quand on considère les progrès des savoirs quels qu'ils soient, on constate une différence du tout au tout entre les scientifiques qui ont étudié à fond la géométrie et ceux qui l'ignorent.

— Nous allons donc prescrire aux jeunes l'étude de cette deuxième science, après l'arithmétique, conclut Glauque.

— Certainement, approuve Socrate. Et la troisième, c'est l'astronomie, non ?

— Oui, dit Glauque avec enthousiasme. Car c'est l'astronomie qui nous enseigne à quel moment du mois et de l'année nous sommes. Et ça, le cultivateur, le marin et le général en campagne en ont absolument besoin.

— Tu me fais bien rire, avec tes justifications pratiques ! Tu me rappelles ces journaux où l'on découvre, dans un petit coin, une nouvelle « scientifique » : quelqu'un a trouvé la solution d'un problème d'arithmétique supérieure qui avait résisté pendant trois siècles aux efforts des plus grands génies mathématiques.

— Je sais bien, déclare Amantha, les yeux écarquillés. C'est le théorème de Fermat, démontré par l'Anglais Wiles. Je l'ai lu dans *Femmes d'aujourd'hui*.

— Un bon magazine scientifique, alors ! sourit Socrate. Tu as dû remarquer que, dans ce genre de circonstances, le ou la journaliste dit invariablement deux choses. Un : ni moi ni mon lecteur n'avons la moindre chance d'y comprendre quoi que ce soit. Deux : malheureusement, ça ne sert à rien « dans la vie concrète ». Comme si la pensée créatrice n'était pas « concrète » ! Elle est plus concrète que quoi que ce soit d'autre. C'est pourquoi, cher Glauque, il ne faut pas avoir peur de ton public. Si l'astronomie théorique ne sert pas à la récolte des bananes ou à l'amélioration du dérailleur des vélos, nous nous y résignerons. Les sciences que nous sommes en train de sélectionner ont une utilité aussi fondamentale que difficile à se représenter : en chaque sujet elles purifient et ravivent un organe corrompu et obscurci par nos occupations ordinaires. De cet organe il est bien plus important de prendre soin qu'il ne le serait de garder ouverts jour et nuit, si nous en disposions, les cent yeux du géant Argus. Car c'est avec ce seul organe que nous avons le pouvoir de regarder en face une vérité. Les gens qui connaissent l'existence de cette capacité subjective n'ont pas besoin de tes justifications pratiques. Ceux qui en ignorent tout se désintéressent absolument des sciences dont on ne tire aucun avantage pratique. Il faut, ami Glauque, que tu décides à qui tu t'adresses : aux tenants de la pensée pure ou aux pragmatiques endurcis ?

— Ni aux uns ni aux autres, à vrai dire. Que les uns et les autres se débrouillent quant au profit qu'ils tirent de telle ou telle science. Moi, c'est pour moi-même d'abord que je parle, interroge ou réponds.

— Pourquoi pas ? Faisons marche arrière. Nous n'avons pas, après la géométrie, sélectionné la bonne science.

— Ce n'est pas l'astronomie ?

— Pas tout de suite. Rappelle-toi : nous avons parlé de la géométrie élémentaire, dont les principaux exemples scolaires sont tirés de la géométrie plane, triangles, cercles, carrés, paraboles… Toutes ces figures ont deux dimensions. Or, que sont les corps célestes étudiés par l'astronomie? Des objets de l'espace à trois dimensions. En outre, ils sont en mouvement, de sorte qu'on peut prétendre qu'ils ont quatre dimensions, les trois de l'espace et le temps qui mesure leurs déplacements. Les choses, à vrai dire, sont encore plus compliquées. Car il y a plusieurs sortes possibles d'espaces, qu'on peut étudier dans des dimensions quelconques, et pas seulement deux (le plan), trois (l'espace) ou quatre (l'espace-temps). Les mathématiciens, pour traiter ces questions, ont forgé des concepts très généraux comme celui – création du génial Riemann – de variétés à n dimensions. On peut aussi citer les espaces vectoriels topologiques, ou les espaces fibrés, ou les groupes de Lie… Au bout du compte, vous avez des objets plus fascinants que la planète Neptune ou que la constellation du Cygne, des objets qui associent des caractéristiques topologiques, ou de localisation (voisinage, ouvert-fermé, recouvrement, point, intérieur-extérieur…), des caractéristiques métriques ou de mesure (distance, taille…) et des caractéristiques algébriques ou de calcul (groupe fondamental, décomposition, isomorphie…). Ces objets sont les plus étranges et les plus compliqués de la discipline reine des mathématiques contemporaines : la topologie algébrique. On y trouve les nœuds, les surfaces trouées ou pliées n fois, les hypersphères, le ruban de Möbius, la bouteille de Klein et tant d'autres merveilles! C'est à ce niveau qu'il faut situer l'apprentissage des mathématiques pour tous les citoyens sans exception. La géométrie du triangle et du cercle ne peut nous suffire.

— Mais que devient, au milieu de ces constructions abstraites, notre pauvre astronomie?

— Il y a une chose que tu dois bien comprendre : le seul savoir qui élève un individu à hauteur du Sujet qu'il est capable de devenir est celui qui porte sur cette part de l'être demeurant dans l'invisibilité d'un retrait. La science proprement dite est étrangère à la simple particularité sensible. Certes, pour le poète qui gît en chacun de nous, les constellations qui brillent au firmament, quoique tissées dans la matière sensible, sont ce qu'il y a, dans leur ordre propre, de plus beau et de plus sublimement régulier. Nous soutiendrons cependant qu'elles ne supportent pas la comparaison avec les constellations essentielles, les vraies constellations sous-jacentes à ce qui nous en apparaît, constellations dont la vitesse et la lenteur sont véritables et appropriées à de vraies figures, constellations qui se meuvent avec exactitude, tant selon la relation qu'elles ont entre elles que selon la relation qui les lie à elles-mêmes. La difficulté est que de tout cela il existe une saisie rationnelle et analytique, mais aucun savoir qu'on puisse tirer directement du visible.

— Dans ce cas, à quoi servent les observations des astronomes, les immenses lunettes, les radiotélescopes, les satellites expédiés aux lisières du système solaire?

— Les innombrables objets du ciel doivent nous servir de paradigmes pour atteindre au savoir de l'invisible Idée. Suppose qu'on trouve sur les parois d'une grotte des dessins abstraits tracés d'une main géniale par quelque artiste de notre préhistoire. Un mathématicien d'aujourd'hui pourrait y reconnaître des figures de la topologie algébrique et en admirer l'exécution. Mais il n'en conclurait pas qu'à seulement regarder bouche bée ces chefs-d'œuvre on fait avancer la théorie générale des espaces. De même, le véritable astronome peut s'extasier devant les merveilles de notre univers sensible quand il découvre de nouvelles galaxies ou enregistre le bruit de fond, la trace infime de l'explosion primordiale dont cet univers déploie somptueusement les conséquences depuis des milliards d'années. Mais il ne croira pas que cette extase contemplative, ni l'addition d'innombrables observations de ce genre, puisse un seul instant équivaloir à une théorie consistante et complète de ce que cet univers est réellement, dans sa totalité comme dans son détail.

— C'est Rousseau, mon cher Jean-Jacques, qui a raison, comme toujours, jette Amantha. Pour penser juste, dit-il, « laissons de côté tous les faits ».

— Certes, c'est en posant des problèmes, et non en notant des faits, que nous étudierons l'astronomie, tout comme nous le faisons pour l'arithmétique supérieure, la géométrie élémentaire ou la topologie algébrique. S'arrêter aux faits visibles interdit qu'on active utilement ce qui, dans un Sujet, mérite le nom de pensée.

— Vous nous parlez là, s'inquiète Glauque, d'un travail quelque peu sublime.

— Le seul qui puisse mettre les sciences au service du Sujet-de-vérité.

— De ce Sujet, cependant, vous ne nous avez présenté qu'une esquisse.

— C'est que chacune des sciences que nous venons d'identifier, prise en elle-même, peut bien produire des vérités, elle n'en est pas moins incapable de se prononcer sur l'être de ces vérités.

— On pourrait quand même, riposte Glauque, au-delà du parcours systématique de toutes les sciences, découvrir l'élément qui leur est commun, ce qui les constitue toutes ensemble comme un genre de la pensée. On pourrait mettre en évidence, par une démonstration rigoureuse, la demeure où toutes les sciences résident. Alors nous aurions avancé de façon significative. À défaut, nous aurions bavardé pour rien.

— Ce serait un travail infini, en effet très utile. Et pourtant, cher ami, nous n'en serions encore, ce travail achevé, qu'au prélude de la musique que la philosophie a entrepris de jouer. Nous n'aurions fait que de l'épistémologie, ce qui n'est pas grand-chose. Tout le problème est que, si grands soient-ils, les mathématiciens et les savants ne sont pas encore de vrais dialecticiens. Si les sciences sont absolument nécessaires – tout comme les arts, l'action politique et le transfert amoureux –, elles ne sont pas suffisantes. Les vérités singulières ne sont que le prélude de la philosophie. Certes, sans elles notre partition n'aurait pas une seule note. Mais l'air philosophique proprement dit, ne peut le chanter que celui qui est capable de mener à son terme une discussion dialectique.

— Il me semble que nous revenons dans les parages de notre cinéma cosmique, note Amantha.

— Tu es merveilleusement sensible aux inflexions de notre parcours. Oui, il est à nouveau question de ce qui est empirique et de ce qu'il s'agit de penser. La vision imite la pensée quand, d'abord captive des ombres du lieu asservi, du cinéma totalitaire des images, puis évadée sous la direction de qui revient d'en haut, elle commence, tant le dehors l'éblouit, par ne rien voir du tout. Elle va s'exercer à discerner d'abord, le soir, le reflet des arbres dans le miroir d'un étang, puis les étoiles sur fond de nuit, puis, à l'aube, les grands sapins, les oiseaux colorés qui s'envolent, le bleu du ciel, et enfin le soleil! De même, quand nous essayons, dans l'exercice du dialectiser, sans l'aide des sensations, par le seul recours aux arguments rationnels, de nous orienter vers l'être propre de tout ce qui existe, et que nous continuons jusqu'au moment où, par la pensée pure, nous avons réussi à construire un concept de la Vérité, on peut dire que nous sommes parvenus aux limites du pensable, comme l'évadé de notre fable parvenait aux limites du visible.

— Et c'est cela, dit Amantha, reprise par l'enthousiasme, que vous appelez la démarche dialectique?

— Bien sûr! Pourquoi l'étude des sciences, et singulièrement des mathématiques, constitue-t-elle le prélude obligé de la dialectique? C'est qu'elle nous montre, sans recourir aux « évidences » fallacieuses de l'expérience immédiate, qu'il existe des vérités. Cette existence des vérités est le point d'appui nécessaire pour construire un concept de ce qu'elles sont et en quoi elles font exception au régime général de ce qui apparaît dans notre monde. Cette conscience de l'exception-vraie est le point le plus haut auquel puisse parvenir la pensée philosophique.

Contrairement à sa sœur, Glauque, à chaque fois qu'il lui semble qu'on « retombe dans la métaphysique » – c'est son expression –, retrouve la réticence instinctive de qui est tenté par le pragmatisme :

— J'aimerais bien voir les choses comme vous. Pourtant, il me semble souvent qu'il est presque impossible d'admettre votre vision de ce qui est. En même temps, je me dis que, sous un autre angle de vue, il est impossible de ne pas l'admettre. Je me fixe donc une morale provisoire : puisque nous n'allons pas régler la question immédiatement, que nous aurons à en parler bien des fois encore, admettons que vous avez raison, et passons du prélude à l'air lui-même. Parlons-en avec la même détermination et la même précision que lorsqu'il n'était question que du prélude. Dites-nous en quoi consiste la nature de votre fameux « dialectiser », en combien de genres il se divise, et quels sont ses chemins. Car ces chemins sont ceux qui nous mèneront au terme de notre effort voyageur, là où se trouve le but du voyage, et donc, pour nous, après vingt-quatre heures éprouvantes, le repos !

— Dans cette direction, très cher Glauque, tu n'aurais plus les moyens de me suivre. Rien de l'obstination requise ne me ferait défaut, mais toi ? Sache bien que ton intuition ne porterait plus alors sur une image de ce dont nous parlons, mais sur le Vrai, tel quel… Du moins tel qu'il me semble qu'il est. Nous n'allons pas affirmer ici dogmatiquement que l'être du Vrai est entièrement conforme à la représentation que j'en ai. Mais qu'on puisse avoir l'intuition qu'il n'en est pas très différent, cela, je le soutiens, et, plus fermement encore, que seule la puissance du dialectiser, à l'exclusion de toute autre démarche, peut en persuader le spécialiste des sciences dont nous avons parlé.

— Nous vous accordons, cher maître, ce dogmatisme tempéré ! sourit Amantha.

— Il y a quand même un point sur lequel personne ne viendra nous chicaner. C'est quand nous disons qu'existe un processus de pensée, irréductible aux mathématiques, qui s'attache, quel que soit le domaine proposé, à saisir, au terme d'un processus méthodique, l'être propre de tout ce qui existe dans ce domaine.

— Indépendamment de votre dialectique, il y a quand même, objecte Glauque, une sérieuse différence entre les techniques banales et les mathématiques supérieures.

— Disons que les techniques et les savoirs courants sont descriptifs ou empiriques au sens suivant : ou bien ils traitent des opinions et des désirs des hommes, comme c'est le cas dans les prétendues « sciences humaines » ; ou bien il n'y est question que du devenir et de la structure des choses visibles, je pense à la géologie, à la botanique ou à la zoologie ; ou bien il s'agit d'enseigner comment nourrir le bétail, faire pousser les plantes, ou encore de connaître les règles de fabrication et d'entretien des objets manufacturés, ce qui relève de la technologie. Du côté des sciences véritables, la physique et surtout les mathématiques, dont nous avons dit qu'elles saisissent quelque chose de l'être en tant qu'être, nous devons aussi admettre qu'à un certain niveau, se déployant sans avoir besoin d'une pensée de leur propre processus, elles ressemblent un peu au surgissement de la Vérité dans un rêve plutôt qu'à la Vérité elle-même. Elles ne jettent pas sur leurs propres résultats la vraie lumière, la lumière du jour. On en comprend la raison quand on remarque, comme nous l'avons déjà fait, que ces sciences se contentent d'hypothèses ou de constatations contingentes, auxquelles on déclare qu'on ne touchera pas, faute de pouvoir en donner une justification rationnelle autre que la très précieuse valeur de leurs conséquences. Or, si la valeur intrinsèque du principe est inconnue, et que tant le résultat que les médiations qui y conduisent sont de ce fait tissés d'ignorance, pourra-t-on appeler « science », avec la tonalité de savoir inconditionné ou absolu qui enveloppe ce mot, l'agencement conventionnel, fût-il cohérent, de tout cela?

— Ce sont pourtant bien des sciences, renâcle Glauque. Ce ne sont ni de simples descriptions, ni des observations dépendantes de notre perception sensible du monde.

— Certainement! Mais la philosophie, c'est-à-dire le dialectiser, n'en a pas moins une visée singulière qui, si elle suppose les sciences, l'en distingue absolument. Elle est la seule discipline de pensée dont la méthode consiste à lever une à une les hypothèses, afin que, une fois parvenue au principe même, elle conforte, par un mouvement descendant, la validité de ces hypothèses. Elle est la seule qui puisse réellement extirper peu à peu le Sujet du bourbier individualiste barbare où il est enseveli, et le réorienter vers sa destination la plus haute. Et, certes, le dialecticien se sert, en vue de cette difficile conversion, des sciences dont nous avons parlé comme de compagnons et d'appuis. Mais le mot « science », conforme à l'usage, est cependant équivoque si on l'utilise à la fois pour les mathématiques et pour la dialectique. Il faudrait trouver un mot qui implique plus de clarté qu'« opinion » et plus d'obscurité que « science », si on prend ce mot en son sens absolu. Tout à l'heure, j'ai proposé d'abandonner « science » et de distinguer entre une « pensée analytique » – ou mathématique – et une « pensée dialectique » – ou philosophique. Mais je ne pense pas que ce soit le moment de nous disputer sur les mots quand nous avons à examiner des questions spéculatives qui concernent les choses en elles-mêmes.

— Surtout, dit Amantha en plissant les yeux d'un air rusé, si on admet avec Lacan que « le mot est le meurtre de la chose ».

— Ce qui peut se dire aussi, rétorque Socrate : « Une fois mise en lumière, la chose est indifférente à ses noms. » En tout cas, je maintiens ma classification. Il y a deux grandes formes d'activité mentale : l'opinion, qui a pour objets les devenirs dans un monde déterminé, et la pensée, qui porte sur l'être transmondain. Chacune de ces deux formes a deux sous-formes. L'opinion est divisée en supposition et certitude, tandis que la pensée est analytique ou dialectique. J'ai aussi proposé des rapports entre tous ces termes, fondés sur leur inscription ontologique. Ce que l'être en tant qu'être est aux modifications dans un monde déterminé, la pensée l'est à l'opinion. Ce que la pensée est à l'opinion, la pensée dialectique l'est à la certitude, et la pensée analytique l'est à la supposition. Quant aux détails de cette construction, et en particulier aux déductions ontologiques qui la soutiennent, nous en avons un peu parlé et nous n'allons pas y revenir, ce serait trop long. Concentrons-nous sur l'acte même du dialectiser. Nous appelons « dialecticien » celui qui saisit, en chaque existant, le noyau rationnel de son exposition à la pensée. Inversement, celui qui n'en est pas capable, acceptes-tu, ami Glauque, que nous le déclarions hors d'état de penser vraiment, dans l'exacte mesure où de ce qu'il prétend penser il ne peut rendre raison ni à lui-même, ni aux autres ?

— Comment pourrais-je ne pas accepter ce jugement ?

— Béni-oui-oui, va ! dit Amantha entre ses dents.

Socrate ne relève pas le sarcasme qu'il a parfaitement perçu. Il continue :

— Il en va exactement de même en ce qui concerne le Vrai. Celui qui n'est pas capable de définir l'idée de la Vérité en la distinguant rationnellement de toutes les autres, et de frayer son chemin, tel un guerrier du concept, à travers toutes

406

les prétendues réfutations en réfutant ces « réfutations » non pas, comme ont agi ses adversaires, dans le registre du semblant, mais dans celui de l'être-en-soi, et si donc notre homme ne sait pas traverser ces traquenards verbaux en leur opposant une logique implacable, nul ne pourra venir prétendre qu'un type de ce genre connaît la Vérité en soi, ni du reste aucune autre vérité, on devra même convenir que, s'il manipule un semblant du vrai, il ne s'agit là que d'opinion et nullement de pensée, pas plus analytique que dialectique, en sorte que la vie présente d'un pareil incapable n'est qu'une somnolence rêveuse, et qu'avant même de se réveiller ici-bas il se sera retrouvé dans le séjour des morts pour y dormir éternellement.

— Encore une phrase de notre Socrate à laquelle personne ne peut résister ! s'exclame Amantha, réellement émue.

— Supposons maintenant que l'un et l'autre, chers enfants, vous ayez à votre tour des enfants, que vous les nourrissiez et les éduquiez. Supposons – à Dieu ne plaise ! – que, à la suite de circonstances néfastes, ces enfants deviennent des abrutis complets dont vous-mêmes diriez – à plus juste titre qu'on ne le dit de la diagonale du carré – qu'ils sont tout à fait irrationnels. Je ne pense pas que vous accepteriez que de tels jeunes gens deviennent chefs d'État et principaux responsables des décisions les plus importantes. Non ?

— Ça serait dur à avaler d'avoir à cracher sur eux, dit Glauque, car nous les aimerions, ces abrutis, nos enfants ! Mais, tout de même, je crois qu'on leur chercherait un destin raisonnable, un travail sans doute limité mais intéressant.

— Voilà pourquoi, en amont de ce genre de catastrophe, vous vous attacheriez à les éduquer, vos enfants, de façon qu'au moins ils puissent interroger et répondre, quel que soit le

407

sujet, conformément aux exigences de la pensée pure. Ce qui veut dire concrètement que vous sauriez, en tant que parents, que la dialectique est le couronnement de tous les savoirs et qu'on ne peut placer aucun autre savoir au-dessus d'elle. Ainsi, nous sommes parvenus au terme de notre discussion concernant ce qu'il convient d'enseigner aux gens de notre pays communiste si l'on veut qu'ils puissent tous occuper, quand leur tour vient, les plus hautes fonctions dirigeantes.

— Voilà une conclusion familialiste aux petits oignons! déclare Amantha. J'en suis clouée! En plus, elle n'est pas nulle, loin de là. Tous les gens que je connais se plaignent que quand un mec et sa nana se disputent les arguments volent très bas. Et avec les enfants, impossible de discuter correctement. Socrate nous le démontre : la dialectique est le secret de la paix des familles. Chapeau! On pourrait…

— Ouais, coupe Glauque, mais entre le programme abstrait et les réalités concrètes, il y a un gouffre. Comment les faire circuler dans la masse, tous ces savoirs, y compris la dialectique?

— Pour que les gens parviennent tous à la conviction que c'est l'Idée, au sens où nous la comprenons, qui doit régler le devenir du pays, il faut assumer et contrôler les résultats de l'éducation générale telle que nous en avons déterminé les principes, et même quelques détails, cette nuit et ce matin. On supposera donc acquises toutes les qualités vers lesquelles cette éducation oriente les larges masses, et dont la détermination philosophique n'est que la synthèse. Après tout, notre programme est très simple : n'importe qui, sans exception, peut et doit devenir philosophe. Sans quoi, du reste, la prétention universaliste de la philosophie n'a guère de sens. Pour ce programme, je le rappelle, la vertu principale, celle qui permet de tenir jusqu'au bout les exigences du parcours, est le courage.

— Justement, s'inquiète Glauque, je me demandais comment surmonter les différences de mémoire, et aussi les inégalités en matière de robustesse personnelle, cette endurance qui fait qu'on a l'amour du travail sous toutes ses formes.

— Oui, dit Amantha, n'oublions pas que nous nous proposons d'abolir toute différenciation sociale entre le travail manuel et le travail intellectuel.

— C'est un point capital! approuve Socrate. Si tout le monde doit devenir dialecticien, personne ne doit marcher sur une seule jambe! Je veux dire : actif pour une chose, paresseux pour une autre. Aujourd'hui, on connaît des gens prêts à marcher trente kilomètres, s'il le faut, pour voir passer en une minute une course cycliste, passionnés par les durs exercices de la chasse et de la marine à voile, capables de remplacer un pied de table ou de faire pousser de belles tomates, francs et courageux à leur manière, mais muets comme des carpes sur tous les sujets intellectuels, n'allant jamais au théâtre et ne lisant que le résultat des courses de chevaux ou le bulletin météorologique. D'un autre côté, on connaît des spécialistes de biologie cellulaire ou des gens incollables sur l'adjectif possessif dans l'œuvre de Sophocle, qui en parlent d'abondance avec leurs collègues, sont abonnés à l'Opéra, lisent les gazettes culturelles de gauche et défendent parfois courageusement les droits des ouvriers d'origine étrangère, mais sont absolument incapables de creuser une tranchée, de réparer un scooter ou d'entretenir un fusil. On ne peut universaliser la philosophie tant que cette boiterie persiste.

— La même chose s'agissant de la Vérité! s'exclame
Amantha. Il y en a, des boiteux! On peut même dire des
Sujets dans le genre « n'a-qu'une-patte ». J'en connais plein.
Ils prétendent haïr le mensonge, mais ça ne les gêne pas du
tout de dire un tas de conneries et de répéter des opinions
ramassées dans le ruisseau. Ils se vautrent dans leur ignorance
comme des cochons dans la gadoue. Le père Lacan avait bien
raison de dire que l'ignorance n'est pas un manque, mais
une passion! À tout prendre, ils feraient mieux de mentir un
peu plus et d'ignorer un peu moins.

— Une balance difficile, sourit Socrate. Une chose est
sûre : il faut produire le plus tôt possible les équilibres nécessaires entre toutes les aptitudes des individus. Les enfants
aiment courir, sauter, se battre, s'indigner contre l'injustice… Ils ont horreur de la délation et de la vanité, c'est très
bien! Le mieux est donc de charger la barque du côté de
l'arithmétique, de la géométrie, de l'astronomie, de façon
à les ouvrir le plus tôt possible à la dialectique. Quant à la
forme de l'enseignement, il vaut mieux…

— Là, j'ai une idée, coupe Amantha : à bas l'enseignement despotique! C'est la caserne, l'ennui et le bla-bla-bla.
Tous les enfants sans exception doivent, au bout d'un certain temps, venir étudier parce qu'ils aiment ça autant ou
plus que grimper aux arbres, regarder les chanteurs à la télé
ou se faire des bisous dans les coins. Sinon, c'est foutu!

— Tu as raison, après tout, admet Socrate. Peut-on être
libre d'un côté, et soudain esclave, uniquement parce que
c'est l'âge de l'école? Quand on force quelqu'un à transporter jour après jour de lourdes pierres, on parle de travaux
forcés, c'est un châtiment horrible et vain. Et l'enseignement
des sciences et des arts comme préparation à la puissance

de l'Idée serait sur le modèle des travaux forcés ? C'est totalement absurde. Les leçons qu'on fait entrer de force dans l'individu ne peuvent façonner un sujet.

— Bravo ! crie Amantha.

— Jeunes gens, poursuit Socrate, n'usez jamais de violence envers les enfants lorsqu'il s'agit des savoirs. Que l'éducation soit aussi libre et passionnante que les jeux. Plus même, comme le désire Amantha. Il revient aux maîtres d'allumer dans nos petits d'hommes l'étincelle créatrice dont tous sont porteurs. C'est seulement dans ce climat de liberté active que chacun trouvera le chemin qui lui est le plus naturel vers la dialectique. Est dialecticien celui dont la pensée est capable d'une vue d'ensemble. Mais il y a, pour un état donné du monde, une infinité de chemins pour construire une vue d'ensemble de cet état. L'éducation n'est rien si elle ne donne pas à chacun le moyen de choisir le chemin pour lui le plus assuré, afin que, avec l'aide des circonstances et en tant que Sujet, il devienne le dialecticien qu'en tant qu'individu il était capable de devenir.

— Mais, demande Amantha, est-ce que le dialectiser n'est pas corrompu par les pseudo-débats à la télé, les « philosophes » à la noix, les sondages, tout ça ? Est-ce que la discussion généralisée sur n'importe quoi, les gens qui tchatchent sur Internet, ce genre de bazar, n'établissent pas une solide dictature du bavardage et de l'opinion ?

— Tu m'engages à faire un de mes fameux détours. Imagine un enfant, adopté par des gens très riches, dont la vie se déroule, paisible et oisive, au milieu d'un troupeau de flatteurs et de parasites. Ses parents adoptifs lui ont soigneusement dissimulé que ses parents biologiques étaient de pauvres ouvriers auxquels un couple stérile de riches bour-

411

geois a pratiquement arraché leur enfant, alors que ces malheureux, gravement malades, sans un sou, ne savaient plus
que faire pour seulement continuer à vivre avec l'enfant
dans la plus complète détresse. Tant qu'il a ignoré ce mensonge, l'enfant adopté respecte, vaille que vaille, au moins
dans les choses essentielles, ceux dont il croit que ce sont
ses parents biologiques. Il ne se fie pas trop aux jeunes flatteurs cyniques qui voudraient profiter de lui. Mais voici qu'il
apprend l'imposture parentale. Du coup, désorienté, trop
longtemps séparé de la vérité de ses origines pour définir
une conduite rationnelle, convaincu que la loi apparente est
un mensonge, l'adolescent qu'il est devenu risque fort d'être
séduit, au moins pour un temps, par les maximes nihilistes
de la jouissance immédiate et du *no future* propagées par ses
copains et copines.

— Mais quel rapport avec la corruption de la dialectique?
s'étonne Amantha.

— Nous avons, dès l'enfance, quelques principes concernant la justice. Ces principes sont comme des parents au
sens où ils nous instruisent de ce qu'il convient de faire, et
que, même si nous sommes loin de toujours les appliquer
– pas plus que nous n'obéissons toujours aux parents –, nous
avons pour eux un véritable respect. Il y a bien entendu
aussi d'autres maximes d'action, tout à fait opposées aux
principes, souvent bien plus séduisantes, qui nous tentent
et nous attirent, mais auxquelles, pour l'essentiel, nous résis-
tons, car ce sont quand même les principes premiers, qu'on
peut dire paternels, qui en général l'emportent. Supposons
cependant qu'on demande avec insistance à un jeune d'où lui
viennent ses principes de justice, quel est ce fameux Père qui
les lui a appris, qu'on se moque de cette « paternité », qu'on

la réfute de mille manières, qu'on harcèle le pauvre jeune ou la douce jeune fille en sorte que peu à peu on les force à penser que le juste tel qu'ils se le représentent n'est pas plus juste que l'injuste, que ce dont ils sont persuadés que c'est vrai pourrait bien être faux, que tout, dans ce bas monde, est fluctuant et relatif, et ainsi de suite. Alors le respect qu'ils avaient depuis l'enfance pour de fermes principes risque fort de tomber en miettes ; ils ne reconnaîtront plus la parenté qu'ils sentaient entre ces principes et leur capacité à devenir de vrais Sujets. Toute leur expérience deviendra confuse. Ne sachant plus à quel saint se vouer, ils vont suivre les maximes séduisantes des flatteurs et des parasites qui les entourent, et confondre définitivement la dialectique avec le bavardage de l'opinion.

— En somme, vous excusez les faux dialecticiens d'aujourd'hui ! s'exclame Amantha. On les a désorientés et corrompus, mais, au départ, ils n'étaient pas si mauvais.

— La conviction communiste est que l'homme est bon et que ce sont les pathologies de la société, de la famille et de l'État, bref, les mauvaises politiques, qui le corrompent.

— C'est du Rousseau tout craché !

— Eh oui ! C'est pourquoi nos faux philosophes nous font plus pitié qu'horreur.

— Tout ça, c'est de la digression, permettez-moi de vous le dire, sermonne Glauque. Moi, je voudrais un programme éducatif précis.

— Ah, mais bien sûr ! dit Socrate avec bonne humeur. Après l'éducation de base dont nous avons parlé, littérature, musique, arithmétique élémentaire, langues, sport, etc., qui durera dix ans, nous ferons redescendre tous les jeunes dans l'équivalent de notre fameux cinéma souterrain pour qu'ils y remplissent toutes les fonctions possibles, y compris les plus dures – manœuvre, bûcheron(ne), caissier(ère), coursier(ère), soldat(e)… –, dans l'unique but de rallier à notre politique les retardataires, les ignorants, les étrangers, afin que personne, je dis bien personne, ne stagne dans le trou à images, et que tous comprennent, dans le grand vent du monde, ce que c'est que la vie quand l'Idée en éclaire la destination et la force. Ils resteront jeunes ouvriers de l'Idée visible pendant cinq ans. Puis, pendant encore dix ans, ils exerceront leur pensée analytique : mathématiques supérieures, physique théorique, astronomie, jusqu'à ce qu'ils en maîtrisent les résultats les plus récents. Alors, pendant cinq ans, ils construiront dans leur esprit la synthèse dialectique de tout cela, et ils seront tous philosophes.

Amantha fait la moue :

— Ils ne seront plus très jeunes.

— Ils auront à peu près trente ans. Ils seront allés au bout de ce qui fait qu'un individu a les plus grandes chances de s'incorporer à un ou plusieurs processus de vérité, et de devenir ainsi un Sujet. Ils pourront élever leur regard sur tout ce qui existe, vers ce qui, révélant l'être sous-jacent à cette existence, en est comme la lumière latente. Quand leur tour vient, c'est orientés par cette lumière qu'ils affrontent les difficultés qu'imposent, en politique, les fonctions dirigeantes. Ils n'ont en vue que le bien public et considèrent cette activité non comme un honneur, mais comme un indispensable devoir. Ils profitent seulement de leur place, du reste provisoire, pour renforcer encore, par leur exemple, l'éducation de leurs successeurs, ceux qui, leur tour venu, seront commis à la garde suprême de la politique communiste, quelles que soient les circonstances.

414

— Dirigeants exemplaires! s'exclame Glauque.

— Dirigeants et dirigeantes, corrige Socrate. Rien de ce que nous disons ne concerne les hommes plus que les femmes, rappelle-t'en une fois pour toutes.

— C'est aussi, renchérit Amantha, que le mot « dirigeant » désigne des fonctions auxquelles tous les habitants du pays sont appelés sans exception, et que ce mot n'a donc ni sexe, ni couleur, ni classe sociale, ni aucune détermination prédicative de ce genre.

— L'âge, tout de même, note Glauque. On a déjà trente ans quand on commence à prendre son tour de garde dans le champ politique. Ni toi ni moi n'en serions encore jugés capables!

— En tout cas, conclut Socrate, je crois que nous en avons assez dit pour le moment sur l'éducation qui convient à notre cinquième politique et sur le type humain qui lui correspond. Une petite pause, peut-être?

Tout le monde approuve et l'on commence à boire sec.

Chapitre 13

Critique des quatre politiques précommunistes
1. Timocratie et oligarchie
(541b-555b)

Quand la pause prend fin, tout le monde, boissons et petits sommes aidant, a surmonté la fatigue que les longs développements métaphysiques ou scientifiques et la tension constante de la construction philosophique ont entraînée. En pleine forme, Socrate, une tasse de lait au miel à la main, récapitule les traits fondamentaux d'une collectivité publique placée sous le signe de la justice, soit les traits de la cinquième politique.

— Si le pays est gouverné à partir de la perfection politique telle que nous en avons l'idée, on pourra par exemple admettre que les enfants, et plus généralement ce qui concerne l'éducation intellectuelle et physique, relèvent d'un collectif bien plus large que la famille. Toutes les pratiques importantes seront également déprivatisées et assignées à l'existence commune, qu'elles soient guerrières ou pacifiques. Selon nos règles politiques, en permanence quand la guerre est inévitable, mais le plus fréquemment possible en temps de paix, ceux et celles qui sont en âge de combattre ou de militer pour nos idéaux dans des terres inhospitalières vivront dans des maisons du peuple où ils ne posséderont absolument rien en propre. Car toutes choses doivent appartenir à tous les humains. Contrairement aux athlètes professionnels qu'on vante dans nos journaux et qui touchent des primes faramineuses, nos citoyens-soldats reçoivent du collectif politique ce qui est indispensable pour vivre confortablement, et se consacrent alors entièrement à développer leurs talents dans tous les registres de la création, d'autant plus intensément qu'ils les ordonnent à la croissance et à l'éclat du collectif communiste.

Amantha saisit l'occasion d'une pointe :

— C'est curieux, tout de même! Vous résumez en quelques phrases limpides ce dont un premier exposé vous a pris une nuit entière de discours parfois fumeux, si vous me permettez cette insolence. N'auriez-vous pas dû commencer par ce que vous venez de dire?

— Ma chère Amantha, quand tu dirigeras tant bien que mal une troupe de cinq enfants tout en continuant ton travail, tu sauras faire la distinction entre la méthode d'investigation que nous utilisions cette nuit pour construire et résoudre un problème nouveau et la méthode d'exposition que j'utilise ce matin, laquelle ne vise qu'à transmettre des conclusions déjà démontrées. Vous devriez plutôt, Glauque et toi, me rappeler à quel moment exact de notre session nous avons pris le chemin qui nous a menés là où nous en sommes. Je voudrais en effet revenir en arrière jusqu'à ce carrefour pour, cette fois, parcourir avec vous l'autre chemin, celui dont nous nous sommes alors détournés. Après quoi, nous pourrons dormir, assurés d'avoir été exhaustifs.

Glauque adore les résumés, les classifications, les dilemmes. Il voit là l'occasion d'une de ces interventions un peu maniaques dont il a le secret :

— Je me souviens de ce carrefour, Socrate, comme si nous y piétinions encore! Vous veniez de dire que si on détermine l'excellence d'une politique, c'est aussi au regard des politiques de moindre valeur. Ces politiques, disiez-vous, qui vont du médiocre au mauvais, il en existe quatre formes. Si bien qu'au total, avec celle que nous sommes en train d'identifier, nous pensons un domaine où l'on repère cinq possibilités. Je me rappelle m'être alors dit que ces quatre politiques auxquelles vous opposiez la vôtre étaient celles que nous connaissons tous. La première, la plus fameuse, est celle où se sont illustrés les empires et dont le principe fondamental est l'honneur militaire. Je rêvais même de lui trouver le nom abstrait qui lui fait défaut, quelque chose comme « timocratie » ou « timarchie ». La deuxième politique valide l'autorité d'un petit groupe de gens riches et on l'appelle « oligarchie ». La troisième est celle qui repose sur les décisions majoritaires du peuple rassemblé, son nom est « démocratie ». Et la quatrième est la dictature capricieuse d'un seul homme que…

— Ou d'une seule femme! coupe Amantha avec grâce. Rappelle-toi que, pour Socrate, homme ou femme, pourvu qu'il y ait la philosophie, c'est du pareil au même.

— Bah! grogne Glauque. En tout cas, le nom c'est « tyrannie ».

— Parfait! dit Socrate. La tyrannie est bien l'ultime maladie du corps politique. Mais tu ne m'as toujours pas dit où l'attelage de notre dialogue a bifurqué.

— Avant que vous exposiez vous-même la classification des politiques, Polémarque et ma sœur vous sont tombés dessus avec une question vraiment difficile. Pour y répondre, vous êtes passé à autre chose concernant les femmes, les enfants et la famille, cela a pris des heures. Voilà pourquoi notre discours en est arrivé là où il est.

— Avec ta mémoire d'éléphant, tu me repasses la balle exactement au point où, dans la nuit, nous avons changé d'orientation. Je la saisis au vol. Partons d'une remarque de bon sens : à chaque communauté politique correspond un type humain particulier. Je m'abriterai sur ce point derrière le poète des poètes, notre Homère national. Vous vous rappelez qu'on demande à Ulysse :

> Dis-moi quelle est ta race et quelle est ta patrie,
> Car ni chêne ni roc ne t'ont donné la vie.

Les lieux d'où proviennent les Sujets ne sont ni les arbres ni les pierres, mais bien la patrie, le pays, la communauté politique. Si donc il y a cinq grandes formes politiques, il doit y avoir aussi cinq grands types d'organisation subjective auxquels appartiennent, selon leur provenance, les individus singuliers. En ce qui concerne le Sujet qui s'origine de notre politique – l'aristocratisme égalitaire –, nous en avons déjà scruté la complexion, et nous avons déployé tous les arguments nécessaires à sa qualification : il est juste-selon-l'Idée.

— Selon l'Idée. Rien de plus, dit drôlement Amantha, mais rien de moins.

— Examinons alors les types subjectifs corrélés aux quatre autres politiques. Soigneusement, l'un après l'autre. On commencera par celle que Glauque a baptisée « timarchie » : le Sujet y est entêté d'honneur et de victoire. Puis viendront le Sujet oligarchique, le Sujet démocratique et le Sujet tyrannique. Nous verrons lequel est le plus injuste des quatre, celui qui mérite d'être identifié comme la négation absolue de notre juste-selon-l'Idée. Alors nous aurons une vision achevée des relations entre la pure justice et la pure injustice, d'une part, le bonheur et le malheur, d'autre part. Nous pourrons conclure notre immense conversation, car nous aurons les moyens de décider s'il faut, comme Thrasymaque l'a soutenu hier soir avec son brio coutumier, suivre la voie de l'injustice, ou si c'est à celle de la justice que nous conduisent les arguments de ce matin.

— Ainsi, remarque Amantha, nous vérifierons votre principe selon lequel, dans un processus de pensée, l'achèvement seul crée une nouvelle mesure.

— Tu m'impressionnes !

Vraiment impressionné par la jeune fille, Socrate marque une pause, puis :

— Pour mettre de notre côté toutes les chances de succès dans le processus intellectuel de création d'une nouvelle mesure politique, nous allons faire comme précédemment : voir les choses en grand avant d'en venir aux miniatures, interroger les mœurs des communautés politiques avant de juger celles des individus.

— On ne va pas tourner en rond ? s'inquiète Glauque.

— Mais non ! On va commencer par ta timarchie, puis on fera le portrait de l'individu qui lui ressemble, le « timarchien » ou « timocrate ». Et pareil pour les trois autres : notre pensée ira du lieu politique formel au Sujet qui s'y constitue.

Alors Amantha, toujours curieuse, sinon rétive :

— Mais pourquoi commencer par la timocratie ? C'est complètement arbitraire !

— Bonne question, ma fille ! s'exclame Socrate. Il y a à cela une raison très forte, mais difficile à comprendre : c'est que la timocratie est la forme collective issue directement de notre cinquième politique. Elle en est la toute première corruption. Aussi a-t-elle la préséance sur les trois autres.

— On va ensuite de pire en pire?

— Exactement.

— Cette genèse est bien mystérieuse! dit Glauque à l'appui de sa sœur. Comment l'imperfection peut-elle sortir de ce qui est conforme à l'Idée? Je ne vois pas du tout.

— La théorie des transitions est toujours ce qu'il y a de plus difficile. Essayons quand même. Un point de départ très simple, c'est de réaffirmer ce qu'un des nôtres a nommé « le primat des causes internes » : un corps politique ne s'altère que si une sorte de guerre civile oppose les unes aux autres des factions internes à ce corps. Si étendu ou au contraire si limité que soit le groupe des dirigeants réels, tant qu'ils ont la même vision des choses, le corps politique reste inébranlable. Dès lors, cher Glauque, si une communauté soudée par notre cinquième politique peut cependant être ébranlée, c'est que l'esprit de guerre civile a gagné et divisé les dirigeants, y compris les militaires, et les a dressés les uns contre les autres.

— Mais comment est-ce possible? Nos principes rationnels imposent pratiquement l'unité de la vision politique!

— Eh oui! Notre discussion traverse une passe difficile. Je crois bien que, comme le vieil Homère au début de l'*Iliade*, nous en sommes réduits à supplier les Muses de nous confier un grand secret : l'origine des guerres civiles, autant dire l'origine de la négation telle qu'en tout existant, si parfait soit-il, elle se loge.

Amantha, qui aime les moments difficiles, ne se fait pas faute d'aggraver celui qu'ils endurent :

— Si j'en juge par le nombre de poètes insipides, d'historiens menteurs et de danseurs collés au sol, les Muses ne sont pas faciles à circonvenir !

— Eh bien moi, riposte Socrate, je vais les susciter, ces filles mélodieuses, vives dans ma parole, comme si elles causaient et jouaient avec nous, mais avec la gravité des vers tragiques.

— Que vont-elles nous raconter ? demande Glauque, très excité.

— Écoutez, jeunes gens : « Il est difficile d'ébranler un corps politique comme celui dont vous avez composé la forme. Mais, comme l'a dit il y a peu Amantha, citant Goethe, tout ce qui naît mérite de périr. Aussi votre composition politique n'aura-t-elle pas une durée indéfinie. Elle finira elle aussi par se décomposer. Pourquoi ? Pour des raisons d'arithmétique et de démographie. Le dénombrement de ses parties, ou quartiers, corrélé à la fécondité des couples, sera peu à peu déréglé. Nous savons en effet que, pour les plantes comme pour les animaux, pour les hommes comme pour les dieux, des nombres règlent le cycle vital et la perpétuation des figures essentielles. Dans le cas des dieux, tout est en miroir d'un nombre infini parfait. Pour l'espèce humaine, dans le cas le plus achevé, celui du corps politique que vous êtes en train de formaliser, les choses sont beaucoup plus incertaines. Le nombre de base est le six. Six vaut en effet deux fois trois ; il est donc le produit de la perfection masculine – le deux –, emblème de la séparation ou de l'abstraction symbolique, et de la perfection féminine – le trois –, emblème de la production ou de l'intuition créatrice. C'est pourquoi la figure parfaite de la fécondité se compose de six vivants : une femme, un homme et quatre enfants. À de tels ensembles on attribue un nombre nuptial, lequel, pour marquer la fin de toute solitude, est toujours supérieur à un. On appelle Idée du nombre nuptial non pas ce nombre lui-même, mais celui qui résulte de ce nombre, pris d'abord selon sa féminité latente, c'est-à-dire triplement réitéré, ou porté à la puissance trois, et pris ensuite selon tout le reste de l'ensemble nuptial, soit le principe masculin et les quatre enfants, ce qui fait cinq fois le nombre. »

— Si je vous suis, dit Glauque, très concentré, à supposer que n soit un nombre nuptial, son idée est $n^3 + 5n$.

— Exactement, commente Socrate. Et sa perfection idéelle lui vient d'être toujours divisible par six, le nombre de base.

— Quel que soit le nombre n ?

— Glauque ! sourit Socrate, tu interromps deux fois les Muses ! Voici ce qu'elles te répondent : « Oui, quel que soit le nombre nuptial n, son Idée, $n^3 + 5n$, est divisible par six. Tu peux, cher interrupteur, le démontrer par récurrence sur n. Cependant, il convient, pour la pérennité de votre communauté politique, que, dans un quartier quelconque de cette communauté, le nombre des ensembles nuptiaux soit lui aussi un multiple du nombre de base, six. Et, en outre, qu'il y ait un nombre nuptial particulier qu'on appelle l'Iris du quartier, tel que son idée soit égale au nombre total des ensembles nuptiaux, lesquels, redisons-le, sont des unités de six membres : deux parents et quatre enfants. Car tout nombre politique doit aussi se présenter, si la loi est égalitaire ou communiste, comme un élément de ce dont il est le nombre. »

— Je note, dit Glauque, qu'en tout cas les deux, le nombre total des ensembles nuptiaux et l'idée du nombre nuptial qui est l'Iris du quartier, sont divisibles par six.

Les Muses suscitées par Socrate ne se laissent pas interrompre par cette juste remarque et poursuivent leur discours. Se dirigeant silencieusement vers un tableau noir gigantesque, elles psalmodient, tout en écrivant à la craie mauve les considérations que voici :

— « Si N est le nombre total des ensembles nuptiaux d'un quartier, et si n est le nombre nuptial qui est l'Iris, soit celui dont l'Idée s'égale au tout, alors $n^3 + 5n = N$. Ce qui peut aussi s'écrire $n (n^2 + 5) = N$. Il en résulte que le nombre Iris n est un diviseur du nombre total N, tout comme l'est le carré du nombre Iris augmenté de cinq. C'est ce dont les camarades responsables de l'étendue des quartiers doivent se soucier obstinément, et qu'un jour ou l'autre, dans les siècles des siècles, ils oublieront : que le nombre des ensembles nuptiaux d'un quartier et les nombres nuptiaux attribués à ces ensembles doivent être tels que puissent réellement exister un nombre Iris et son Idée adéquate au tout. La règle de la divisibilité par six est si simple, et si évidemment liée aux symboles sexuels deux et trois, que le risque d'oubli est très faible. Il n'en va pas de même pour la subtile liaison entre les nombres nuptiaux et le nombre total des ensembles qu'ils nomment, liaison représentée par l'Idée du nombre Iris. Supposons par exemple que le nombre d'ensembles nuptiaux d'un quartier soit 150. Alors, l'Idée du nombre 5, supposé nuptial, est $5^3 + 5 \cdot 5$, soit $125 + 25 = 150$, et 5 est bien le nombre Iris du quartier. Mais imaginons que les camarades responsables n'aient pas attribué le nombre 5 comme nombre nuptial, que va-t-il arriver ? Le quartier sera dépourvu de tout Iris. Autre exemple : les responsables ont étourdiment fixé le nombre acceptable d'ensembles nuptiaux du quartier à 78, qui est bien divisible par 6, car on a

78 = 6·13. Puis, emportés par le culte dogmatique du 6, ils n'ont attribué comme nombres nuptiaux que des multiples de 6. Ils ont cru bien faire, bénissant ainsi la fécondité nuptiale par le nombre essentiel du sexe! Mais qu'arrive-t-il? Si $n^3 + 5n = 78$, ce que requiert le fait que n soit Iris, on a $n(n^2 + 5) = 78$. Mais si n est divisible par 6, soit $n = 6q$, on va avoir $6q(36q^2 + 5) = 78$. Soit, en simplifiant par 6, $q(36q^2 + 5) = 13$, qui est tout à fait impossible. Car, 13 étant un nombre premier, ou bien q, diviseur de 13, est égal à 1, ce qui donne 41 = 13, ou bien $q = 13$, ce qui donne 79157 = 13, chose encore plus monstrueuse. En sorte que le quartier sera privé de tout Iris.

« Telles sont, au long cours, les omissions et erreurs qui priveront votre communauté politique de l'équilibre astral dont le seul garant est l'existence, quartier par quartier, d'un nombre Iris. Le premier symptôme du déclin sera l'apparition d'un vaste courant d'opinion qui privilégiera les jeux spectaculaires, l'idolâtrie sportive, les mésaventures sexuelles des stars, les émissions de télévision pour voyeurs analphabètes, au détriment de tout ce qui appartient à la pensée : sciences déductives et expérimentales, amours intenses, organisation politique égalitaire, déplacement artistique de la ligne de partage entre le formel et l'informe… Les nouvelles générations prendront goût à la consommation immédiate, aux vanités superficielles, au culte avachi du non-être. Sur ce terreau subjectif pousseront les fleurs rutilantes et captieuses de la dissemblance revendiquée, de la petite différence égocentrique, du désaccord à la fois furtif et violent, et, finalement, du désir que s'installe la plus abjecte inégalité. »

— Quelle éloquence dramatique chez ces Muses! admire Amantha.

— Certes, dit Socrate de sa voix ordinaire de baryton-basse, nul n'attend d'elles qu'elles bavardent comme des pies!

— Et ensuite, qu'arrivera-t-il? demande Glauque, haletant.

— Écoutons encore un moment le discours des Muses : « Ce désir d'inégalité, l'expérience historique le montre, engendre universellement la haine et la guerre. Le corps politique tend à se scinder. D'un côté, il y a ceux qui adoptent le profit comme norme. S'appuyant sur un état de choses déjà dégradé dans nombre de pays voisins, ils accumulent plus ou moins secrètement de l'argent, des terres, des objets d'art, des actions, des obligations, des traites… Opposés à ces nouveaux riches, il y a ceux qui, conservant mais sans grande énergie l'idée qu'il n'est de vraie richesse que du côté de ce dont un sujet est capable, tentent de sauver l'idée communiste et l'organisation civile qui lui correspond. Le conflit éclate au grand jour, l'unité politique du pays est brisée. Ce sont les débuts d'une impitoyable lutte des classes, avec de grandes violences. Mais le ressort même de cette lutte se détend peu à peu. Car la guerre civile entraîne des deux côtés, sous le prétexte des nécessités militaires, la constitution de cliques dirigeantes, en apparence dressées l'une contre l'autre dans la situation vue au jour le jour, mais qui, contaminées par l'ivresse de l'autorité et le culte de la force brutale, partagent au fond la même conviction inégalitaire. Sur cette base, on en vient forcément, le peuple étant las de ces interminables et sanglantes péripéties, à un compromis funeste : le partage des terres, des maisons et de l'argent, bref, la restauration, au profit des deux cliques, de la propriété privée. Ces gens qui prennent alors le pouvoir et qui, du temps de l'ordre communiste ancien, considéraient tous les autres comme de libres amis et des militants de la même cause, n'ont plus en tête que le maintien de leur domination et l'asservissement général d'un peuple qu'on traite comme s'il n'était composé que de clients ou de serviteurs. En même temps, ces dirigeants de la nouvelle espèce, conservant le monopole de la guerre et des armes, séparent entièrement ce monopole de la vie collective ordinaire et créent une machine d'État apte au combat, mais soustraite à tout contrôle populaire. Ainsi naît une communauté politique d'un nouveau genre, en quelque sorte intermédiaire entre le communisme et l'oligarchie. »

Les Muses alors se taisent, et c'est de sa voix banale que Socrate finit par meubler le silence qui, après tant de solennité presque mystique, s'est établi pendant de longues minutes dans la salle qu'éclaire doucement la déclinaison du matin.

— La cinquième et la deuxième politique! Communisme et oligarchie! C'est une étrange mixture. Et pourtant, c'est bien ce qu'on aura vu surgir vers la fin des tentatives communistes bureaucratisées, en Russie ou en Chine, à la fin d'un siècle mal venu.

— C'est ce régime bâtard, demande Glauque, que vous appelez « timocratie »?

— C'est toi qui as proposé ce vocable il y a un instant. Cette timocratie est intermédiaire entre le communisme dont elle procède et l'oligarchie qui lui succède. Après la chute de l'Union soviétique, les apparatchiks de l'État communiste, tout comme leurs prétendus opposants, sont devenus les richissimes « oligarques » du capitalisme postcommuniste. « Oligarques », j'y insiste : c'est le nom qu'on leur donne. Cela en dit long. La question difficile pour nous est de savoir ce que le régime timocratique, première production d'une longue décadence, a en propre.

— D'après ce que vous dites, intervient Amantha, l'État timocratique est construit sur le monopole de la guerre. Ce point doit avoir d'importantes conséquences.

— Eh oui! Le climat de guerre civile et d'abaissement intellectuel fait que le goût dominant va aux esprits énergiques, sanguins, simples, nés pour la guerre et non pour la paix. Ceux, pour tout dire, chez qui l'emporte ce que j'ai appelé au milieu de la nuit la deuxième instance du Sujet : cet énigmatique « cœur » que je préfère nommer Affect, siège de l'action téméraire et brutale. En ce qui concerne la troisième instance, la Pensée, les timocrates apprécient surtout les ruses de guerre, les tactiques retorses, l'esprit d'embuscade. Et l'habitude la plus prisée est d'avoir constamment les armes à la main. En même temps, ces hommes rudes, au départ non dépourvus d'une sorte de droiture guerrière, s'habituent au commandement, à la hiérarchie, à l'inégalité et aux intrigues du pouvoir. Du coup, ils deviennent avides d'argent, tout comme dans les États oligarchiques. Ce fétiche monétaire, ils finissent par l'adorer, mais dans l'ombre. Ils ont des greniers secrets et des trésors cachés dans des villas que de hauts murs dissimulent au passant et qui sont truffées de caméras de surveillance. Se croyant ainsi à l'abri des rumeurs, ils font chez eux, en banquets, boissons, musiques, drogues diverses, et surtout en femmes dénudées et serviables, d'incroyables dépenses. Ces gens ont en réalité une relation contradictoire à leurs richesses. D'un côté, ils sont avares, car leur vénération pour les trésors s'accroît de ce qu'ils les possèdent clandestinement et ne peuvent en user qu'en cachette. D'un autre côté, ils sont prodigues sous le fouet du désir. Ils sont comme des enfants qui cherchent à échapper à la loi du père. Pourquoi? Parce que leur éducation a reposé non sur la persuasion, mais sur la force. Ils ont déserté la muse Vérité, celle de l'argumentation rationnelle et de la philosophie. Ils ont couvert d'honneurs le jogging, la gymnastique, le fitness, la boxe thaïlandaise, le cyclo-cross, le volley-ball, le ping, le pong et même le sumo, plutôt que les arts et les sciences.

— Tout cela, dit Glauque, donne sans doute des gouvernements comme ceux de Sparte, de la Rome impériale, de la Turquie des janissaires, des Mongols à leur apogée, du Japon après le Meiji, des États-Unis à leur crépuscule, voire de l'Allemagne nazie?

— Certains de tes exemples sont excessifs. Ne perdons pas de vue que ce paradigme politique mélange le bien et le mal. En fait, le trait qui le caractérise provient de ce que la hargne risque-tout – la deuxième instance du Sujet – y est dominante. Il s'agit de l'ambition querelleuse, de l'amour pour la gloire et les honneurs. Ce trait récapitule l'origine et la nature de ce type de communauté politique. C'est assez schématique, j'en conviens. Mais notre unique but, dans toute cette affaire, étant de nous prononcer sur le juste et l'injuste, il serait vain et fastidieux de passer en revue les moindres détails de nos cinq politiques et des formes subjectives qui leur correspondent.

— C'est déjà bien assez long comme ça! approuve Amantha-la-perfide.

— Tu saurais peut-être nous brosser en une seconde le portrait du type humain qui correspond au régime timocratique? riposte Socrate.

— Facile! Fier-à-bras, ambitieux et jouisseur, il ressemble comme un frère à mon frère Glauque ici présent...

— Ce n'est pas faux, sourit Socrate. Mais il y a quand même quelques petites différences entre l'homme timocratique et ton frère.

— Je voudrais bien savoir lesquelles! rétorque Amantha, dubitative.

— Le timocrate est plus arrogant que notre ami et bien moins cultivé, même s'il est exagéré de le dire inculte, comme les Athéniens prétendent que sont les Spartiates. Le timocrate peut aimer la conversation, mais sa rhétorique est des plus faibles. Il est brutal envers ceux qu'il tient pour inférieurs, au lieu de mépriser ces histoires de rang social, comme doivent faire les gens bien élevés. Il a par contre tendance à s'aplatir devant le gratin de son pays, surtout devant les pontes de l'appareil d'État. C'est qu'il aime le pouvoir et les honneurs. Cependant, son ambition ne peut s'appuyer sur un talent d'orateur ou sur une supériorité intellectuelle, car ce qui compte pour lui, ce sont uniquement les exploits guerriers et plus généralement tout ce qui a rapport à la guerre. C'est pourquoi sans doute il est un sportif endurci et un chasseur enragé.

— Vous ne nous avez pas décrit son rapport à l'argent. C'est quand même important pour nous qui prônons l'égalité, fût-ce au prix d'un certain ascétisme.

— Jeune, le timocrate souvent méprise la richesse. Mais, en vieillissant, il la désire de plus en plus, et ce pour deux raisons : d'abord, sa secrète participation naturelle – nous en avons parlé – à ce type humain si répandu : l'Avare; ensuite, parce que sa tension vertueuse connaît des éclipses, suite au manque dans sa vie du Maître suprême.

433

— Quel maître? demande en Amantha, gourmande, l'hystérique qu'elle contient.

— La raison, dès que supplémentée par la culture scientifique, artistique, littéraire, historique, ou même tout simplement existentielle. Elle seule garde sauves les vertus du Sujet auquel une vie se voue.

— Un maître bien impersonnel! regrette Amantha.

— Mais ce jeune timocrate, image de la politique dont il porte le nom, tu le vois, lui, comme s'il était devant toi, non?

— Oui, oui... Je me demande comment il a été fabriqué.

— Ah! Imaginons...Voyons... Il est peut-être le jeune fils d'un brave homme dans un pays soumis à une mauvaise politique. Ce père fuit les honneurs, les postes de pouvoir, les procès et tout le remue-ménage affairiste. Il préfère l'anonymat à l'éclat social. Il est aussi peu people que possible. Son proverbe favori est : « Pour vivre heureux, vivons cachés. »

— Je ne vois pas le rapport entre ce père et le jeune ambitieux dont nous parlons.

— C'est qu'il faut remonter jusqu'aux discours de sa mère. Pendant toute l'enfance de notre timocrate, elle s'est plainte de ce que son mari n'était pas haut placé dans l'État, ce qui la faisait passer, elle, auprès des autres femmes de la bonne société, pour une moins que rien. Elle a gémi qu'il ne levait pas le petit doigt pour accumuler les immeubles, les villas, les iPod et les iPhone et les iTunes, les chevaux, les chevaux-vapeur, les chevaux de frise, les manteaux en poil d'ours, les actions, les coupons, les obligations, les tableaux de maître, de chasse, d'honneur et de bord, rien! Moins que rien! Elle a dénoncé la mollesse de son époux, sa nullité quand il faut se quereller et injurier l'adversaire dans les tribunaux ou à l'assemblée du peuple. Elle a vivement regretté qu'il supporte, lui, ce genre d'outrages avec une patience angélique. Elle a conclu de tout ça qu'il n'avait l'esprit occupé que de lui-même et n'avait pour sa femme ni estime véritable, ni mépris prononcé. L'indifférence faite homme! Alors l'indignation la suffoque, la maman, quand elle raconte tout ça à son fils chéri, et il faut bien qu'elle le lui dise : son père n'est pas un homme, il est trop affable, il est ceci, il est cela… Tout ce que les femmes aiment raconter en pareil cas.

— C'est ça! C'est la faute des femmes! dit Amantha, furieuse.

— Mais pas seulement, tente de négocier Socrate, pas seulement! Tous ceux qui tournent autour d'un jeune de bonne famille lui racontent, parfois secrètement, la même histoire. Le chauffeur, la cuisinière, le jardinier, les gardes du corps, ils s'y mettent tous! Ils ont vu quelqu'un qui devait de l'argent à son père, une très grosse somme. Eh bien, son père n'a rien fait, pas de procès, pas de menaces. Rien. Moins que rien. Et tous d'expliquer au jeune maître qu'il ne faudra pas imiter ce papa, qu'il faudra employer la manière forte. « Oui, jeune gars, disent-ils en chœur, il faut que tu sois un homme, toi, un vrai, pas comme le vieux! » Et si notre jeune, le futur timocrate, sort de la maison, s'il va en ville, s'il traîne dans les rues, il entend encore le même refrain : les gens qui s'occupent tranquillement de ce qui leur importe sont traités d'idiots et tenus en piètre estime. Les gens qui suivent la mode et se mêlent anarchiquement de tout, on les flatte et on les couvre d'éloges. Telle est l'expérience du jeune homme dans le monde. Mais en même temps il écoute les propos de son père, il voit de près comment il mène sa vie, il le compare avec ce que disent et font les autres. C'est pourquoi il est intérieurement divisé. D'un côté, son père nourrit et arrose, comme une plante précieuse, l'instance subjective rationnelle, la Pensée. De l'autre, sa mère et l'opinion publique flattent l'instance opposée, le Désir aveugle. Comme notre jeune homme n'est pas naturellement porté vers le mal, il coupe la poire en deux : il ne confie l'orientation de son existence ni à la Pensée, ni au Désir, mais à l'instance intermédiaire, celle qui est irascible, irritable, instable, et que je nomme l'Affect. Cette instance étant surtout composée, chez lui, d'ambition et de courage coléreux, il devient un adulte plein de superbe et d'abord amoureux de sa gloire : un timocrate.

— Magnifique balance dialectique du Père et de la Mère, ce fils ! commente Amantha.

— Les autres, ajoute Glauque, les adolescents démocrates, oligarques, tyranniques, comment est-ce qu'ils se tirent de ce bourbier familial ? Il faut examiner maintenant les autres mauvaises politiques. Comme dit Eschyle dans *Les Sept contre Thèbes* (et on sent que Glauque est tout content de prouver cette culture dont Socrate l'a crédité) :

Adjoint d'un autre chef, franchis une autre porte.

— Vous me pressez sans merci, dit Socrate gentiment. Eh bien, passons à l'oligarchie et à l'homme oligarchique. Disons que c'est la politique fondée sur la fortune. Le vote est censitaire. Les riches – ceux qui peuvent payer le cens – prennent la direction du pays, et les pauvres en sont exclus.

— Et comment, demande Glauque, passe-t-on de la timocratie à l'oligarchie ?

436

— Mon petit! Même un aveugle verrait comment ça se passe! Les grandes banques où l'on dépose en tremblant d'énormes fortunes, voilà ce qui corrompt le timocrate. On commence par découvrir des jouissances qui coûtent très cher, et, pour pouvoir s'y abandonner, on tourne les lois ou on leur désobéit carrément. Dans cette voie, les femmes de la haute société sont à l'avant-garde. Ensuite, chacun observant chaque autre et entrant avec lui en rivalité mimétique, c'est la foule entière qui devient semblable aux pionniers des jouissances ruineuses. À partir de ce moment, on n'a plus d'autre idée que de s'enrichir. Plus s'impose le culte de l'argent, plus s'affaiblit celui des vertus civiques. Car la richesse et la vertu diffèrent au point d'orienter invariablement l'existence du même individu dans des directions opposées.

— Que se passe-t-il alors, questionne Glauque, toujours amateur de sociologie, d'anthropologie, d'archéologie et d'histoire positive? Comment s'installe la nouvelle forme de l'État?

— Quand un désir domine les opinions, on cherche partout les objets destinés à le satisfaire et on laisse tomber les actions et dispositions subjectives dont d'autres opinions, désormais désuètes, assuraient la prééminence. Les citoyens d'une timocratie, amants de la gloire et de la victoire, deviennent, au terme de ce processus, aussi cupides que sordides. Ils prononcent à tout bout de champ l'éloge du riche et le hissent au pouvoir, ne laissant au pauvre que désespoir et vie en friche.

— Mais l'État, la loi, la Constitution? quémande Glauque, au comble de l'excitation.

— On légifère pour déterminer qui a droit à l'action politique dans le nouvel ordre oligarchique ; on fixe une certaine quantité de richesse – d'autant plus grande que l'oligarchie est puissante – au-dessous de laquelle on est exclu de toute participation au pouvoir. Ces lois sont souvent imposées par la force des armes. En tout cas, ce type de politique ne s'installe que dans une atmosphère de peur.

— J'aimerais plus de détails, insiste Glauque. Quelle est la subjectivité dominante dans ce contexte nouveau ? Et quel est le principal défaut d'une telle politique ?

— Son principal défaut est, peu s'en faut, que son principe même est faux. Imaginons qu'on sélectionne les pilotes d'avion uniquement d'après leur richesse et qu'on ne confie aucun appareil à un pilote pauvre, si doué soit-il…

— C'est sûr qu'on risquerait fort de voir au tapis des tapées d'avions !

— Comme disaient les gardes rouges pendant la Révolution culturelle en Chine – ils pensaient évidemment à Mao : « Pour naviguer en haute mer, il faut un pilote. » Bateau, avion, politique, État, c'est finalement du pareil au même. Le talent et la confiance comptent seuls. La richesse n'est rien. Mais en plus tout régime oligarchique est affecté d'une maladie mortelle. Car le pays où il sévit n'est plus un, il est double, et toujours menacé par la guerre civile. Il y a, sur le même territoire, le pays des riches et celui des pauvres. Chaque camp s'épuise à préparer de mauvais coups contre l'autre. Et ce n'est pas tout. Un pays oligarchique ne peut pratiquement pas faire la guerre à un pays ennemi. Ou bien, en effet, le gouvernement des riches doit armer le peuple des pauvres, et alors il en a plus peur que de l'ennemi. Ou bien il y renonce, et c'est alors vraiment deux pelés et trois tondus qui, sur le champ de bataille, n'ont plus qu'à s'aplatir derrière leurs inutiles sacs d'or. En fait, ils sont si grippe-sous qu'ils ne paieront d'armes à personne.

Amantha semble alors s'intéresser à la discussion :

— Ils feront comme ce type de je ne sais plus quel bled que Rome menaçait. On parlait de mobilisation, de défense nationale, tout ça. Et lui – un riche, de fait –, il a proposé de réduire l'armée à un seul soldat posté à la frontière et capable de dire en latin : « Nous nous rendons sans conditions. » On ferait ainsi, a-t-il plaidé, de sérieuses économies !

— Richesse et trahison marchent souvent ensemble, approuve Socrate. Mais à cela s'ajoute que la pauvreté, dans l'ordre oligarchique, se voit souvent associée au trafic, à la corruption et au banditisme. La concentration des richesses et les restrictions craintives mises à l'activité productive font que quantité de gens restent là, désœuvrés, à la périphérie des grandes villes, ne pouvant être bien sûr de riches oisifs, mais pas non plus des commerçants, des soldats, des employés de bureau, ni même, c'est le plus grave, des ouvriers. Ils ont le simple titre de pauvres. Dans les pays musulmans, on les appelle les « déshérités ». Marx les nomme, lui, le *Lumpenproletariat*.

— Comment se fait-il, demande Glauque, que les oligarques ne prennent là-contre aucune mesure ? Car s'ils agissaient vraiment, on ne verrait pas un si terrible contraste entre une poignée de gens richissimes et une masse totalement démunie.

— Examinons de près ton problème. Les riches, du temps où ils n'étaient, dans le cadre timocratique, que des citoyens, n'avaient pas d'autre préoccupation que de dépenser leur fortune. Crois-tu que, parce qu'ils sont au pouvoir, ils ont changé? Qu'ils rendent désormais de grands services au pays? Ce n'est qu'en apparence qu'ils sont des gouvernants. Ils continuent à n'être ni de vrais dirigeants de l'État, ni ses vrais serviteurs. Leur souci reste celui des fortunés et des fortunes. Ils sont, comme le dit Marx, des « fondés de pouvoir du Capital ». Voilà pourquoi ils refusent catégoriquement l'idée d'une plus grande égalité des vies matérielles.

— L'oligarque veut surtout, conclut Glauque, que le gouvernement oligarchique l'aide à rester un oligarque.

— Exactement. Et s'il est vrai que le bourdon naît dans la ruche au milieu des abeilles pour en être le parasite et le fléau, nous pouvons dire qu'un richard de ce genre est, dans le domaine public, comme un bourdon : fléau de l'État et du pays. Cependant, les bourdons de la ruche – l'Autre y a veillé – ont des ailes, mais pas d'aiguillon. En revanche, les bourdons bipèdes, ceux des régimes oligarchiques, sont de deux espèces. Les uns, par exemple un vieillard qui meurt dans la misère, une femme réduite à la mendicité pour élever ses enfants, une jeune fille contrainte par son amant à la prostitution, un mutilé sur ses béquilles, n'ont pas non plus d'aiguillon. Mais les autres, les bandits, en ont un, et qui fait sacrément mal : ce sont des frelons. C'est un fait que, dans tous les pays où existe un fort contingent de pauvres, de déclassés, un vaste *Lumpenproletariat*, on trouve des voleurs à la tire, des dealers, des hommes de main mafieux, des braqueurs de banques.

— Il doit alors y en avoir un paquet dans les pays oligarchiques, vu que tout le monde y est pauvre, sauf la clique dirigeante.

— Tu l'as dit. Les frelons dotés d'aiguillons y sont très nombreux, et ce n'est qu'à grand renfort de rafles policières et de prisons sinistres que le pouvoir arrive à s'en sortir.

— Quelle description formidable! Mais l'homme oligarchique, le Sujet de cette politique, à quoi ressemble-t-il?

— Prends le fils d'un grand timocrate. D'abord, structuré par le complexe d'Œdipe, il rivalise avec son père. Tel un jeune chien, il le suit à la trace. Mais un jour il voit son père soudain brisé par l'État comme un navire par la foudre de Zeus. Son pauvre père! Un homme qui a mis à la disposition de l'État tout ce qu'il possède, sa vie même; un homme qui a été général en chef des armées, un homme investi d'un pouvoir considérable, le voici brusquement traîné au tribunal, insulté par des sycophantes, déshonoré, acculé à choisir entre l'exil et la mort, tous ses biens étant vendus à l'encan.

— J'ai lu dans les journaux d'incroyables histoires de ce genre, signale Glauque, notamment à Sparte.

— Le fils, alors, voit la déchéance du père, il la ressent intimement. En plus, il est lui-même complètement ruiné. Il panique. Lui qui désirait s'incorporer à un Sujet dont l'honneur et le courage règlent le devenir, il change du tout au tout. C'est comme un coup d'État dans son âme. Il est tellement humilié par la misère que l'argent devient son unique dieu. Comme un serpent avant l'hiver, à grand renfort de reptations pénibles et d'économies sordides, il amasse de quoi digérer en paix. Il donne alors tout pouvoir sur lui-même au désir insatiable et à l'avarice illimitée. À ces grands rois de son âme il fait don du diadème, des colliers rituels et du sabre sacré.

— Attention, cher Socrate! Je plante l'écriteau : « Danger : poésie! » plaisante Amantha.

441

— Quant à la puissance rationnelle et à la faculté émotive, irritable, instable et courageuse, il les fait se prosterner aux pieds de ce nouveau roi, des deux côtés du trône, comme de viles esclaves. Il ne permet à la première que de calculer sa fortune et d'examiner les moyens de l'augmenter. Quant à l'autre, elle ne doit admirer et honorer que la richesse et les riches, et, en fait de gloire, ne tenir qu'aux trésors accumulés et aux moyens de s'en procurer toujours plus.

— Il bascule, résume Glauque, un rien pédant, de la plus hautaine ambition à la plus sordide avarice. Il est ainsi formaté pour un ordinateur oligarchique.

— Entrons dans les détails de ce que tu appelles son « formatage » et que, moins moderne que toi, je traduirai ainsi : ses pulsions sont adéquates à ce que le régime politique exige des individus qui en dépendent. D'abord, il met les richesses au-dessus de tout. Sa devise est : « Travail et Épargne ». Ensuite, il ne consent à donner satisfaction qu'aux désirs strictement nécessaires, traite tous les autres comme de vaines invites et s'interdit d'y consacrer la moindre dépense.

— Il est vraiment crasseux ! s'indigne Amantha.

— Tu l'as dit. C'est pour lui tout spécialement que la monnaie devient, comme le dit notre bon vieux Marx, un « équivalent général ». Car le désir d'accumuler le pousse à tout transformer en argent. Il est pour ainsi dire incorporé vivant au Capital. Au demeurant, c'est aussi le sort qui, dans ce type de régime, attend le budget de l'État : société et individu ne sont plus que des composantes de la circulation monétaire.

— Je suppose, dit alors Glauque, que ce genre de personnage n'a pas suivi attentivement les enseignements littéraires et philosophiques que dispense le deuxième cycle des lycées. Éduqué comme il faut, il n'aurait jamais accepté que ses désirs soient dirigés par cet argent dont il vénère la stupide cécité.

— Bien parlé! admire Socrate. C'est que notre bonhomme est victime de ce que Marx, encore lui, nomme le « fétichisme de la marchandise ». Mais attention! Que l'oligarque soit en général inculte a bien d'autres conséquences. En particulier, des désirs de type « frelon » – nous en parlions il y a quelques minutes – surgissent dans l'obscur de son âme. Ces désirs, mendiants et malfaisants, ne sont en général contenus chez l'homme oligarchique que par le soin qu'il apporte à ses intérêts bien compris. D'où que, pour en découvrir la puissance, il faille l'observer quand il est chargé de gérer la fortune d'un mineur, d'un vieillard ou d'un malade mental, et qu'il s'imagine à l'abri de toute poursuite. On comprend alors ce qui a pu se passer quand ce genre de type a été amené à respecter scrupuleusement des contrats, ce qui lui a valu d'acquérir la réputation d'un homme loyal et juste. Certes, il a censuré en lui-même les désirs mauvais, mais la violence intime dont il a fait usage à cet effet n'a rien à voir avec la conviction que là est le chemin du Bien, ni même avec une tempérance dictée par la raison. Il n'a obéi qu'aux troubles nécessités qu'induit le cynisme : il tremblait de peur pour tous les biens que, par fraude et rapine, il a déjà entassés. Mais s'il s'agit de dépenser l'argent des autres, alors là, nom d'un chien, s'envole en lui sans que plus rien n'y fasse obstacle tout l'essaim des désirs de type frelon!

— Et l'oligarque ainsi devient tout entier frelon, conclut Glauque avec la louche satisfaction que procure toujours le spectacle d'un désastre.

— Pas du tout, mon garçon! Ce genre d'homme ne peut éviter la guerre civile intime. Intérieurement, il n'est pas un,

443

mais deux. Dans la langue de Jacques Lacan, il est un sujet clivé. Sa subjectivité a en effet pour formule : désir contre désir. Et il faut lui concéder que, dans la majorité des cas, les bons désirs l'emportent sur les mauvais. C'est pourquoi il a meilleure allure que nombre d'autres types humains. Mais l'unité et l'harmonie immanente, qui sont la norme du Sujet dès qu'il advient à lui-même dans l'élément de la Vérité, notre homme en restera toujours très éloigné.

Amantha intervient alors :

— Ne pourriez-vous conclure, cher Socrate, par un de ces portraits brefs et hauts en couleur dont vous aviez autrefois le secret?

Socrate ignore la perfidie :

— L'avarice de l'oligarque le rend incapable de rivaliser publiquement avec ses concitoyens, de partager avec eux une ample vision de la vie, faite de victoires parce que animée d'un sens aigu de l'honneur. Redoutant par-dessus tout d'avoir à réveiller, pour vaincre ses rivaux, des désirs dispendieux, il refuse de dépenser de l'argent pour des combats où n'est en jeu que sa gloire. Ainsi, n'engageant dans la lutte qu'une maigre partie de ses ressources, il préfère, oligarque typique, le sort de qui, vaincu et déshonoré, n'en est pas moins content de cela seul : rester assis sur son tas d'or.

— Pas mal, pas mal! opine Amantha.

— En tout cas, ajoute Glauque, il est certain qu'un tel homme est strictement isomorphe au type de régime politique dont il est à la fois la cause et l'effet, celui où seule la richesse est mesure de la puissance.

— On en a peut-être assez dit sur ce genre de bonhomme, conclut Amantha avec une comique moue de dégoût.

CHAPITRE 14

Critique des quatre politiques précommunistes

2. Démocratie et tyrannie

(555b-573b)

— Je crois bien, enchaîne Glauque, que nous pouvons passer à la démocratie, son origine, son essence et le type humain qui lui correspond. Expliquez-nous d'abord, cher Socrate, comment on passe historiquement de l'oligarchie à la démocratie.

— Le ressort de cette transition n'est autre que le désir infini, tel que le suscite le seul objet qui en régime oligarchique soit identifié au Bien : l'argent. On va de l'oligarchie à la démocratie quand l'impératif de la jouissance, sur le modèle du « Enrichissez-vous ! » d'un ministre français du XIXe siècle, devient un impératif général dont aucune limite n'assure la détermination.

— Mais, dit le démon empiriste de Glauque, comment ça se passe concrètement ?

— Les dirigeants d'un État oligarchique ne sont au pouvoir qu'en raison de leur immense fortune. Ils ne veulent donc pas qu'une loi sévère réprime cette fraction de la jeunesse qu'on appelle la « jeunesse dorée », qui dilapide le patrimoine familial dans les salles de jeu, les courses de chevaux, les défilés des grands couturiers, la cocaïne ou les bordels de luxe. Pourquoi ce laxisme ? Parce que les vieux oligarques au pouvoir ont bien l'intention de racheter à bas prix les biens que ces jeunes vont devoir brader pour payer leurs dettes, puis, quand ils les auront presque mis sur la paille, de leur prêter de l'argent à des taux usuraires, ce qui obligera ces jeunes à hypothéquer le peu qui leur reste. Grâce à ces manigances, les riches dirigeants deviendront richissimes. Mais les conséquences ne se font pas attendre. Dans un État quel qu'il soit, il est impossible que les gens idolâtrent le fric et puissent, dans le même mouvement, acquérir la sobriété nécessaire à une vie collective un tant soit peu intelligente. Il faut absolument sacrifier l'un ou l'autre. Dans le cas de l'oligarchie, ce qui arrive est que, à force de laxisme intéressé, on en vient à réduire à la misère des jeunes gens sans doute fragiles mais doués, voire d'une intelligence exceptionnelle. La dépense ostentatoire, le nihilisme, le bordel, les dettes et même la prison, des gens de l'envergure de Tolstoï ou de Rimbaud ont connu ça dans leur jeunesse, n'est-ce pas?

— Certes, dit Amantha. Mais je n'imagine pas Socrate faisant de Rimbaud le paradigme de la vie philosophique.

— C'est que tu as de moi, déjà, une image scolaire et stéréotypée. Rimbaud, oui, parfaitement! Il incarne le désir violent d'une vie selon l'Idée, Rimbaud. Comme il est très jeune, il cherche dans toutes les directions, il s'acharne, il va jusqu'au bout de chaque expérience. Et à la fin il est sauvé : travail, concentration, dévouement et anonymat. Un parfait socratique! Mais où diable en étions-nous?

— Vous remarquiez, dit Glauque-le-sérieux, qu'un régime oligarchique jette sur le pavé une masse de gens intelligents, devenus agressifs comme vos fameux frelons, armés jusqu'aux dents, les uns criblés de dettes, les autres déshonorés, et tous sachant qu'ils n'ont plus rien à perdre.

— Ah oui! Ces gens haïssent le régime en place qui les a ruinés. Ils complotent dans l'ombre contre ceux qui se sont emparés de leurs biens et, au-delà, contre toute la classe dirigeante, jugée complice de ces rapines. Bref, ces petits bourgeois déchus ne sont plus que désir de révolution. Voir les banquiers, les dirigeants de fonds spéculatifs, les présidents milliardaires parader à la télévision comme s'ils étaient les grands bienfaiteurs d'une société libérale met le comble à leur fureur. Blessée par l'étalage du « fric facile » et la publicité qu'on fait partout, jour après jour, aux fortunes mirobolantes, toute la classe moyenne, lentement paupérisée, est prête à s'abandonner à l'aventurisme politique.

— Rien n'est pire, dit Glauque, sentencieux, que de confier sa vie aux délices libérales du Marché et de n'y trouver à la fin qu'une gêne aussi insidieuse que constante.

— Le mal est alors dans le pays comme un incendie invisible qui partout se propage. Pourtant la classe dirigeante refuse absolument tous les moyens de l'éteindre. Elle ne veut évidemment pas de la méthode que nous, communistes, proposons depuis toujours : l'appropriation collective de tous les biens privés. Mais elle n'accepte pas non plus les réformes cependant compatibles avec le système oligarchique. Par exemple, le vote d'une loi qui supprimerait les excès spéculatifs de la finance moderne.

— Mais, objecte Amantha, vous l'avez dit : l'appétit du gain, la fureur de l'argent sont des désirs illimités. Comment pouvez-vous espérer les contraindre par une loi ?

— On peut tout de même imaginer des lois qui introduiraient certaines limites dans les aberrations de la circulation financière. On appelle cela une « régulation » du marché. On pourrait par exemple empêcher l'octroi de crédits à des gens notoirement insolvables. Il faudrait pour cela que les prêts se fassent aussi aux risques et périls des prêteurs, et non pas seulement à ceux de l'emprunteur. On y regarderait alors à deux fois avant de s'enrichir en ruinant toutes les possibilités d'une sorte d'harmonie sociale, fût-elle inégalitaire…

— … et donc à nos yeux inadmissible, coupe Amantha. Mais, poursuit-elle, il me semble que vous acceptez l'hypothèse d'un marché financier vertueux. C'est quand même parler d'un cercle carré !

— Je dois avouer que l'oligarchie ne veut rien entendre de mes réformes. Elle tient les pauvres, les dominés, les « losers » pour – passez-moi l'expression – de la merde. Et, quant à elle, elle ne fait que prospérer dans un faste inutile et vulgaire. Les fils à papa vivent au fil de l'eau, incapables d'efforts intellectuels, ça va de soi, mais ne valant guère mieux en sport. Aussi arrogants que paresseux, ils n'acquièrent aucune discipline, pas même celle du plaisir, pour ne rien dire de celle qu'imposent les épreuves et les conflits. Quant aux pères, insoucieux de toute chose excepté les actions, les obligations, les comptes, les titres sophistiqués, les OPA et le cours des matières premières, ils ont moins souci de la vertu que le plus pouilleux des bandits.

— Je ne vois pas encore, persiste Amantha, le sourcil froncé, comment tout cela fait transition entre oligarchie et démocratie.

— Tire les conséquences de ce que nous venons de dire, en somme, de la haine de classe. Examine les cas où les dirigeants et la masse des dominés participent à la même action collective.

— Un voyage ? Une migration ?

— Oui, ou toute autre situation de ce genre : une ambassade lointaine, une expédition militaire, quand officiers et soldats embarquent sur le même bateau ou combattent au coude à coude. Dans le danger, ils s'observent, n'est-ce pas ? Et ce ne sont jamais les riches qui méprisent les pauvres. C'est exactement le contraire. Très souvent, le caprice de la bataille met un pauvre diable maigre et basané à côté d'un richard au teint délicat et à la bedaine proéminente. Et que voit le simple soldat ? Que l'autre est complètement essoufflé, misérable, incapable de continuer le combat. Il se dit alors que ces gens-là ne gardent le pouvoir qu'à cause de la lâcheté des classes dominées, de la corruption mentale qui empêche l'organisation victorieuse des paysans, des ouvriers, des employés et de leurs alliés intellectuels. Si bien que, quand les soldats du rang se retrouvent, dans le grand crépuscule où toute bataille s'achève, à l'abri des oreilles du haut commandement, il se murmure partout à peu près ceci : « Ces gens que nous pensions puissants sont à notre merci ! Ils ne tirent leur existence que de notre faiblesse. En eux-mêmes ils ne sont rien ! »

— Et alors, dit Glauque, la révolution est à l'ordre du jour.

— Tu l'as dit ! Il suffit d'une légère influence extérieure pour qu'un organisme vivant, s'il est fragile, soit très gravement atteint. Parfois même, il entre en conflit morbide avec lui-même sans aucune action venue du dehors. Un État comme celui que nous venons de décrire tombe lui aussi malade et déchaîne en son sein la guerre civile pour des prétextes futiles. Chaque camp appelle à la rescousse des puissances étrangères, les oligarques, des oligarchies, et les démocrates, des démocraties. Parfois même, la révolte met tout à feu et à sang sans la moindre intervention extérieure.

— Si je comprends bien, dit Amantha, la démocratie surgit quand les classes inférieures, conduites par les chefs politiques des classes moyennes en voie de paupérisation, sont finalement victorieuses. On tue des oligarques, on en expulse d'autres, on partage avec ceux qui restent les charges du pouvoir et de l'administration. Ces charges, du reste, nous le savons, finissent par être tirées au sort. Mais est-ce que, dans ce processus, les pauvres ne sont pas finalement dupés par les demi-riches ?

— C'est une autre histoire… En tout cas, c'est bien ainsi que la démocratie s'installe : par une violence originaire, puis par une sorte de terreur latente qui fait fuir les anciens dirigeants, même ceux qui se sont ralliés au début.

— Il faudrait maintenant examiner de près, intervient Glauque, un rien pédant, comment ces démocrates s'organisent et quelle est la nature exacte de cette fameuse politique démocratique. Quant au type humain qui lui correspond, je crois bien, cher Socrate, que vous l'appellerez tout simplement l'« homme démocratique ».

— Certes, s'amuse Socrate. Vous savez, il n'y a pratiquement qu'un seul mot qui compte dans la bouche de nos démocrates, c'est le mot « liberté ». Dans un État démocratique, prétendent-ils, on est libre de dire et de faire ce qu'on veut.

— Ils ne font que colporter ce que nous serine la propagande des États « démocratiques », nos chères puissances occidentales, commente Amantha d'un ton acerbe. On est « libre » en tout cas de faire des affaires et de devenir milliardaire sur le dos des pauvres de toute la planète. Mais il faut y regarder d'un peu plus près.

— C'est bien ce que nous avons l'intention de faire, déclare Glauque d'un ton important.

— Tu parles de toi au pluriel, maintenant ? ricane Amantha.

— Paix, les enfants! coupe Socrate. Remarquons pour commencer que partout où on a le droit – au moins en théorie – de faire à peu près tout ce qu'on veut, chaque individu choisit le modèle de vie qui lui plaît et tente d'y conformer son existence. On va donc trouver, dans un pays dont l'État est démocratique, des gens dont l'apparence extérieure est extraordinairement variée.

— Ce qui, maugrée Amantha, ne les empêche pas de se ressembler étrangement et de parler comme des perroquets dès qu'on aborde de vraies questions.

— N'allons pas trop vite. C'est quand même vrai que cette forme d'État présente toutes sortes de charmes. Les grandes villes gorgées de marchandises ressemblent à un habit multicolore qui expose à la vue des étrangers ébahis toutes les nuances sensibles possibles et imaginables. On a alors tendance à s'exclamer : « Comme c'est magnifique, la démocratie! » Et il se pourrait bien que la majorité des gens – à commencer par ceux qui ressemblent aux enfants ou aux coquettes, dans la mesure où la variété excite leur désir – considèrent l'État démocratique comme le plus beau et le plus désirable. En outre, la liberté dont les démocrates se vantent s'étend à bien des aspects de la structure constitutionnelle de l'État. Celui-ci peut être fédéral ou centralisé, comporter deux chambres législatives, voire trois, ou une seule, avoir ou non un Conseil constitutionnel qui juge les lois elles-mêmes sans avoir à en référer à personne. On peut même y trouver, outre un président du Conseil et ses ministres, des rois et des reines : « démocratie » et « république » ne sont nullement synonymes. Il y a un nombre extraordinaire de méthodes pour organiser ce qui est le rite fondamental de ce genre de politique : les élections des députés. Le scrutin peut être direct ou indirect, majoritaire ou proportionnel, au plus fort reste ou à la plus forte moyenne, à un tour ou à deux tours, de liste ou individuel, directement national ou resserré dans de minuscules circonscriptions… C'est bien simple : il est parfaitement possible de démontrer qu'avec un tel mode de scrutin c'est tel parti qui l'emporte, et avec tel autre le parti adverse, le nombre de voix obtenu par l'un ou par l'autre restant inchangé. On peut aussi faire des référendums « populaires » sur la Constitution, les traités internationaux, l'école laïque, le réchauffement du climat, mais aussi le port d'un revolver à la ceinture ou l'odeur des excréments de cochon répandus dans la plaine. Bref, les pays démocratiques ont un petit côté « foire aux Constitutions ».

— Mais comment ça fonctionne, qui prend les décisions dans toutes ces procédures enchevêtrées ?

— La plupart des décisions importantes, celles qui concernent la police, la guerre, les alliances, les grands groupes financiers ou industriels, sont des décisions secrètes, prises dans des réunions que la Constitution ne prévoit pas et dont le public n'a pas connaissance. On amuse par ailleurs la galerie avec de vifs « débats » sur des points secondaires, comme le mariage des prêtres homosexuels ou la protection des baleines bleues. Mais la fameuse liberté est bien là ! Si quelqu'un a de réelles capacités de dirigeant, il n'est aucunement obligé de diriger, ni du reste non plus d'obéir, s'il ne le veut pas. La guerre n'est faite que par des engagés volontaires, des genres de mercenaires, les autres s'en lavent les mains. Si un petit groupe puissant trouve que la guerre est dans son intérêt, et quand bien même la majorité des gens souhaiteraient la paix, la guerre a de bonnes chances d'avoir lieu. Si la loi vous interdit d'être député ou sénateur, vous y arriverez quand même à condition que vous soyez énergique, patient, riche et lié à la majorité en place. C'est que la justice est à géométrie variable. Les inculpés, s'ils appartiennent à la classe politique ou à l'élite financière ou médiatique, se la coulent douce. On voit des gens susceptibles d'être condamnés à la peine maximale, en particulier pour corruption, qui normalement ne devraient échapper à la prison qu'en s'exilant, se promener, paisibles, dans les rues de leur ville de province, ou même apparaître sur les bancs de l'Assemblée nationale ou du Sénat comme s'ils étaient devenus d'invisibles héros. Bien entendu, si l'on est pauvre et si l'on a le teint un peu basané, c'est une autre histoire ! La police vous contrôle à tout bout de champ, et vous prenez trois ans de prison pour des bagatelles. S'agissant des savoirs et de la pensée pure, on est aussi parfaitement libre. Nous avons soutenu, vous vous en souvenez, que pour devenir un citoyen éclairé, un « gardien », comme nous disons, de notre pays communiste, il fallait que, dès les jeux de l'enfance, on soit immergé dans la haute culture et que l'esprit des gamins soit comme investi par ce qui importe vraiment. Dans nos démocraties, on se soucie de tout ça comme d'une guigne, on ne se demande même pas ce que sait ou ignore un dirigeant, quelle est son expérience du monde et des vérités. Il n'a qu'à se déclarer ami de tout le monde, ce qui ne coûte pas cher, et il a toutes ses chances aux élections.

— C'est tout de même assez délicieux de vivre ainsi, dit Glauque. Le démocrate est une sorte de petit dieu.

— Pour qui ne compte que l'instant qui passe, et pour qui a de l'argent, cela peut n'être pas trop mal. À long terme, si l'on veut vivre selon une Idée, et d'autant plus si l'on est en bas de l'échelle sociale, c'est une autre affaire. En tout cas, tels sont les avantages de cette forme d'État. On a là un pouvoir dont l'apparence est anarchique et multicolore. Outre cette liberté, si vertigineuse qu'elle confine au vide, il y a une sorte d'égalité purement formelle qui, en fait, met dans le même sac l'égalité et l'inégalité.

— Il ne me reste plus, dit Glauque, qu'à poser ma sempiternelle question. Quel portrait faites-vous de l'homme qui correspond à cette politique paradoxale? Et d'abord, comment diable sort-il, si j'ose dire, du ventre de l'oligarque?

— C'est une longue et passionnante histoire. Prenons un fils d'oligarque. Son papa, fort près de ses sous, l'a élevé dans les principes que nous savons : s'enrichir et épargner. Comme son papa, le fils fait de grands efforts pour dominer en lui le goût du plaisir qu'offrent les grandes villes, plaisirs d'autant plus coûteux qu'ils sont moins naturels. Au fait, voulez-vous, pour ne pas laisser dans l'ombre tout un pan de l'explication, que nous distinguions les désirs nécessaires de ceux qui ne le sont pas?

— Oui, dit Amantha. Et puisqu'il doit être question des désirs, ne soyez pas bégueule sous prétexte que, pour une fois, une jeune femme participe à la discussion.

— Bien, bien, répond Socrate avec un petit rire suspect. Partons des évidences : on dira qu'un désir est nécessaire s'il faut le satisfaire pour tout simplement continuer à vivre.

— Ne peut-on, intervient Glauque, élargir la définition? On pourrait par exemple soutenir qu'un désir est nécessaire s'il est réellement utile à l'être vivant de le satisfaire sans que ce soit forcément obligatoire.

— D'accord. Disons qu'un désir est non nécessaire, ou artificiel, si sa satisfaction, si agréable qu'elle puisse être, n'est ni obligatoire ni même utile pour ce que mon collègue Spinoza appelle le *conatus*.

— Quézaco? sursaute Amantha.

— La tendance de tout individu vivant à persévérer dans son être.

— Donc, dit Amantha, un désir est artificiel s'il n'est pas directement impliqué par la spontanéité vitale? S'il appartient, en somme, à l'ordre symbolique?

— Ah, ce Lacan! Beaucoup de femmes adorent Lacan, je me demande bien pourquoi. Va pour l'ordre symbolique! Prenons quand même un exemple dans les parages de Freud. Le désir de copuler est certainement un désir nécessaire à la continuation de l'espèce concernée, fût-elle la noble espèce humaine. Le désir de quelques petits câlins latéraux, baiser sur la bouche, caresse des seins, toucher du sexe et autres mignardises, pour autant que sa satisfaction contribue à la mise en état de marche des deux partenaires de la copulation, peut encore être dit nécessaire par procuration, si l'on adopte la définition élargie de notre cher Glauque. Pas vrai?

— Il me semble que oui, dit Glauque en rougissant.

— Mais si, par exemple, je demande à une femme de revêtir une guêpière noire et des bottes, de me fouetter sans merci, puis de me sucer, et, quand je jouis dans sa bouche, d'avaler mon sperme, je doute qu'on puisse qualifier ce désir de nécessaire, même par procuration.

— Oh! s'étouffe Glauque.

— Une certaine dame, dont je vois qu'elle ne dit mot, m'a ordonné de ne pas être bégueule. J'obéis toujours aux dames. Bref, ce type de désir appartient probablement à ce que la dame en question appelle l'ordre symbolique. Si on va le satisfaire chez des professionnelles, des spécialistes tarifées de l'« ordre symbolique », ça peut coûter très cher. C'est le goût de ce genre de choses, voire de choses encore bien plus compliquées – bien plus « symboliques » –, que le fils du papa oligarque tente de réprimer en lui-même dès l'enfance, parce que le papa-près-de-ses-sous lui a dit que tout ça était nuisible au corps, néfaste à l'âme, et en plus hors de prix. Cependant, le papa n'est pas seul. Vous vous souvenez des « frelons » dont nous avons parlé ? Ce sont justement les gens qui, dans un monde oligarchique, adorent l'ordre symbolique ! Plus un plaisir est sophistiqué, artificiel, détaché de toute nécessité, plus ils en sont friands.

— Ne perdons-nous pas la piste de la formation du type humain démocrate ?

— Pas du tout. Revenons à notre gamin élevé par son papa dans le goût des profits et dans l'ignorance des vices coûteux. Voici qu'adolescent il se met à fréquenter des bandes de jeunes « frelons », ces insectes ardents et venimeux capables de l'initier aux plaisirs les plus divers, de la coke aux partouzes en passant par la musique psychédélique, les bals masqués, l'Orangina à la vodka, les virées en Ford Mustang… C'est alors que débute la métamorphose démocratique de son oligarque surmoi. De même que, lors d'une longue guerre civile, le pouvoir peut brusquement changer de mains si l'une des factions reçoit l'aide d'alliés extérieurs partageant son orientation politique, de même le jeune homme peut changer de caractère quand de forts désirs inconscients, jusqu'alors équilibrés par la pression familiale, reçoivent l'aide de désirs extérieurs apparentés aux siens propres. Bien sûr, il peut y avoir une contre-attaque des habitudes oligarchiques si des alliés extérieurs de ce parti viennent au secours de ce qui, en notre jeune homme, y reste attaché. Ce peuvent être les reproches amers et les hautaines leçons de son père ou d'autres gens de la famille. Le résultat est qu'en lui se déclare une guerre contre lui-même et qu'il est divisé, au regard de la norme familiale, par un terrible combat intime entre révolte et conservatisme. Il y a des cas où la contre-révolution l'emporte : le principe conservateur limite, voire élimine, la révolte démocratique. Certains des désirs inconscients venus au jour sont refoulés, d'autres disparaissent, une sorte de culpabilité hante la conscience de notre jeune héros et permet que l'ordre ancien retrouve sur lui son empire.

— Honteuse victoire ! juge Amantha.

— Et précaire ! Car il arrive bien souvent que, après cette première défaite des désirs artificiels, d'autres désirs de même espèce, multiformes et vigoureux, mettant à profit une sorte d'impuissance du nom du Père, surgissent des réserves inépuisables de l'inconscient. Ces nouveaux désirs l'embrigadent dans une sorte de consentement à tout ce que la riche Cité lui propose : objets inutiles et ravissants, nourriture succulente, gadgets techniques, voyages aux antipodes, foulards enrobés et robes entrelardées, drogues et voitures, toitures et bouledogues… La vie devient une sorte de traversée, souvent clandestine, de l'infinité des petites jouissances. À la fin, ces pulsions marchandes prennent d'assaut la citadelle des principes qui faisaient du jeune homme ou de la jeune fille un Sujet. C'est que la résistance était impossible. Que peut faire contre les tentations capitalistes un Sujet vide de savoirs et d'exercices utiles, un Sujet pour qui le chemin des vérités est désormais barré, sinon se décomposer et se dissoudre en les individus qui en sont les supports vivants ? Dans de telles conditions, raisonnements truqués et opinions fausses ont évidemment investi la place. Dès lors, c'est comme si les jeunes habitaient un monde de bandits dont l'unique maxime est d'avoir les moyens de consommer ce

459

dont ils ont envie. Bien sûr, on assiste parfois à des contre-offensives subjectives en provenance de leur famille ou de certains de leurs amis. Le parti économe et digne qui dominait le monde oligarchique fait entendre sa voix dans leurs délibérations intérieures. Mais l'imposture rhétorique ferme en eux les portes du rempart royal de leur âme. N'y peuvent plus entrer ni les secours d'une pensée qui soutiendrait du dehors les principes défaillants, ni les conseils avisés, nourris de l'expérience historique, que prodiguent les plus anciens. Le discours sur l'« épanouissement individuel », comme disent les sophistes de service, gagne la bataille. La pudeur est tenue pour le comble de la bêtise, on persécute les femmes qui couvrent leurs cheveux ou n'ont pas de goût pour les jupes au ras des fesses. La réserve, le tempérament réfléchi, l'argumentation rationnelle sont considérés par les braillards à la mode comme des formes de lâcheté, et par les ténors du petit écran comme aussi peu médiatiques que des lumignons éteints. Quant à la modération dans les dépenses et au refus de vivre à crédit, ce ne sont que billevesées de culs-terreux. La violence de tout cela est au fond celle de la nuée de désirs inutiles que suscitent les stocks inépuisables d'objets déversés sur le marché, bien qu'ils soient aussi laids, nuisibles et stridents qu'un vol de sauterelles.

— Ah! Socrate! Poète fulminant! dit Amantha tout attendrie.

— La séduction marchande et monétaire a le pouvoir de vider un Sujet de ses vertus et de le laisser nu et solitaire. Ce sont les mystères d'Éleusis à l'envers : le Sujet ainsi « purifié » est ensuite rempli à ras bord d'insolence futile, d'anarchie autoritaire, de prodigalité avare, d'impudence médiocre. Toutes ces magnifiques dispositions s'avancent, la couronne sur la tête, au milieu d'un cortège infernal où les derniers tubes des radios sont vociférés sur fond de basses qui font « boum-boum-boum », comme si la terre tremblait devant un tel vacarme. Les noms changent les choses. Le mépris de tout ce qui n'est pas votre petite personne s'appelle « autonomie du sujet humain ». Être débarrassé de tout principe concernant la vie collective s'appelle « liberté individuelle ». Le carriérisme le plus sauvage prend le doux nom de « réussite sociale ». Se soucier tant soit peu des ouvriers, des petits employés, des paysans est stigmatisé sous le nom de « populisme ». Vanter les inégalités monstrueuses, la concurrence de tous contre tous et la répression policière des plus démunis s'appelle « courage de partir des réalités ». À cette école évidemment un jeune passe vite du monde des désirs nécessaires, trop étroit sans doute, dans lequel il a été élevé à celui, enivrant, des désirs inutiles, pour la satisfaction desquels il est prêt à sacrifier toutes les vérités universelles conquises par la pensée humaine depuis l'aube des temps.

— Je peux quasiment continuer à votre place, s'exalte Amantha. Et, en plus, je fais ça dans le style moderne : les jeunes filles de ces pays vont investir dans les futilités du look ou du luxe autant de fric, de temps et de galère que dans tout le sérieux de la vie. Il y aura celles qui finiront par pourrir dans le nihilisme. Elles crèvent sur un trottoir en cheveux raides violets, au milieu de compagnons abrutis et de chiens hagards. La majorité va laisser tomber, l'âge venant, les risques les plus dingues, et s'installer dans le train-train des petites gâteries. Retranchées dans leur précieux « moi » féminin, elles vont faire le ménage dans leur cervelle. Un peu de vieillerie sécuritaire et un peu de libertinage ; un peu de travail-famille et un peu de vacances à poil en Espagne ; une bonne dose de carriérisme et une pincée de grogne sociale ; un solide mari et quelques coucheries à la sauvette ; pas mal de magazines people à la con et un chouïa de romans dernier cri ; amour théorique des « autres » et haine pratique des dames en foulard ou en burqa. C'est l'égalité de tout, en veux-tu en voilà, sauf de ce qui déplaît. Ces nanas livrent leur subjectivité à la première connerie venue, s'en inquiètent pour leur « équilibre », y renoncent et passent avec entrain à la connerie suivante.

— Pas mal, pas mal, apprécie Socrate. Parlons aussi du rapport de tous ces jeunes aux vérités et aux argumentations rationnelles. Ce genre de choses les rebute et ils ne les laissent pas entrer dans la citadelle de leur âme. Supposons qu'on leur dise : « Chers amis, il existe des joies qui tirent leur énergie de désirs à valeur universelle, et des plaisirs qui ne correspondent qu'à nos envies égoïstes. On doit, au niveau en tout cas des choix conscients, privilégier les premières, et au minimum reconnaître leur supériorité. Des seconds il faut se méfier, et il y a bien des circonstances où c'est le renoncement qui s'impose. » Vous savez ce qu'ils vont répondre ?

— Ils vont vous assaisonner ! Je les entends d'ici.

Et Amantha de jouer la louloute agressive :

— « Socrate ! Vous n'êtes qu'une vieille barbe ! Tous nos désirs sont formidables. Ils sont tous bien, parce qu'ils sont mes désirs, et pas les vôtres. Le pied, c'est de jouir de tout en même temps. Vive l'égalité de tout ce qui est en moi ! »

— Et voilà !

— C'est bien la vie que mène celui pour qui tout équivaut à tout, observe Glauque.

— Eh oui ! L'homme de l'échange planétaire et de la communication instantanée. Cet homme unit, dans ce qu'il appelle son incomparable, son irremplaçable individualité, cent caractères indécis. Comme il est beau et bariolé, cet individu démocratique! Comme il ressemble à l'État du même nom! On comprend que des tas de gens, hommes et femmes, tous semblables à d'éternels adolescents, n'imaginent pas de meilleure politique que cette fameuse démocratie.

— Il ne vous reste plus, si je comprends bien, qu'à nous présenter la tyrannie et le type humain correspondant.

— Le tyran…, commence Socrate.

— Le fasciste, non? coupe Amantha.

— Le tyran fasciste, si tu veux. Quel beau caractère pour un portraitiste doué!

— Mais d'où vient qu'on passe de la démocratie à ce genre de tyrannie? Mussolini, Hitler ou Salazar sont bien arrivés au pouvoir dans un contexte démocratique? Après des élections?

— Et Pétain aussi, note Amantha.

— Le renversement de la liberté, même corrompue, en esclavage, même consenti, n'est-il pas paradoxal? demande Glauque.

— Nous pouvons peut-être, pour sortir de cette difficulté, nous souvenir des mécanismes de la transition oligarchie-démocratie. La norme de l'oligarchie, poussée à son excès, est une implacable concentration des richesses. L'indifférence à quoi que ce soit d'autre que l'or et l'absence de tout principe entraînent la ruine de ce régime. Mais quelle est la norme de la démocratie – au sens vulgaire du mot, s'entend?

— La liberté, propose Glauque.

— Mais non! proteste Amantha. Pas la liberté comme ça, toute nue. La « liberté » ramenée à la satisfaction obligatoire des désirs individuels par l'entremise des objets disponibles sur le marché. La norme, c'est en fait la « liberté » sans norme, ce qui veut dire l'animalité. Parce que l'essence de cette liberté individuelle sans norme est tout simplement l'intérêt privé.

— D'accord, dit Socrate. Et le déchaînement concurrentiel de l'intérêt privé, l'indifférence à tout le reste, y compris à quelque principe que ce soit, et même à quelque vérité que ce soit, voilà qui ruine de l'intérieur notre troisième politique, la démocratique, et lui substitue telle ou telle variante de la quatrième : une tyrannie fascisante.

— Comment cela ? dit Glauque, un peu perdu.

— Progressivement, les dirigeants de pays « démocratiques » deviennent des démagogues vulgaires qui, sous couvert de « liberté », anéantissent toute référence à une norme autre que la sauvagerie des appétits privés. Quiconque prétend mettre un frein à l'extension de ces appétits et à la « valeur » absolue de leur satisfaction est traité de communiste, de totalitaire et d'ennemi des libertés. Ceux qui réclament la collectivisation des biens relevant de l'intérêt public – médicaments, éducation, moyens de transport, sources d'énergie, eau potable, banques – sont qualifiés d'archaïques, de gens stupidement opposés aux méthodes modernes de production et d'échange. Que les gouvernants se règlent sur leur intérêt propre – rester à tout prix au pouvoir, être réélus indéfiniment, bénéficier de la corruption ambiante – et que les gouvernés n'aient d'autre rapport aux gouvernants que l'envie et la curiosité – photos de magazines people, sondages absurdes, ragots et historiettes –, voilà de quoi anéantir l'esprit public et transformer la politique, qui est une pensée, en théâtre d'ombres.

— Mais on a quand même la liberté! s'entête Glauque. Même dans les familles. La vieille autorité symbolique du père ayant disparu, le fils est certes angoissé, mais il est libre, il fait ce qu'il veut.

— Sauf qu'il ne veut rien, coupe Amantha.

— Tu exagères! Les pères, autrefois de vrais despotes, finissent souvent par avoir peur de leurs fils. Ce n'est pas une libération, ça? Et regarde aussi les étrangers : est-ce qu'ils ne sont pas libres? S'ils ont de l'argent, en tout cas, ils sont aussi libres que les citoyens. Et s'ils sont pauvres, ils sont ni plus ni moins libres que le pauvre diable du coin. Mais en démocratie ce n'est pas comme dans l'oligarchie héréditaire. Qui est pauvre a toujours la liberté de devenir riche un jour.

— Tu crois ça! dit Amantha avec un souverain mépris.

— Il est en tout cas vrai, reprend Socrate, que, comme le disait notre bon vieux Marx, au sein de ce genre de démocratie toutes les relations d'autorité sont dissoutes « dans les eaux glacées du calcul égoïste ». Même dans les lieux théoriquement à l'abri de la corruption par l'argent, les écoles, par exemple, on voit certains maîtres…

— Ah ça! s'écrie Amantha, j'en sais quelque chose! Bien des profs ont la trouille des élèves, alors ils leur passent la main dans le dos et ne leur font lire ou étudier que des conneries à la mode. Les élèves se foutent de tout, du reste. Ils sont à tu et à toi avec les profs qui, pour ne pas être chahutés, font des plaisanteries grotesques. J'en ai même vu qui chantaient du rock ou du rap en gigotant sur leur bureau!

— Tu vois tout en noir! proteste Glauque. Il y a des profs formidables.

— Oui, mais ils sont rares, il faut une sacrée poigne, ou alors des mecs plus âgés, qui ont une aura super. Moi, du reste, j'ai mon idée sur tout ça. Les pères, les profs, même les gendarmes, même les juges ou les présidents, ils n'ont plus aucune valeur, et le respect est mort parce que, dans la démocratie, ils sont devenus tout juste égaux à nous, les filles.

— Comment ça? se scandalise Glauque. Tu dis ça, toi, une femme? Après des décennies de féminisme?

— C'est justement que je les connais, les femmes, celles d'aujourd'hui tout spécialement. Elles ne valent pas un clou. Elles ne pensent qu'à réussir en passant sur le ventre des hommes et des copines. Et, en plus, elles se font plaindre, les pauvres chéries! Le monde livré aux femmes, c'est la ruche, les fourmis, les termites! L'horreur!

— J'ai l'impression que là, Amantha nous provoque, arbitre Socrate. Laissons cette question brûlante de côté, au moins pour le moment.

— Mais, s'obstine Glauque, nous sommes convenus de ce que, dans le communisme, les femmes et les hommes, c'est pareil.

— Évidemment, dit Amantha en haussant les épaules. Ai-je dit le contraire?

— Je ne te comprends pas, avoue Glauque, déconfit.

— En tout cas, sourit Socrate, les hommes, qui ont déjà fort à faire avec les femmes, ne sont pas mieux lotis avec les animaux. En démocratie, un animal domestique est aussi libre que ses maîtres. Et en plus il mange mieux qu'un Africain, il a une pâtée de luxe! Les chevaux et les ânes, s'il y en avait encore, marcheraient fièrement dans les rues, tête haute, bousculant les passants qui leur coupent le passage.

— En démocratie les chevaux hennissent qu'ils sont libres, ricane Amantha, et les ânes le braient.

— N'importe quoi! dit Glauque, accablé.

Socrate pense qu'il faut quand même garder un peu de sérieux :

— Ce qui est vrai, c'est que la guerre des intérêts individuels fait que chacun devient irritable et surmené. Au moindre obstacle, à la moindre contrainte, on proteste, on pleure, on dénonce, on porte plainte. Tous sont victimes de tous. On vote des lois générales pour « protéger les victimes » à partir de faits divers particuliers que la télévision a transformés en scandales d'opinion. Ces lois, empilées et arbitraires, détachées de tout principe, ne servent qu'à la police, pour persécuter les plus faibles. Ce désordre législatif et policier ainsi que l'absence dans le peuple de toute conviction politique forte créent le contexte où les fascistes vont prospérer.

— Et comment se renforcent-ils ? s'inquiète Glauque. D'où vient que, dans certaines circonstances, ils arrivent à prendre le pouvoir ?

— Nous avons vu qu'une pathologie interne à l'oligarchie entraîne inéluctablement sa ruine. De même, l'obsession du libre arbitre individuel, étendue de façon pathologique à tous les domaines du bien public, provoque de façon à la fois violente et insidieuse l'asservissement de la démocratie. La dialectique en son sens vulgaire nous apprend qu'une action excessive dans une direction déterminée entraîne une violente réaction en sens opposé. On a observé ce phénomène à propos du climat, de la végétation et de tous les organismes vivants. Il semble qu'il se vérifie aussi en ce qui concerne l'organisation politique d'un pays. À haute dose, la liberté individuelle, si elle reste extérieure à toute vérité, ne peut que s'inverser en servitude.

— Il me semble, remarque Amantha, que ce renversement dialectique affecte aussi bien les individus que les collectivités.

— Absolument. D'où résulte que tyrannies et fascismes, illustrant le fait que la liberté raffinée mais sans principe ni concept s'inverse en servitude sauvage, naissent toujours dans un contexte qui se prétend démocratique ou républicain.

— C'est une évidence historique, accorde Glauque. Pensons à César et Auguste, à Mussolini, à Salazar, à Hitler… Mais j'avais en tête une question différente : quelle est cette pathologie, commune à la démocratie et à l'oligarchie, qui met à la fin tout le monde dans les fers ?

— C'est, je crois, la montée en puissance du groupe des gens à la fois dépensiers et paresseux, les parasites en somme. Parmi eux, quelques braillards marchent devant, et la troupe des lâches les suit. Nous les avions nommés, t'en souviens-tu, les frelons d'une population politique.

— Mais seuls les leaders, les caudillos, les führers ont des aiguillons, rappelle Glauque.

— Toujours est-il qu'ils agissent dans le corps collectif comme le fait un agent infectieux dans le corps individuel. Les bons dirigeants, à l'école des bons médecins, doivent surveiller attentivement ce groupe social parasitaire. On peut penser aussi à un apiculteur avisé : il empêche que de tels frelons apparaissent dans la ruche. S'il en voit, il les détruit sans pitié et jette au feu les alvéoles de cire où ils s'abritent.

— Vous voilà devenu un homme de la Terreur, ma parole ! s'exclame Amantha.

— Je m'emballe, tu as raison, c'est une facilité. Revenons aux méthodes analytiques. On peut diviser un pays de notre

Occident libéral en trois classes. La première est celle des frelons malfaisants, ces parasites que la combinaison du libéralisme économique et de leur paresse propre fait proliférer dans les pays « démocratiques » au moins autant qu'ils l'ont fait dans les vieilles oligarchies féodales. Du reste, ce groupe parasitaire est beaucoup plus actif dans le nouveau contexte qu'il ne l'était dans le contexte oligarchique.

— Et pourquoi ça? grogne Amantha.

— Parce que le régime oligarchique, imbu de ses traditions, méprise ces arrivistes et ne leur confie aucun poste de pouvoir. Tandis qu'en démocratie leur champ d'action est pour ainsi dire illimité. Dans les assemblées et les campagnes électorales, des meneurs violents et d'habiles rhéteurs tiennent le crachoir, pendant que les députés de base et les notables provinciaux restent assis en rond et ne font qu'applaudir. Dans ces conditions, presque toutes les affaires tombent aux mains de quelques cliques d'intrigants.

— Et quelles sont les deux autres classes? demande l'impatient Glauque.

— D'abord les capitalistes, que leur obstination à conserver et augmenter leur patrimoine tient à l'écart du tumulte et des risques de l'engagement politique. C'est d'eux que les frelons, qui leur promettent secrètement de protéger les fortunes établies, tirent le gros de leur miel…

— Ils ne vont pas aller le chercher chez ceux qui n'ont rien, se moque Amantha. Et la troisième classe?

— C'est le peuple laborieux, les larges masses d'ouvriers, de paysans, d'employés, de petits fonctionnaires… Ils seraient les plus puissants s'ils se rassemblaient sous le signe d'une Idée.

— Mais, observe Glauque, ils ne le font que rarement. Ils ne constituent pas une force politique organisée.

— On les en empêche par tous les moyens. Et d'abord, on les divise par la corruption. Les dirigeants autoproclamés « populaires » redistribuent à une fraction du peuple laborieux – qu'ils appellent « classe moyenne » – ce qu'ils ont réussi à extorquer aux riches, tout en prélevant au passage pour eux un gros paquet. Comme ça, lesdites « classes moyennes », soucieuses avant tout de garder ce confort mal acquis, refuseront catégoriquement d'être assimilées aux travailleurs les plus exposés et les plus pauvres qui sont aussi, partout et toujours, les plus désireux de se rassembler sous le signe d'une nouvelle politique égalitaire.

— Sans compter que les capitalistes vont se défendre eux aussi, intervient Glauque. Ils vont créer des partis, acheter des journaux, se lancer dans la corruption à grande échelle.

— Évidemment! Et, bien qu'ils n'aient pas les moyens ni du reste l'intention de renverser l'ordre établi, on va faire courir le bruit que ce sont eux – et non les frelons – qui complotent contre le peuple.

— Et c'est bien ce qu'ils sont forcés de faire, complète Glauque. Quand ils voient se tourner contre eux la classe moyenne corrompue, les démagogues populistes et la fraction la plus ignorante du peuple travailleur, ils retrouvent leurs vieux réflexes d'oligarques, de féodaux, et aspirent, avec l'aide de l'armée, de la police, du clergé, de la magistrature, à une révolution conservatrice. On entre alors dans une période de troubles avec procès, luttes de factions, groupes de choc, division de l'armée, manifestations géantes, complots en tout genre…

— Et c'est alors, je pense, qu'entre en scène un chef cha-
rismatique ?

— Il est l'homme de la situation. L'assemblage hétéroclite
des classes moyennes corrompues et du peuple aveuglé met
à sa tête un quidam tiré du néant, dont seule cette alliance,
sur fond de troubles et de peurs, constitue le pouvoir. Cette
créature de circonstance va se proclamer « protecteur de la
Nation » et engager le combat contre la modération conservatrice, certes, mais surtout contre toute organisation indépendante du peuple visant à en déployer la capacité politique
et à en réunifier les masses dispersées.

— Et c'est, demande Amantha, ce « protecteur » qui
devient un tyran ou un chef fasciste ?

— Toujours. La métamorphose me rappelle une histoire
racontée par Pausanias : si on goûte des entrailles humaines
coupées en morceaux et mélangées à de la tripe de taureau,
de génisse et de bouc, on se transforme immédiatement en
loup. Quand le « protecteur de la Nation » voit des foules fas-
cinées par ses discours, il ne va plus pouvoir s'abstenir de goûter aux entrailles sanglantes des siens. Regardez comment,
seulement un an après avoir pris le pouvoir, Hitler a fait
massacrer toute l'aile de son propre parti qui croyait à une
vraie « révolution » populaire fasciste, les SA de son vieux
compagnon Röhm, qu'il est allé insulter et humilier dans
sa prison avant qu'on le fusille. C'est toujours ainsi. Tout
en prétendant réduire la dette, soumettre les banquiers,
renforcer la nation, supprimer le chômage, le chef fasciste
livre aux tortionnaires de la police tous ceux de son propre
camp qui lui déplaisent ou lui font de l'ombre. Il nomme
des tribunaux spéciaux où des dénonciateurs appointés font
condamner des innocents. Il goûte avec avidité, de sa grosse

langue de loup vorace, le sang de ses parents qu'il exile ou assassine. C'est une loi rigoureuse qu'un tel homme ou bien périsse sous les coups de ses innombrables ennemis, ou bien construise un pouvoir tyrannique sans partage, une dictature fasciste impitoyable.

— Il va lui falloir pour ça, note Amantha, une garde personnelle immense et dévouée, une police secrète omniprésente.

— Je crois qu'il trouvera toujours assez de gens de sac et de corde, répond Glauque, s'il les autorise à piller telle ou telle catégorie de la population : les commerçants chinois, les Arméniens, les juifs, les Arabes, les Gitans, les communistes…

— Et même, complète Socrate, pas mal de bourgeois rétifs à ce genre de régime. Si un possesseur de quelques richesses est soupçonné d'être un ennemi des fascistes, il fera bien de suivre l'oracle que, selon Hérodote, la pythie a rendu à Crésus : « Puisqu'un mulet est devenu roi des Mèdes, mon ami, que tes pieds délicats ne t'empêchent pas de t'enfuir tout le long du caillouteux Hermos, sans craindre une seconde de passer pour un lâche. »

— C'est bien vrai que si les fachos l'attrapent, ils le pendront après l'avoir soigneusement torturé.

— Pas de doute. Et du « protecteur de la Nation » on ne va pas dire, comme notre vieil Homère, que

sa grandeur gisait là, telle un très grand gisant.

Au contraire, après avoir changé bien des adversaires en gisants, le voici monté, solitaire, sur le char de l'État, et, sa défroque de « protecteur » jetée aux orties, il apparaît dans son être de dictateur fasciste.

— Pas tout de suite! objecte Amantha. La construction de son pouvoir et l'exhibition de son bonheur sanglant sont plus lentes, à mon avis. Les premiers jours, au début de son règne, il est tout sourire pour tout le monde, il fait des courbettes à tous ceux qu'il rencontre. Il clame haut et fort son horreur de la dictature et multiplie les promesses tant à son entourage que dans ses déclarations publiques. Il annonce un moratoire des dettes, il nationalise quelques usines et en confie la direction à ses proches, il confisque quelques domaines à l'abandon et donne la terre à des paysans qui l'ont soutenu. Il n'est que bienveillance et douceur.

Socrate est émerveillé :

— Tu m'ôtes les mots de la bouche. Et qu'arrive-t-il ensuite?

— Quand il en a fini avec ses adversaires déclarés, corrompant les uns, brisant les autres, et qu'il se croit tranquille de ce côté, il suscite aussitôt des guerres. Car il sait que s'il y a la guerre le peuple acceptera d'obéir à un chef. Il sait aussi que, la guerre exigeant des impôts très élevés, les citoyens, appauvris, s'occuperont de la survie quotidienne et n'auront plus l'énergie et le temps nécessaires pour comploter contre lui.

— Superbe! commente un Socrate aux anges. Et ensuite?

— S'il soupçonne certains d'avoir l'esprit trop libre pour tolérer son pouvoir absolu, la guerre est un bon prétexte pour les éliminer : on les expédie au front, là où il n'y a guère de chances de s'en tirer, ou on les livre carrément aux ennemis. Pour toutes ces raisons, les dictatures de ce genre ont besoin de la guerre.

— Mais, objecte Socrate, toutes ces manigances ne vont pas le rendre populaire. Comment peut-il continuer?

— Il va devoir durcir la répression, encore et toujours. Forcément, dans son entourage immédiat, parmi les gens qui lui ont mis le pied à l'étrier dans la marche au pouvoir, plusieurs disent ce qu'ils pensent, entre eux ou même en sa présence. Les plus courageux critiquent ouvertement sa politique. Alors ces gens-là, il va devoir les éliminer s'il veut garder le monopole des décisions importantes. Si bien que ni dans son camp, ni dans celui de ses adversaires, on ne trouvera, à la fin, de fortes personnalités. Ce sera le règne universel des médiocres et des ratés.

Mais Socrate a suffisamment admiré l'éloquence de la belle Amantha. Il veut reprendre la main :

— C'est dire que le dictateur et son groupe doivent savoir repérer ceux qui ont ne serait-ce qu'une once de courage, d'intelligence ou de grandeur d'âme. Le « bonheur » promis par les fascistes consiste inévitablement, qu'ils le veuillent ou non, à déclarer la guerre à tous ces gens de valeur, à leur tendre des pièges jusqu'à ce que le pays en soit totalement purgé.

— Une purge à faire crever le malade, dit sardoniquement Glauque.

— Eh oui! sourit Socrate. Le dictateur fasciste est le contraire du médecin. Le médecin ôte du corps individuel le pire pour sauver le meilleur. Le fasciste procède en sens inverse pour le corps collectif : éradiquer le meilleur pour sauver le pire dont il est le régent.

Cependant, Amantha ne renonce pas à damer le pion à Socrate :

— En somme, le fasciste est captif d'une magnifique nécessité. Ou bien il passe sa vie au milieu d'un ramassis de gens méprisables et qui le haïssent, ou bien il se fait assassiner.

Socrate entend bien reprendre le commandement :

— Dans ces conditions, plus il est détesté par ses concitoyens, plus il lui faut une police à ses ordres, nombreuse
et fidèle. Et je pense que les candidats issus des couches
sociales déstabilisées par la crise de la démocratie ne manque-
ront pas. Tous les frelons dont nous parlions verront là une
bonne occasion de mener la belle vie sur le dos de la masse
des gens.

Amantha ne s'estime pas hors course :

— Sans compter les mercenaires étrangers attirés par la
solde. Et même certains ouvriers, arrachés à l'usine et trans-
plantés dans les palais du führer, si éblouis qu'ils n'envi-
sagent plus de retourner au boulot. Tels sont les nouveaux
camarades du grand chef, sa société environnée par la haine
de tous ceux qui n'ont pas renoncé à un minimum de droiture. À une extrémité, la corruption et les infâmes pratiques
du mercenariat. À l'autre, le refus complet, absolu, de tout
compromis avec le régime.

Accablé par tant d'exactitude, Socrate enfourche alors un
de ses principaux dadas :

— Si ce que tu dis est vrai, un doute pourrait nous venir
en ce qui concerne la sagesse des poètes, y compris Sophocle.
Car dans *Ajax le Locrien*, il écrit que :

> Sages sont les tyrans qui des tyrans plus sages
> Ont fait leurs amis chers et défini l'usage.

Amantha remonte au front :

— Euripide, cher Socrate, n'est pas en reste. Dans
Les Troyennes, il parle de « la tyrannie qui vous égale aux
dieux ».

Socrate ne se laisse pas doubler :

— Et dans *Les Phéniciennes*, alors ? Tu te rappelles ?

> Et si de la justice il faut violer les lois
> C'est pour la tyrannie et sa violente joie
> Que de l'injuste on peut désirer fort l'emploi.

Et Amantha, encore invaincue :

— Je sais, je sais... Vous allez me dire que, dès qu'ils peuvent bénéficier de l'indulgence des gouvernants, les poètes se précipitent, rassemblent les gens et, mettant à profit leurs belles voix puissantes et persuasives, les entraînent vers les formes de pouvoir démocratiques en apparence et despotiques en réalité. Vous allez bien entendu faire valoir qu'ils touchent pas mal de fric aussi bien des tyrans que des dirigeants parlementaires, et que c'est uniquement au voisinage des gouvernements réellement populaires et qui incorporent une Idée que, tout soudain, le souffle leur manque. Croyez-moi, cependant : ils ont assez d'esprit, nos grands poètes, pour excuser les fureurs spéculatives qui vous animent contre leur innocence artistique.

— Tu as fini ? demande Socrate, irrité.

— Tout cela n'est après tout qu'une digression, recule Amantha. Revenons à la question qui nous préoccupe : comment le dirigeant fasciste va-t-il trouver les fonds pour entretenir sa police secrète, sa garde personnelle, ses résidences souterraines et son armée conquérante ?

— Si l'État possède des réserves, en particulier sous forme d'or ou de devises étrangères, il va brader tout ça. Il n'aura non plus aucun scrupule à vendre au plus offrant des trésors nationaux comme des tableaux ou des sculptures tirés des musées, ou la masse d'objets sacrés qu'on trouve dans les églises. Autant de pris pour le budget de la police, et sans augmenter les impôts!

— C'est bien joli, tout ça, objecte Amantha, mais quand il aura tout vendu, il sera à sec. Les flics désargentés et amers commenceront à comploter dans la coulisse.

— Pas de problème, répond Glauque à sa sœur : le grand Chef, le Guide, vivra alors aux crochets de ceux qui l'ont mis sur le trône. Ils devront payer pour son entourage, ses favoris, ses conseillers secrets, ses maîtresses, sa flicaille, ses bourreaux et ses bouffons.

— Veux-tu dire, rebondit Socrate, que le peuple qui a rendu possible, par sa désorientation et sa passivité, que les bandes fascistes s'emparent de l'État devra en plus entretenir toute cette clique?

— Il y sera bien forcé.

— Mais le peuple va se rebeller, tout de même! Il y aura bien des gens pour dire qu'une créature politique du peuple, un fils du peuple, en somme, devenu adulte et hissé sur le pavois du pouvoir absolu, ne peut être nourri indéfiniment par son père-peuple, lui, ses valets, ses délateurs, ses putains et tout le ramassis de gens de sac et de corde qui l'entourent! Un père, devenir l'esclave des esclaves de son fils! Horreur! Le peuple voulait se débarrasser de la pesante tutelle des riches, de ceux qui s'autoproclamaient les « démocrates » ou les « civilisés ». Il n'a pas désiré être pillé par une mafia sanguinaire. Il va donc ordonner à l'usurpateur de sortir du pays, lui et sa clique, comme un père chasse de sa maison le fils ingrat et tous les louches parasites que ce fils y a installés.

— Qu'il essaie, le père-peuple, de chasser le dictateur sorti de ses entrailles! Il comprendra son malheur. Il regrettera le jour où il a engendré, caressé et élevé pareil bébé. C'est trop tard maintenant. C'est lui le plus fort.

— Mon Dieu, s'exclame Socrate, d'après toi le tyran est un parricide ? Il égorge ses vieux parents et piétine leur cadavre ?

— C'est bien ça – et Glauque est tout heureux de saisir le gouvernail de la discussion – que tout le monde appelle la tyrannie fasciste. Le peuple est tombé de Charybde en Scylla. Ayant voulu éviter la fumée asphyxiante du despotisme caché des grands bourgeois, il se retrouve dans la marmite bouillante du despotisme des petits bourgeois enragés. Il avait les impasses et les leurres de la liberté désorientée, et il a maintenant revêtu la livrée de la servitude la plus douloureuse et la plus amère, celle de qui est esclave d'autres esclaves.

Amantha ne veut pas disparaître :

— C'est ce que sont aussi les colonisés des pays d'Afrique, quand les petits Blancs pauvres venus de métropole les méprisent et les maltraitent, les appelant « crouilles », « bicots », « négros » et autres joyeusetés.

— Oui, dit Glauque sentencieusement, Hannah Arendt l'a bien vu : il y a une continuité historique entre la sauvagerie impériale exercée par les « démocrates » et la cruauté fasciste.

— Bravo, mes chers, opine Socrate. Je crois bien que, grâce à vous deux, nous pouvons nous vanter d'avoir brillamment décrit le passage de la démocratie à la tyrannie fasciste, et, dans la foulée, la forme générale de cette sorte de politique. Reste à examiner le type humain correspondant.

— Le prototype du tyran, approuve Amantha.

— Seulement voilà. Il nous manque un outil conceptuel.

— Après tant d'heures de discussion, se lamente Glauque, il nous manque un outil… Mais lequel ?

— Une analyse rigoureuse des différentes sortes de désirs. La tyrannie est le point où la violence politique et la violence libidinale deviennent indiscernables.

Glauque, envisageant un immense détour, perd le moral et, d'un ton morne :

— Allez-y, dans ce cas.

— Nous avons déjà distingué les plaisirs nécessaires de ceux qui ne le sont pas. Allons plus loin : parmi les plaisirs et les désirs qui ne sont pas nécessaires, certains semblent bien être carrément soustraits à toute loi. Ils existent originairement en tout individu, tapis dans les profondeurs de l'inconscient. Mais ils sont partiellement refoulés par la loi, elle-même animée par les désirs avec lesquels elle entretient un rapport dialectique. Chez certains individus, et avec l'aide de la pensée rationnelle, ces désirs hors la loi peuvent être rendus largement inactifs. Chez d'autres, ils restent nombreux et puissants.

— Vous pourriez être plus précis sur ces « désirs hors la loi » ? demande une Amantha soupçonneuse.

— Tu les connais, comme tout le monde, car ce sont eux qui s'éveillent quand tu dors. L'instance du Sujet liée au calme souverain de la pensée rationnelle est précisément celle dont le sommeil assure le repos. En revanche, c'est alors que se cabre l'instance animale, sauvage, celle qui exige férocement sa ration quotidienne de nourriture et de boisson. Elle repousse le sommeil et cherche à déployer ses dispositions propres. C'est ce qu'on appelle les pulsions. Dans cet état pulsionnel, l'instance du Sujet nommée désir ose tout ! Elle brise tous les liens, qu'ils soient ceux de la moralité ou ceux de la pensée. Comme l'a très bien vu Freud, le désir libéré du Sujet est alors celui de coucher avec la mère, et, par transfert d'objet, avec toutes sortes de choses : hommes, porte-jarretelles, prostituées, chèvres, petites culottes, dieux ou enfants. Symétriquement, ce désir est aussi celui de tuer le père, et, par transfert, il devient une pulsion agressive que rien n'arrête. En un mot, au cœur de la nuit, la pulsion conjoint un objet flottant à une transgression illimitée.

À ces évocations bariolées, Amantha prend un air ironique. Glauque reste un moment songeur, puis :

— Que faire, demande-t-il, quand le sommeil, cette puissance irrésistible, nous livre aux pulsions ?

— Une bonne psychanalyse ! se moque Amantha.

— Hé ! riposte Socrate. Ton grand penseur, Jacques Lacan, n'a-t-il pas prétendu que moi, Socrate, j'étais l'ancêtre de tous les psychanalystes ? Après tout, même si nous n'avions pas trouvé la constitution politique idéale, devenus, à force de parler, intellectuellement plus agiles, plus capables d'affirmation et de création, et moins portés sur les courtes jouissances nuisibles, nous nous endormirions, après nous être ainsi exercés à la concentration mentale, armés d'une instance rationnelle nourrie de belles démonstrations illustrées d'exemples convaincants, tout en ayant pris soin de ne soumettre l'instance désirante ni à la pure abstinence, ni à la quête dévorante et vaine de la satisfaction totale, de façon qu'elle se calme et que sa tristesse pas plus que sa joie ne viennent troubler l'instance Pensée, préservant ainsi l'aptitude de cette dernière à tenter seule, et par ses seules ressources, le difficile examen de ce qu'elle ne connaît pas encore dans ce que le passé efface, le présent dissipe ou le futur obscurcit, tout cela dans le même mouvement par lequel nous aurions, au seuil du sommeil, suffisamment apaisé l'instance de l'Affect pour ne nous être irrités contre personne, si bien qu'au bout du compte, ayant contenu la dimension pulsionnelle à quoi sont exposés le Désir et l'Affect, ayant donné une vigoureuse impulsion à la troisième instance, la Pensée, nous pourrions nous abandonner au vrai repos, quand les rêves auraient enfin cessé de ne véhiculer que des désirs interdits travestis en images énigmatiques, et que nous aurions alors chance de traverser la nuit en direction de notre vérité.

— Eh bien, s'exclame Amantha, nous, en tout cas, nous avons traversé une sacrée phrase ! Au premier « même si... » j'ai arrêté de respirer, et j'ai bien cru, au dernier « alors que », périr asphyxiée !

— C'est que j'essayais de dire les choses comme je les vois : dans la totalité de leurs relations immanentes. Retenons seulement ce qui va nous servir : en chacun de nous gisent des désirs stupéfiants, sauvages, hors la loi. Ceux d'entre nous qui s'imaginent être du petit nombre des esprits mesurés n'en sont pas plus à l'abri que les autres, comme leurs rêves le prouvent.

— D'accord, d'accord, trépigne Glauque. Mais la politique, dans tout ça ?

— Souviens-toi maintenant de ce que nous avons dit de l'homme démocratique. Éduqué dans l'enfance par un père oligarque plutôt pingre, lequel détestait les désirs superflus du genre fêtes, luxe, jeu, prostituées, etc., il a été contre-éduqué par la bande de jeunes à laquelle, l'adolescence venant, il s'est agglutiné. Ses copains, déjà corrompus, adoraient les désirs qu'à cet âge on croit raffinés et subversifs. À leur école, notre jeune homme s'est abandonné à tous les excès, mû en vérité par une haine bien compréhensible de l'avarice de son père. Cependant, doté d'un naturel plus solide que celui de ses corrupteurs, il est devenu le théâtre d'un implacable conflit intérieur. Tiraillé dans des directions opposées, il a choisi une voie médiane entre deux modes d'existence par eux-mêmes inconciliables. Se servant de l'un et de l'autre – avarice et prodigalité, respect et insolence, discipline familiale et débauche, etc. –, il s'est imaginé qu'il agissait avec mesure. Et, de fait, sa vie n'était ni absolument déréglée, ni absolument servile. C'est ainsi que d'oligarque, comme était son père, il est devenu démocrate.

— Eh oui, grogne Amantha. Le milieu, le juste milieu, pas ceci, mais pas non plus cela… C'est ça, la démocratie. Ni chèvre ni chou.

— Sans doute, sans doute, admet Socrate. Si l'on a en tête l'idée communiste, ce genre de démocratie n'est certes pas ce qu'il y a de mieux. Mais rappelons-nous que ce n'est pas ce qu'il y a de pire.

— Et alors nous revenons à la tyrannie, au fascisme…

— … qui sont les rejetons de la démocratie. Supposons que notre jeune démocrate vieillisse, fidèle à son fragile compromis existentiel. Il a des enfants, et naturellement il les élève selon sa maxime du juste milieu. En grandissant, ces enfants vont, comme toujours, se révolter contre cette maxime paternelle. Mais leur défense intérieure est bien plus faible que celle d'un fils d'oligarque. C'est à une vie chaotique, violemment défendue par leurs corrupteurs sous les noms de « liberté », « rébellion » ou « nihilisme », qu'ils vont s'abandonner, filles et garçons confondus. Le vieux démocrate aura beau prêter main-forte aux désirs moyens, prêcher la noble « sagesse » bigarrée du démocrate ordinaire, la faction des désirs illimités et mortifères va l'emporter. C'est à une sorte de passion érotique méconnaissable, dont les objets sont de plus en plus monstrueux, que les corrupteurs vont cette fois avoir recours pour que, frelon en chef, ce désir entraîne à sa suite le goût du pillage, de la brutalité et, finalement, de la haine raciste, de la torture et du meurtre. Ils commencent certes, au plus près des états d'âme de la future clientèle des bandes fascistes, par des formes banales de corruption. D'abord simple comparse des autres désirs, l'érotique dont je parle bourdonnera parmi les nuages d'encens, les musiques abrutissantes, la fumée du haschisch, les jeux d'argent dopés à la bière et à la vodka, les chœurs avinés et ridicules, les coucheries improvisées… Mais, peu à peu, l'aiguillon du désir illimité, de ce qu'il exige de pouvoir absolu sur les autres et de moyens toujours disponibles pour sa satisfaction immédiate, va être planté au vif de la chair des jeunes démocrates. Leur individualité, orientée par une sorte de noire pulsion absolue, est alors la proie d'une véritable folie, poussée au point que, s'ils trouvent en eux des opinions ou des désirs généralement tenus pour sages et demandant un reste de réserve ou de retenue personnelle, ils les exterminent et les expulsent de leur intimité psychique au point que, sujets désormais voués au culte de la mort, ils se retrouvent purgés de toute norme acceptable, ce qui laisse en eux toute la place pour une folie venue d'ailleurs.

— Quel intense portrait du jeune fasciste! admire Amantha.

— La pulsion littéralement pornographique dont j'essaie de décrire les effets, on peut la nommer le tyran du Sujet. Mais cette aliénation, on la trouve aussi dans l'ivresse, l'alcool et les drogues, ou dans la démence coléreuse quand on s'imagine être capable de commander aux dieux.

— Ainsi, conclut Glauque, un jeune adulte comme moi est prédisposé à entrer dans la clientèle d'un tyran ou d'un

chef fasciste quand, disposition naturelle et corruption occa-
sionnelle s'étayant l'une l'autre, il est devenu pulsionnel,
addictif et violent.

— Ne parlez-vous pas, en définitive, remarque Amantha,
de ce que Freud appelle la pulsion de mort ? N'est-ce pas elle
qui triomphe dans la subjectivité fasciste ?

— Absolument. Et c'est pourquoi nous pouvons maintenant décrire la vie intime du type humain tyrannique ou
fasciste, pour en venir peu à peu au portrait du grand Chef,
du führer, qui toujours préside aux destinées d'un État livré
à ce genre de politique.

— Puis-je essayer ?

C'est Amantha qui pose la question et qui, dans la foulée,
commence le portrait sans attendre qu'on l'y convie :

— « Il banquette, il baise, il fume, il boit. Là où l'argent
abonde, putes, mafieux et délateurs surabondent. Il envoie
foutre les serveurs, maltraite ses courtisans, humilie ses
connaissances, méprise les femmes, se fait sucer dans les cou-
loirs, se pavane en slip, au petit matin, dans la salle à manger
d'un grand hôtel. Mais, aussitôt après, il se couvre d'une
défroque militaire bardée de décorations et fait claquer sur le
parquet de grandes bottes noires bien luisantes. Il veut le pouvoir sur tous et toutes, à défaut de l'avoir sur lui-même. À
ce train, il dépense tout son fric. Il emprunte, il vend. Mais,
un beau jour, il est vraiment à sec. Lui vient alors l'aigreur
agressive du petit bourgeois ruiné. La foule des désirs qu'il
abrite, sous l'autorité de Thanatos, le grand frelon, le pousse
çà et là comme un forcené, cherchant partout à qui il peut
soutirer de l'argent. Il s'habitue, comme à des choses qui
vont de soi, au chantage, aux agressions contre les vieux et
les handicapés, aux magouilles les plus sordides. De l'argent !

De l'argent! Et du pouvoir! Sinon reviennent en lui, avec la voix de la mort, l'angoisse et la douleur. Ses parents ne sont pas épargnés. Il a dilapidé sa part des biens familiaux? Peu importe. À lui le reste, de gré ou de force! Réduire à rien son père et sa mère? Et pourquoi pas, si c'est pour continuer à jouir de la peur des autres, de leur obéissance, de leurs regards à la fois complices et terrorisés? Si c'est pour baiser de complaisantes greluches et se ruiner, un soir, à la roulette du casino, au milieu des décolletés et des fracs? Si le vieux papy et la mémé résistent, pourquoi ne pas hurler, frapper, menacer de se jeter par la fenêtre sous leurs yeux? Que vaut une mère fanée et larmoyante devant un appétissant top-modèle aux cuisses nues, aux seins discrètement siliconés et au con juteux? Que vaut un père chauve et plié en deux par les rhumatismes devant un jeune minet dépoitraillé, au petit cul dodelinant et à la queue considérable? Seulement, à ce jeu-là, le père et la mère n'ont eux-mêmes plus d'argent, alors que l'essaim des désirs-frelons, la horde de la Mort, bourdonne plus que jamais. N'est-il pas tenté, notre jeune héros, faute de mieux, de fracturer un distributeur de billets, d'arracher son sac à une vieille dame dans la rue ou de vendre dans des coins sombres de l'héroïne frelatée? Du coup, les vieilles idées qu'autrefois il trouvait justes, même sans s'y conformer, les idées qui permettent de distinguer ce qui est honorable et ce qui est abject, sont en lui définitivement mortes. Les nouvelles idées, celles qui escortent l'instinct de mort, remportent en lui une victoire décisive... »

— Oui, coupe un Socrate enthousiasmé, oui! Ces nouvelles idées, auparavant, ne se manifestaient qu'en songe, quand le sommeil levait, pour quelques heures, la censure exercée sur son esprit conscient par la loi du père; quand la démocratie, en dépit de sa médiocrité, de son culte du juste milieu, barrait à la pulsion de mort les chemins de la conscience vigile. Voici, voici très exactement ce qu'est l'homme tyrannique, le fasciste convaincu : il est, à l'état de veille et constamment, ce que, jeune démocrate, il était parfois au cœur de la nuit dans ses cauchemars. Désormais, il ne recule devant aucune atrocité et recherche toutes les jouissances, y compris les plus infâmes. La pulsion qui vit en lui et y anime une anarchie oppressive oriente le malheureux comme le tyran dirige l'État : il ose tout pour satisfaire les désirs obscènes de sa subjectivité corrompue, aussi bien les désirs installés en lui par l'esprit de bande de son adolescence que ceux qui gisaient, inactifs, dans son inconscient, et dont peu à peu ses choix de vie ont brisé les fers et libéré l'énergie malfaisante.

— Il faudrait savoir comment tout ça s'articule, au niveau d'ensemble, à la genèse d'un État fasciste, s'interroge Glauque.

— Si, dans un pays, les gens à la subjectivité de type fasciste – type que nous venons de décrire – sont peu nombreux, et si l'opinion moyenne n'a aucun goût pour leurs agissements, ils vont probablement entrer dans la garde prétorienne d'un tyran étranger ou prêter main-forte, comme mercenaires, à une puissance impériale dans des guerres sordides. S'ils ne trouvent ni pays fasciste prêt à les accueillir, ni guerre où donner libre cours à leur pulsion de mort, ils ne peuvent que rester chez eux pour y commettre un tas de petits méfaits répugnants.

— Dans quel genre?

— Barbouiller les murs avec des inscriptions antisémites, attaquer des Noirs ou des Arabes à coups de barre de fer dans un coin sombre, profaner des tombes, insulter des femmes, constituer des commandos au service de l'État ou des patrons pour briser des grèves... Ils adorent aussi la délation, comme écrire à la police que leur voisin est un ouvrier africain sans papiers. Ce sont des sycophantes-nés qu'on voit faire avec aplomb de faux témoignages en échange d'une enveloppe bien pleine de dollars.

— Et c'est ça que vous appelez de « petits » méfaits ?

— C'est que tous ces méfaits, comparés au désastre que représente la venue au pouvoir des fascistes, peuvent paraître presque mesquins. Et pour que ce désastre soit à l'ordre du jour, il faut que le type humain tyrannique ait proliféré, et que tous ces gens rassemblés, se rendant compte de leur nombre, aidés par l'inertie des masses populaires et la stupidité conservatrice des partis dits « de gauche », portent au pouvoir celui d'entre eux qui exprime dans ses discours la plus complète conviction. Ils en font un tyran. À partir de ce moment, ou bien la révolte populaire, avec si possible à sa tête des partisans d'une politique neuve compatible avec l'idée communiste, balaie le tyran et ses sbires, ou bien le tyran, introduisant s'il le faut des mercenaires étrangers de la même farine que lui, noie dans le sang la révolte et châtie sans pitié sa patrie – sa « matrie », comme disent peut-être plus justement les Crétois –, de la même façon qu'autrefois il a sans hésitation maltraité ses parents.

— On a malheureusement plus d'exemples de la deuxième possibilité que de la première, dit Glauque, lugubre.

— Remarque que ces gens ont été, dans leur vie privée, identiques à ce qu'ils sont lorsqu'ils exercent le pouvoir. Ou bien ils se sont entourés de flatteurs prêts à servir leur infamie jusqu'au bout, ou bien, s'ils ont eu besoin d'obtenir de quelqu'un une faveur, c'est eux qui se sont faits chiens couchants, se glissant dans la familiarité de celui dont la faveur dépend pour jouer tous les rôles du fidèle larbin, quitte à disparaître et à se comporter en parfaits étrangers, voire en ennemis impitoyables, dès qu'ils ont eu ce qu'ils voulaient. C'est pourquoi ces gens-là, dans leur vie entière, ni n'aiment ni ne sont aimés, étant toujours ou tyrans ou esclaves. Un fasciste ne goûtera jamais ni à la liberté, ni à l'amitié.

— En somme, résume Amantha qui trouve tout ça un peu long, une vie de chien féroce et/ou couchant.

Mais Socrate, pour le moment, n'a cure des états d'âme de la jeune fille. Il est du reste tourné vers Glauque et semble ne parler que pour lui :

— Ne peut-on dire qu'il est absolument impossible de faire confiance à ces gens sur quoi que ce soit ?

— « Absolument » est le mot qui convient.

— Et qu'ils portent l'injustice à son comble ?

— Vu notre accord sur ce qu'est la justice, c'est indubitable.

— Résumons-nous. Le pire des hommes, c'est celui qui est, éveillé et toujours, ce que l'homme de bien n'est qu'en songe et rarement. Pour tomber dans cet état misérable, il faut que, appartenant très tôt au type humain fasciste, on soit parvenu, à force d'intrigues et de violences, jusqu'à l'exercice solitaire du pouvoir. Et plus cette solitude dure et s'augmente, plus la corruption tyrannique dévore le Sujet qu'elle habite. La tyrannie est la solitude de qui a perdu le pouvoir d'aimer et n'exerce ainsi que le vain pouvoir de vouer à la mort et les autres, et lui-même.

CHAPITRE 15

Justice et bonheur
(573b-592b)

Socrate semble blessé par ses propres paroles. Il est assis, silencieux, les yeux clos, dans cette lumière étrange qui, en plein jour apparent, annonce le soir encore lointain par une sorte de pâleur limpide. Peut-être songe-t-il que ce qu'il vient de dire du tyran – qu'une longue solitude le cloue à sa substance – s'applique aussi au philosophe? La philosophie ne sort-elle pas du scepticisme, comme la tyrannie de la démocratie? C'est Amantha qui relance l'action :

— Voici l'occasion, cher Socrate, si vous en avez encore la force, de revenir sur la difficile question du bonheur. Votre description saisissante de la vie du tyran semble indiquer que sa férocité solitaire induit, dans les tréfonds de son âme, une espèce d'indicible malheur. Et que, plus le temps passe, plus l'exercice d'un pouvoir absolu exacerbe ce malheur caché. Peut-on généraliser cette relation entre injustice objective et déréliction subjective? Je veux dire : si l'on examine cette relation dans l'élément de la Vérité, car je sais bien que l'opinion, concernant le bonheur des riches et des puissants, est très versatile. Il n'y a qu'à voir les magazines people!

Socrate regarde la jeune fille avec curiosité, comme s'il la découvrait à son chevet au moment du réveil :

— Tu me proposes de gravir sur des béquilles, et sans que le chemin soit tracé, une redoutable montagne! Je vais t'interroger, toi. Tu l'auras cherché!

— Oui, maître. Je suis tout ouïe.

— Nous sommes convenus de ce qu'il existait une sorte d'isomorphie entre la forme d'un régime politique et le type d'individu qui y prospère, n'est-ce pas?

— Absolument.

— On peut aussi soutenir que ce qu'un régime politique est à un autre régime politique, l'individu qui correspond au premier l'est à l'individu qui correspond au second.

— En somme, dit Amantha, le diagramme que voici – elle le dessine directement sur la table –, et ce n'est là qu'un exemple, met en évidence un parallélisme structural.

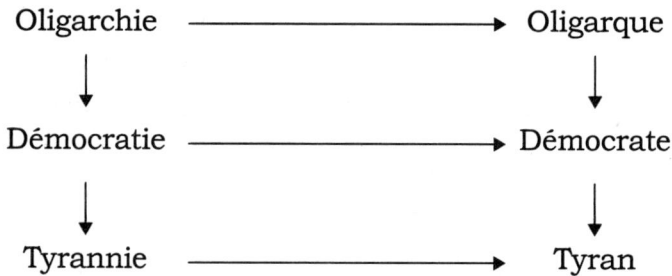

Oligarchie   ⟶   Oligarque

↓   ↓

Démocratie   ⟶   Démocrate

↓   ↓

Tyrannie   ⟶   Tyran

Et, ajoute-t-elle, ce diagramme est commutatif.

— Tu es trop forte pour moi! En tout cas, je suis sûr que tu peux répondre à la question suivante : du point de vue de la Vertu, et donc, en définitive, de l'immanence à l'Idée du Vrai, quelle est la relation entre la politique tyrannique et la politique communiste telle que nous l'avons sommairement décrite?

— Une relation de contrariété. L'une est la pire des politiques, l'autre, la meilleure.

— D'accord, mais tu avoueras, ma fille, que la question était trop facile! La relation dont tu parles est évidente, puisque nous avons précisément défini notre communisme selon la norme du Vrai. Dès qu'il est question du bonheur et du malheur, les choses sont autrement compliquées.

— Je vois bien le problème, cher maître. S'agissant du bonheur ou du malheur, les principes ne suffisent pas. Il faut mener une enquête empirique.

— Exactement. Et ne pas se laisser éblouir par la vue du tyran, qui n'est qu'une solitude parmi d'autres, ni par celle de la petite clique qui l'entoure. Il nous faut pénétrer à l'intérieur du pays, le considérer dans son ensemble, et, tels des espions de l'Idée, nous enfoncer en son cœur le plus secret avant de pouvoir conclure.

— Je suis certaine qu'un espion de ce genre parviendrait à la conclusion qu'aucun pays n'est plus désolé et misérable que celui qui est soumis à un tyran, et qu'aucun ne pourrait, en fait de bonheur collectif, rivaliser avec celui qu'animerait une authentique politique communiste.

— C'est toi qui l'as dit, pas moi… Mon propos est un peu différent. Je pense qu'il faudrait en appeler au même type d'espionnage intellectuel quand il s'agit non plus des politiques, mais des individus. Qui, en effet, est capable de se prononcer sur qui est qui? À mon avis, celui qui sait entrer par la seule intelligence déductive dans la structure qui commande la psychologie de quelqu'un. Un véritable espion au service de l'Idée ne se laisse pas égarer, comme un enfant qui ne voit que le dehors des choses, par tout l'attirail du semblant que déploie le tyran à l'usage des gogos. Notre espion voit ce qui est derrière le décor. C'est lui que nous devons tous écouter. Il n'est jamais victime des confusions machinées entre l'être et l'apparaître. Il a partagé la vie du tyran, il a été témoin de ce qui se passe dans son intimité, il a observé son comportement dans le cercle étroit de ses familiers, quand il quitte un instant ses masques de tragédien. Tel Shakespeare consacrant son théâtre aux angoisses des rois, notre espion a étudié les réactions du tyran quand la menace se précise, quand de mortels complots prennent forme. Nuits visqueuses, poignards invisibles, poisons et cauchemars! Celui qui a vu tout cela peut nous dire ce qu'il en est de la béatitude ou de l'infortune du tyran comparé aux autres figures de l'individualité.

— Certes. Mais avez-vous, parmi vos amis et connaissances, un espion de ce calibre?

— Oui, et tu le connais bien : ton frère Platon. Il a vu de très près Denys I et Denys II, tyrans successifs de Syracuse. De trop près, même. Mais ton frère voyage, en ce moment…

— Alors, s'enthousiasme Amantha, faisons semblant d'être nous-mêmes ces espions, imaginons que nous avons banqueté et couché avec des tyrans…

— Oh! Amantha! s'indigne Glauque.

— Mais oui, mais oui! Et répondons ainsi à nos propres questions.

— Parfait, sourit Socrate. Rappelle-toi que l'État et l'individu se ressemblent. Circulant librement de l'un à l'autre, dis-moi ce que l'un et l'autre endurent dans le temps historique comme dans l'espace privé.

— Il me semble d'abord, dit timidement Amantha, que si l'on admet qu'un pays soumis à un tyran est un pays esclave, un individu qui tolère la tyrannie, voire la soutient, doit être lui-même, subjectivement, intérieurement, réduit à la servitude.

— Bravo! s'exclame Socrate. Mais sois plus précise. Même dans un pays dont l'État est despotique, tu trouves des individus qui se disent libres en ce qu'ils présentent les dehors de la figure du maître, non?

— Oui, mais ils sont très peu nombreux. Pratiquement tous les gens – et singulièrement ceux dont les convictions obéissent à une norme rationnelle, à une mesure – sont plongés dans un esclavage abject et en ont conscience.

— Ton incise sur la rationalité est très précieuse. Que peux-tu en tirer à la lumière de la relation d'isomorphie entre État et individu?

— Eh bien, si l'on part de la similitude entre État et individu, on doit pouvoir démontrer que la même structure organise l'intériorité des deux. Ce qui veut dire qu'à la place de la possible grandeur d'un Sujet on ne trouve, dans l'individu comme dans l'État, que bassesse et absence de liberté.

— Et pour compléter l'analogie, insiste Socrate, on doit se référer aux trois instances du Sujet – la Pensée, l'Affect et le Désir – que très tard la nuit dernière nous avons identifiées. Chez l'individu adapté à la tyrannie, l'instance de la Pensée se trouve asservie à cette petite partie de l'instance « Désir » ordinairement soumise, mais ici déchaînée : les désirs les plus bas, l'envie, la délation, l'enflure démente de la satisfaction qu'on trouve à piétiner les plus faibles. D'un individu dont la forme subjective est ainsi altérée, nous dirons qu'il n'est aucunement libre, mais qu'il est tombé dans la figure paradoxale de qui est l'esclave de soi-même.

— Dialectique diabolique ! s'enthousiasme Amantha. Voilà enfin le portrait du facho ! C'est vraiment lui tout craché. En fait, aucun État fasciste n'atteint ses objectifs proclamés : le Reich millénaire, l'Italie impériale et toutes ces enflures millénaristes... Les machines de guerre pétaradantes dont le facho est le servant tombent dans la misère matérielle et mentale et ne font que rouiller après le désastre. Et pareil pour l'individu tyrannisé par ses désirs les plus abjects : il a toujours le sentiment d'échouer. Le facho se voit secrètement comme un raté et passe sa vie à tenter de surmonter, sans y parvenir, le couple fatal du ressentiment et de la culpabilité.

— Parce que tu identifies « tyrannie » et « fascisme », tu es amenée à tirer les choses du côté de Nietzsche. Mais ça marche assez bien. Il me semble que, surtout si l'on parle de fascisme, il faut insister sur la peur qui ravage le pays et ses habitants. Sous aucun autre régime politique on n'enregistre autant de lamentations étouffées, de gémissements contenus, de plaintes de suppliciés que le secret des cachots rend inaudibles. C'est une accumulation de douleurs que la peur seule dissimule.

— Et si l'individu est en proie aux mêmes maux que le pays, dit Glauque, n'en pouvant plus de se taire, on peut déjà conclure qu'il est le plus malheureux des hommes.

— Tu vas trop vite ! proteste Socrate. Il y a pis que l'individu soumis à l'ordre tyrannique, ou fasciste, si vous préférez. Il y a celui qui, né dans un tel ordre, a le malheur que les circonstances convulsives de la politique fasciste, l'arrachant à une vie certes déplorable mais anonyme, le propulsent au sommet de l'État.

— On peut en effet supposer que c'est pis, dit Glauque sans conviction.

— Supposer, supposer… On ne doit rien supposer! Nous ne sommes pas ici en train de fortifier des croyances. Nous devons traiter cette question par des moyens purement rationnels. Car il s'agit de la question la plus importante qui soit : comment distinguer la vie selon le Vrai de la vie condamnée?

— Ah, bien sûr, dit Glauque, penaud d'avoir raté sa sortie.

— Et pour éclairer l'ampleur du problème, je vais utiliser une comparaison. Prends un de ces riches propriétaires terriens qui possèdent un très grand nombre d'esclaves, disons cinquante ou même plus. À l'échelle de la famille et de la propriété, ils ressemblent à ce que sont les tyrans à l'échelle de l'État, au moins sur un point : ils exercent une autorité absolue sur beaucoup de personnes. Qualitativement, c'est la même chose. Ce n'est que quantitativement que le tyran l'emporte. Or, ce qu'on constate, c'est qu'en général ces propriétaires vivent sur leurs domaines en toute sécurité, sans être obsédés par la crainte d'une révolte des esclaves. Sais-tu pourquoi?

— Il me semble, répond Glauque, toujours féru de sociologie, que c'est parce qu'ils savent pouvoir compter, en cas de troubles, sur tous les autres propriétaires de la région, qui sont armés et organisés en milices, et, si ça ne suffit pas, sur la puissance militaire de l'État central.

— Et voilà! Supposons maintenant qu'un malin génie arrache à son pays et à son État un de ces riches propriétaires, un de ceux qui ont cinquante esclaves ou plus. Il l'installe, lui, sa famille, tous ses biens, tous ses serviteurs et esclaves, dans un désert où il ne peut espérer l'appui d'aucun autre homme « libre » – entendons naturellement par homme « libre » un propriétaire d'esclaves. Est-ce que tu imagines l'étendue et l'intensité de la terreur où il serait d'être tout bonnement massacré par les esclaves, lui, sa femme et ses enfants?

497

— Il tremblerait nuit et jour, confirme Glauque. Il ne pourrait s'en sortir qu'en corrompant par la flatterie certains des esclaves, en leur faisant mille promesses, en décrétant arbitrairement qu'il va en affranchir un petit nombre. Pour diviser ses ennemis de classe, il serait contraint de devenir le lèche-cul de ceux de ses serviteurs qui sont prêts à collaborer.

— Ce serait pis si le malin génie installait autour de son domaine une foule de voisins, tous farouches démocrates. Au nom des « droits de l'homme », ces gens ne tolèrent pas qu'un individu s'élève au-dessus des autres et prétende les diriger. Si c'est le cas, ils organisent contre le « dictateur » une expédition militaire dévastatrice, ils bombardent sa maison, tuent femmes, enfants, serviteurs et animaux domestiques. Et s'ils le capturent, ils le font torturer et assassiner dans des prisons secrètes.

— Notre homme serait alors comme emprisonné par ses voisins.

— Mais le tyran ne vit-il pas dans une prison de ce genre? Nous avons décrit sa psychologie singulière, dominée par le carrousel des peurs et des pulsions. D'un naturel avide, et curieux de toutes les sensations inconnues, il est pourtant le seul de son pays à ne pouvoir voyager et – comme c'est le désir de tout petit bourgeois – s'offrir les spectacles au parfum de mystère qu'on vend dans les contrées exotiques. Cloîtré dans son palais comme une femme dans le gynécée, il envie les gens ordinaires qui peuvent sortir quand ça leur chante et voir des choses pittoresques ou bizarres.

— Joli! concède Amantha. Le terrible tyran en femme au foyer, c'est fort!

Ne sachant trop si elle admire ou se moque, Socrate hausse les épaules et enchaîne :

— Tels sont les maux auxquels est exposé le type humain dont l'orientation subjective est aberrante, celui à qui, tout à l'heure, Glauque a accordé le titre de plus malheureux des vivants : l'homme tyrannique. Il suffit, pour que tous ces désastres l'accablent, qu'au lieu de rester un citoyen privé il soit forcé par le destin de prendre personnellement le pouvoir et de devenir tyran. Bien qu'il soit incapable de maîtriser ses propres pulsions, le voici maintenant maître des autres. On dirait quelqu'un de constamment malade, dont le corps est très affaibli et qui, au lieu de rester tranquillement chez lui à boire des tisanes, se voit contraint de passer sa vie à affronter dans la rue des bandes de jeunes costauds et à combattre dans l'arène des gladiateurs bien entraînés. La souffrance de cet homme est alors indicible. Il est devenu effectivement tyran, et son existence est pire encore que celle que tu jugeais la pire de toutes : l'existence du simple particulier que hantent les pulsions fascistes. Ainsi, il est absolument vrai, même si l'opinion dominante affirme le contraire, que le tyran réel n'est qu'un réel esclave. Sa vie est un abîme de bassesse et de servilité. Il passe son temps à flatter des gens de sac et de corde. Incapable de satisfaire ses désirs, il se prive de tout ce qui a une vraie valeur et, pour quiconque observe en Sujet-de-Vérité les apparences, il est évident que le tyran est un pauvre type dont la vie s'engloutit dans la terreur de ce qui va arriver, et qui, tel Macbeth ou Boris Godounov, se roule par terre, en proie à d'effroyables visions.

— Au fond, dit Glauque, sa réalité psychique ressemble à l'État qu'il dirige : pauvreté, délation, stupidité et terreur.

499

— Tu l'as dit. Et nous pouvons aussi bien lui attribuer les maux dont nous avons déjà parlé, ceux du type humain tyrannique. Ils étaient en lui virtuellement, mais son arrivée au pouvoir les active : jalousie, déloyauté, injustice, solitude amère, grossièreté, et toutes les formes de corruption intérieure qu'il abrite et nourrit. D'où résulte que son sort est le plus détestable qui soit, et qu'il change en misérables de son espèce tous ceux qui l'approchent.

— N'en jetez plus ! s'exclame Amantha.

Socrate alors, tel un prêtre, lève les bras au ciel, se tourne vers Glauque et, d'un ton solennel, peut-être vaguement ironique :

— Maintenant, mon ami, à l'image du juge suprême des grands concours d'interprétation musicale, dévoile à toute notre assemblée qui, selon toi, mérite le premier prix de bonheur, et qui, le second. Et classe finalement sous ce rapport les cinq types humains qui correspondent aux cinq espèces de politiques : le communiste, le timocratique, l'oligarchique, le démocratique et le tyrannique.

— Je ne vais pas me casser la tête : je les déclare décroissants quant au bonheur, dans l'ordre même où nous les avons examinés, qui est celui que tu viens de rappeler.

— Tu ne te fatigues pas trop en effet, proteste Amantha. On pourrait à plus juste titre proposer le classement : premier, le communiste, puis le démocratique, le timocratique, l'oligarchique et, bon dernier, le fasciste.

— Sauf qu'il se pourrait bien, riposte Glauque, que les démocraties contemporaines ne soient que des oligarchies déguisées.

— Concentrons-nous sur les seuls cas extrêmes, propose un Socrate apaisant. Sans l'aide d'un héraut sonnant du cor, je proclame ce qui nous unit tous trois : le meilleur et le plus juste des hommes est aussi le plus heureux, et nous l'identifions à celui dont le pays est dominé par notre cinquième politique, la politique communiste. C'est lui qui est le souverain des situations, comme il est le souverain de lui-même. Symétriquement, le plus mauvais et le plus injuste est aussi le plus malheureux, et nous l'identifions au tyran fasciste qui réduit son peuple en esclavage et n'est lui-même que l'esclave des moyens ignobles utilisés pour établir et maintenir cet esclavage. J'ajoute à cette proclamation que notre jugement est fondé sur ce qui existe réellement, et que donc l'identité entre justice et bonheur est absolue et non subordonnée au point de vue – variable et dépendant de ce qu'ils savent ou ignorent – qui est celui non seulement des hommes, mais même des dieux.

— Bravo! s'exclame Amantha, transportée en particulier par la précision finale.

— Ce n'est qu'une première escarmouche. Chère Amantha! Tu t'es maintes fois moquée de mon ardeur à défendre la conviction paradoxale qui est la mienne, à savoir que seul le juste est heureux. Eh bien, je vais t'en donner encore une fois l'occasion : je tiens en réserve deux démonstrations supplémentaires de ce point.

— Lesquelles? demande Glauque avec gourmandise.

— Tu vas me dire ce qu'elles valent. La première se fonde sur ce que nous avons établi il y a belle lurette : tout comme un État est défini par trois fonctions distinctes, le Sujet est clivé en trois instances.

— Je ne vois pas du tout comment on peut aller de la tripartition du Sujet au bonheur du juste.

501

— C'est précisément ce que je m'en vais vous montrer. Puisqu'il y a trois instances du Sujet, nous pouvons supposer qu'il y a trois types de plaisirs propres à chacune d'elles, tout comme trois types de désirs et trois types d'impératifs. Je rappelle ce que sont ces trois instances. La première est celle qui permet à l'homme d'accéder au savoir, et nous l'appelons Pensée ; la deuxième est celle qui anime la colère, l'indignation, l'enthousiasme, cette part énergique du Sujet que j'ai proposé de nommer l'Affect. La troisième est si multiforme que nous n'avons pas trouvé, pour la désigner, un nom unique. Nous sommes cependant convenus de ce que le mot « Désir » s'accordait à ce qu'il y a de plus important, de plus constant dans cette troisième instance, comme on le voit dans l'expérience de ce qui touche à la nourriture, à la boisson ou au sexe. Nous avons aussi retenu l'expression « passion de l'argent », car les désirs dont nous parlons ne peuvent guère être satisfaits sans argent. Je voudrais insister sur ce point, car il est essentiel dans l'argumentation qui va suivre. On peut soutenir que le Désir, pris abstraitement, est désir du profit, lequel est le moyen universel de sa satisfaction. Il sera à la fois justifié et commode, dans ce qui va suivre, de lier la troisième instance à la formule « passion du profit ».

— Le mot moderne pour désigner un mec qui est sous la loi de cette instance serait tout bonnement « capitaliste », constate Amantha.

— Oui, d'accord, mais le bonheur du juste, dans tout ça ? s'irrite Glauque.

— Patience, l'ami, patience ! En ce qui concerne l'Affect, cette instance irritable et susceptible, son désir propre est celui du pouvoir, de la victoire et de la gloire. Elle est la passion d'être vainqueur et couvert d'honneurs.

— Faut-il comprendre que le bonheur est de l'étoffe dont on fait la grandeur ?

— Patience, je te dis ! L'instance, enfin, du connaître, la Pensée, fait tout entière et toujours mouvement vers le savoir de la vérité telle qu'en elle-même elle demeure, d'où il résulte que, des trois instances, elle est la seule qui, essentiellement désintéressée, n'a cure ni du profit ni de la visibilité sociale du succès. Ne serait-il pas approprié de la nommer « passion du savoir » ou « passion de la sagesse » ?

— Vous nous l'avez appris il y a bien longtemps, intervient Amantha. Le mot juste, si par « sagesse » on entend l'état où nous met le mouvement en nous d'une vérité, est « amour de la sagesse », soit…

— … soit, en grec, *philosophos*, philosophe ! coupe Glauque, tout joyeux.

— Un mot, j'ose le prétendre, appelé à un grand avenir, approuve Socrate. En tout cas, nous voici capables de distinguer trois classes d'êtres humains : les philosophes, dont l'objet cause du désir est une vérité ; les ambitieux, dont cet objet est la gloire ; les capitalistes, dont l'objet est le profit.

— Et le communiste ? demande Amantha, déçue.

— Il est, dirais-je, celui dont l'énergie politique glorieuse est au service de la passion du Vrai. Nous y reviendrons, rassure-toi. Pour l'instant, demandons-nous quels sont les trois plaisirs propres à ces trois types humains. Qu'en penses-tu, Glauque ?

— Pour les deux premiers, c'est clair : chacun va prétendre que la vie la plus agréable est la sienne. Le capitaliste dira que, au regard du profit, le plaisir qu'on parle de vous à la télé, pour ne rien dire du plaisir d'apprendre, n'est que balivernes. L'ambitieux prétendra que le plaisir d'amasser de l'argent est vulgaire, et que celui qu'on tire du savoir, vu qu'il n'attire l'attention de personne, n'est qu'une fumeuse niaiserie.

— Et le philosophe, alors ?

— Ça me paraît la position la moins facile à mettre en forme.

— On peut cependant supposer que, au regard de la joie qu'on éprouve à identifier le Vrai tel qu'il demeure en lui-même et à construire, par le mouvement de la pensée, une sorte d'éternité de cette joie, les autres plaisirs ne brillent guère. Le philosophe les jugera fort éloignés du plaisir authentique. Il n'y verra que pure nécessité, car de ces plaisirs il n'aurait rien à faire s'ils n'étaient requis par la simple obligation infligée au vivant d'avoir à persévérer dans son être.

— Je ne sais pas trop, objecte Amantha, si vous faites là une démonstration ou une pure pétition de principe.

— Nous ne faisons, il est vrai, que répéter la position native de nos trois spécimens humains. Et la difficulté supplémentaire est que nous évaluons la vie des uns et des autres au regard des différentes espèces du plaisir, si bien que notre question n'est pas de savoir quelle est la vie la plus digne ou la plus honteuse, ni même, plus généralement, quelle est la vie la meilleure ou la pire. Notre problème est celui de la vie la plus heureuse, en tout cas la moins exposée au chagrin. C'est sur ce point que nous devons déterminer lequel de nos trois gaillards – le capitaliste, l'ambitieux ou le philosophe – s'approche le plus de la vérité quand il vante sa propre forme de vie. Amantha ! Comment procéderais-tu ?

— Il me semble que l'on pourrait partir d'une de vos marottes. Vous demandez souvent : « À qui confier la tâche de juger ce qui doit être soumis au plus sévère des jugements ? » Et, tout le monde restant coi, vous répondez, comme toujours, à votre propre question : « Il y a trois juges possibles : l'expérience, la sagesse et le raisonnement. » On pourrait donc mesurer la valeur de nos trois bonshommes en termes d'expérience, de sagesse et de puissance rationnelle. Mais je ne peux pas en dire plus.

— Excellent ! Magnifique ! s'enthousiasme Socrate. Lequel de nos trois lascars a le plus d'expérience en ce qui concerne les plaisirs dont nous venons de parler ? Supposons – ce qui est absurde, mais passons ! – que le capitaliste tombe par hasard sur le savoir de ce qu'est une vérité telle qu'elle demeure en elle-même. Dirons-nous que l'expérience qu'il fait alors du plaisir que délivre ce savoir est supérieure à celle que le philosophe peut avoir des voluptés du profit et de la consommation ?

— À vrai dire, Socrate, votre…, hésite Amantha.

— C'est complètement différent ! coupe Glauque, tout excité. Le philosophe a la même enfance que tout le monde, et il est donc obligatoire qu'il acquière dans ces âges anonymes, fût-ce de manière inconsciente, une expérience des deux autres espèces de plaisirs, celui de la possession et celui de l'orgueil. Il n'y a en revanche aucune nécessité à ce que le capitaliste, s'il tombe par hasard sur un savoir de ce qui existe vraiment, en tire une expérience authentique des plaisirs qui s'attachent à ce type de savoir. Il restera froid comme le marbre, et, du reste, cette indifférence est ce qui bloque en lui tout désir de s'investir dans un processus de vérité.

— Il y a en revanche, commente Amantha, une évidente nécessité à ce que tu me coupes la parole !

— Restons calmes, les enfants. Nous sommes d'accord sur un premier point : le philosophe l'emporte sur le capitaliste quant à l'expérience qu'il a des deux espèces de plaisirs

505

qui ne sont pas le sien propre. Passons à l'ambitieux, l'ami des pouvoirs et des honneurs. Dirons-nous, chère Amantha, que l'expérience que le philosophe peut avoir de plaisirs qui dépendent des honneurs et du succès est moindre que celle que l'ambitieux peut avoir des plaisirs qu'on tire d'une vie sous le signe de l'Idée?

— Je passe mon tour, boude Amantha. Vas-y, Glauque, vas-y!

— Les honneurs, le tapage médiatique! s'élance Glauque. Mais nos trois types humains en sont gratifiés dès lors qu'ils réussissent. Le riche, le héros et le sage sont applaudis par la foule. Aussi font-ils tous trois l'expérience de ce que c'est que le plaisir d'être reconnu et admiré. Mais, s'agissant du plaisir de la contemplation, il est impossible à tout autre qu'au philosophe de le goûter.

— Pour ce qui est du savoir empirique, de l'expérience vécue, c'est donc le philosophe qui a le jugement le plus fin.

— Et comment!

— En outre, il est le seul à ajouter au savoir empirique une bonne dose de pensée pure. De fait, l'instrument requis pour parvenir à des jugements fondés n'est à la disposition ni du capitaliste ni de l'ambitieux. Seul le philosophe en dispose.

— De quel instrument parles-tu?

— Des démonstrations, et plus généralement de l'argumentation rationnelle. C'est par excellence l'outil des philosophes. Nous pouvons donc conclure : si la richesse et le profit étaient d'authentiques critères de jugement, ce que le capitaliste déclare bon ou mauvais serait immédiatement jugé tel par tous.

— C'est bien le cas dans nos pays occidentaux et démocratiques, grogne Amantha. Ce que dit le capitaliste est bien dit!

— Mais nous ne le pensons pas, nous! corrige Socrate. Pas plus que nous ne croyons que l'arriviste, l'homme du spectacle social, puisse faire du succès et des honneurs le critère infaillible du beau, du vrai et du bien.

— De toute façon, capitalistes et gens des médias, c'est bonnet blanc et blanc bonnet! renchérit Amantha.

— Puisque l'unique critère du jugement s'articule en expérience, pensée pure et argumentation rationnelle, c'est ce que le philosophe rationaliste déclare vrai qui a le plus de chances de l'être, en effet.

— Vous nous étonnerez toujours, sourit Amantha.

— Et j'insiste, répond joyeusement Socrate. Des trois plaisirs que nous avons distingués, celui qui est inhérent à l'instance du Sujet dont dépend que nous soyons capables de penser est le plus agréable. Du coup, ceux d'entre nous en qui cette instance domine ont la vie la plus agréable.

— Et voilà, murmure Amantha, le retour de la vraie vie. J'ai bien raison de dire « la vraie vie » plutôt que seulement « la vie la plus agréable ». Car celui qui accepte de penser, c'est en examinateur compétent qu'il examine la candidature de sa propre vie au prix d'excellence de la vie heureuse.

Frappé de cette remarque, Socrate considère Amantha avec attendrissement.

— Mais qui aura le second prix? s'inquiète Glauque. Il me semble que ce devrait être le carriériste, le bagarreur ambitieux. Il est quand même plus proche de la vraie vie, au moins par son courage, que l'héritier assis sur son tas d'or.

— Et donc, conclut Socrate, le dernier, pour ce qui concerne les plaisirs de l'existence, sera le capitaliste. Voici donc deux démonstrations qui assurent, en matière de bonheur, la victoire du juste sur l'injuste. Il y en a encore une troisième, si essentielle qu'elle pourrait bien occuper, dans la mythologie trinitaire des chrétiens, la place de l'Esprit. L'Esprit, vous le savez, prend la parole après le Père, qui nous dit la supériorité du désir de vérité sur tous les autres, et après le Fils, qui nous dit que le philosophe connaît mieux que tous les autres ce qu'est un plaisir authentique.

— Et qu'est-ce qu'elle nous dit, cette fiction d'une troisième personne ? demande une Amantha soupçonneuse.

— Elle affirme que seul le plaisir de celui qui s'abandonne à la pensée est pur et pleinement réel. Les deux autres sortes de plaisirs, tirés de la richesse ou du tapage médiatique, ne sont que la nuageuse esquisse d'une ombre. C'est du moins cas en ce sens que j'interprète les obscures sentences d'un de nos philosophes archaïques dont nous pouvons imaginer qu'il transcrivait les déclarations de l'Esprit. En tout cas, si l'Esprit a raison, ça pourrait bien signifier la déconfiture finale et irréversible de l'injuste.

— L'Esprit a bon dos ! s'exclame Amantha. Vous nous annonciez une troisième démonstration et vous nous refilez de la poésie hermétique !

— À l'aide ! crie Socrate. Glauque, soutiens-moi ! Ta sœur me vilipende ! Réponds sans désemparer et le plus brièvement possible à mes questions successives. Question 1 : la douleur est-elle le contraire du plaisir ?

— Oui.

— Question 2 : existe-t-il un état subjectif où l'on n'éprouve aucun des termes de cette contradiction, ni douleur ni plaisir ?

— Oui.

— Question 3 : quand le sujet est dans cet état subjectif neutre, à égale distance tant du plaisir que de la douleur, bénéficie-t-il, oui ou non, d'une sorte de repos ?

— Oui.

Amantha alors explose :

— On avait promis, on avait juré de ne pas jouer le rôle des jeunes béni-oui-oui qu'on trouve dans les prétendus « dialogues » de mon frère Platon !

— Je réponds oui parce que je pense que c'est oui, et non par béni-oui-ouisme, riposte aigrement Glauque. Continuez, cher Socrate !

— Question 4 : est-il vrai ou faux qu'en de nombreuses circonstances, notamment la maladie, les gens qui souffrent vantent comme ce qu'il y a de plus agréable non le plaisir, mais la cessation de la souffrance et le repos qui s'ensuit ?

— C'est vrai. Mais, ajoute Glauque en jetant un coup d'œil prudent sur sa sœur, c'est peut-être que le repos n'est plus lié à un état intermédiaire neutre. Il devient carrément un plaisir.

— Et tu dirais alors aussi, je suppose, que la cessation du plaisir et le repos qui s'ensuit composent une douleur ?

Glauque sent que ça ne tourne pas rond.

— Je ne sais trop si cette symétrie entre douleur et plaisir fonctionne.

— Tu sembles pourtant bien soutenir que le repos qui existe à mi-distance du plaisir et de la douleur devient douleur quand cesse le plaisir, et plaisir quand cesse la douleur, non ?

— C'est bien l'impression que j'ai.

— Tu crois possible que ce qui n'est ni un terme ni son contraire, comme le repos subjectif au regard du plaisir et de la douleur, soit capable de devenir tantôt l'un, tantôt l'autre ? J'ajoute que quand douleur ou plaisir surgissent dans un Sujet, ils l'animent de mouvements intérieurs violents. Or, l'état où l'on ne sent ni douleur ni plaisir est repos et non mouvement. La thèse selon laquelle l'absence de douleur, en tant que repos, est un plaisir, tandis que le repos consécutif à la cessation d'un plaisir est une douleur, nous voyons bien qu'elle est déraisonnable et infondée. L'état neutre peut bien, comparé à une douleur, sembler être un plaisir, il ne l'est pas. Et l'apparaître de douleur qu'induit quant à l'état neutre la cessation d'un plaisir n'est doté d'aucun être-douleur véritable. Ces similitudes ne font que mystifier le Sujet.

— Votre démonstration est, je dois le dire, tout à fait convaincante.

— On peut la renforcer par des observations empiriques. Considère par exemple des plaisirs qui ne succèdent à aucune douleur : tu cesseras aussitôt d'imaginer que plaisir et douleur sont intrinsèquement la négation l'un de l'autre.

Amantha reste sceptique :

— Encore faut-il me convaincre qu'ils existent, ces plaisirs détachés de toute douleur.

— Il y en a tout un tas! Pense par exemple aux odeurs suaves. Tiens, pense à l'explosion florale des mimosas, en février, au bord des mers du Sud. Sans être précédé d'aucune douleur, leur parfum nous inonde avec une intensité extraordinaire, et quand nous nous éloignons de l'arbre il ne subsiste en nous que la joie, aucune douleur ne nous affecte.

— Gloire au printemps! sourit Amantha.

— N'exagérons rien quand même : les plaisirs qui procèdent uniquement de l'activité du corps, plaisirs vifs et variés, s'apparentent souvent à la cessation d'une sorte d'inertie morose ou de tension douloureuse.

— Et il y a aussi, ajoute Amantha, les plaisirs et les douleurs liés à l'attente de l'avenir et aux anticipations qui tentent de calmer cette attente.

— Je propose une image géométrique. Supposons qu'on puisse définir, sur une surface, trois régions distinctes telles qu'une seule des trois est frontalière des deux autres, et nommons-les tout simplement le Bas, le Haut et le Milieu.

— Ce qui exige, dit le cuistre Glauque, que notre surface soit orientée, et que « Milieu » soit le nom de celle qui est connexe aux deux autres.

— N'entrons pas dans les détails topologiques…

— C'est le drapeau tricolore français, grogne Amantha. Avec le blanc au milieu, ce maudit centre où broutent tous les veaux.

Socrate tente d'échapper aux invectives de la jeune fille :

— Si quelqu'un – réduit à un simple point de la surface doté de quelques éclairs de réflexion – passe du bas au milieu, ne va-t-il pas assez naturellement s'imaginer qu'il est en haut ? Puis, s'il se trouve emporté par le vent vers le bas, en sorte qu'il y retombe, il aura évidemment le sentiment d'avoir chuté de haut en bas. Et tout cela parce qu'il n'a pas de vraie connaissance de l'ordre spatial qui ordonne le Bas, le Milieu et le Haut : il est sur la surface, mais sa façon d'y être est désorientée. Nous ne devons pas nous étonner que tant de gens, tenus à distance du Vrai et se gouvernant à propos de presque tout uniquement sur des opinions désorientées, soient mal assurés en ce qui concerne le plaisir, la douleur et ce qui se tient entre les deux. Lorsqu'ils sont dans la région des douleurs, il est bien vrai qu'ils souffrent. Mais lorsqu'ils passent de la douleur à la région intermédiaire, ils sont aussitôt convaincus d'être au comble de la volupté. Tout comme si, ignorant le blanc, ils faisaient du gris l'opposé du noir, ils opposent l'affaiblissement de la douleur à la douleur, faute de connaître le plaisir. Telle est leur erreur.

— Haut et Bas, Noir et Blanc... Voilà, commente Amantha, des douleurs dûment situées et colorées.

Socrate hoche la tête et semble désireux, soudain, de changer de sujet :

— La faim et la soif, les choses de ce genre, est-ce que ce ne sont pas des vides prescrits par un certain état du corps ?

— À ce compte, dit Glauque, l'ignorance et l'absurdité sont des vides prescrits par un certain état du Sujet.

— Et, ajoute Amantha, on peut combler ces vides soit en s'empiffrant et en buvant comme un trou, soit en apprenant mille choses et en mobilisant la pensée.

— Parfait! Mais quand il y a un vide, quel qu'il soit, qu'est-ce qui le comble le plus parfaitement ?

Sentant une possible bascule de la discussion, les deux jeunes réfléchissent. Puis Amantha :

— Ce qui, au regard du vide concerné, a le plus de réalité.

Socrate s'engage alors dans une interrogation passionnée :

— Si nous considérons le champ entier de l'être-là, de quelles modalités existentielles pouvons-nous affirmer qu'elles participent de façon inconditionnée à ce qui, de l'être, s'expose à la pensée ? Citerons-nous, à ce titre, la façon d'exister qui inclut le champagne, le homard à l'américaine, et plus généralement les restaurants trois étoiles ? Ou mettrons-nous plutôt en avant celle où figurent l'opinion vraie, le savoir rationnel, la pensée pure et, plus généralement, les capacités intellectuelles ?

Socrate marque une pause, puis, sur un ton quelque peu solennel :

— La question est à la fois simple et fondamentale. De ce qui, participant de l'universalité, de l'identique-à-soi, de l'immortel et du vrai, appartient au type que ces déterminations prescrivent et qui enjoint à un Sujet qui s'y incorpore de relever à son tour de ce type, peut-on dire qu'il *est* en un sens plus essentiel qu'on ne peut le dire de ce qui, dans le champ ordinaire de l'être-là, n'est jamais identique à soi, qui ne naît que pour périr et appartient de ce fait, ainsi que tout individu qui s'y déploie, au type que prescrivent ces déterminations négatives?

— Comme souvent, proteste Amantha, votre question « prescrit » – j'emploie votre jargon – sa réponse.

— Mais encore?

— Ma chère sœur, intervient Glauque, veut dire que, comme nous le savons depuis longtemps, pour vous l'identité à soi est symptôme de l'être pur. Et donc, la mobilité perpétuelle est symptôme de ce qui, en deçà du savoir rationnel, n'est en définitive qu'un semblant de l'être-vrai.

— Pour faire plaisir à notre Amantha, changeons alors de langage, conclut Socrate. Disons que ce qui, dans un monde donné, se limite à l'entretien répétitif des corps participe moins de ce qui de l'être s'expose à la pensée, et, par voie de conséquence, est moins vrai que ce qui s'incorpore à un Sujet.

— Ne peut-on simplifier encore tout ça, propose Glauque, en disant : les corps relèvent moins de l'Idée du Vrai que ne le peuvent les Sujets?

— Encore faudrait-il se demander ce que, dans un monde, peut bien être le corps du Vrai. Mais c'est là une autre histoire. Ce que nous pouvons en tout cas dire est ceci : le remplissement d'un vide dont l'être est le plus assuré, et que remplissent des étants dont l'être est aussi mieux assuré, est plus assuré que ne l'est le remplissement par des étants dont l'être est moins assuré d'un vide dont l'être est aussi moins assuré.

— Mais comment donc! C'est l'évidence même, cette phrase! se moque Amantha.

Socrate n'a cure de la ponctuation et persiste :

— Si nous appelons « plaisir » le fait de se remplir de ce qui appartient à notre nature, alors un remplissement dont l'être est plus assuré par des choses dont à leur tour l'être est plus assuré définira un plaisir plus assuré et plus vrai que celui qu'induit de participer à ce dont l'être est moindrement assuré, et donc de se remplir de façon moins vraie et moins effective, en sorte que le plaisir est plus douteux et la participation au vrai, très inférieure.

— Voilà, persiste à son tour Amantha, une phrase dont on peut dire qu'elle est ronflante!

— J'en essaie une autre encore pire! s'amuse Socrate. Écoute-moi bien : ceux qui n'ont eu accès ni à la pensée pure, ni à la vertu, et qui ne pensent qu'à faire une bonne bouffe, à aller voir les jeunes prostitués en Thaïlande ou à applaudir frénétiquement un match de foot truqué, sont en quelque manière assignés au Bas, puis remontent parfois vers le Milieu, errant toute la vie de l'un à l'autre sans jamais franchir la limite entre le Milieu et le Haut, sans jamais s'orienter selon ce dernier, ni même parvenir à lever les yeux vers ce Haut véritable, avec pour résultat que, incapables qu'ils sont de s'abreuver aux sources de l'être tel qu'il est en lui-même et de goûter ainsi un plaisir dense et pur, nous les voyons, le mufle bas, regardant vers le sol comme fait le bétail, brouter de table en table, s'empiffrer et forniquer à qui mieux mieux, raison pour laquelle, engagés dans une féroce compétition quant à qui jouira le plus, insatiables, ils trépignent, s'empoignent, se battent à coups de cornes et de sabots ferrés, s'entretuent avec des armes de plus en plus

514

sophistiquées, tout ça parce qu'ils n'ont rempli d'êtres réels ni leur être propre, ni le lieu où cet être demeure.

— Formidable! commente Glauque. Je vais en faire une aussi longue. Écoutez bien, j'enchaîne : il est donc nécessaire que ces gens n'aient que des plaisirs mêlés de peines, de mauvaises copies des vrais plaisirs, des sortes d'esquisses toujours imbriquées les unes dans les autres et dont la force apparente ne tient qu'à des comparaisons extérieures, de sorte que l'absence de pensée vraie les jette dans des pulsions érotiques violentes au nom desquelles ils se battent comme des chiens pour un os – ou comme on se battait sous les murs de Troie, si l'on suit Stésichore écrivant :

> Grecs et Troyens n'avaient pour provoquer la haine
> Faute de vérité que le semblant d'Hélène.

— Non seulement, crie Amantha, tu inventes deux misérables vers que Stésichore n'aurait pas osés, mais, en plus, ta phrase n'est ni vraiment longue, ni vraiment utile!

— Eh bien, fais mieux! dit Glauque, réellement blessé.

— Quand je voudrai le faire, je te sifflerai.

— Paix, les enfants! arbitre Socrate. Avançons. Ce qui se passe chez les individus du côté de l'Affect n'est il pas nécessairement du même ordre que ce qui se passe pour le Désir? Une fois mise en branle, cette instance va les rendre envieux à force d'ambition, violents par gloriole et coléreux tant leur humeur est instable. Au bout de quoi on ne trouve qu'une demande désespérée d'honneurs, de victoire et de fureur, dépourvue de toute raison et étrangère à toute pensée. Nous affirmerons donc que les désirs, y compris ceux qui relèvent de l'intérêt privé ou ceux qu'anime l'esprit de compétition, s'ils se plient à la juridiction du savoir rationnel et de l'argumentation cohérente, peuvent servir à goûter les plaisirs vers lesquels les oriente un esprit réfléchi. Je prétends qu'ils auront alors accès, ces désirs originellement douteux, aux plaisirs les plus vrais, tout simplement parce que c'est désormais une vérité qui oriente leur existence. Et j'ajoute même qu'il s'agira des plaisirs les mieux ajustés à leur être propre, s'il est vrai que ce qui fait la qualité d'un Sujet n'est rien d'autre que ce qui en identifie l'existence comme appropriée à une vérité particulière, et non à une généralité vide.

Amantha alors n'y tient plus, il faut qu'elle loge la longue phrase qui va humilier son frère :

— Quand le Sujet tout entier, sans scission névrotique intime, se place sous la juridiction de ce que la philosophie nomme une « vérité », et qui relève de l'instance Pensée, il se passe que chacune de ses trois instances devient un organe actif du processus du Vrai, et donc un auxiliaire de la justice, si bien que chacune jouit des plaisirs appropriés à sa fonction singulière, donc des meilleurs plaisirs, les plus vrais parmi tous ceux auxquels elle peut prétendre, et cela en opposition complète avec ce qui se passe quand c'est le Désir ou l'Affect qui prend le pouvoir, forçant les deux autres instances à poursuivre un plaisir étranger à leur nature et détaché de toute vérité, sans pour autant que l'instance dominante atteigne son plaisir propre, si bien que nous pouvons dire en toute sécurité que ce qui, dans un individu, s'éloigne le plus de ce que le philosophe et l'argumentation rationnelle désignent comme le devenir-Sujet de cet individu, par incorporation au devenir d'une vérité est aussi ce qui est le plus apte à produire des effets de désappropriation et de dévaluation du plaisir, certitude d'où s'infère que, puisque ce qui est le plus éloigné de l'argumentation rationnelle est ce qui est étranger à tout principe et à tout ordre universels, puisque, de leur côté, les désirs tyranniques et fascinants sont ce qu'il y a de plus indifférent aux principes universels, et enfin puisque, en revanche, ce sont les désirs constitutifs d'un Sujet communiste, tel que nous l'avons défini, qui animent de tels principes, nous avons infailliblement comme conséquence de tout cela que le plus éloigné du plaisir véritable et propre à l'être humain est le tyran fasciste, et les moins éloignés de ce plaisir sont celles ou ceux qui participent au processus de la politique adéquate à l'Idée communiste, ou, pour le dire encore plus simplement, nous savons de source sûre que la vie la plus sinistre est celle du tyran fasciste, et la vie la plus joyeuse, celle du citoyen communiste telle évidemment que nous en avons produit le concept, sans encore savoir si elle peut trouver son réel dans l'histoire tourmentée des pays et des États.

Amantha est à bout de souffle. Socrate applaudit vigoureusement, comme si une belle actrice venait de mettre le feu à une tirade de Sophocle. Glauque, beau joueur, se joint à la petite claque, puis embrasse sa sœur qui rougit de plaisir. Après ce moment d'émotion, Socrate, souriant de façon un peu méphistophélique, reprend le pouvoir sur le dialogue :

— Savez-vous, chers amis, de combien exactement la vie la meilleure surpasse la vie la pire ?

— Je ne vois même pas comment donner sens à votre question, dit brutalement Glauque.

— Les données arithmétiques de base sont en apparence très simples. Il n'y a que trois instances du Sujet, et il n'y a que trois types de plaisir, celui du Haut, celui du Milieu et celui du Bas. Or, trois fois trois égale neuf.

— D'accord, et alors ?

— Alors rien, c'est tout le problème.

— Comment ça, rien ? poursuit Glauque, déconcerté.

— Le tyran fasciste a franchi la limite entre le Milieu et le Bas, et vit au plus loin du Haut. Mais il réside dans son lieu avec une telle escorte de plaisirs dégradants que dire qu'il est neuf fois moins heureux que le citoyen communiste semble bien trop facile. Il faut aborder le problème autrement.

Sous l'œil courroucé de sa sœur, Glauque, trop intrigué pour réagir, accepte une fois de plus le rôle de l'interlocuteur complaisant. S'engage alors un long dialogue entre lui et Socrate, au cours duquel Amantha manque de s'endormir.

— Comment faire ?

— Il y a cinq types de politiques, dit Socrate, dans l'ordre descendant : communisme, timocratie, oligarchie, démocratie et tyrannie, dite aussi fascisme.

— Exact.

— Chacune peut être dite éloignée de la première d'autant de degrés que l'implique sa distance à celle-ci.

— C'est raisonnable.

— Donc, la politique tyrannico-fasciste est éloignée de cinq degrés de la communiste.

— D'accord.

— Mais cela ne nous dit rien si nous ignorons l'intensité propre des plaisirs inhérents au communisme.

— Rien, en effet.

— Nous pouvons en fait savoir que cette intensité est mesurée par le nombre 6.

— Je vous crois, mais je ne sais pas pourquoi.

— Parce que 6 est le premier nombre parfait, soit un nombre qui est égal à la somme de ses diviseurs autres que lui-même, comme le montre que $6 = 3 + 2 + 1$.

— C'est bien là un signe de perfection.

— Maintenant, on peut dire que le plaisir lié à une politique est inférieur au plaisir de la politique communiste d'autant de degrés que le nombre qui mesure cette même infériorité au plaisir communiste de la politique de rang immédiatement supérieur à celle qu'on considère, multiplié par le rang de cette dernière.

— J'avoue n'y rien comprendre.

— Eh bien, par exemple, la timocratie vient juste après le communisme. Le degré d'infériorité de son propre plaisir par rapport au plaisir communiste, situé juste au-dessus, sera donc $1 \times 2 = 2$.

— Pourquoi 1? Pourquoi 2?

— Parce que le degré d'infériorité de la politique communiste à elle-même est le nombre qui mesure l'identité, soit 1. Et que la timocratie occupe le deuxième rang.

— J'ai tout compris! Le degré d'infériorité de la tyrannie est donc $1 \times 5 = 5$.

— Pas du tout, Glauque, pas du tout! Il faut multiplier le rang d'une politique par le degré d'infériorité au communisme de la politique située au rang immédiatement supérieur, et non directement au nombre 1 assigné au communisme. La formule est simple. Soit r_i le rang d'une politique, avec, puisqu'il y a cinq politiques, $1 \le i \le 5$. Soit $D(r_i)$ le degré d'infériorité du plaisir associé à la politique de rang i par rapport au plaisir associé à la politique communiste qui occupe le rang 1. On a alors deux règles qui définissent un calcul par récurrence du nombre $D(r_i)$:

1. $D(r_1) = 1$
2. $D(r_{i+1}) = D(r_i) \times i$

Tu vois bien que dans le cas de la timocratie, qui occupe le deuxième rang, on a :

$$D(r_2) = D(r_1) \times 2 = 1 \times 2 = 2$$

— Donnez-moi un autre exemple, par pitié !

— Prenons la démocratie, qui est de rang 4. Les règles nous montrent que, pour calculer $D(r_4)$, il faut connaître $D(r_3)$. Nous savons que $D(r_2) = 2$. Nous appliquons la deuxième règle et il vient :

$$D(r_3) = D(r_2) \times 3 = 2 \times 3 = 6$$

Le plaisir oligarchique est six fois inférieur au plaisir communiste.

— Je suis d'accord avec ce calcul.

— Puisque nous avons $D(r_3)$, la règle 2 va nous donner $D(r_4)$. On…

— Je sais le faire, crie Glauque, tout joyeux. La formule est :

$$D(r_4) = D(r_3) \times 4 = 6 \times 4 = 24$$

Le plaisir démocratique est vingt-quatre fois inférieur au plaisir communiste !

— Bravo, garçon ! On en vient alors aisément à la tyrannie fasciste. On a :

$$D(r_5) = D(r_4) \times 5 = 24 \times 5 = 120$$

Le plaisir associé à la vie fasciste est cent vingt fois inférieur à celui qui, un jour, sera associé à la vie communiste.

— Il n'est pas très grand, le plaisir qu'on prend à vivre dans un pays tyrannisé !

— On connaît la mesure exacte de son intensité.

— Comment est-ce possible?

— Nous avons dit que la perfection du plaisir associé à la future vie communiste valait 6. Si le plaisir de la vie fasciste est cent vingt fois inférieur, il vaut 6, divisé par 120, soit 0,05.

— Quel nombre extraordinaire!

— C'est juste comme une petite piqûre de satisfaction. En fait, le seul grand plaisir qu'on puisse ressentir, dont, en un sens, un régime despotique serait cause, est celui que procure l'effondrement de ce régime, quand cessent enfin les infinies douleurs qu'il provoquait.

— Mais vous nous avez enseigné que l'essence du plaisir ne peut pas être la cessation de la douleur. Le Haut n'est pas la négation du Bas!

— Mon cher Glauque, tu as bonne mémoire. Dans ce cas, dans ce seul cas, il y a souvent le plaisir d'une libération. Cependant, ce plaisir, si grand qu'il puisse être, est fragile, parfois incertain ou inexistant. Car les libérations de ce genre, surtout si elles viennent du dehors, annoncent des périodes de troubles. Songe à la libération de la France par les troupes anglo-américaines en 1944-1945, ou, pis encore, à la « libération » de l'Irak par les troupes anglo-américaines en 2002. Le « plaisir » du peuple irakien a été nul, alors que la tyrannie exercée par Saddam Hussein était féroce.

— En tout cas, voilà une question réglée.

— C'est bien pourquoi il nous faut revenir à l'enjeu stratégique de notre discussion, à savoir la définition de la justice et la question de la vie juste. Si je me rappelle bien, notre interlocuteur, brillamment interprété par Glauque, soutenait la thèse suivante : l'injustice rapporte de gros bénéfices à celui qui la porte à sa perfection, pourvu qu'il sache persuader l'opinion dominante qu'il est quelqu'un de parfaitement juste. C'est bien ça?

— Oui, approuve Glauque, c'est bien ça.

— Maintenant que nous avons éclairci la question et que toi et moi sommes d'accord, tournons-nous vers ce défenseur des avantages de la vie injuste et cherchons de nouveaux moyens de le convaincre de son erreur.

— Quels « nouveaux » moyens? On s'est déjà drôlement échiné à lui rabattre le caquet.

— Il nous faut, pour récapituler nos arguments, une belle et forte image.

— L'amoureux des Idées, se réveille soudain Amantha, nous sort toujours une image quand il est en difficulté!

— Mais pas n'importe laquelle, répond un Socrate impassible. Une image intégrale du Sujet. Une image aussi forte que celles de ces beaux monstres dont nous parlent les mythes : le Minotaure, le Sphinx, la Méduse, Cerbère…

— Voyons cela, s'adoucit Amantha chez qui la curiosité l'emporte toujours sur le sarcasme.

— Imaginons d'abord qu'un habile sculpteur de l'école contemporaine façonne dans les matériaux les plus divers, carton, glaise, bois ou ferraille, une forme qu'on puisse considérer, selon les angles de vue ou les éclairages, comme représentant tel ou tel des animaux existants, depuis le plus monstrueux ou féroce, comme la pieuvre, le requin ou le vautour, jusqu'au plus ordinaire et paisible, comme le mouton ou le lapin domestique. Ensuite, un excellent sculpteur de l'époque baroque réalise dans le bronze la forme d'un magnifique lion. Suite à quoi le plus virtuose des sculpteurs classiques dégage d'un marbre noir veiné de blanc et de jaune une forme humaine si subtile qu'on ne peut distinguer s'il s'agit d'un homme ou d'une femme. Enfin, un artiste anonyme, venu de nulle époque particulière et qui ne se soucie absolument pas d'imitation – il me plaît à ce titre –, enveloppe cet animal composite, lion et être humain, dans une grande toile à laquelle il donne lui aussi forme humaine, mais encore plus stylisée, vague, indécidable que celle qui est sous la toile.

— Quel bizarre travail! dit Amantha, séduite.

— Du dehors on ne voit rien des formes qui sont à l'intérieur. Celui qui n'a aucune possibilité de trouer la toile pense qu'il n'y a là qu'une seule forme, celle d'un être humain.

— Quel diable de commentaire pouvons-nous faire de cette entoilure à l'usage de notre ennemi intime, le défenseur de l'injustice? demande Glauque en se grattant la tête.

— Nous lui dirons ceci : « Cher défenseur de l'injustice, votre position revient à prétendre qu'il est avantageux à la forme humaine, telle que la grande toile en est l'esquisse, d'engraisser, à l'intérieur de cette forme, l'animal composite et le puissant lion, tout en affamant et en affaiblissant la figure humaine qui est le troisième terme de cet intérieur. Vous trouvez bon pour la nature humaine, telle qu'elle se présente dans le monde, qu'à l'intérieur d'elle-même le désordre animal et la colère du fauve mènent la danse, faisant ce qu'ils veulent de l'homme intérieur. Au lieu de veiller à l'harmonie des trois composantes, vous souhaitez que dans un vacarme sanglant elles secouent la toile humaine en se mordant et se dévorant les unes les autres. Notre propre thèse est évidemment plus raisonnable. Admettre un principe de justice revient à penser qu'il faut dire et faire uniquement ce qui a pour effet de donner à la forme humaine intérieure les moyens d'orienter la forme humaine globale, celle qu'on voit du dehors, moyens grâce auxquels cet homme intérieur pourra, premièrement, veiller sur la forme animale composite – comme le fait un paysan quand il nourrit et apprivoise les espèces pacifiques tout en bloquant la croissance des bêtes féroces et nuisibles – et, deuxièmement, faire de la noblesse du lion son allié, de sorte que, partageant ses soins entre tous les habitants de la toile humaine, il parvient à les faire agir en bonne intelligence tant entre eux, à l'intérieur, qu'avec ce "lui-même" qui n'est que l'extérieur total de cette intériorité multiforme. »

— Voilà au moins une image dont seule la fonction didactique éclaire ce qu'on peut en comprendre. Car, en elle-même, comme simple image, avouez qu'elle est sacrément énigmatique. Bravo, maître! salue Amantha.

— Image ou pas image, continue tranquillement Socrate, et de quelque façon qu'on envisage le problème, il est en tout cas certain que celui qui prononce un éloge de la justice parle vrai, tandis que celui qui prononce un éloge de l'injustice se trompe du tout au tout. Qu'on adopte comme critère le plaisir, la considération dont on jouit ou l'utilité, celui qui se tient du côté de la justice est aussi du côté de la vérité, tandis que celui qui dénigre la justice non seulement parle de façon détestable, mais en outre ignore tout de cela même qu'il dénigre.

— Je vous reconnais bien là, cher Socrate, s'attendrit Amantha. Si quelqu'un a égorgé son propre fils, vous allez expliquer patiemment que c'est parce qu'il ignorait où est la Vérité…

— J'ai donné maintes fois des preuves de la justesse de ce point de vue, dit Socrate, un peu piqué. Et je persiste. C'est avec délicatesse et patience que nous détromperons celui qui en tient pour l'injustice, car il se trompe involontairement. Nous lui dirons : « Cher ami, la coutume et la loi ne s'accordent-elles pas sur la distinction entre ce qui est honteux et ce qui est estimable ? On agit de façon estimable quand la partie purement animale de notre nature est soumise à ce qui, en nous, atteste la dimension proprement humaine. On pourrait presque dire : soumise à l'étincelle divine, ou à la part d'éternité que notre action enveloppe. On agit de façon honteuse quand notre intériorité sereine tombe sous le joug de notre sauvagerie latente. » Ne sera-t-il pas obligé d'être d'accord ?

— Bien évidemment, s'empresse d'approuver Glauque.

— En tout cas, quand il aura avalé ça, tout le reste devra suivre, murmure Amantha.

Socrate, peut-être sensible à ce discret avertissement, tente de renforcer sa position :

— Si l'opinion la plus ordinaire a toujours et partout blâmé la totale anarchie existentielle, c'est que celui qui s'y laisse aller donne le pouvoir, bien plus qu'il ne le faut, à la grande et terrible bête du Désir aux mille formes. De même, on réprouve l'arrogance et la mauvaise humeur chez celui qui a laissé le lion de l'Affect croître et se renforcer en lui-même de façon anormale. Si l'on s'en prend aux dépenses d'apparat et à l'ostentation improductive des riches oisifs, c'est qu'il s'agit en fait d'un tel affaiblissement du lion qu'il en résulte une inadmissible lâcheté. Si la flatterie et la servilité sont mal vues, c'est qu'elles asservissent ce même lion de l'Affect à la bête multiforme du Désir, laquelle, par amour illimité des richesses, transforme le lion en singe. Et pour quoi finalement les riches méprisent-ils les ouvriers pauvres, n'hésitant pas à les traiter de « barbares » ou de « mal intégrés à la civilisation », à faire contre eux des lois scélérates, à les parquer dans des cités infectes et à les contrôler, bastonner, arrêter, voire fusiller dès qu'ils font mine de se révolter? C'est qu'ils ont terriblement peur, les riches et leurs partis parlementaires, que, animé par la pure humanité de l'Idée, le lion de l'Affect ouvrier se soumette les lâchetés de la bête, et qu'en résulte une force politique et un courage d'autant plus menaçants pour le pouvoir des riches que ces derniers sont en réalité corrompus et lâches.

— Je ne vois toujours pas comment se soustraire au péril que nomment tous ces vices, dit Glauque, assez troublé.

— L'individu empirique doit se soumettre à l'homme intérieur, celui qui est capable de vérité et qu'habite donc une flamme qu'on peut allégoriquement déclarer divine. Cette obéissance n'opère pas, comme le pense Thrasymaque – qui du reste ronfle paisiblement sans nous entendre –, au détriment de l'individu. Rien, au contraire, ne lui est plus avantageux. Au point que la règle vaut aussi pour la forme extérieure du pouvoir, le collectif communiste, qui doit être, à l'image de l'homme intérieur, ce qui, dans l'ordre politique – et contrairement à tout groupe social poursuivant ses seuls intérêts –, se montre capable de vérité.

— Qu'il s'agisse de son engagement politique ou de sa vie privée, votre thèse, demande Amantha, est donc qu'on dira d'un être humain qu'il pense vraiment s'il tend toute son énergie vers la discipline à laquelle consentir dès lors qu'elle établit le pouvoir en l'homme d'une capacité supra-humaine?

— Tu tends un peu les choses, jeune fille, amoureuse que tu es en secret de la transcendance. Mais, en gros, tu as raison.

— Et que devient le corps, dans cette histoire ? s'enquiert Glauque.

— En ce qui concerne l'état du corps, la nourriture, la gymnastique, tout ça, on ne prendra pas pour seule règle de notre existence la pulsion animale et sans pensée qui exige la survie, la satisfaction et la jouissance. Le mieux serait de ne se soucier de sa santé et de n'accorder de l'importance au fait d'être beau et fort qu'autant que ce sont d'éventuels moyens d'acquérir un solide bon sens. Il ne faut désirer l'équilibre corporel que s'il sert à interpréter avec éclat la symphonie immanente au Sujet.

— Vous désirez, conclut Amantha, que nous soyons les musiciens de notre harmonie subjective.

— C'est une belle formule. Gardons aussi le sens de l'harmonie dans la question si pressante et difficile de l'argent et des dépenses. Ne nous laissons pas éblouir par ce que l'opinion, dans ce monde capitaliste qui est celui de la corruption, considère comme le bonheur : accroître à l'infini sa richesse et acheter tout ce qui brille sur le grand marché planétaire. Nous tournant vers notre gouvernement intérieur, nous y trouverons de quoi subordonner ces affaires d'argent au déploiement de ce que, au-delà de nos envies immédiates, nous sommes capables de créer ayant une signification universelle. Nous agirons de même en ce qui concerne la reconnaissance publique, acceptant volontiers celle dont nous pensons qu'elle va à ce que nous avons de meilleur, et fuyant, dans notre vie privée comme dans nos engagements sur la scène du monde, les hommages qui pourraient perturber notre devenir-Sujet.

— Il est probable alors, note Glauque non sans mélancolie, que nous refuserons toute action politique.

— Non, par le Chien! Nous nous occuperons très activement de politique au milieu des gens de notre pays. Mais pas au niveau des fonctions officielles, pas dans l'État – à distance de l'État, au contraire. À moins de circonstances révolutionnaires imprévisibles.

— Circonstances qui établiraient un ordre politique comme celui dont nous parlons depuis hier soir, reprend Glauque, c'est ça? Parce que cet ordre n'existe pour l'instant que dans nos discours. Je ne crois pas qu'il y en ait un exemple accompli où que ce soit.

— Il est cependant probable que de nombreux processus politiques bien réels, dans de nombreux pays, sont compatibles avec l'Idée qui est la nôtre, puisque la portée de cette idée est universelle. Cependant, que ces processus soient puissants ou récents, nombreux ou rares, ce n'est pas là ce qui nous détermine en tant que Sujets. Nous espérons certes que des politiques fourniront un jour à l'Idée le réel dont elle se soutient. Mais si ce n'est pas encore le cas, c'est néanmoins, dans tout ce que nous entreprendrons, à cette Idée et à nulle autre que nous tenterons d'être fidèles.

CHAPITRE 16

Poésie et Pensée

(592b-608b)

Socrate exulte :

— Cet ordre politique que nous sommes en train de
fonder, il est le meilleur ! Le meilleur non pas en soi, ce
qui ne veut rien dire : le meilleur de tous ceux que nous
pouvons, par la pensée, extraire du champ des possibles.
Les arguments en sa faveur sont légion, mais aucun n'est
plus fort que celui qui dépend de notre relation réfléchie au
poème, quand nous avons prescrit de ne jamais tolérer sa
dimension mimétique. Cette prescription s'impose, disons
même qu'elle acquiert le statut d'une évidence dès lors que
nous séparons et pensons dans leur essence distincte les différentes instances du Sujet. Chère Amantha, cher Glauque !
Vous êtes sœur et frère de notre ami Platon, ce sténographe
inspiré et quelque peu compact de notre libre parole. Vous
ne pouvez donc pas être de sombres délateurs payés par
les poètes tragiques et autres miméticiens, n'est-ce pas ? Je
peux vous parler en toute confiance ? Risquons le tout pour
le tout. J'affirme sans plus tergiverser que les poèmes exagérément marqués du sceau de la mimésis causent à l'intelligence formelle de leurs auditeurs des dégâts considérables
s'ils ne disposent pas du contrepoison, nommément le
savoir de ce que ces poèmes se trouvent être réellement,
dans leur être.

Trouvant ces déclarations bien entortillées ou trop prudentes, Glauque prend le risque d'une intervention non sollicitée :

— Il me semble, cher maître, que vous vous torturez les méninges pour pas grand-chose !

— C'est qu'une sorte d'amitié respectueuse m'est restée pour Homère depuis ma studieuse enfance, et qu'Homère semble bien avoir été le premier professeur, le chef de file de tous nos beaux poètes tragiques. Mais il est inconvenant d'honorer davantage un homme que la vérité. D'où s'infère qu'il faut parler…

— Hé ! coupe Amantha, cessez de tourner autour du pot !

— Bon, bon, j'y vais. Mais permettez-moi au moins d'user, en cette circonstance délicate, du fameux dialogue socratique où la réponse exige le détour de la question.

— Je les attends, vos questions, dit Glauque résigné.

— Pouvez-vous me proposer une définition générale de la mimésis ? Je n'arrive pas à comprendre clairement à quoi elle sert.

— En voilà une question ! s'exclame Amantha de sa voix douce et haut perchée. Vous ne comprenez pas et vous imaginez que moi je vais comprendre ?

— Il n'y aurait rien là de bizarre. Très souvent, ceux qui voient trouble comprennent mieux ce qui se passe que ceux dont la vue est perçante.

— Ça arrive, oui, dit Glauque. Mais même une idée que je trouve géniale, il suffit que vous soyez là en personne pour que mon ardeur à l'articuler tourne en eau de boudin. Passez devant, cher maître !

— Suivez-moi de près alors, reprend Socrate, assez content de lui. Voulez-vous l'un et l'autre que nous fixions le point de départ de notre enquête philosophique conformément à notre méthode habituelle? Habituellement, au regard d'une multiplicité quelconque composée d'éléments auxquels nous attribuons le même nom, nous posons l'unicité d'une Forme. Cette fois-ci encore, si vous le voulez bien, choisissons parmi les multiples quelconques qui sont dans cette pièce. Nous voyons qu'il y a des masses de lits et de tables. Mais, au regard de tous ces meubles, il n'y a que deux idées, l'idée-lit et l'idée-table. Toujours selon notre procédure conceptuelle ordinaire, nous posons qu'un artisan ne peut fabriquer ces meubles, dont nous nous servirons ensuite, qu'en regardant vers leur idée propre, vers l'idée-lit pour un lit, vers l'idée-table pour une table. Quant à l'idée elle-même, aucun artisan n'a le pouvoir de la créer. Comment diable s'y prendrait-il? Toutefois, il y a bien une sorte d'artisan universel capable de faire tous les objets que les artisans spécialisés fabriquent à partir d'une idée déterminée.

— Quel homme, ce spécialiste de toutes choses! admire Amantha.

— Tu ne crois pas si bien dire, reprend Socrate. Non seulement il sait faire tous les meubles, mais tout ce qui pousse dans les sillons, il le fait. Et tous les organismes vivants, il les fait, le sien comme celui des autres. Tout, à vrai dire, est à sa mesure de créateur : la terre, le ciel, les dieux, tous les astres de la nuit, ce qui réside dans la pénombre souterraine des Enfers, tout ça, il sait le faire.

— Vous vous moquez de nous, Socrate! proteste Amantha.

— Tu ne me crois pas? Mais quelle est la nature de ton doute, très chère amie? Est-ce que tu penses que cet artisan universel n'existe absolument pas? Ou ton idée, plus précise, est-elle qu'il y a une forme d'existence telle qu'on y puisse être le créateur de toutes choses, et une autre où c'est en effet impossible? Je vais te dire : toi-même, d'un certain point de vue, tu pourrais être cet artisan tout-puissant, un créateur d'univers.

— Je voudrais bien voir ça!

— Simple et rapide. Très simple et très rapide, même : prends ton miroir, toutes les femmes en ont un, et fais-le tourner jour et nuit dans toutes les directions. Aussitôt tu feras en lui le soleil et les étoiles du ciel, aussitôt la terre, aussitôt toi-même et les autres vivants, et les plantes, et les meubles... Et, finalement, les lits et les tables, tu les feras aussi.

— Certes, dit Glauque. Mais je produirai l'apparence des objets, non ce qu'ils sont en vérité.

— Nous y voilà! dit joyeusement Socrate; tu tombes pile sur mon argument. Car parmi les artisans dont nous parlions il y a le peintre, n'est-ce pas? Tu vas alors me dire que ce que fait le peintre n'a aucune vérité. Pourtant, on peut dire que s'il peint un lit sur le mur de cette villa de Céphale où nous avons passé une nuit philosophique fervente et toute une journée de palabres, il fait *réellement,* sur le mur, un lit.

— Un lit qui n'est qu'un semblant de lit.

— Et le menuisier, alors? Tu disais tout à l'heure que, fabriquant un lit particulier, il ne fait pas cette forme-lit dont nous soutenons qu'elle est ce qu'est le Lit. S'il ne fait pas le Lit qui est, il ne fait pas un être-lit, mais un lit *tel* qu'est l'être-lit, quoique ne l'étant pas. Dans ces conditions, quiconque prétend que le travail d'un menuisier ou, de manière générale, d'un artisan se situe dans l'ordre achevé de l'être risque fort de ne pas dire le Vrai. Nous n'avons pas à nous étonner de ce que les productions matérielles de ce genre soient obscures quant à la relation qu'elles soutiennent avec la vérité.

— Ne soyons donc pas surpris, murmure Glauque, l'air égaré.

— Cherchons maintenant, à partir de ces exemples, ce que peut bien être cette fameuse mimésis. N'y a-t-il pas pour la pensée, à la fin des fins, trois lits plutôt qu'un seul ? Le premier est celui dont l'être se tient naturellement en soi-même, et dont nous soutiendrions, je crois, qu'il est l'œuvre du grand Autre. Sinon, d'où provient son éternelle subsistance ?

— Je n'en sais rien, confesse Glauque aux abois.

Le second lit est celui du technicien du bois.

— Je veux bien le croire.

— Le troisième est celui du peintre. N'est-ce pas ?

— Admettons. Et ensuite ?

— Il n'y a pas de suite. Ils ne sont que trois, les lits ! Le peintre, le menuisier et l'Autre : telle est la Trinité qui régente la triplicité des instances du lit.

— Quelle élégance, intervient Amantha, dans cette disposition trinitaire !

— À condition cependant de la relier aux autres nombres essentiels, comme l'Un ou le Deux. Prends le grand Autre : qu'il s'agisse d'un libre choix ou qu'une nécessité supérieure impose de ne pas faire plus d'un Lit, de ceux dont l'être réside naturellement en eux-mêmes, toujours est-il que ce Lit-qui-est, il ne l'a fait qu'en un seul exemplaire ; en faire naître deux, ou plus encore, c'est ce que le grand Autre n'a pas fait et ne fera pas.

Amantha suit maintenant l'argument avec passion :

— D'où vous vient cette certitude ?

— S'il en faisait deux, pas plus, nous aurions cependant déjà une multiplicité. Et comme toute multiplicité requiert un terme supplémentaire qui supporte l'unité de cette multiplicité, il devrait y avoir un troisième Lit qui détiendrait l'unité formelle des deux autres. Mais alors ce serait lui, le Lit-qui-est, et non les deux autres.

Amantha admire :

— Là, vous vous surpassez, Socrate. C'est un argument vraiment très fort !

— On l'appellera un jour l'« argument du troisième homme », et on le dirigera contre ma propre doctrine ! Nous pouvons être sûrs, en tout cas, que l'Autre en avait connaissance quand il s'est occupé du Lit et des lits ; et, comme il voulait absolument être celui qui fait le Lit-qui-est-absolument, et non le fabricant particulier d'un lit particulier, il a engendré l'unicité naturelle du vrai Lit. Vous accepterez alors que nous nommions cet Autre le père du Lit, ou quelque chose comme ça ?

— Ce serait juste, dit Glauque, puisqu'il a engendré, selon l'ordre naturel, et cette Forme, et toutes les autres.

— On pourra aussi nommer le menuisier « ouvrier du lit ».

Et Amantha :

— Nous aurions ainsi le Père et l'Ouvrier. Mais quel nom donner au troisième type de la Trinité, le Peintre ?

— Ni ouvrier ni fabricant, en tout cas.

— Évidemment pas.

— Mais alors, quelle est la part de l'être du lit qui lui revient, si ce n'est ni l'universalité de l'idée, ni la particularité de l'objet ?

— Il me semble, hésite Amantha, que la solution la plus ajustée serait de le nommer imitateur de ce réel dont les autres sont les ouvriers.

— Tu décides donc d'appeler « imitateur », ou, pour faire savant, « miméticien », celui que deux degrés séparent de la nature du Vrai. Appliquons ta définition aux poètes tragiques. Supposons que, quand ils décrivent un roi, leur langage visant la ressemblance soit essentiellement mimétique. On distinguera alors premièrement la forme universelle de la puissance royale ; ensuite, exposant cette forme à son épreuve dans le monde, un roi dont l'existence est attestée – Agamemnon, par exemple ; enfin, l'imitation de ce dernier par le poète. Où nous retrouvons nos trois termes et nos deux degrés d'écart.

— Mais, objecte Amantha, est-ce vraiment « deux » qui convient ? Ce que le peintre entreprend d'imiter – si du moins on le réduit à la part mimétique de son art –, ce n'est certes pas l'Une-vérité de ce qu'il veut reproduire. Mais ce n'est pas non plus les multiples objets qu'à partir de cette forme fabriquent les ouvriers. Ce sont ces objets, non tels qu'ils sont, mais tels qu'ils apparaissent ; si bien que je me demande s'il n'y a pas finalement quatre termes, comme quand vous nous avez présenté le processus dialectique sous les espèces d'une ligne segmentée : la Forme universelle, l'objet particulier, l'apparence de cet objet et l'imitation de cette apparence. Il y aurait alors trois degrés d'écart entre l'artiste et le grand Autre, et non pas deux.

Socrate applaudit, émerveillé. Mais Glauque ne suit plus. Il dit :

— Je ne vous suis plus.

Et Socrate :

— Cher Glauque, pense à notre fameux lit. Tu le regardes de biais, ou de face, ou par en dessous : on dirait qu'à chaque fois il diffère de lui-même. Mais n'est-ce pas plutôt que, sans différer aucunement de soi, il paraît le faire ? Pense maintenant au peintre. Quel est son but, relativement aux objets qu'il représente ? Est-ce leur être tel qu'il est qu'il imite ? Ou plutôt leur apparence telle qu'elle apparaît ? L'imitation est-elle imitation d'une image ou d'une vérité ?

— D'une image, il me semble, risque Glauque.

— La mimétique opère donc très loin de la vérité, et si elle semble capable de faire œuvre de tout, ce n'est qu'autant que la part de chaque chose dont elle s'empare est minuscule. Il ne s'agit en effet que d'un simulacre. Le peintre, sans rien connaître des techniques du bois, va peindre un charpentier, mettons. Il est clair qu'il opère alors tout à fait à l'extérieur de ce qui identifie un charpentier. S'il est un peintre habile – au sens de la mimétique –, son charpentier impressionnera enfants et badauds ; il suffira qu'il soit vu de loin et doté des attributs superficiels d'un authentique charpentier. La leçon de tout ça, mes chers amis, est claire : si quelqu'un prétend avoir rencontré un type formidable qui connaît toutes les techniques ouvrières sans exception plus efficacement que les ouvriers eux-mêmes, nous rétorquerons aussitôt que c'est pure naïveté. Notre interlocuteur est tombé sur un charlatan, un imitateur qui l'a eu à l'esbroufe. S'il a pu croire que ce type était omniscient, c'est à coup sûr qu'il ne sait pas distinguer la science de l'ignorance et de l'imitation.

Et Glauque :

— Oui, absolument, c'est certain. On lui clouera le bec !

— À moins que ce ne soit aux poètes tragiques et à notre vieil Homère, le père de tous les poètes, qu'il faille, comme tu dis, « clouer le bec » ! Et c'est une autre paire de manches. Bien des gens, en effet, prétendent que les poètes, Homère en tête, maîtrisent tous les savoir-faire, toutes les données anthropologiques concernant les vertus et les vices, voire toutes les données théologiques. Leur argument est concis : un bon poète, disent-ils, animé du désir de poétiser à la perfection ce qu'il poétise, ne peut faire poème que de ce qu'il connaît, sauf à se montrer incapable de poétiser son matériau. Que penser de cette « démonstration » ? Ou bien – première hypothèse – nos interlocuteurs sont tombés sur des miméticiens retors qui les ont abreuvés de belles paroles. Ainsi préparés, même au contact direct des œuvres de ces miméticiens, ils n'ont pas pu ressentir à quelle énorme distance – trois degrés – elles se tenaient de l'être réel. Ils n'ont pas compris qu'à qui ignore la vérité il est facile de poétiser : il poétise en effet des simulacres, et non des étants réels. L'autre hypothèse est évidemment que nos interlocuteurs ont raison : les bons poètes ont un authentique savoir de tout ce dont la foule des lecteurs prétendent qu'ils parlent admirablement.

— Mais comment trancher ? s'interroge Glauque.

— Imagine quelqu'un capable de faire les deux choses : le réel et son imitation. Crois-tu qu'il mettra tout son zèle à devenir exclusivement ouvrier des images ? Que cet artisanat fera tout le sens glorieux de sa vie, comme s'il n'avait jamais rien eu de mieux à faire ?

— Et pourquoi pas ? susurre Amantha, quelque peu ironique.

— Tout de même! S'il connaît la vérité de ce que par ailleurs il imite ou représente, il mettra son zèle à réaliser cette vérité plutôt qu'à en imiter le support. Il laissera derrière lui, tombeaux de sa mémoire, autant d'œuvres sublimes qu'il le pourra. Il donnera forme au désir d'être celui dont on fait l'éloge plutôt que celui qui le prononce.

— À supposer, dit Amantha toujours sur la réserve, que le prestige personnel et l'utilité sociale soient à coup sûr du côté du premier. Ça se discute…

— Ne chicanons pas! dit Socrate irrité. Simplifions. Nous n'allons pas demander des comptes à Homère ou à un quelconque poète sur tout ce qu'ils racontent. Prenons le savoir-faire médical. Nous pourrions demander : ce poète fameux qui fait des vers sur les maladies et leurs guérisons, a-t-il été un vrai médecin ou s'est-il contenté d'un pastiche du discours médical? Et cet autre poète, ancien ou moderne, avec ses strophes sur la Grande Santé, dirons-nous qu'il a vraiment guéri de vrais malades, comme Fleming ou même Claude Bernard? Et cet autre encore, qui enseigne en cadences charmeuses les mérites d'une vie saine, a-t-il, comme Pasteur, formé toute une école pour l'étude des infections graves et des parades que la vaccination leur oppose? On pourrait continuer longtemps, mais je propose de laisser tomber ce genre de questions. Nous ferons grâce aux poètes, sans plus les tourmenter, de tout ce qui concerne les techniques. Nous allons nous concentrer sur les sujets les plus importants et les plus difficiles à propos desquels Homère a choisi de s'exprimer : la guerre, la stratégie, l'administration, l'éducation… Là, on est peut-être en droit de lui dire : « Mon cher Homère, si, en ce qui concerne la vérité d'une vertu, vous ne stagnez pas à une distance de trois degrés, si vous n'êtes pas ce que nous appelons un miméticien, c'est-à-dire un ouvrier des images, si vous êtes parvenu à deux degrés seulement du Vrai, et si enfin vous êtes capable de distinguer les Formes qui font paradigme pour l'amélioration de la vie des hommes, tant publique que privée, de toutes celles qui la dégradent, alors dites-nous, cher poète, quelle communauté politique vous doit sa transformation radicale, comme la Russie a pu la devoir à Lénine, et beaucoup d'autres, grandes ou petites, à beaucoup d'autres, autrefois comme aujourd'hui, de Robespierre à Mandela en passant par Toussaint-Louverture ou Mao Zedong? Quel pays vous tient pour un remarquable législateur? Il y a eu Lycurgue à Sparte et Solon à Athènes. Mais vous? Où donc? »

— Je ne crois pas qu'il puisse répondre, dit Glauque. Même ses disciples et descendants, les homérides, sont muets sur ce point.

— Se souvient-on d'une guerre dont Homère soit sorti victorieux soit comme général en chef, soit comme principal conseiller et stratège de l'état-major? Met-on Homère au rang de ceux qu'illustrent leurs réalisations matérielles? Peut-on citer les inventions techniques subtiles et nombreuses d'Homère, dans quelque ordre d'activité que ce soit, comme on le fait pour Sostrate de Cnide, le bâtisseur du phare d'Alexandrie, ou Papin de France, qui a fait rouler un char actionné par de la vapeur d'eau? Et s'il n'a rien fait au nom de l'État, Homère a-t-il au moins œuvré pour des particuliers? Transmet-on les souvenirs d'un seul individu dont il ait, sa vie durant, dirigé l'éducation? Un seul qui ait aimé fréquenter quotidiennement Homère et qui ait fait don aux générations suivantes d'une orientation de l'existence qu'on puisse dire « homérique »? C'est ce dont on crédite

Pythagore, aimé précisément pour un enseignement de ce genre. Encore aujourd'hui, les disciples lointains du maître appellent « pythagorique » une manière de vivre qui, selon eux, diffère de toutes les autres. Mais Homère ?

— La tradition, dit Glauque, est là encore bien silencieuse. Certes, on parle d'un disciple d'Homère, qui serait en fait son gendre, d'après les innombrables ragots qui traînent sur la vie du prodigieux aveugle. Un nommé Boosphile. S'agissant de cet amoureux des vaches, on ne sait ce qui est le plus comique, de son nom ou des résultats de son éducation. On dit en effet que Boosphile tint toute sa vie Homère, son beau-père et le grand poète de la Grèce, pour un moins que rien.

— On connaît ces histoires. Mais soyons sérieux. Supposons qu'Homère ait été réellement capable d'être un éducateur du genre humain sur le chemin de son amélioration graduelle. Supposons qu'en ces matières il n'ait pas été un imitateur, mais un vrai savant. N'aurait-il pas eu alors, pour l'aimer et l'honorer, d'innombrables compagnons ? On voit des sophistes avérés, comme Protagoras, Prodicos et bien d'autres, convaincre, dans des réunions privées, toutes sortes de gens respectables qu'ils ne pourront administrer, pour parler comme Engels, « ni propriété privée, ni famille, ni État » s'ils ne se soumettent pas à la férule éducative des susnommés sophistes. On voit les clients de ces singuliers maîtres adorer leur talent avec une telle ardeur que c'est tout juste s'ils ne les portent pas en triomphe à califourchon sur leurs épaules. Et les gens du temps d'Homère, sachant qu'un tel homme les aidait à connaître la vertu véritable, l'auraient laissé, tout comme Hésiode, du reste, aller tout seul par monts et par vaux déclamer ses poèmes sur de poussiéreuses places de village pour gagner sa croûte? C'est invraisemblable! Ils n'auraient pas préféré à tout l'or du monde la compagnie de tels éducateurs? Ils n'auraient pas fait des pieds et des mains pour les retenir en permanence chez eux? Et s'ils avaient échoué dans leurs entreprises de séduction – ou de corruption –, n'auraient-ils pas suivi ces professeurs prodigieux jusqu'au bout du monde pour profiter de leurs leçons, jusqu'à en être saturés?

Et Amantha :

— Quand il s'agit d'Homère, cher Socrate, vous avez des accents d'une éloquence! Prose contre poésie, non?

Et Socrate, d'assez mauvaise humeur :

Je veux seulement établir que tous les poètes depuis Homère, qu'ils poétisent la vertu ou autre chose, n'ont nul accès à la vérité. Reprenons notre comparaison entre peinture et poésie. Un peintre, absolument incapable de réparer un soulier, nous fera néanmoins sur la toile un cordonnier tout à fait vraisemblable, du moins pour ceux qui sont aussi ignares que lui. Pourquoi? Parce que, pour ces ignares qui regardent le tableau, un « cordonnier » n'est qu'un agencement de formes et de couleurs. De la même façon, tous les savoir-faire, un poète les revêt des couleurs que leur donnent les noms et les phrases, sans en maîtriser aucun, sinon l'imitation. Si bien que ceux qui assistent au spectacle enchanteur des mots s'imaginent qu'un poète, quand il parle de chaussures trouées, de tactique militaire, de traversées maritimes ou de n'importe quoi, en parle excellemment dès lors que, usant de la cadence, du rythme et de la mélodie, il aura conféré au langage un charme irrésistible. Si l'on déshabille les œuvres des poètes de tout ce qui relève de leur coloris musical, tu sais ce qui arrive : nu, le poème est nul.

543

Alors Amantha, perfide :

— Jolie formule, Socrate ! Tout à fait musicale et colorée !
Encore faudrait-il que vous nous expliquiez par quelles opérations de l'esprit on arrive à déshabiller un poème.

Socrate fait celui qui n'a rien entendu :

— Revenons à la question plus générale de la différence entre être et apparaître. Le poète des simulacres, le
miméticien, n'a nul accès à l'étant. Il se contente de l'appa-
raissant. Alors, ne restons pas à mi-chemin, traitons le problème à fond. Servons-nous du peintre, une fois de plus.

— Une fois de trop, peut-être, insinue Amantha. Le langage est-il une peinture ?

— Avançons point par point, dit Socrate, accommodant.
À chaque étape, jeune fille, tu me dis si tu es d'accord ou
pas. Le peintre représente, mettons, un fusil de chasse ou un
violon. Pour ce qui est de le fabriquer, il faut recourir à un
armurier ou à un luthier. D'accord ?

— Bien sûr que oui, dit Amantha.

— Mais celui qui a l'intelligence de la structure de ces
objets, fusil ou violon, est-ce le peintre ? Est-ce celui qui les
fabrique, armurier ou luthier ? Ou est-ce uniquement celui
qui sait s'en servir, le chasseur ou le violoniste ?

— Sans doute l'utilisateur, mais à condition que, par
« structure », vous entendiez…

— Généralisons alors, coupe Socrate. Pour chaque objet
de ce genre, il y a trois savoir-faire : s'en servir, le fabriquer,
le représenter. D'accord ?

— Difficile de ne pas.

— Cependant, la vertu, la beauté, la pertinence des réalités singulières, qu'il s'agisse d'un instrument, d'un animal
ou d'une action, résident dans l'usage auquel chaque singu-

larité est destinée, au moment de sa fabrication si elle est artificielle, de sa décision si elle relève de la pratique, de sa naissance si elle est naturelle. Il est donc rigoureusement nécessaire que le plus expérimenté en ce qui concerne tel ou tel objet soit l'usager, et que ce soit lui qui vienne signaler au fabricant les possibilités positives ou négatives qu'à l'usage il découvre dans l'objet dont il se sert. L'utilisateur – le violoniste –, parce qu'il sait par expérience ce dont il parle, repère les qualités et défauts d'un objet, son violon. C'est en lui faisant confiance que le fabricant, le luthier, peut travailler. Du coup, s'agissant du même instrument, nous voyons que le fabricant dispose, quant aux qualités et défauts de ce qu'il produit, d'une conviction éclairée, parce qu'il est en relation avec celui qui sait. Parce qu'il est forcé d'entendre celui qui sait. Mais l'usager seul a le savoir. D'accord, Amantha?

— Vous disiez que je donnerais mon avis après chaque argument, mais vous faites un long et difficile discours. Allez donc jusqu'au bout, nous verrons bien. C'est la poésie qui nous intéresse, après tout, et non les histoires de souliers troués, de valses de Vienne ou de chasse au canard.

— Justement! Je reviens à l'imitateur, et donc au poète. Comme il se contente de représenter un objet, ni il n'acquiert le savoir de sa beauté ou de sa pertinence, que seul donne son usage, ni il n'acquiert sur ces points l'opinion éclairée qu'on obtient par la fréquentation de celui qui sait et vous indique comment représenter adéquatement l'objet. En somme, le miméticien n'aura, concernant la beauté ou les défauts de l'objet qu'il copie, ni savoir authentique, ni opinion éclairée. Sa compétence mimétique se ramène à ce double manque. Mais il ne renoncera pas pour autant à copier les objets, sans du tout repérer leurs qualités et leurs défauts.

545

Dans la mimétique, son guide sera, c'est sûr, cette « beauté » purement apparente, je dirais même commerciale, derrière laquelle courent l'opinion asservie et tous ceux dont le savoir est nul.

— Si vous le dites…

— Je crois en tout cas justifié de dire que notre accord porte sur deux points. Premièrement, l'imitateur n'a pas le moindre savoir rationnel des objets qu'il imite, et la mimésis tout entière n'est qu'un divertissement dénué de tout sérieux. Deuxièmement, ceux qui, à grand renfort d'alexandrins, de vers épiques ou iambiques, d'hexamètres dactyliques, taquinent la muse tragique, sont tous aussi miméticiens qu'on peut l'être. Qu'en dis-tu, Amantha ?

— J'en dis que, quand votre adversaire vous écrase, il faut bien consentir à signer les accords qu'il vous propose.

Socrate la regarde, perplexe, puis, lentement, se tourne vers Glauque :

— Glauque ! Loyal ami ! M'accorderas-tu enfin que l'opération imitative se tient à trois degrés de distance de tout ce qui réside sous la juridiction de l'Idée du Vrai ?

— Oui, dit Glauque, effrayé, elle est à trois degrés…

— … de température ! ricane Amantha. Elle a très peur, l'opération imitative, elle les a à zéro. Et toi aussi, cher frère !

Alors Socrate, s'esclaffant devant la mine de Glauque :

— Allons, allons, grossière demoiselle ! Prenons le problème par un autre bout. Tu as maintes fois constaté, cher Glauque, qu'une grandeur invariable semble cependant inégale à elle-même selon qu'on la voit de près ou de loin. Le même bâton paraît brisé ou droit selon qu'on le voit dans l'eau ou dans l'air. Le même objet semble faire un creux ou une bosse au gré d'une illusion visuelle induite par la disposition des couleurs. Ces expériences sont évidemment très troublantes pour le Sujet. La peinture en trompe l'œil, les tours de prestidigitation et tous les artifices du même genre ne peuvent déployer leurs sortilèges qu'à raison de cette malencontreuse caractéristique de notre nature, ou, si tu veux, de cette limitation de nos ressources perceptives.

— Sommes-nous alors condamnés à l'erreur?

— Pas du tout! Nous avons trouvé un admirable secours dans la mesure, le décompte ou la pesée. Grâce à ces actions rationnelles, le Sujet n'est plus intérieurement dominé par l'errance de l'apparaître, l'obsession fuyante des variations de grandeur, de nombre ou de masse. Son principe est désormais l'aptitude à calculer, mesurer ou peser. Or, on peut soutenir que ces aptitudes dépendent finalement de la raison, qui elle-même est inhérente au Sujet.

— Et donc, conclut Glauque tout joyeux, le Sujet peut extirper de son devenir les fantasmagories imitatives.

— Oh là là! Pas si vite! Bien souvent, on voit ce Sujet apte à la mesure, et qui prononce qu'entre deux termes existent les relations quantitatives de supériorité, d'infériorité ou d'égalité stricte, déclarer simultanément que les termes en question sont contradictoires. Or, nous sommes convenus de ce qu'il était impossible qu'un Sujet porte sur les mêmes choses au même instant des jugements contradictoires s'il utilise pour ce faire la même disposition subjective.

— La même instance du Sujet, au sens où nous en avons distingué trois? demande Amantha.

— Exactement. La conclusion est nette : l'instance du Sujet qui juge contre la mesure et le nombre ne saurait être celle qui juge selon la mesure et le nombre. La première organise ce qui, du Sujet, est animal ou quelconque. La seconde, ce qui surmonte ces limitations.

Alors Amantha :

— Voulez-vous nous faire croire que les poètes sont des animaux ?

— C'est toi qui le dis ! En tout cas, j'ai démontré que la peinture et finalement tous les arts réglés par la mimésis créent leurs œuvres loin de la Vérité, et même loin de toute incorporation de l'individu au processus d'une vérité singulière. Ces prétendues pratiques artistiques n'ont de relation, de connivence, d'amitié corrompue qu'avec ce qui, de l'individu, reste totalement extérieur à l'exactitude et à la cohérence. Vacuité accouplée à du vide, la mimétique n'engendre que vacuité deux fois vidée.

— Quelle violence ! coupe Amantha. Mais vous vous faites la part belle à bon compte, je vous l'ai déjà dit, en tenant pour acquise l'identité entre poésie et peinture. Vous aggravez votre cas en vous limitant à cette peinture purement imitative qu'on serait bien en peine de distinguer de la photographie, et encore, de la plus mauvaise photographie. Vous avez déclaré pompeusement « j'ai démontré que... », mais laissez-moi vous dire que vous n'avez rien démontré du tout !

— Décidément, commente Socrate, on peut commettre d'office les jeunes filles à la défense des poètes. Elles gagneront le procès !

— Ne soyez pas misogyne en plus, je vous prie ! Ne pouvez-vous abandonner le paradigme de la peinture et nous décrire directement cette instance du Sujet avec laquelle, dites-vous, la poésie a des affinités ? On verrait alors si les effets subjectifs du poème ne sont, pour reprendre votre

548

expression, que « vacuité deux fois vidée » ou s'ils ont une réelle valeur.

— Tu me lances un défi! admire Socrate. D'accord. Essayons de procéder autrement. Voyons... La poésie mimétique imite les pratiques propres à l'espèce humaine sous leurs deux formes principales : l'action forcée et l'action volontaire. Dans les deux cas, la poésie représente la façon dont, engagés dans ces actions, les individus, selon que leur conscience est heureuse ou malheureuse, les vivent dans la dépression chagrine ou dans l'exaltation béate. Tu es d'accord, chère Amantha?

— Nombre de poèmes sont en effet centrés sur les affects de tristesse et de joie. Cependant, le lyrisme n'est pas le tout de la poésie, loin de là.

— Mais c'en est la part la plus importante, en tout cas pour le large public.

— Vous n'allez tout de même pas appuyer votre démonstration sur des statistiques concernant les ventes de poèmes dans les gares ou l'audience des poètes à la télé?

— Horreur! Ma question est plutôt la suivante : pris dans une situation propice à la domination des affects, un individu existe-t-il sous le signe de l'Un ou sous le signe du Deux? Je veux dire : est-il dans un état de paix intérieure ou en insurrection contre lui-même? Au niveau cognitif, nous avons celui que troublent des perceptions visuelles qui, quoique simultanées et portant sur le même objet, n'en sont pas moins contradictoires. Ne peut-on pas lui comparer, au niveau pratique, celui que joie et tristesse mettent en situation d'insurrection et de guerre contre lui-même?

— Mais, dit Amantha, nous avons déjà parlé de tout ça! Rappelez-vous : il était minuit, hier soir, ou à peu près, nous avions réglé son compte à Thrasymaque, et nous avons dit que tout Sujet est plein à ras bord de milliers de contradictions de ce genre.

Et Socrate, se frappant le front :

— Mais oui, parbleu! Cependant, il faut rajouter un point que, dans la fatigue de la nuit, nous avons laissé tomber.

— Quel point? se méfie Amantha.

— En gros, nous avons démontré qu'un individu qui rapporte les coups du sort à une notion active de la mesure – pensons au pire, la mort d'un fils, par exemple, ou d'un amour – supportera de tels coups bien plus facilement qu'un quidam quelconque. Il nous faut maintenant examiner si cette disposition vient de ce qu'il ne ressent rien, qu'il est réellement apathique, ou si, cette apathie étant impossible, sa force d'âme vient de ce qu'il parvient à mesurer son désespoir.

— C'est évidemment la seconde hypothèse qui est la bonne, plastronne Glauque.

— Mais dans quel contexte, enchaîne Socrate, un individu déterminé fait-il usage de ce pouvoir rationnel qui lui permet de résister au chagrin, ou en tout cas de mener contre lui un combat acharné? Quand d'autres gens l'observent? Ou quand, dans la solitude, il n'a plus affaire qu'à sa propre singularité?

— C'est surtout quand on l'observe qu'il doit manifester une certaine maîtrise de ses affects. Dans la solitude, je crois que quelqu'un, homme ou femme, dont on a assassiné le fils osera crier sa douleur, se rouler par terre en déchirant ses habits, pleurer pendant des heures ou rester stupidement immobile, toutes choses qu'il aurait honte de faire en public.

— Ta description est saisissante, mon cher Glauque, tu es un redoutable psychologue. Mais il nous faut aller maintenant au-delà de la phénoménologie des douleurs. Chez un individu quel qu'il soit, la résistance subjective aux affects relève de la loi rationnelle immanente, tandis que c'est la contingence des malheurs qui fait qu'on s'abandonne au chagrin.

Amantha s'impatiente alors :

— Je ne vois pas du tout où vous voulez en venir. Quel rapport entre ces considérations et le statut de la poésie ?

— Sois patiente, ma fille ! Je vais passer du psychologique au logique, puis du logique au poétique.

— Eh bien, faites sans plus attendre le premier saut !

— L'individu dont nous parlons, celui, par exemple, qui a perdu son fils préféré, nous l'avons décrit comme écartelé, dans la même circonstance et au même moment, entre deux orientations contradictoires. Convenons alors de poser que règne en lui la nécessité du Deux, ou qu'il est intrinsèquement divisé.

— En deux tronçons ?

— Presque, ma foi ! D'un côté, il y a cette part de lui-même qui est prête à obéir à la loi rationnelle, quoi que la loi prescrive. Or, la raison prononce que, dans les circonstances douloureuses de la vie, le mieux est de garder son calme autant que faire se peut, et de ne pas imposer à l'entourage les cris perçants de la déréliction. Il s'agit en effet de péripéties dans lesquelles le partage du bien et du mal – quant au destin du Sujet – n'est jamais clair. L'avenir, qui dure longtemps, est rarement favorable à celui qui s'affiche comme blessé à mort par ce qui lui arrive. En réalité, rien de ce qui se tient dans les limites de l'existence individuelle ne vaut qu'on s'y complaise exagérément. Même si l'on ne se soucie que d'efficacité, comme celui qui disait : « Peu importe la couleur du chat, pourvu qu'il attrape des souris », on constate qu'à ce qui nous servirait le plus immédiatement l'exagération du chagrin fait obstacle.

— Alors là, dit Glauque, je ne vois ni pourquoi ni comment.

— Supposons que tu joues aux dés avec un enjeu considérable. Cinq fois de suite, tu sors des totaux à pleurer, des trois, des quatre et même un deux. Tu vois passer dans le regard de ton adversaire l'éclat de la joie mauvaise. Vas-tu t'abandonner à la fureur dépressive et lui jeter les dés à la figure? Ou vas-tu te dire intérieurement que jamais un coup de dés n'abolira le hasard, et conserver, par voie de conséquence, un calme d'acier? Il faut réagir aux coups du sort selon une prescription rationnelle. Il est enfantin de ne savoir que frotter ses plaies et ses bosses en pleurnichant. La règle est plutôt de prendre appui sur le Sujet qu'il peut devenir pour l'habituer, cet individu pathétique que nous sommes le plus souvent, à guérir et relever le plus vite possible ce qui a chu ou ce qui est malade. Toujours la décision vraie abolira la plainte.

— Votre éloquence, admire Amantha, ressusciterait chez n'importe quel souffrant sa part incorruptible. Mais n'êtes-vous pas en train, pour réfuter les poèmes, de nous en écrire un?

— Je vais donc à nouveau m'abriter de ton ironie dans le blockhaus épais de la logique. Réponds-moi point par point. N'est-ce pas en nous l'instance subjective la plus haute, la Pensée, qui veut se conformer au principe rationnel?

— C'est en tout cas votre vision des choses.

— Et l'instance qui éveille en l'individu des souvenirs pathétiques et pour laquelle se plaindre est une jouissance dont on ne se lasse jamais, qu'en penses-tu?

— J'imagine aisément que vous allez la déclarer irrationnelle, stérile et peut-être même, si vous êtes en forme, très voisine de la lâcheté.

— Tu m'enlèves les mots de la bouche! Mais alors nous voyons que c'est l'instance subjective susceptible, irritable, irascible, instable – celle que j'ai appelée l'Affect –, qui s'expose à des imitations aussi nombreuses que variées. En revanche, il n'est pas facile d'imiter l'instance sensée et calme, cette gardienne de la continuité personnelle. À supposer même qu'on tente de l'imiter, il ne sera pas non plus facile à la foule composite d'individus que rassemblent les festivités théâtrales de s'identifier à cette instance. On comprend dès lors pourquoi le poète miméticien n'a aucune accointance avec l'instance rationnelle du Sujet, et pourquoi son savoir-faire ne peut donner satisfaction à cette instance : comme il vise le grand public, c'est de l'instance subjective irascible, irritable, instable et susceptible qu'il est le complice, car c'est elle qu'on imite le plus aisément. Tu es d'accord, chère Amantha?

— Vous aviez annoncé un réseau serré de questions, mais, comme vous l'avez reproché à Thrasymaque hier soir, vous m'avez en fait déversé sur la tête l'énorme seau de votre discours. Je suis trempée de signifiants éclatants! Je ne peux que vous dire ceci sur l'air des lampions : « Allez Socrate, allez Socrate, allez! »

— J'y vais! Je proclame que mon argument est imparable, que c'est justice de notre part d'attaquer les poètes pour autant qu'ils ne sont que des imitateurs, et qu'il est légitime de les loger à la même enseigne que les peintres. Ils leur ressemblent en ce que leurs œuvres sont de peu d'importance au regard de la Vérité. On peut aussi soutenir cette comparaison, de ce que c'est à la partie hétéronome du Sujet qu'ils ont rapport et non à celle qui le gouverne en direction de l'universalité du Vrai. Aussi est-ce en toute justice que nous interdisons à ce genre de poètes l'accès à notre communauté que règlent les prescriptions communistes. Car ils activent la partie purement empirique du Sujet, la nourrissant de configurations imaginaires, lui redonnant des forces et affaiblissant d'autant la partie rationnelle, la seule qui soit vouée à la dialectique des vérités. C'est exactement comme quand on livre un pays aux réactionnaires les plus épais en les laissant se renforcer sans rien faire pendant qu'on ferme les yeux sur les persécutions dont sont victimes les partisans de la vraie politique, la politique égalitaire, la politique d'émancipation. De la poésie asservie à la mimésis, il faut dire qu'elle implante, dans l'individu qui doit participer au devenir d'un Sujet, une détestable orientation de la pensée. Cette poésie, en effet, vante l'impensable et l'impensé, se régale de l'équivoque, de l'indiscernabilité entre grandeur et abjection, filant ses cantilènes à propos du même objet, tantôt du côté de l'exagération épique, tantôt du côté de la dépréciation mélancolique. Le poète ne crée ainsi que des dispositions imaginaires à une distance de la Vérité qu'on peut dire infinie.

— Eh bien! jubile Amantha, voilà une rhétorique anti-rhétoricienne de premier choix!

— Et tu n'as encore rien vu! Je n'ai abordé que la menue monnaie des crimes de la poésie. Il y a bien pis.

— Mon Dieu! s'exclame Glauque, saisi. Que peut-il y avoir de pis que d'être comparé à un barbouilleur de murs doublé d'un affreux réac?

— Le pis est la capacité qu'a la poésie de faire des ravages dans l'esprit des gens les plus convenables. Bien peu y échappent, et sans doute ni toi ni moi.

— Même pas vous? J'ai peine à le croire.

— Fais toi-même l'expérience sur les meilleurs d'entre nous. Quand nous entendons Homère, ou un grand poète tragique, imiter l'un de nos héros favoris au comble de la douleur – il déclame un long récit tissé de lamentations, il chante en s'arrachant les cheveux et en se frappant la poitrine avec ses énormes mains, comme un bonze tape sur un gong –, tu sais bien qu'alors nous éprouvons un vif plaisir en nous identifiant à ce personnage aux abois. C'est avec le plus grand sérieux que nous faisons l'éloge du poète dont le talent nous a mis dans un tel état.

— J'avoue que c'est ce qui m'arrive quand j'entends Euripide.

— Moi, c'est plutôt Eschyle. Différence de génération… Dans tous les cas, tu as aussi remarqué que, quand c'est nous, dans notre vie privée, que désole un deuil affreux, nous ne faisons pas du tout comme le héros de tout à l'heure. Nous nous vantons même du contraire : douleur concentrée dans une sorte de calme lent, courage réfléchi, aucune démonstration pathétique. Nous sommes convaincus que cette mesure, qui apaise les autres, convient à un Sujet, tandis que la pleurnicherie, même tragique, n'est qu'une désorganisation individuelle infligée à tous ceux qui en sont témoins.

— Quand mon père Ariston est mort, j'ai pensé exactement ce que vous dites. Et pourtant, j'avais une de ces envies de pleurer!

— Moi-même, quand ma chère femme Xanthippe a eu le cancer, oubliant nos terribles querelles et qu'elle m'attendait souvent le soir le balai à la main, je n'ai pu retenir ni mes cris ni mes larmes... Mais revenons à l'argument. Voici un homme – celui que fait surgir le poète – auquel dans la vie courante on jugerait inacceptable et honteux de ressembler. Trouves-tu normal qu'à le voir sur scène, ou seulement sous le charme de la poésie qui en imite la douleur, non seulement nous n'éprouvions aucun sentiment négatif, mais que nous nous délections et applaudissions à tout rompre?

— C'est en effet assez bizarre.

— Allons plus au fond du problème. Considérons d'abord cette pulsion que, dans l'épreuve des malheurs familiaux, nous tentions tout à l'heure de réprimer, celle qui exige son lot de larmes, de soupirs et de lamentations, parce que son essence est de les désirer. Considérons ensuite que c'est précisément parce qu'ils déclenchent cette pulsion, l'Affect, et en organisent la satisfaction, que les poètes nous font plaisir. Considérons enfin que la pulsion opposée, la Pensée, la meilleure part de nous-mêmes, privée d'une éducation qui devrait combiner le savoir et la discipline, a bien du mal à contenir la pulsion plaintive dès lors que celle-ci s'alimente au spectacle théâtral des malheurs d'autrui. Tout le monde en effet s'imagine que, pourvu qu'il s'agisse d'un spectacle, il n'y a rien de honteux à prendre en pitié et à louer un individu qui, quoiqu'il se prétende homme de bien, se plaint et pleure à tout bout de champ, et qu'on peut tirer de l'expression publique de sa douleur un plaisir dont il n'est pas question de se priver en rejetant tout le poème. Bien peu de gens parviennent à établir cette loi rigoureuse des pulsions : les motifs de jouissance circulent indistinctement des autres à nous-mêmes. Qui nourrit et renforce, au spectacle d'autrui, les motifs de pitié aura bien du mal à contenir ses propres pulsions au pathétique.

— Je ne peux que vous suivre, dit Glauque, impressionné.

Content de cette approbation, Socrate continue sur sa lancée :

— Ne peut-on pas dire la même chose de ce qui est risible que de ce qui est pathétique ? Dans une pièce comique, ou même en privé, on écoute souvent de grosses blagues stupides, et qu'est-ce qui se passe ? On rit tant qu'on peut sans le moindre remords, alors qu'on aurait honte de raconter soi-même ce genre d'idioties. On est alors exactement dans la même position que le spectateur d'un mélodrame sinistre. Comme l'identification aux grossières ficelles de la pitié, le désir de faire rire à tout prix qu'aidé du sérieux de la raison on réprime en soi-même, de peur d'être pris pour un pitre, qu'un autre s'y abandonne et nous le suivrons ! Peu à peu nous perdons ainsi nos défenses et nous nous laissons aller, sans même nous en rendre compte, à devenir jusque dans l'intimité un pur et simple farceur.

— Le parallèle entre comédie et tragédie est très frappant, commente Glauque, toujours sous le charme.

Et Socrate, de plus en plus en verve :

— On peut élargir la remarque à tous les affects d'un individu en voie d'incorporation à un Sujet, dans l'ordre du désir, du pénible ou de l'agréable – par exemple les jouissances de l'amour ou la colère politique –, affects dont nous prétendons qu'ils sont inséparables de nos actions : l'imitation qu'en produit la poésie les fait prospérer, elle irrigue ce qu'il faudrait assécher, elle met au poste de commandement, en nous-mêmes, ce qui devrait obéir. Par quoi le poème, comique ou tragique, contredit notre vœu rationnel le plus cher : devenir meilleurs, et par là même plus heureux, plutôt que pires et par là même plus malheureux.

— Je crois, dit Glauque, que l'affaire est jugée.

Socrate sent alors qu'il peut conclure par une phrase majestueuse. Il inspire à fond, puis :

— Ainsi, chers amis, quand vous tombez sur des admirateurs d'Homère soutenant que ce poète a été l'éducateur de la Grèce et que, en matière d'administration des affaires humaines et d'enseignement, c'est lui qu'il convient de choisir et d'apprendre, afin de vivre en donnant sens à partir de ses poèmes à tout le dispositif de l'existence, il faut d'une part accueillir ces amoureux de la poésie avec joie, les embrasser, les considérer comme des gens aussi respectables qu'on peut l'être, et convenir avec eux qu'Homère est le poète suprême, le créateur de la poésie tragique, mais d'autre part tenir ferme sur notre conviction, dont la part affirmative est que les seuls poèmes directement appropriés à notre cinquième politique sont des hymnes dédiés à nos idées et des éloges de ceux qui les incarnent, et dont la part négative est que, si l'on met au même rang la muse purement aimable, mélodieuse ou épique, plaisir et douleur assureront leur emprise sur la foule en lieu et place de la discipline collective et du principe que, en commun et selon le commun, nous déclarons sans relâche être universellement le meilleur.

Socrate reprend haleine. Dehors le soleil a presque disparu sur la mer et l'ombre des piliers zèbre les dalles, peinture abstraite qui n'imite plus rien qu'elle-même. Mais voici qu'Amantha s'ébroue et braque sur Socrate son beau regard opaque :

— Puis-je, cher maître, dire une incongruité ?

— N'est-ce pas souvent ta fonction, jeune femme indomptable ? répond Socrate, plus fatigué que réellement amical.

— C'est que ni sur le poème ni sur le théâtre vous ne m'avez convaincue. Votre cible – un art qu'on suppose ramené à la reproduction des objets extérieurs et des émotions primitives – est très étroite, alors que vous faites comme si elle représentait pratiquement tout le domaine. Ni Pindare, ni Mallarmé, ni Eschyle, ni Schiller, ni Sapho, ni Emily Dickinson, ni Sophocle, ni Pirandello, ni Ésope, ni Federico García Lorca ne rentrent dans votre schéma.

Socrate se tait, tendu. Glauque ouvre des yeux ronds. Amantha, soudain hésitante, poursuit cependant :

— Il me semble… Je dirais qu'une partie de votre argumentation est une sorte de plaidoirie. Comme si vous vouliez vous excuser, peut-être d'abord auprès de vous-même, d'avoir chassé les poètes et leur art de notre communauté politique.

Socrate hésite à son tour un bon moment, puis comprend qu'il ne peut renoncer :

— Ce n'est pas absolument faux. À cette sentence toutefois la raison pure nous contraignait. Mais pour que tu ne m'accuses pas d'inculture et de populisme rustaud, je voudrais te rappeler que ce n'est pas moi qui ai commencé. Très ancien est le différend entre poésie et philosophie. J'en veux pour preuve ces vieilles descriptions poétiques de la philosophie et du philosophe :

— Philosophie : un chien contre son maître aboie.
— Grande en subtilités dignes des pires fous.
— Les sages rameutés qui croient vaincre le Dieu.
— Découpe des idées, puisque tu es crasseux.

Et des milliers d'autres qui témoignent, du côté des poètes, de cette antique contradiction.

— Mais, s'obstine Amantha, pourquoi répéter les vieilles erreurs ? Pourquoi ne pas instaurer une paix nouvelle entre philosophie et poésie ?

— Écoute, je veux bien déclarer que si la poésie mimétique ordonnée au plaisir a quelque argument à faire valoir quant à la place qu'elle mérite dans une communauté politique communiste, nous serons heureux de la lui proposer, cette place. Car nous avons parfaitement conscience que cette poésie n'a pas cessé de nous séduire. Reste qu'il ne nous est pas permis de trahir ce qui est pour nous l'évidence du Vrai.

— Eh bien, sourit Amantha, ralliez mon cher frère à ce compromis.

— Volontiers ! dit Socrate, ragaillardi.

Et, se tournant vers Glauque :

— Mon cher ami, n'es-tu pas séduit, en dépit de tout, par la poésie épique, spécialement quand c'est Homère que tu vois en déployer les charmes ?

— Hélas oui, confesse piteusement Glauque.

— N'est-il pas juste, dans ces conditions, de l'admettre chez nous si elle parvient à se justifier par un chant superbe ? Allons plus loin. Acceptons que ses défenseurs qui, comme nous, ne sont pas poètes, mais seulement amoureux des poèmes, plaident pour elle en prose et tentent de nous démontrer qu'elle est non seulement agréable, mais utile à la politique communiste et à la vie des gens ordinaires. Écoutons-les avec bienveillance : quel gain pour nous s'ils établissent qu'elle est à la fois plaisante et secourable !

— Que devient alors votre implacable démonstration ? demande Glauque, déconcerté par ce qu'il interprète comme un virage à cent quatre-vingts degrés.

— C'est, dit Amantha, que Socrate ne croit pas une seconde que les plaidoyers des avocats du poème puissent entraîner son acquittement.

— Ah, dit Socrate avec élan, comme j'aimerais qu'ils le puissent ! Mais s'ils en sont incapables, nous ferons comme ces amants passionnés qui s'aperçoivent que cette passion leur nuit gravement : ils y renoncent, ils se séparent, déchirés. C'est comme une violence affreuse, mais ils le font. Et nous aussi, conditionnés que nous sommes par l'éducation que nous prodiguent nos belles cités, nous nourrissons un grand amour pour la poésie épique, lyrique ou tragique. Nous nous réjouirions qu'elle se manifeste comme excellente, comme la plus-que-vraie ! Mais tant qu'elle sera hors d'état de se justi-fier, nous l'écouterons en nous répétant comme un talisman les « démonstrations implacables » dont parlait Glauque. Car nous refusons de retomber dans cet amour d'enfance qui est aussi celui de la majorité des gens. Nous sentons bien qu'il ne faut pas s'attacher sérieusement à ce genre de poésie comme si elle participait du processus d'une vérité. Il faut plutôt, quand nous l'écoutons ou la lisons, nous méfier de son charme, comme qui expose son intime solidité subjec-tive au plus grand péril. Et le mieux est de se faire une loi de tout ce que nous avons dit concernant la poésie.

561

— Vos concessions ne vont pas loin, remarque une Amantha déçue.

— C'est que c'est un grand combat, mes chers jeunes amis, oui, un grand combat, bien plus grand que vous ne l'imaginez, que celui dont tout Sujet est l'enjeu : le Bien ou le Mal, la création d'une vérité ou le triomphe du conservatisme. Dans ce combat, nous devons nous méfier de la gloire, des richesses et du pouvoir qui nous entraînent à négliger la reine des qualités subjectives : la justice. Mais, hélas, nous devons aussi nous méfier de la poésie.

— Amen ! jette Amantha.

Mais Socrate fait – et fera – celui qui n'a rien entendu.

Éternité mobile des Sujets
(608b-fin)

Au-delà de la colonnade, le ciel, coupé au carré, était livide. En ce début de nuit, la chaleur engluait toutes choses. En robe noire, légère, droite sur sa chaise, les yeux clos, Amantha ressemblait à une pythie de salon. Glauque s'était couché sur un tapis, mains derrière la tête. Socrate, l'air épuisé, allait et venait. Thrasymaque avait disparu comme par enchantement.

C'est Amantha qui relança l'action :

— Y a-t-il des récompenses, des sortes de prix d'excellence, pour les individus qui, s'incorporant au devenir d'une vérité, deviennent Sujets ?

Et Glauque, sans bouger d'un pouce de sa commode position horizontale :

— Vu la difficulté de ce genre de conversion, il faudrait des prix fastueux !

Socrate, d'un air bougon :

— De quels fastes veux-tu orner une existence bornée au temps qui sépare l'enfance de la vieillesse ? Au regard de l'éternité – si du moins elle existe –, cet intervalle est ridiculement court.

— Qu'est-ce que cette disproportion vous inspire ? murmure Amantha, toujours droite, noire et close.

— Eh bien, crois-tu qu'un Immortel puisse prendre au sérieux des affaires temporelles de ce genre sans se soucier de l'éternité?

— Ce serait bizarre. Mais où voulez-vous en venir?

— À ceci que tu as bien dû remarquer : le Sujet qu'un individu peut devenir est immortel, impérissable.

— Ça alors! s'exclame Glauque, l'air ahuri. Moi, je n'ai rien remarqué de tel! Vous pourriez démontrer que le Sujet ne meurt pas?

— Tu peux le faire toi-même, c'est très facile.

— Je ne vois même pas par quel bout commencer. Mais si vous nous expliquez cette démonstration « très facile », j'essaierai en tout cas de vous suivre.

— Ouvre bien tes larges oreilles, mon Glauque. On part de l'évidence qu'il y a le bien et le mal au sens le plus ordinaire. Le mal, c'est tout ce qui a puissance de mort et de destruction; le bien, tout ce qui a puissance de réconfort et de salut. Un mal déterminé s'attache à des choses singulières. Par exemple, le mal propre des yeux s'appelle « ophtalmie », du corps entier, « maladie », du blé, « nielle », du bois, « pourriture », du fer, « rouille », et ainsi de suite. À vrai dire, c'est à presque toutes les singularités que correspond un mal immanent qui lui est propre, une sorte de maladie innée. C'est ce mal immanent propre à chaque singularité, ce vice de structure, qui entraîne sa disparition. Si, en revanche, ce mal ne peut la détruire, rien d'autre n'y parviendra. Il suffit en effet de rappeler notre définition du bien et du mal pour voir que ni le neutre d'une chose – ce qui n'est ni son bien ni son mal – ni *a fortiori* son bien ne peuvent entraîner la mort de cette chose. Si donc nous constatons qu'un type d'être réel est doté d'un mal qui, bien entendu, l'afflige et le corrompt, mais sans jamais pouvoir provoquer sa complète disparition en tant que singularité – sa dissolution dans l'indifférence de l'être –, nous saurons alors qu'un être ainsi constitué ne peut mourir.

— Le schéma formel de l'argument, dit Glauque, le rend imparable. Reste à prouver qu'un tel être existe.

— Tu vas voir, dit Amantha, la voix rauque, que c'est justement le Sujet. Avec notre Socrate, tout vient à point.

Et Socrate :

— Nous parlions du Sujet, c'est même toi qui as posé la question de son devenir. N'est-il pas alors naturel qu'un argument s'ajuste au résultat qu'il vise? Jeune fille, suis-moi pas à pas.

— Au garde-à-vous, maître !

— Existe-t-il, oui ou non, des dispositions immanentes qui menacent l'intégrité du Sujet?

— Évidemment! Il y a la fureur aveugle, la lâcheté, l'ignorance...

— Peut-on dire qu'un de ces états du Sujet provoque sa déliaison ou sa cessation? Attention! Ne tombons pas dans l'erreur fatale de croire, sous prétexte que l'injustice est le mal immanent propre au Sujet, qu'un individu injuste et privé de raison, pris sur le fait, meurt d'injustice!

— Et pourquoi pas? insinue Amantha.

— Ce serait confondre « individu » et « Sujet ». Reprenons depuis le début. La maladie, qui est la révélation des vices de structure du corps, l'épuise, le ronge et l'amène à n'être même plus un corps au sens plein du terme. De même, toutes les singularités objectives dont nous parlions tout à l'heure, sous l'effet du mal qui leur est immanent – ce mal qui, installé en elles comme si elles étaient son séjour naturel,

567

les corrompt de part en part –, s'acheminent vers le non-être. Examinons sous le même angle la question du Sujet. Faut-il conclure que l'injustice, qui est son mal immanent, installée en lui comme s'il était son séjour naturel, le corrompt et le flétrit si bien, ce fameux Sujet, que, le disjoignant du corps qui en est le support matériel, elle le force à mourir?

— Il me semble, répond Amantha, que ce serait confondre l'individu incorporé au Sujet dont procède une vérité et ce Sujet lui-même. Vous parlez de « singularités objectives », mais un Sujet n'est précisément pas un objet.

— Tu mets dans le mille, subtile Amantha! Par ailleurs, il serait tout à fait irrationnel de soutenir qu'une chose est détruite par le mal propre d'une autre, alors que le sien propre ne peut en venir à bout. Mais il faut ici, jeunes gens, entrer dans les détails. Par exemple, nous ne dirons pas que le mal propre des aliments en tant qu'aliments – qu'ils aient été pêchés il y a des semaines, ou qu'ils soient restés trop longtemps dans un frigo délabré, ou qu'ils aient pourri au soleil, entre autres histoires dégoûtantes – peut être la cause directe de la mort du corps. Nous dirons plutôt que les graves défauts de ces aliments peuvent induire dans le corps une activation de son mal propre, qui est la maladie, et que seul ce mal immanent entraîne la mort. Ce n'est qu'indirectement, par la médiation de la maladie, que la détérioration des aliments est impliquée dans la disparition d'un corps vivant. Jamais nous ne soutiendrons que le corps, dont la singularité diffère absolument de celle des aliments, a péri de se voir infliger leur mal particulier, sauf à dire que ce mal étranger a déclenché dans le corps l'action du mal qui, de façon originaire, est le sien propre.

— Je vous ai compris, cher maître! N'insistez plus! Et le Sujet, alors?

— J'y viens! Simple conséquence. Où a-t-on vu que le mal propre du corps – la maladie – ait le pouvoir d'induire dans un Sujet son mal propre – l'injustice? Est-ce parce qu'on a la rougeole qu'on viole sa voisine? Ou parce qu'on agonise de la fièvre jaune qu'on assassine sa belle-mère? Sans l'action de son mal propre, le Sujet ne peut lui non plus périr d'un mal qui lui est étranger. De ce qu'une singularité est autre qu'une autre, il résulte qu'aucune, en tant qu'elle est autre, ne peut mourir du mal propre d'une autre.

— On dirait un théorème de métaphysique, commente Amantha.

— C'en est un! Ou bien on nous prouve qu'il est faux, ou bien – tant du moins que nul n'aura trouvé une preuve de ce genre – nous rirons de quiconque prétend que la rougeole ou la fièvre jaune peuvent provoquer la destruction du Sujet. Qu'on coupe la gorge à quelqu'un et qu'on débite son cadavre en fines tranches de chair ne parviendra pas davantage à détruire le Sujet auquel ce quelqu'un s'est incorporé. Pour imaginer que maladies et meurtres ont cet effet, il faudrait d'abord démontrer que ces modifications accidentelles du corps individué livrent le Sujet à l'injustice et à la profanation. Car nous savons, je le redis, que lorsque le mal propre à une singularité s'introduit dans une singularité ontologiquement différente, si le mal qui est propre à cette dernière n'agit pas, elle ne sera pas détruite, qu'il s'agisse d'une singularité subjective, objective ou les deux.

— Mais, s'exclame Glauque, il est inimaginable qu'on parvienne à prouver qu'un Sujet en train de mourir devient plus injuste de cela seul qu'il meurt!

569

— Ce n'est pas si simple, cher Glauque. Imagine un adversaire résolu de la thèse de l'immortalité du Sujet. Pour ne pas être forcé de confesser qu'il a tort, il doit contourner notre démonstration. Il va donc soutenir, contre toi, que, oui, celui qui est en train de mourir devient bel et bien pire qu'il n'était, que son injustice le ronge. Il faudra alors lui faire préciser que, s'il a raison, c'est que l'injustice est mortelle pour l'injuste, comme la fièvre jaune peut l'être pour le corps, et que c'est sous l'emprise de l'injustice, meurtrière de par sa propre nature, que succombent ceux qui en sont infectés. Si bien que meurent plus tôt ceux qui sont plus injustes, plus tard ceux qui le sont moins.

— Mais, objecte Glauque, c'est exactement le contraire qui est évident ! D'abord, si des injustes meurent plus tôt, c'est, comme on le voit tous les jours, qu'on a fait justice de leurs crimes. Ensuite, l'injustice, si elle était mortelle pour l'injuste, n'apparaîtrait plus comme un redoutable fléau. Elle serait plutôt une sorte de délivrance. L'évidence du contraire, malheureusement, s'impose : l'injustice organise, partout où elle le peut, le massacre des justes, tandis que l'injuste prospère dans une insolente vitalité et ajoute à cette vitalité une sorte d'attention lucide de tous les instants. Ah ! elle est bien loin d'être mortelle pour l'individu qui l'abrite en lui-même, cette maudite injustice !

— Bien dit, cher Glauque ! applaudit Socrate. Si, en effet, son vice de structure et son mal propre ne peuvent tuer et détruire le Sujet, il est *a fortiori* difficile d'imaginer qu'un mal ordonné à autre chose puisse en venir à bout.

— C'est exactement ce que je disais, déclare Glauque.

— Nous pouvons alors conclure. Si une singularité ne se laisse détruire par l'action d'aucun mal, qu'il soit le sien propre ou celui d'une autre singularité, nous déclarons évidente sa nécessaire subsistance continue. Mais si elle ne peut cesser d'être, elle est immortelle.

— C'est très fort! dit seulement Amantha.

— Ajoutons, reprend Socrate, flatté, que du coup le nombre des Sujets réels ne peut être fixé d'avance, ni même déterminé, en quelque sens qu'on prenne cette détermination. La seule chose qu'on sache avec certitude est que ce nombre ne peut diminuer, puisque rien jamais ne peut abolir un Sujet. Il peut évidemment augmenter, puisqu'un Sujet surgit dans le monde comme ce à quoi peuvent s'incorporer des individus. Or, nous savons que l'aveugle poussée vitale renouvelle sans relâche le stock des individus sans se soucier de leur nombre. Toutefois, cette augmentation n'est aucunement nécessaire. Disons que, puisque le Sujet immortel se compose de multiplicités mortelles dont il est la formule algébrique ou l'Idée, la seule puissance de la vie nous assure qu'à ce Sujet rien d'existant ne peut venir à manquer.

— Mais, souligne Amantha, que rien d'existant ne vienne à lui manquer ne prouve pas qu'il doit exister, lui, le Sujet, en tant que chiffre ou Idée de tout ce qui en lui existe.

— Tu dis la chose exactement comme elle est : le Sujet est éternel, mais son apparition est contingente. De là que, pour savoir ce qu'est un Sujet, il ne suffit pas de le contempler du point de vue de sa composition matérielle. Il faut le saisir en Vérité, dans la pureté de sa formule. Et, pour cela, il faut accéder au Sujet par un usage suffisant de la puissance rationnelle. Alors on en découvrira la vraie beauté, et on saura tracer une vraie ligne de démarcation entre justice et injustice.

Socrate reprend son souffle. Glauque songe à intervenir, mais le maître ne lui en laisse pas le temps :

— Souvent la vérité d'un Sujet ressemble à l'homonyme de notre cher Glauque ici présent, Glauque le marin, petit dieu des mers chaudes que l'incomparable Ovide, le chanteur-né de nos rivaux romains, fait ainsi parler après sa métamorphose :

> Et revenu à moi différent de moi-même
> Âme neuve enclavée dans un corps tout nouveau
> Vieux barbu très rouillé, planté dans un vert d'eau,
> Chevelu que le flot traîne et recoiffe et aime,
> Élargi, franc bleu noir, et jambes si tordues
> Que queue d'un fort poisson on les dit devenues.

Quand on voyait ce Glauque, il n'était pas facile de reconnaître sa nature originaire. Les anciennes parties de son corps étaient cassées, usées, ravagées par l'incessante action des flots. Et des parties nouvelles s'étaient agglutinées à sa vieille apparence, faite de coquillages, d'algues et de galets, de sorte qu'il ressemblait bien davantage à un monstre marin qu'à sa propre et incorruptible nature. Le Sujet nous apparaît, de la même manière, dissimulé par d'innombrables avatars. Mais nous savons ce qu'il faut voir en lui. Nous le savons.

Puis Socrate se tait longtemps. Dehors le soleil a disparu, la nuit déjà se mêle à la mer. À la fin, Glauque n'y tient plus :

— Alors ? Qu'est-ce que nous devons saisir dans le Sujet ?

— La Vérité. La philosophie. Il faut penser de quoi le processus subjectif s'empare, avec quelles singularités il s'assemble. Il faut penser le Sujet selon son affinité avec son Autre immanent, ce qui est immortel et destiné pour toujours à tous. Il faut poursuivre son élan, le voir comme si encore et encore, s'arrachant par cet élan même aux flots qui aujourd'hui l'engloutissent à demi, secouant son écorce de coquillages et de galets, il se débarrassait des sauvages multiplicités de terre pierreuse dont il s'enveloppe inéluctablement, lui qui trouve la nourriture de sa création éternelle dans la boue des mondes où il devient. Ainsi dénudé, il exhibe sa vraie nature, qui est aussi bien nature du Vrai.

L'émotion est alors à son comble. Les voici, nos trois héros, au seuil de la nuit comme à celui de la vie véritable. Socrate, épuisé, boit à même la cruche de grands jets d'eau glacée. Quand il reprend, on dirait qu'un nouveau courage l'anime, lui-même conquis sur une nouvelle lassitude.

— C'est assez pour le moment. Nous nous sommes acquittés de notre tâche en ayant recours à des moyens exclusivement rationnels. Pour défendre la justice, nous n'avons jamais évoqué, contrairement à ce que font constamment Homère et Hésiode, sa rétribution ou sa valeur dans l'opinion. Du coup, nous avons fait une découverte fondamentale : c'est la justice en soi qui est le propre d'un Sujet, et c'est à elle que ce Sujet doit référer son action, qu'il possède ou non cet anneau de Gygès dont Glauque nous a hier soir conté la fable, et même si, par-dessus le marché, il possède le casque d'Hadès dont Homère nous dit, au chant 5 de l'*Iliade*, que lui aussi procure l'invisibilité.

— Nous n'avons donc pas à parler de toutes ces histoires de récompense et de châtiment, conclut Glauque, visiblement soulagé.

— Et pourquoi pas ? dit Socrate avec un sourire en coin. Puisque nous sommes irréprochables du côté du désintéressement, pourquoi ne pas rendre à notre chère justice, comme aux autres vertus, tout ce qui lui revient ?

— Ce qui revient, remarque Amantha, doit donc être d'abord ce qui vient. Mais d'où vient ce qui revient à la vie juste ?

— Des hommes pendant la vie, des Autres après la mort, rétorque un Socrate soudain quelque peu sombre.

— Vous supposez une doctrine universelle du jugement que vous avez fortement contestée hier soir. Vous nous avez dit que le juste pouvait paraître injuste aux autres hommes, et l'injuste, juste, si bien que ce n'était qu'au regard du Sujet lui-même que s'avérait sa nature authentique. L'auriez-vous oublié ?

— C'est toi, chère fille, susurre Socrate, qui as la mémoire courte. Nous n'avons supposé cette contradiction entre l'être et l'apparaître que pour les besoins de l'argumentation rationnelle pure. Nous voulions en effet établir la différence entre la justice en soi et l'injustice en soi, sans interférence de ce qui leur est extérieur. Mais, au terme de notre parcours, il est temps de le dire : dès qu'il est question de justice, la vérité ne peut être dissimulée ni aux hommes, ni aux dieux.

— Alors là ! s'exclame Amantha. Voilà un sacré coup de théâtre !

— Convenons-en, dit Socrate, soudain aussi modeste qu'il était assuré. Permettez-moi, dans ces conditions, de vous présenter une supplique au nom de la justice elle-même. Soutenons tous les trois, unis comme les doigts de la main, l'opinion que s'en font hommes et dieux, et qui est, je le redis, justice rendue à la justice. Agissons en sorte qu'elle gagne à tout coup le prix que lui vaut d'apparaître et que méritent ceux qui en portent l'éclat secret. Qu'il soit clair pour nous trois que c'est de son être même que procède ce qui revient à la justice, et qu'elle ne peut égarer ceux qui la pratiquent telle qu'elle est.

— Vous nous demandez beaucoup, insiste Amantha.

— Celui qui persuade finit toujours par demander. Commence donc par m'accorder qu'à l'Autre, du moins, l'exacte nature du juste et de l'injuste ne peut échapper.

— Il ne serait pas sinon le grand Autre, mais le petit même! plaisante Amantha.

— Si cette différence ne peut lui échapper, guidé par son amour de l'un et son aversion pour l'autre, il leur accordera, pour tout ce qui relève de son pouvoir, la rétribution qui convient. L'obstacle sera seulement que l'ordre du monde imposé par une politique néfaste, et non par notre politique communiste, déformera son action. Si nous supposons en revanche que la vie des hommes est réglée par la vision rationnelle que depuis tant d'heures nous nous efforçons de déployer, alors rien ne s'oppose à ce que la puissance de l'Autre accorde au juste la plénitude de son dû. Si un Sujet composé selon la justice est en butte à la misère, à la maladie, à la persécution ou à la calomnie, il n'y a que deux possibilités. Premier cas : le monde connaît la paix communiste. Alors ces épreuves ne sont que transitoires; elles participent de la construction dialectique du Sujet et de son vivant même celui-ci accédera au bien-être, à la Grande Santé et à la liberté créatrice, tout comme il sera reconnu par ses contemporains à sa juste valeur. Second cas : le monde est dévasté par une des quatre mauvaises politiques, timocratie, oligarchie, démocratie ou tyrannie. C'est à elles qu'il faut exclusivement rattacher les souffrances du juste. L'Autre veillera alors à ce qu'il soit récompensé au-delà de sa vie empirique, et d'autant plus qu'il aura tenu bon dans ces circonstances désastreuses. L'Autre ne peut en effet abandonner celui dont le désir ardent est de devenir juste ; il ne peut mépriser celui pour qui la vertu agissante est l'unique moyen de devenir l'Autre qu'il est autant que l'animal humain en est capable.

— On ne voit pas l'Autre laisser tomber celui dont le désir est d'être le même que l'Autre, remarque Amantha.

— Voilà en tout cas le prix que l'Autre décerne au juste. Mais que font les simples mortels ? N'est-ce pas au fond la même chose, si l'on doit s'en tenir à l'expérience ordinaire de ce qui est ? Les gens rusés mais injustes ressemblent à ces coureurs qui font une belle course au début et s'effondrent dans la dernière ligne droite. Ils s'élancent d'abord à toute allure, mais finissent l'oreille basse sous les quolibets et disparaissent dans les vestiaires sans même avoir été classés, alors que les vrais coureurs qui parviennent au but reçoivent le prix et la couronne. N'est-ce pas exactement ce qui arrive aux justes ? Menant à bonne fin leurs entreprises, leurs relations et leur vie tout entière, ils jouissent de l'estime de tous et reçoivent des mains des hommes le prix de la plus importante victoire : la victoire de l'Idée, au cœur de l'existence, sur ce qui la nie.

— Vous êtes en pleine forme ! s'écrie Amantha, les yeux brillants.

— Je suis heureux de faire état de tous les dons magnifiques que fait la simple vie aux justes, dons qui ne sont rien, à vrai dire, auprès de ce Vrai dont la justice éclaire directement leur subjectivité. Rien non plus auprès de ce qui, au-delà de la mort, leur revient.

— Quelles sont ces récompenses inouïes ? demande Glauque.

— Je ne peux qu'en transmettre la légende.

— Allez! dit Amantha, moqueuse. Saisissez l'occasion! Soyez poète malgré vous, comme vous y invite votre jeunesse éternelle!

— À moins que ce ne soit le début du gâtisme… En tout cas, je n'ai ni les moyens ni le goût de répéter les fables infernales et magnifiques d'Homère, de Virgile, de Dante ou de Samuel Beckett. Je me contenterai du récit d'un brave gars, un nommé Er, de Pamphylie, un simple soldat mort dans les tranchées d'une guerre stupide. Dix jours après la canonnade qui avait tué tout le monde ou presque, on put enfin ramasser les cadavres qui déjà empuantissaient la campagne. Seul le corps de notre Pamphylien avait été, chose étrange, épargné par la pourriture. On le rapporta chez lui pour les rites funéraires. Douze jours plus tard, étendu sur le bûcher, le voilà qui ressuscite! Et tout de go le ressuscité, bien assis sur le tas de bois où il aurait dû partir en fumée, raconte à sa famille abasourdie ce qu'il a vu là-bas. Voici donc son histoire, je la raconte comme si j'étais lui.

Et Socrate s'y met avec son don bien connu des imitations cocasses :

— « À peine ce qui en moi est le principe subjectif s'était-il séparé qu'il se mit en route avec une foule d'autres. Nous arrivâmes en un lieu surnaturel : au sol s'ouvraient, proches l'un de l'autre, deux abîmes terrestres, et, vers le haut, juste en face, deux entrées du ciel. À mi-distance du ciel et de la terre siégeaient les juges. Quand ils avaient rendu leur verdict, ils fixaient sur la poitrine des justes le texte des attendus du jugement et leur ordonnaient d'emprunter le chemin de l'entrée du ciel située à gauche. Aux injustes ils accrochaient dans le dos le récit intégral de leurs forfaits et leur enjoignaient de prendre la route de l'abîme terrestre situé à droite. Quand ce fut mon tour, les juges me dirent que j'avais été désigné pour porter au monde des hommes les nouvelles de ce qui se passe outre-monde. On me recommandait de bien écouter, de bien observer, de préparer un récit complet et fidèle. J'ai vu là-bas ceux qui avaient été jugés, soit descendre, à droite, dans l'abîme terrestre, soit monter, à gauche, dans l'entrée du ciel. De l'autre abîme terrestre, celui de gauche, remontaient des individus loqueteux et couverts de cendre. De l'autre entrée céleste, celle de droite, ceux qui redescendaient étaient lavés et clairs. Et tous ces gens qui arrivaient sans cesse semblaient revenir d'un long voyage. Ils s'installaient, joyeux, sur l'immense pelouse enchantée, comme pour participer à une fête civique. Ceux qui se connaissaient se retrouvaient avec joie et discutaient longuement de ce qu'avait été leur expérience, les uns dans le ventre de la terre, les autres dans la bouche du ciel. Les premiers ne pouvaient le faire sans gémir et pleurer, tant étaient variés et effroyables les tourments qu'ils avaient subis ou vu d'autres subir pendant leur interminable voyage souterrain : mille ans de ténèbres et d'horreur ! Les autres, qui venaient du ciel, étaient encore rayonnants des sensations ineffables qu'ils y avaient éprouvées et des visions si sublimes qu'aucun récit ne leur rendait justice.

« Quand on avait passé sur l'immense pelouse sept jours de féconds échanges et d'attente paisible, on devait partir, à l'aube du huitième jour : quatre jours de marche dans des lieux indistincts. "Ici, me dit un de mes compagnons, un Allemand nommé Gurnemanz, le temps devient espace." Je n'ai pas bien compris. Quoi qu'il en soit, on parvient alors au lieu d'où est visible, au travers du ciel, une ligne droite qui tantôt éblouit, tantôt se contracte en le souffle noir d'un orage. Un jour de plus et nous arrivons à l'aplomb de cette ligne où lumière et énergie échangent leurs identités. Une voix artificielle, sortie de l'espace obscurci, nous explique que nous avons sous les yeux l'axe d'une image de l'Univers qu'on va maintenant nous projeter sur le ciel. C'est un film grandiose, à échelle de son écran céleste! Il est fort long, et je vous épargne les détails. Au tout début, on voit uniquement – mais "voir" n'est pas le bon mot – le point imperceptible d'énergie pure dont l'explosion crée l'espace-temps-matière. L'idée du devenir investit le ciel, et sa trace est justement cette ligne – matière lumineuse ou vide actif, c'est tout un – qui est pour nous le lointain signal du spectacle. Ensuite, les nappes floues du feu atomique se dilatent, s'écartent, et leur cohésion nuageuse semble se perdre dans la venue interne de leur spatialité. Nous autres, le public, faisons alors l'étrange expérience d'un temps que nous savons immédiatement immense, dont nous expérimentons intimement l'immensité – des milliards d'années! –, bien qu'à échelle du temps d'aujourd'hui il s'agisse de quelques heures. Très lentement se dessinent, dans cet espace qui s'agrandit sous nos yeux, des ovoïdes, des spirales, des conglomérats de points lumineux peu à peu séparables. C'est, dit le mégaphone invisible, la naissance des galaxies. Une rapide plongée de la caméra dans ce fouillis illimité de formes – une sorte de zoom de l'infini vers le proche – nous amène au colossal amas local de la Vierge, puis, dans cet amas, vers une spirale, puis, dans la partie médiane de cette spirale, vers une étoile qui, crachant de toutes parts les millions de degrés de sa combustion nucléaire, n'est cependant qu'une étoile moyenne : le Soleil! Autour de lui la machinerie des planètes qu'on nous expose dans la perfection de ses ellipses, de Mercure à Pluton, et le dénombrement de tous les satellites qui font comme des ellipses emboîtées dans les ellipses principales. J'avoue que là, je décroche : trop de géométrie! Un nouveau zoom débusque notre Terre où chacun peut voir en relief, grâce à des lunettes spéciales qu'on nous distribue, son pays d'origine, le Grec sa Grèce, le Gaulois sa Gaule, le Russe sa Russie, l'Ouzbek son Ouzbékistan, le Panaméen son Panama, et moi, Er, par Zeus! la discrète Pamphylie! Quel plaisir d'aller ainsi commodément du Big Bang inaugural et de l'expansion du Tout à ma chère patrie! Comme ma région natale, sans rien de glorieux ni de rebutant, m'apaise après tous ces monstres de lumière noire!

« Mais voici que le diorama gigantesque, auquel tous les marcheurs ont assisté bouche bée, s'achève sur un accord furieux en *do* mineur. Il n'y a plus que l'axe de l'énergie-matière qui subsiste, et encore, en modèle réduit, car il se tient sur les genoux d'une belle femme impassible qu'on nous dit être Nadia Nécessité. Le mégaphone nous présente, sans que nous puissions décider s'il s'agit de chimères numériques immatérielles ou de réalité, les trois filles de cette Nadia : Lucia Liberté, Dora Destinée et Renata Rêvée. De part et d'autre de leur mère, elles semblent tresser le fil de soie à quoi s'est réduite l'épopée universelle. Comme sur des peintures préraphaélites, ces dames sont vêtues de tuniques blanches et couronnées de fleurs mauves. Trio mélancolique, elles chantent les extases temporelles : Dora, le passé, Lucia, le présent, et Renata, l'avenir. Un héraut, juché sur une estrade et armé d'une longue trompette, fait soudain entendre un son si féroce qu'un silence de mort plombe tous les voyageurs d'outre-monde. Il nous ordonne de nous mettre en rang, cependant qu'on apporte sur l'estrade deux énormes barriques dont nous comprendrons plus tard qu'elles sont remplies à ras bord, l'une de paradigmes d'existence, l'autre de billets numérotés. Puis, d'une voix de stentor, le héraut fait la harangue que voici :

« "Déclaration de Dora Destinée, fille par différence de Nadia Nécessité :

« "Ô vous dont l'incorporation subjective fut éphémère, vous voici au principe d'une autre séquence de la vie, et donc de la mort, car vous appartenez nativement aux deux. Nul ange gardien ne choisira à votre place la vie qui vient, c'est au contraire vous qui choisirez votre ange. Le premier appelé par le sort se saisira de la vie à laquelle le conjoindra une relation nécessaire. Il n'y a que la vertu qui reste une qualité libre : chacun en détiendra une part plus ou moins grande, selon les honneurs qu'il lui rendra. Pour ce choix de sa propre vie, seul est en cause celui qui choisit. Tout Autre est hors de cause."

« Sur ce, reprit Er, le héraut fait voler au-dessus de nos têtes les bouts de papier numérotés tirés d'une des barriques, et chacun se saisit de celui qui passe près de lui, sauf moi, à qui on interdit d'y toucher. Ainsi, la foule des morts est classée de un à quatre cents millions et des poussières. On dispose alors à même le sol tous les paradigmes possibles de vie que contient la seconde barrique. Il y en a bien plus que de morts appelés à choisir, et de toutes sortes. On trouve des modèles variés de tyrannie, les unes durables, les autres brutalement interrompues et s'achevant dans la figure d'un exilé misérable qui mendie sur les routes. On trouve aussi des modèles de vie façonnant des hommes qui se distinguent les uns par leur allure personnelle, leur beauté ou leur vigueur guerrière, les autres par leur lignée, notamment par l'exceptionnelle qualité de leurs ancêtres. On trouve aussi bien des vies parfaitement quelconques sous tous ces rapports. Il n'y a à cet égard aucune différence entre ce qu'on propose au choix des femmes et au choix des hommes. Nul ordre subjectif n'est en réalité prescrit, car, inévitablement, chacun, choisissant une autre vie, devient autre que soi... »

Socrate ne peut s'empêcher, parvenu à cette phrase du récit d'Er – qu'il débite tel un ventriloque d'une voix plus aiguë que la sienne, et marquée d'un fort accent pamphylien –, d'intervenir en son propre nom :

— C'est à ce moment précis, chers amis, qu'un individu est exposé au risque suprême. C'est pourquoi chacun d'entre nous, abandonnant tous les autres savoirs, doit s'adonner à celui-là seul : la capacité scientifique à discerner, jusque sous son apparence discrète, une vie digne de ce nom et à ne plus la confondre avec une vie d'apparence éclatante et de contenu réel lamentable. Le seul maître qui vaille qu'on le rencontre est celui qui transmet cette capacité. Qu'on apprenne par exemple auprès de lui le travail en direction du bien ou du mal qu'opère la beauté quand elle se mêle à la richesse, à la pauvreté ou à d'autres traits constitutifs d'un individu. Ou ce qui se passe quand se mélangent des propriétés subjectives, innées ou acquises, comme être un bourgeois ou un prolétaire, un citoyen quelconque ou un chef, un costaud ou un minable, un ignare ou un savant, et ainsi de suite. Qu'on apprenne surtout, à partir de ces analyses, la capacité à devenir Sujet. Et, par voie de conséquence, à faire le choix d'une vie remarquable et non d'une vie déchue. Car on aura appris qu'une vie, quelle que soit son apparente obscurité, est remarquable dès lors qu'elle s'oriente vers la justice, et que s'orienter vers l'injustice, si éclatant et notoire qu'on soit, revient à organiser sa propre déchéance. C'est le seul critère. Cette conviction, nous devons la garder en nous-mêmes jusque dans l'outre-monde, aussi tendue que ce que le révolutionnaire Lénine appelait la « discipline de fer » du projet communiste. Sinon, au moment du choix de notre nouvelle vie, nous nous laisserons corrompre par le prestige des richesses et des autres formes de l'intérêt privé ou familial. Nous choisirons alors des tyrannies, des postes de gestionnaire des grandes sociétés, de mathématiciens des cours de Bourse, de phraseurs médiatiques, de mafiosi à costumes trois-pièces et villas sur la côte, d'hommes politiques asservis, voire de Lolita-chanteuses pour variétés immondes. Ces choix entraîneront autour de nous des maux intolérables et nous feront souffrir nous-mêmes plus encore. Bien préparés par un maître, en revanche, nous aurons le désir d'un choix de vie d'apparence ordinaire, une vie qui ne soit ni corrompue par le prestige social, ni désolée par les exigences de la simple survie, une vie disponible pour les aventures universelles d'un juste Sujet. C'est là que réside pour chacun la possibilité du bonheur réel.

— C'est vraiment superintéressant, commente Amantha, cette relation entre ce qui est « ordinaire » dans la vie de quelqu'un et la possibilité d'être pris dans le devenir « extraordinaire » d'une création de Vérité et du Sujet qui en est le corps.

— Oui, dit Glauque, mais où en est-on du destin d'Er, le témoin des morts ?

Socrate alors reprend sa voix pamphylienne :

— « Au moment où le héraut avait jeté les numéros de loterie qui conditionnaient l'ordre du choix, par les morts,

de leur nouvelle existence, il avait solennellement déclaré :
"Même celui qui choisit le dernier peut obtenir une vie
aimable et bonne, s'il pense son choix et y fait correspondre
une réelle intensité vitale. Que celui qui vient le premier
prenne garde et que celui qui vient le dernier ne perde pas
courage." À peine avait-il terminé que le mort qui avait
tiré le numéro 1 s'avança et choisit la vie de président-direc-
teur général du plus considérable groupe de son pays en ce
qui concerne la grande distribution, celui dont les illustres
enseignes des hypermarchés géants, installés à la périphérie
de toutes les villes, s'appelaient *Plus c'est mieux*, *Caddy plein*
et *Encore!*. Emporté par sa folle avidité, il choisit cette vie
sans en examiner tous les détails. Il n'avait pas vu que ce lot
existentiel comportait, entre autres désastres, que le PDG,
certes à la tête d'une fortune immense, marié à un top-
modèle et père de quatre fils, n'aurait pour passion véritable
que les petites filles de moins de sept ans. Il soudoierait des
truands pour qu'ils lui en procurent, ou ferait en une seule
journée des allers et retours en jet privé dans de lointaines
contrées asiatiques pour seulement se faire sucer à la sauvette
par une gamine dans de répugnants lieux d'aisance. Pris sur
le fait pendant une de ces virées, il serait arrêté, longuement
tabassé, livré en prison à des brutes qui le transformeraient en
un loqueteux esclave sexuel. Libéré et expulsé, il reviendrait
chez lui abandonné de tous et, sans plus d'énergie qu'une
méduse au fil de l'eau, il s'agglutinerait à un groupe de clo-
chards russes qui l'adopteraient comme souffre-douleur, le
soûlant de force et l'envoyant faire le pitre dans les restaurants de luxe, jusqu'au moment où les gorilles du lieu le
jetteraient dehors. Pour finir, on le retrouverait mort, les

pieds et les mains gelés, sous le banc d'un square. Quand l'élu du sort examina de plus près le type de vie qu'il avait choisi, il se mit à hurler, à prétendre qu'il y avait eu erreur, à supplier les Parques inflexibles, à se taper la tête contre le sol. Il voulait mourir à nouveau immédiatement, proprement liquidé, plutôt que dans quarante ans, gelé et le nez dans son vomi. Sans se souvenir des avertissements de Dora Destinée – "Tout Autre est hors de cause" –, il accusait le hasard, les démons, ses voisins morts, sans jamais s'en prendre à son aveuglement. Pourtant ce n'était pas un mauvais bougre, loin de là. Il avait vécu dans un pays calmement gouverné où il était employé dans un bureau de poste. Il n'avait jamais rien fait qui sortît de l'ordinaire, pas même s'occuper d'une section syndicale, jouer du trombone dans la fanfare, monter un col à vélo ou lire *Les Frères Karamazov*. Mais enfin, il était mort sans avoir non plus jamais rien fait, dans le registre du Mal, qui sortît de l'ordinaire. Du reste, il était arrivé sur la pelouse enchantée par la route suave qui descend du ciel, non par la pénible route des abîmes. Dans la petite ville où il habitait, il ne connaissait, en fait de richesse, de gloire, d'emblème de la puissance, de support de toutes les envies, que le supermarché *Caddy plein* où sa femme et lui faisaient leurs courses. D'où peut-être son absurde décision… »

— Certainement! coupe Glauque. À l'heure du choix crucial, on a vu les effets sur ce brave homme de ce qu'il n'avait pas été vertueux grâce à la philosophie, mais seulement par routine et timidité.

— À moins, nuance Amantha, que, durant toute sa vie banale, il n'ait été taraudé, sans trop le reconnaître, par un sauvage désir pour les petites filles! Il a peut-être fait le bon choix!

— Comment pourrions-nous le savoir ? dit Socrate de sa voix normale. Notre ami Er a fait sur ce point une observation intéressante : parmi ceux qui choisissent ainsi de façon irréfléchie, la plupart viennent du ciel. C'est qu'ils ne sont pas éduqués par les épreuves. Ceux qui viennent du ventre de la terre ont souffert, ont vu les autres souffrir, et ils ne font pas le choix d'une vie à la légère. Si on ajoute ce point à l'anarchie qu'induit le tirage au sort, le résultat est que, de façon générale, les morts échangent leur bonne vie révolue contre une mauvaise, et inversement. Si les humains, à chaque fois que la vie les amène en ce monde, s'imprégnaient de philosophie rationnelle, et si, en outre, le hasard ne les contraignait pas, outre-monde, à choisir dans les derniers, il semble, d'après ce que Er raconte, qu'ils auraient tous de grandes chances de vivre heureux sur notre terre, et même de faire l'aller et retour du monde à l'outre-monde par la route unie des bouches du ciel plutôt que par la route escarpée des abîmes de la terre.

— Mais comment Er lui-même concluait-il son histoire ? demande Glauque, impatient.

Socrate reprend sa voix de ténor pamphylien :

— « Le choix des morts était un spectacle instructif, pitoyable, et parfois saisissant. La majorité de ces choix étaient en effet dictés par les habitudes de la vie précédente.

« J'ai vu le poète français Mallarmé choisir la vie d'un cygne parce qu'il avait consacré à cet oiseau quantité de vers magnifiques et qu'il était spécialement hanté par celui-ci :

> Un cygne d'autrefois se souvient que c'est lui.

« J'ai vu le ténor italien Pavarotti choisir, à mon avis bêtement, la vie d'un rossignol.

« Celui qui avait tiré le numéro sept cent mille six cent vingt-sept n'était autre que notre fameux empereur Alexandre le Grand. Mal habitué à un rang aussi modeste, il choisit par compensation la vie d'un lion : "Puisque les déesses de l'outre-monde ne m'accordent qu'une place déshonorante, dit-il orgueilleusement, je serai au moins sur la terre l'incontestable roi des animaux."

« J'ai vu une ouvrière du textile s'emparer avec joie de la vie d'une réparatrice de machines-outils. "La machine m'a bien fait suer, c'est moi maintenant qui vais lui ouvrir le ventre."

« Venait un peu plus loin Agamemnon. Comme on sait, il avait dû sacrifier sa fille pour que commencent dix ans d'une guerre aussi sanglante qu'injustifiée. Il était à peine rentré chez lui que sa propre femme, aidée de son amant, l'avait égorgé dans son bain. Il avait tiré de tout cela un profond dégoût de la guerre et une sainte horreur du sexe féminin. Il choisit en conséquence la vie d'un homosexuel malingre, inapte au service militaire.

« J'ai vu un joueur de foot dans un tout petit club de province qui était mort, à peine sorti de l'enfance, des suites d'un dopage mal dosé. À ma grande surprise, il choisit la vie d'une star de ce sport, certes très connue au niveau mondial, mais qui mourait vers trente-cinq ans dans des conditions suspectes. Je m'apprêtais à le mettre en garde, mais il posa sa main sur ma bouche : "Tais-toi ! Je serai un formidable joueur, et je ne veux rien savoir d'autre."

« J'ai vu Thomas Jefferson, le fameux président des États-Unis, bourrelé de remords d'avoir utilisé pour son seul bien-être, lui, l'homme des Lumières, un cheptel d'esclaves, choisir la vie d'un nègre fugitif très pauvrement installé dans les neiges du Canada.

« J'ai vu un clown choisir la vie d'un singe.

« J'ai vu Hypatie, la grande mathématicienne d'Alexandrie assassinée au Ve siècle par des chrétiens sectaires, choisir la vie d'Emmy Noether, la grande mathématicienne allemande du XXe siècle. "Contrairement au faux Dieu, dit-elle, la mathématique a l'infini pouvoir de donner à penser au-delà de ce que, à un moment donné, elle est devenue."

« C'est à Ulysse que le hasard avait attribué le dernier rang. Le souvenir de ses errances pénibles l'avait guéri de toute ambition. Il passa un temps fou à chercher la vie d'un anonyme absolument étranger aux affaires publiques. C'est avec peine qu'il dénicha dans un coin l'existence appliquée et toujours identique à elle-même d'une femme pauvre et industrieuse, caissière à *Plus c'est mieux*, qui, élevant seule quatre enfants, se levait tous les jours à cinq heures du matin, tenait sa maison, rapiéçait les vêtements, lavait les draps, comptait les sous un à un, et n'avait pour tout décor de son existence que les régularités de la vie domestique. Bien entendu, aucun des autres morts n'en avait voulu. Ulysse la prit aussitôt et déclara que si le hasard l'avait placé premier, il aurait fait exactement le même choix.

« Quand tous les morts eurent choisi leur vie, nous nous rendîmes auprès de Dora Destinée dans l'ordre prescrit par le tirage au sort initial. La Parque attribua à chacun l'ange abstrait qui convenait à son choix de vie et qui en serait l'invisible garant. Cet ange induisait aussitôt, chez son humain attitré, le désir d'aller auprès de Lucia Liberté et de prendre entre ses mains le fil de soie, symbole de l'Univers. Alors le choix de vie était tenu pour libre. On allait ensuite vers ce que tramait Renata Rêvée, et, cette fois, le choix était tenu pour irrévocable. Sans pouvoir jamais revenir en arrière, chacun passait ensuite au pied du trône de Nadia Nécessité, y marquait un temps d'arrêt, respectueux ou ironique selon les tempéraments, puis se retrouvait, derrière le trône, dans la plaine désertique, étouffante, inhumaine, où coule le fleuve Oubli. Après une journée de marche et de soif intense, nous campâmes en masse, le soir, au bord de ce fleuve étrange dont aucun vase ne peut retenir l'eau. Chacun est alors autorisé à boire, directement dans le fleuve, une quantité dont l'ange fixe la mesure. Ceux qu'aucune prudence ne retient et dont la traversée du désert a asséché les poumons boivent sans mesure. Dans tous les cas, quand on a bu, on oublie tout. Cependant, ceux qui ont obéi à l'ange et bu avec mesure pourront un jour se souvenir de quelques fragments de leur expérience outre-monde, tandis que les autres en seront définitivement incapables. »

— C'est fort! coupe Amantha. C'est tout le secret de la fameuse réminiscence!

Socrate continue comme si de rien n'était, avec l'accent requis :

— « Nous dormions au bord de l'eau impalpable quand, au milieu de la nuit, un coup de tonnerre retentit, la terre trembla et tous les morts furent soulevés dans toutes les directions : ils filaient comme des étoiles vers les lieux de leur nouvelle naissance. Quant à moi, on m'avait interdit de boire l'eau du fleuve Oubli. Évidemment! Sinon, je ne serais pas là à vous raconter cette histoire. Mais par où et comment j'ai récupéré mon enveloppe terrestre, je l'ignore. Je me suis soudain vu couché sur le bûcher d'où à cet instant je vous parle et où, ayant terminé mon récit, je me tais. »

Il y eut un long silence dans la nuit douce maintenant tombée sur leur fatigue et leur émotion. Ils savaient que c'était la fin de cette aventure dans les mots, les pensées et les songes. Quelque chose, ici, dans cette villa portuaire, avait eu lieu pour les siècles des siècles. Et ils en avaient été les témoins plus encore que les acteurs, si bien que cet « avoir eu lieu » les saisissait comme ferait une longue déclaration d'amour inséparée d'une sorte de délaissement final. Car ils avaient la charge de redire et redire encore, solitairement, l'arche immense de leur dialogue.

Socrate, il le sentait, devait encore prononcer cette fin qui était venue en même temps que la nuit. Il le fit brièvement :

— C'est sur ce mythe que nous pouvons conclure. Il y a là de quoi assurer notre salut, si nous avons confiance en ce qu'il nous transmet. Nous avons le pouvoir de traverser sans encombre le fleuve de l'oubli et d'élever l'individu que nous sommes à la hauteur d'un Sujet. Alors nous pourrons nous convaincre que, capables sans doute du Mal suprême, qui est l'égoïsme, mais aussi du Bien suprême que sont les vérités, la voie nous est ouverte qui mène en haut et qui, selon les règles de la justice et de la pensée véritable, autorise que nous participions d'une certaine éternité. Nous serons alors amis de nous-mêmes et de l'Autre, dans les circonstances du présent monde comme dans les mondes dont nous ignorons la forme. Nous trouverons en nous-mêmes les récompenses que les vainqueurs aux jeux Olympiques reçoivent de leurs amis, de leurs familles et de leurs États. Et, dans le travail dont résultent les vérités éternelles, nous apprendrons ce que c'est que le bonheur.

Index

591

Table des matières

Les indications codées en chiffres et lettres (de type « 327a ») corres-pondent à un découpage du texte en sections, en général de la taille d'une dizaine de lignes, découpage uniquement commandé par les procédés antiques d'édition et de pagination, mais qui est devenu tra-ditionnel et permet de repérer où on en est, aussi bien dans le texte grec que dans les traductions disponibles qui insèrent ce repérage dans le texte français. Ce que je n'ai pas fait.

DU MÊME AUTEUR

PHILOSOPHIE
Le Concept de modèle, Maspero, Paris, 1969 ; rééd. Fayard, Paris, 2007.
Théorie du sujet, Le Seuil, Paris, 1982.
Peut-on penser la politique ?, Le Seuil, Paris, 1985.
L'être et l'événement, Le Seuil, Paris, 1988.
Manifeste pour la philosophie, Le Seuil, Paris, 1989.
Le Nombre et les nombres, Le Seuil, Paris, 1990.
Conditions, Le Seuil, Paris, 1992.
L'Éthique, Hatier, Paris, 1993.
Deleuze, « la clameur de l'être », Hachette Littératures, Paris, 1997.
Saint Paul, la fondation de l'universalisme, PUF, Paris, 1997.
Court traité d'ontologie transitoire, Le Seuil, Paris, 1998.
Petit Manuel d'inesthétique, Le Seuil, Paris, 1998.
Abrégé de métapolitique, Le Seuil, Paris, 1998.
Le Siècle, Le Seuil, Paris, 2005.
Logiques des mondes, Le Seuil, Paris, 2006.
Petit Panthéon portatif, La Fabrique, Paris, 2008.
Éloge de l'amour (collab. N. Truong), Flammarion, Paris, 2009.
Second Manifeste pour la philosophie, Fayard, Paris, 2009.
L'Antiphilosophie de Wittgenstein, Nous, Caen, 2009.
Le Fini et l'infini, Bayard, Montrouge, 2010.
Il n'y a pas de rapport sexuel. Deux leçons sur « L'Étourdit » de Lacan (collab. B. Cassin),
    Fayard, Paris, 2010.
Heidegger. Le nazisme, les femmes, la philosophie (collab. B. Cassin), Fayard, Paris,
    2010.
La Philosophie et l'événement : entretiens avec Fabien Tarby, Germina, Meaux, 2010.
La Relation énigmatique entre politique et philosophie, Germina, Meaux, 2011.

ESSAIS CRITIQUES
Rhapsodie pour le théâtre, Imprimerie nationale, Paris, 1990.
Beckett, l'increvable désir, Hachette Littératures, Paris, 1995.
Cinéma, Nova Éditions, Paris, 2010.
Cinq leçons sur le cas Wagner, Nous, Caen, 2010.

LITTÉRATURE ET THÉÂTRE
Almagestes, prose, Le Seuil, Paris, 1964.
Portulans, roman, Le Seuil, Paris, 1967.
L'Écharpe rouge, romanopéra, Maspero, Paris, 1979.
Ahmed le subtil, farce, Actes Sud, Arles, 1994.
Ahmed philosophe, suivi de *Ahmed se fâche*, théâtre, Actes Sud, Arles, 1995.
Les Citrouilles, comédie, Actes Sud, Arles, 1996.
Calme bloc ici-bas, roman, POL, Paris, 1997.
La Tétralogie d'Ahmed, Actes Sud, Arles, 2010.

ESSAIS POLITIQUES

Théorie de la contradiction, Maspero, Paris, 1975.

De l'idéologie (collab. F. Balmès), Maspero, Paris, 1976.

Le Noyau rationnel de la dialectique hégélienne (collab. L. Mossot et J. Bellassen), Maspero, Paris, 1977.

D'un désastre obscur, L'Aube, La Tour d'Aigues, 1991.

Circonstances 1. Kosovo, 11 septembre, Chirac-Le Pen, Leo Scheer, Paris, 2003.

Circonstances 2. Irak, foulard, Allemagne-France, Leo Scheer, Paris, 2004.

Circonstances 3. Portées du mot « juif », Leo Scheer, Paris, 2005.

Circonstances 4. De quoi Sarkozy est-il le nom ?, Lignes, Paris, 2007.

Circonstances 5. L'hypothèse communiste, Lignes, Paris, 2009.

Circonstances 6. Le réveil de l'Histoire, Lignes, Paris, 2011.

Démocratie, dans quel état ? (en collab.), La Fabrique, Paris, 2009.

L'Explication : conversation avec Aude Lancelin (collab. A. Finkielkraut), Lignes, Paris, 2010.

L'Idée du communisme (en collab.), Lignes, Paris, 2010.

L'Antisémitisme partout. Aujourd'hui en France (collab. É. Hazan), La Fabrique, Paris, 2011.

« Ouvertures »
Collection dirigée par
Alain Badiou et Barbara Cassin

Déjà parus

Alain Badiou
Le Concept de modèle
2007

Barbara Cassin
Avec le plus petit et le plus inapparent des corps
2007

François Wahl
Le Perçu
2007

Slavoj Zizek
La Parallaxe
2008

Michel Meyer
Principia Rhetorica
2008

Alain Badiou
Second Manifeste pour la philosophie
2009

Mehdi Belhaj Kacem
L'Esprit du nihilisme
2009

Gérard Lebrun
Kant sans kantisme
2009

François Ost
Traduire. Défense et illustration du multilinguisme
2009

Philippe Büttgen, Alain de Libera, Marwan Rashed
et Irène Rosier-Catach (dir.)
Les Grecs, les Arabes et nous.
Enquête sur l'islamophobie savante
2009

Roland Gori, Barbara Cassin et Christian Laval (dir.)
L'Appel des appels. Pour une insurrection des consciences
(Éditions Mille et une nuits)
2009

Alain Badiou et Barbara Cassin
Il n'y a pas de rapport sexuel.
Deux leçons sur L'Étourdit *de Lacan*
2010

Alain Badiou et Barbara Cassin
Heidegger. Le nazisme, les femmes, la philosophie
2010

Jean Goldzink
La Solitude de Montesquieu.
Le chef-d'œuvre introuvable du libéralisme
2011

Stanley Cavell
Philosophie. Le jour d'après demain
2011

Quentin Meillassoux
Le Nombre et la Sirène.
Un déchiffrage du Coup de dés *de Mallarmé*
2011

Hannah Arendt
Écrits juifs
2011

Composition réalisée par Datagrafix

Cet ouvrage a été imprimé
par CPI Firmin-Didot
Mesnil-sur-l'Estrée
pour le compte des Editions Fayard
en novembre 2011

Dépôt légal : janvier 2012
N° d'édition : 35-10-4059-8/01 - N° d'impression : 108583
Imprimé en France